비판적 상상력을 위하여

녹색평론 서문집

김종철

녹색평론사

엮은이의 말

이 책은 1991년 11-12월호에 실린 창간사로부터 시작하여 2020년 7-8월호에 이르기까지 《녹색평론》에 발표되었던 고 김종철 선생의 권두언을 모아 엮은 것이다. 서문 모음집은 2008년에 같은 제목으로 출간된 바 있으나, 2021년 11-12월호로 창간 30주년을 맞은 《녹색평론》이 걸어온 길을 돌아보면서 하나의 매듭을 짓기 위해서 초판에 실리지 못했던 2009년 이후에 발표된 서문들도 모아서 증보판을 펴내자는 구상을 하게 되었다. 한편, 이번 개정증보판에서도 초판의 편제와 마찬가지로 매호 잡지에 게재되었던 서문을 모조리 빠짐없이 수록하지는 않았다. 좀더 완결적인, 소논문의 성격을 띠고 있거나 호흡이 긴 글들은 배제되었는데 이 원고들은 앞으로 다른 기회에 별도의 도서로 묶여 독자들께 선보일 기회가 있을 줄 믿는다.

《녹색평론》이 어떠한 가치를 지향해왔고 구체적으로 어떤 이야기들을 해왔는지 그 흐름을 살펴보면서 동시에 한국사회의 변화(혹은 변화없음)를 되돌아보는 데 있어서 이 책은 조금도 부족함이 없다고 생각된다. 그러나 보다 놀라운 점은, 30년이라는 세월이 무색하게도 여기 실려 있는 글들이 오늘날 전 세계가 맞닥뜨리고 있는 시급한 현안들에 대해서 근본적인 질문을 던지면서 여전히 깊은 통찰을 제공하고 있다는 사실이다. 이것은 물론 우리의 현실이 그 세월 동안에 본질적으로 변화하지 않았다는 것을 뜻할 터이므로 대단히 유감스러운 사실임에는 틀림없지만, 이 책을 펴내는 작업이 한 치 앞이 보이지 않는 '근대의 어둠' 한가운데를 살아가고 있는 현대인들에게 의미있는 읽을거리를 제공하는 일이 될 수 있으리라는 확신을 갖게 한다. 아무쪼록 이 책이 좀더 정의롭고 평화로운 세상을 꿈꾸며 이 땅에서 살아가는 인간으로서 책임을 다하고자 하는 이들의 손에 이르러 위안을 주고, 나아가 쓸모있는 도구가 될 수 있기를 바라는 마음 간절하다.

2022년 1월
김정현

초판 서문

　격월간 《녹색평론》이 100호를 맞이하여, 그동안 이 잡지의 발행·편집인으로서 내가 써왔던 서문, 즉 〈책을 내면서〉를 한 권의 책으로 묶어보자는 아이디어가 편집실에서 나왔고, 그 결과가 이 책이 되었다. 말하자면, 이것은 《녹색평론》 100호 발간 기념사업의 일환인 셈이다.

　책이 나올 때마다 서문을 썼더라면 당연히 100편이 되어야 하겠지만, 실제로 매번 서문을 쓴 것은 아니기 때문에 그렇게 되지는 않았다. 게다가, 일부러 작정한 것은 아니지만, 근래 《녹색평론》의 서문은 좀더 독립적인 에세이로서 읽힐 만한 것이 더러 있었고, 그래서 그런 글들은 지금 이 책과 함께 따로 발간을 준비하고 있는 책 《땅의 옹호》에 포함시키기로 하였다. 그 결과, 《녹색평론》 이외에 다른 지면에 발표했던 몇 편의 짧은 글들을 추가하여 이 문고본 형태의 책을 선보이게 된 것이다. 그러나 솔직히, 넘쳐나는 서적시장에 또하나의 시시한 인쇄물 하나를 보태는 게 아닌가 하는 두려움이 없는 것이 아니다.

　하지만, 지금 막상 책을 내놓으면서, 보잘것없는 책이지만, 제 딴에는 꽤 절실한 기분으로 썼던 글들이라, 가급적 많은 좋은 독자들을 만나 공감 속에 읽혔으면 하는 염치없는 욕망이 생기는 것도 사실이다.

　책을 엮기 위해서 해묵은 글들을 다시 꺼내놓고 읽어보다가 두 가지 점에서 나는 충격을 받았다. 첫째, 내가 《녹색평론》의 서문이라는 형식을 통하여 그동안 끊임없이 말하고자 했던 것은, 따지고 보면, 지극히 상식적이고, 현실주의적인 생각으로 일관해 있다는 점이었다. 요컨대, 이대로 가면 틀림없이 빙산에 부딪칠 것이라는 것을 보여주는 징후들이 갈수록 짙어지는 상황에서 배의 항로를 바꾸어야 한다는 논리보다도 더 상식적이고 현실주의적인 생각이 있을 수 있겠는가. 그럼에도 불구하고, 사람들은 흔히 《녹색평론》이라면 지나치게 이상주의적이거나 심지어 근본주의적인 사고를 기반으로 하고 있는 잡지라고 믿는 경향이 아직도 있다. 《녹색평론》을 제대로 읽지 않는 사람들이 대개 이런 선입관을 갖고 있는 것은 별로 이상할 것도 없지만, 《녹색평론》에 어느 정도 친숙한 독자들이라고 하는 사람들 사이에서도 왜 이런 선입관이 계속 유포되고 있는지 나는 그 이유를 정확히 알지 못한다. 아마도 그것은 일차적으로 생각을 명료하게 전달할 수 있는 능력의 부족 탓이겠지만, 궁극적으로는 가장 기본적인 상식이 상식으로서 통용되기를 허용하지 않는 우리 시대의 '근원적인 어둠' 탓일지 모른다.

내가 받은 또하나의 충격은 이미 오래전에 썼던 글들이 지금 상황에서도 전혀 낯설게 느껴지지 않는다는 점이었다. 아니, 적어도 내가 보기에는, 오래전에 쓴 서문들 가운데는 오히려 지금의 상황에서 더 절실하게 읽힐 만한 것이 많았다. 이것은, 다시 말하면, 우리의 현실이 지난 17년간 본질적으로 조금도 변하지 않았거나 혹은 질적으로 더 열악해졌다는 의미일 것이다. 기후변화, 피크오일, 식량위기, 그로 인한 필연적인 세계경제의 붕괴라는 가공할 전망 앞에서 지금 우리가 살고 있는 세계는 급속히 파국의 소용돌이로 빠져들고 있다. 이 세계는 이미 10년 전, 20년 전의 상황과도 다르다. 이미 우리가 탄 배가 빙산에 부딪치는 것을 더이상 막을 수 있는 방도는 사라졌는지도 모른다. 이런 상황에서 사회적 격차와 권력의 독과점은 날로 심화되고, 교육의 실패는 돌이킬 수 없는 수준에 이르렀으며, 민주주의는 후퇴를 거듭하고 있다. 그리고,

무엇보다도, 인간다운 덕성과 자질을 뿌리로부터 부정하는 물신주의(物神主義)의 일방적인 위세 속에서 걷잡을 수 없이 망가지는 인간관계, 그에 따른 인간성의 황폐화 …. '근대의 어둠'은 훨씬 더 깊어졌다고 할 수밖에 없다.

이 책에 수록된 글들 하나하나를 나는 절박한 위기감 속에서 썼다.

나는 이 책이 나와 비슷한 마음으로 살아가는 내 이웃들에게 약간의 위로가 되고, 나아가서 그들을 서로 연결해주는 작은 끈이 된다면 더 바랄 것이 없겠다는 생각으로 책을 묶었다.

2008년 4월
김종철

목차

생명의 문화를 위하여

창간사

우리에게 희망이 있는가?

지금부터 이십 년이나 삼십 년쯤 후에 이 세상에 살아남아 있기를 바라는 사람이 과연 몇이나 될 것인가?

범람하는 인쇄물 공해의 시대에 또하나의 공해를 추가하는 것에 불과할지도 모를 이 조그마한 잡지를 시작하면서 우리의 마음은 참으로 무겁다. 거의 파국을 향하여 질주하고 있는 산업문명의 이 압도적인 추세 속에서 우리의 보잘것없는 작업이 무슨 의미가 있을지, 게다가 이 작업이 불가피하게 삼림파손에 이바지한다는 사실을 생각할 때 우리의 마음은 실로 착잡하다고 할 수밖에 없다. 우리가 시도하려는 작업이 어떤 의미가 있든지 간에 이것이 생태계의 훼손을 조금이라도 수반하는 것이라면, 이 작업이 정당화될 수는 없을 것이다.

그러나 많은 망설임 끝에 결국 이 잡지를 내기로 결정한 것은 그것이 크게 가치있거나 많은 사람들의 필요에 부응할 수 있으리라는 자기도취적인 낙관이 있어서가 아니다. 점점 가속적으로 악화일로를 걷고 있는 환경문제를 보면서, 그리고 그러면 그럴수록 인간을 포함한 수많은 생명체들이 지구상에서 지속적으로 생존할 수 있는 가능성이 대단히 불투명해지는 현실에 직면하여, 우리는 우리 자신은 그렇다 치고 우리의 아이들은 어떻게 될지, 그 아이들이 성장하여 사랑을 하고 이번에는

12

자기 아이들을 가질 차례가 되었을 때 그들의 심중에 망설임이 없을까 — 하는 좀더 절박한 심정에 시달리지 않을 수 없다. 이것은 아마 조금이라도 생각이 있고 책임감이 있는 사람이라면 회피하기 어려운 당면 현실일 것이다. 우리가 《녹색평론》을 구상한 것은 지극히 미약한 정도로나마 우리 자신의 책임감을 표현하고, 거의 비슷한 심정을 느끼고 있는 결코 적지 않을 동시대인들과의 정신적 교유를 희망하면서, 민감한 마음을 지닌 영혼들과 이 어려운 상황을 극복해나가기 위한 이야기를 나누어보고 싶은 욕망 때문이었다.

우리는 우리가 느끼는 절박한 심정이 지금 많은 사람들에 의해 공유되고 있다고는 생각하지 않는다. 그렇지만 그러한 심정이 단지 지나치게 예민한 사람의 예외적인 판단에 기인한다고도 생각하지 않는다. 그다지 상상력이 풍부하지 않은 마음으로도 지금 상황은 인류사에서 유례가 없는 전면적인 위기 — 정치나 경제의 위기일 뿐만 아니라 무엇보다 문화적 위기, 즉 도덕적 철학적 위기라는 것을 막연하게나마 느끼지 않을 수 없을 것이다. 우리들의 대부분은 오늘날 우리의 삶이 일종의 묵시록적인 상황에 임박해 있다는 사실에 직면하는 것이 두렵기 때문에 애써 이것을 부인하거나 외면하면서 살아가고 있지만, 스스로 일상적으로 겪고 있는 안팎의 모든 체험에 비추어 다소간 정도의 차이는 있을지 몰라도 우리 각자는 저마다 내심 깊은 공포를 느끼고 있음이 분명하다. 그렇기 때문에, 지금 환경문제를 둘러싸고 벌어지고 있는 지배적인 논의방식에서 보는 것처럼 이것을 단순한 외부적 재난이 아니라 삶에 대한 우리 자신의 기본가정 자체의 결함으로 인식하는 데 무능력을 드러내는지도 모른다. 근원적인 공포가 사태의 정당한 인식을 가로막고 있는 것이다. 그래서 무엇인가 본질적인 결핍을 느끼면서도 환경재난에 대한 기술주의적 접근방법만이 활개를 치고, 또 그러한 현실에 대체로 묵종해버리는 것인지도 모른다.

하여튼 환경재난이 제기하는 보다 근원적인 물음으로부터 자꾸만 도피한다면, 모처럼 이 위기가 인간의 자기쇄신이나 성숙을 위하여 제공하는 진정한 도전에 성실하게 응답하지 못하는 결과가 될 것은 틀림없어 보인다. 오늘날 우리가 경험하고 있는 전대미문의 생태학적 재난은 결국 인간이 진보와 발전의 이름 밑에서 이룩해온 이른바 문명, 그중에서도 특히 서구적 산업문명에 내재한 논리의 필연적인 결과로서의 사회적, 인간적, 자연적 위기라는 사실을 명확히 인식하는 것이 무엇보다 중요하다. 다시 말해서, 이것은 사람이 이 세상에 산다는 것은 무엇인가, 이 지구상에서 사람이 삶을 영위하는 올바른 방식은 과연 무엇이어야 하는가를 근본적으로 성찰할 것을 요구하는 진실로 심오한 철학적 종교적 문제에 직결되어 있다고 할 수 있다.

지난 백여 년간 서양문화로부터의 충격 속에서 거의 제정신을 차리지 못하고 근대화 콤플렉스에 깊숙이 젖어온 민족의 입장에서, 하나의 인간공동체로서 번영을 누릴 뿐만 아니라 단순히 살아남기 위해서도 모든 사람의 에너지를 경제성장과 산업화에 쏟아부어야 하는 것이 당연하다고 생각했고, 그 결과 어느 정도는 물질적 성공과 서구적 생활방식의 모방의 가능성이 주어지는 것으로 기대되는 바로 그 시점에서, 다름 아닌 그러한 성공의 대가로 인간생존의 터전 자체의 붕괴를 경험해야 한다는 것은 한국 사람들로서는 참으로 받아들이기 어려운 고통일 것임이 분명하다. 이 시점에서 대다수가 문제의 본질을 제대로 못 보고, 적당히 짜깁기함으로써 위기를 벗어날 수 있으리라고 생각하는 것도 따지고 보면, 오랜 기간 의심할 나위 없이 믿어왔던 삶의 목표와 우선순위에 대한 관점을 근본적으로 변경할 만한 심리적 준비가 되어 있지 않기 때문일 것이다. 그러나 아무리 환상을 갖고 싶어도, 이대로 간다면 머지않아 생존의 자연적 토대가 완전히 허물어지고 만다는 냉정한 사실이 달라지는 것은 아니다. 지금 온갖 곳에서 매 순간 끊임없이 불거져나오는 환경재난과 생명훼손의 사례들은 이 추세에 강력한 제동이 걸리지 않으면 우리 자신이나 다음 세대들의 이 지상에서의 생존이 사실상 불가능하게 될 것임을 예고하는 불길한 징후들이다. 물론 오랜 옛날부터 예언자들은 흔히 세상의 종말을 이야기해왔다. 그러나 그러한 예언은 무엇보다 종교적 열정에 근거를 둔 것임에 반해서 오늘의 묵시록적인 전망은 다분히 과학적 증거에 의해 뒷받침되고 있는 것이다. 오늘날 과학자들 간에는 토양오염이나 온실효과나 오존층 고갈이나 세계의 사막화에도 불구하고 인류가 살아남을 수 있는 가능한 방법에 대한 기술적 탐색에 골몰하고 있는 사람들도 적지 않지만, 인간 자신이 생물학적 존재조건을 변경시킬 수 없는 한, 어떠한 기술적 재간으로도 생물체로서의 생존조건을 파괴하면서 살아남는다는 것은 있을 수 없는 일이다. 그리고 그렇게 살아남는다 한들 그것이 무슨 의미가 있겠는가? 맑은 공기도, 푸른 하늘도, 숲도, 강물도 없는 세상에서 사람은 살고 싶은 욕망을 느낄 수 있는가?

과학기술이 모든 어려운 문제를 해결해 주리라는 어리석은 믿음이 지배하고 있다는 점도 오늘의 크나큰 비극을 가중시키는 주요한 요인이라고 할 수 있다. 과학도 기술공학도 결코 만능이 아닐뿐더러 오히려 사태의 악화에 훨씬 더 많이 기여해왔다는 것을 알기 위하여 우리 각자가 전문적인 지식을 갖추어야 할 필요는 없을 것이다. 오늘날 많은 사람들이 과학에 대해 품고 있는 맹목적인 숭배나 신뢰는 과학은 거짓이 없고 실패가 없다는 전연 근거 없는 미신에 기초하고 있는데, 이런 터무니없는 미신이 널리 유포된 데에는 이 시대에 만연하고 있는 비역사적 사고가 크게 기여한 것으로 보인다. 과학사의 관점에서 볼 때, 과학의 진리에 대한 관계는 언제나 잠정적이고 모색적인 것이었지 결코 항구적인 절대성을 갖는 것은 아니었다. 진정하게 과학적인 태도는 그러니까 늘 열려 있는 겸손한 태도일 수밖에 없으며, 자신의 현재 능력이나 인식방법으로써 포착할 수 없는 경험이라고 하여 그것을 무시하거나 비과학적이라고 매도하거나 적대적인 태도를 보인다는 것은 참다운 과학정신과 인연이 먼 태도라 해야 옳다.

오늘날 과학기술의 힘이 막강하고, 부분적이나마 과학기술 수준이 찬탄스러운 것이라 해도, 과학은 여전히 우리의 삶의 바탕과 이 세상과 우주의 근원적인 진리를 해명하는 데에는 너무나 미약하고 부적절한 수단밖에 가지고 있지 않다는 사실에 우리는 주목해야 한다. 하물며, 기계론적 우주관과 선형적 진보사관에 의지하여 전개되어온 지난 수세기의 근대과학기술의 성과는 이제 인류의 파멸까지도 배제하지 않는 지구생태계의 대재난을 초래하는 데 결정적인 기여를 해온 것이 아닌가? 삶의 태반을 망가뜨리면서 그것을 진보와 발전이라고 믿어온 것은 실로 우매의 극치라 할 만하고, 완전한 미치광이짓이라고 할 수밖에 없다. 과학과 기술에 대한 인간의 본질적 관계, 그리고 근대과학의 근본가정에 깔려 있는 폭력성에 대한 뿌리로부터의 철저한 반성 없이, 계속하여 더 많은 과학과 더 정교한 기술만을 구한다면 파멸은 불가피할 것이다.

그러면 어떻게 해야 하는가? 무엇보다 우리는 지금 닥친 위기가 민족단위로서는 말할 것도 없고, 인류사 전체의 경험으로서도 미증유의 것이라는 것을 생각해야 하고, 그러니만큼 여기에 관한 한 어디에서 빌려올 수 있는 손쉬운 처방이 없다는 사실에 유의해야 한다.

그리고 무엇보다도 이런 유례없는 위기는 본질적으로 우리의 삶의 현상적 측면에 대한 이러저러한 부분적, 임시적, 외면적 수습책으로는 절대로 극복될 수 없다는 사실을 우리는 똑바로 보지 않으면 안된다. 오늘날 우리의 생활공간에 빚어지고 있는 공해, 오염, 자연파괴의 문제는 우리의 일반적인 사회관계가 견디기 어려울 만큼의 적의와 긴장에 차 있을뿐더러 우리의 사회상황이 극심한 부패와 윤리적 타락으로 고

16

통당하고 우리 각자의 내면이 날로 피폐해져가고 있는 상황에 정확히 대응한다고 할 수 있다. 자연과 인간 사이의 관계는 그러니까 결국 사람과 사람 사이, 그리고 개인의 자기 자신에 대한 관계의 문제와 근본적으로 일치하는 문제라 할 수 있고, 그렇기 때문에 이것을 정치·경제의 문제이자 동시에 철학과 도덕과 종교의 문제로 보아야 하는 것이다.

사람 사이의 불평등한 관계를 예의 주목하고 그것을 혁파하는 일에 주력해온 전통적으로 진보적인 사회사상은 그것이 사람에 의한 사람의 지배, 착취를 반대해왔다는 점에서 존경받아 마땅한 사상이라 할 수 있지만, 그러나 그것이 어디까지나 인간 중심의 관점에 머무르고 있는 한, 특히 자연세계와의 조화가 중심문제로 된 오늘날 그것은 크게 미흡한 사상이라고 하지 않을 수 없다. 이것은 무엇보다 역사가 증명하고 있다. 때때로 인간과 자연의 동시적인 해방에 관한 언급이 없었던 것은 아니지만, 맑스주의는 일반적으로 인간의 삶을 생산과 소비의 측면에 제한하여 본다는 점에서는 부르주아 철학과 궤를 같이해왔다고 할 수 있다. 인간의 역사를 수렵채취의 생활양식으로부터 산업적 생활방식에 이르는 직선적인 진화의 흐름으로 파악한다는 관점은 이 지구상에서 오랜 세월에 걸쳐 이어져온 인류생활의 최신의 전개가 반드시 바람직한 생활형태를 기록하는 것은 아니라는 사실로 해서 받아들이기 어려운 관점이다. 생산과 소비의 양적 증가는 도리어 인간생활을 비참하게 만들어버린다는 비극적인 경험을 겸허하게 받아들이지 않으면 안되는 상황이 바로 오늘의 현실인 것이다.

전통적으로 산업화의 이데올로기로 봉사해왔다고 할 수 있는 맑스주의에서 인간 속에 뿌리 깊이 내재한 정신적 종교적 욕구가 흔히 등한시되어온 것은 당연한 일인지 모른다. 영국의 작가 로렌스는 볼셰비키혁명 후 러시아의 민중이 빵을 고르게 먹는 것은 가능해졌으나 그 빵이 맛이 없어졌다고 말함으로써 인간영혼의 근원적 요구를 외면하는 사상이나 사회운동에 대한 그 자신의 불신을 표명한 바 있지만, 사람이 이 세상에서 사람답게 살 수 있게 하는 불가결한 차원의 하나가 초월에 대한 욕구라는 것은 아무래도 부인하기 어려운 것으로 보인다.

사람의 초월에 대한 욕망은 인간성에 깊이 내재하고 있는 충동인지도 모른다. 이것은 자연이나 우주적 연관에서 자신의 삶을 돌이켜봄으로써 획득되는 정신적 체험을 통해 비로소 충족될 수 있는 것이다. 아리스토텔레스가 그의 윤리학에서 삶의 최고 형태를 명상하는 삶에서 찾았을 때, 이것은 일반적으로 고대인들이 품고 있었던 조화와 균형과 통일의 세계관을 요약하는 것이었다고 할 수 있다. 고대문화에서 흔히 그러했듯이, 사람의 명상할 수 있는 능력은 개인이 자기보다 더 큰 전체, 공동체나 자연이나 우주적 전체 속의 작은 일부로서 스스로의 존재를 느끼고 사색할 줄 아는 습관 속에서 길러지는 것일 것이다. 인간은 좁고, 미약하고, 일시적인 자기의 개인적인 삶의 테두리를 늘 보다 큰 지평 속에 관계시킴으로써 영속적인 거대한 우주적 생명활동에 스스로를 참여시킬 수 있었던 것이다. 이것이야말로 진정한 의미에서, 고대사회에서나 토착 전통사회에서나 혹은 이른바 미개사회에서 대부분의 사람들이 인생의 의미와 가치를 실현하는 방식이었다. 현대 산업사회의 핵심적인 비극은 이러한 의미에서의 인생의 의미를 완전히 몰각(沒覺)해왔다는 점에 있다. 따지고 보면, 인류의 오랜 역사에서 삶의 우주적 연관이나 자연적 근거를 완전히 망각한 문화라는 것은 거의 낯선 것이었다고 할 수 있고, 사람의 에너지를 온통 소득과 소비의 경쟁 속에 쏟아붓도록 강요하는 오늘의 지배적인 산업문화는 인류사에서 극히 예외적인 생존방식이라고 할 수 있다.

오늘날 생태학적 위기로 요약되는 이 어처구니없기도 하고 끔찍스럽기도 한 사태를 극복하기 위해서 무엇보다 필요한 것은 결국 우리들 각자가 자기 개인보다 더 큰 존재를 습관적으로 의식할 수 있게 하는 문화를 회복하는 일일 것이다. 우리가 생명의 문화라고 부를 수 있는 그러한 문화의 재건은 우리 각자의 인간적인 자기쇄신 없이는 이루어질 수 없음이 분명하다.

따지고 보면, 현대 기술문명의 기저에는 정복적 인간의 교만심이 완강하게 버티어 있다고 할 수 있다. 그렇기 때문에, 자연의 도를 따르는 순리의 생활을 우습게 여기면서, 모든 것을 자기 자신의 통제와 조종 속에 종속시키려고 하는 야만적인 폭력이 끝없이 창궐하고, 우리가 사는 세상이 자연적 환경이든 인문적 환경이든 나날이 지옥으로 변해가고 있는 것이 아닌가? 우리와 우리의 자식들이 살아남고, 살아남을 뿐 아니라 진실로 사람다운 삶을 누릴 수 있기 위해서 우리가 할 수 있는 것은 협동적인 공동체를 만들고, 상부상조의 사회관계를 회복하고, 하늘과 땅의 이치에 따르는 농업 중심의 경제생활을 창조적으로 복구하는 것과 같은 생태학적으로 건강한 생활을 조직하는 일밖에 다른 선택이 없다. 그러나 그러한 사회생활의 창조적 재조직이 가능하려면, 자기 자신을 내세우지 않는 겸손을 실천할 수 있어야 하고, 그러한 겸손에서 기쁨을 느낄 수 있는 정신적 자질을 갖추지 않으면 안될 것으로 보인다.

(창간호, 1991년 11-12월)

변화는 나 자신부터

심히 두렵고 불안한 마음으로 내놓았던 창간호는 예상보다 많은 분들의 공감을 얻었다. 이 기막힌 낭비의 시대에 또하나의 인쇄물 공해를 보태는 것밖에 아무런 의미가 없을지도 모른다는 우려 때문에 창간호 발간은 내내 편치 않은 마음으로 이루어졌었다. 이 우려가 이제 말끔히 해소되었다고 우리는 믿지 않는다.

우리의 작업이 설사 뜻있는 것이라 하더라도 마음이 가벼워지는 것은 아니다. 지금 이 순간에도 지구의 도처에서 삼림이 벌채되고, 자원이 낭비되고, 강물과 토양과 대기가 썩어가고 있다. 〈뉴욕타임스〉 일요판이 나오기 위해서 캐나다의 숲이 하나씩 없어져야 하는 시대에,《녹색평론》이 아무리 재생종이를 가지고 책을 만들어보려고 애쓴다 해도 결국 헛일일 가능성이 크다. 가급적 공해요인을 줄이기 위해서 재생종이를 이용하고, 비닐코팅을 거부하고, 색채와 사진을 회피한다손 치더라도 책 발간 작업이 어떤 식으로건 생명공동체에 부담을 준다는 것은 피할 수 없는 일이다. 우리가 지금 바랄 수 있는 것은 죄를 짓되 그것을 최소한으로 할 수 있었으면 하는 것이다.

생각하면 할수록 두렵고 무서운 일이다. 일생 동안 단 한 그루의 나무도 심어본 일이 없이 이렇게 종이를 허비하고 살아도 되는가? 지금 제2호를 내놓을 준비를 하는 순간에도 이런 근본적인 물음으로부터 우리는 도망갈 수가 없다.

창간호를 보신 분들 가운데 어떤 분들은 자신의 할 일을 대신해주어서 고맙다는 과분한 말씀도 주셨다. 우리 자신의 능력을 돌아보지 않고 시작한 일이니만큼 잡지로서 심히 미흡한 것이라는 것을 알기에 그러한 친절한 말씀에 송구스러운 마음을 금할 수가 없지만, 달리 생각해보면, 이 작업이 어느 특정인이나 집단의 사업이 결코 될 수 없다는 것은 분명하다. 그러므로 우리는 이 작업이 좀더 공동적인 노력, 협력에 의해서 이루어져야 마땅하고, 그렇게 되어야 할 여지가 많다고 생각한다. 그렇기 때문에 우리는 여기서, 창간호를 보고 보내주신 여러 분들의 관심이 참으로 열성적이긴 하지만, 아직 이 잡지가 지속적으로 발간될 수 있는 기반은 너무나 취약한 것이라는 것을 말하지 않을 수 없다. 무엇보다 여러가지 이유 때문에 《녹색평론》의 취지에 적합한 글을 국내 필자에게서 얻어내는 일이 극히 어렵다는 사정이 있고, 어차피 아직은 매우 제한된 독자층에게 호소할 수밖에 없는 이 잡지의 재정적인 전망은 여전히 불투명하다.

그러나 상황의 어려움 때문에 원칙에 어긋나는 타협을 시도할 수는 없다. 우리는 이 잡지가 삶의 진정성과 관계없는 헛되고 어리석은 욕망의 충족에 봉사할 수도 없지만, 생명공동체의 훼손을 정당화하거나 묵인하는 모든 형태의 사회적, 문화적 기획에 동의할 수 없다는 것을 비타협적으로 지켜나가고자 한다. 상업주의의 가공할 압력 밑에서, 자본의 지배에 반대하려는 의도로 출발한 문화적 작업들이 흔히 거의 예외 없이 자본과 상품논리의 노예로 전락하고 마는 것이 유감스럽지만 오늘의 현실인 것 같다. 그러나 죄악의 출발은 가난이 아니라 잉여라는 옛사람들의 생각이 옳은 것인지도 모른다. 가난을 달갑게 받아들이지 못하면, 헌신과 자기희생의 가치를 우습게 여기는 문화가 활개를 치는 것이 당연한 것이다.

지금 우리의 존재의 기초라 할 수 있는 농촌은 완전히 황폐일로에 있는데 바로 농촌을 이 지경으로 몰고온 개발, 성장논리의 지배는 조금도 완화되고 있지 않다. 지질상으로나 지형상으로, 이른바 본격적인 개발이 강행되면 수습할 수 없는 재앙이 충분히 과학적으로 예견되는 데도 불구하고, 제주도개발법이 입안되고 통과되었다. 다른 한편, 이미 극도로 오염된 강물로 인해 그 물로 경작되는 농작물과 그 물이 저류하는 바다에 사는 온갖 생물과 토양이 모두 오염되고 그 결과 생존 자체가 불가능해질 상황으로 가고 있음이 분명한데도, 국내 최대의 염색공단의 낙동강으로의 폐수 방출은 경제논리에 의해서 언제까지나 변호되고 있는 형편이다. 대구염색공단의 경우는 고용문제를 포함한 경제문제와 환경문제 간의 대립이라는 차원에서 논의라도 될 수 있는 경우지만, 그런데 골프장의 난립은 무엇으로 합리화될 수 있는가? 삼림과 마을을 파괴하고, 지하수를 고갈·오염시키고, 농경지를 버려놓고, 이상기후와 대기오염에 일조하고, 끝내는 국토를 사막화하는 데 결정적인 기여를 할 가능성이 높다는 경고에도 불구하고 골프장이 자꾸만 생겨난다는 것은 무엇을 의미하는가? 자기 자신이나 자기 자식들에 대하여 조금이라도 책임감이 있는 사람들이라면 그러한 경고를 무시할 수 있을까?

어떻게 보면, 모든 비극은 일반적으로 사람들의 사고능력의 퇴화와 더불어 진행되는 것인지도 모른다. 텔레비전 앞에서 보내는 시간이 많으면 많을수록, 교사의 일방적 주입식 교육을 배움의 전부로 받아들이면 들일수록, 사람답게 사는 데 필요한 근본적인 사고력이나 상상력은 점점 걷잡을 수 없이 퇴화할 것이 분명하다. 이러한 사고력의 퇴화의 비근한 예는 우리가 매일같이 경험하는 교통문제에서도 쉽게 찾아볼 수 있다. 모든 사람들이 저마다 자기 차를 타고 나오면 통행이 불가능하게 되고, 세상이 지옥으로 된다는 것은 두말할 필요가 없는 일이다. 자가용 사회를 만들기 위해서 우리는 논밭도, 주택도, 학교도, 시장도,

병원도 모두 없애버리고 그저 도로만 도로만 뚫어놓으면 되는 것일까? 오늘날 하루가 다르게 점점 소통이 불가능해지고 있는 도로에 차를 몰고 다니는 대부분의 사람들은 다른 사람들의 책임을 따지고, 다른 사람들이 양보하고 희생해주기를 원한다.

거의 모든 사람들이 사회나 세상이 변해야 할 필요성에 관해 말하고 있지만, 그러나 세상이 변하려면 자기 자신이 변해야 한다는 생각을 할 줄 아는 능력을 보여주는 사람은 매우 드문 것 같다. 우리의 고통은 자기 자신이 바로 지금 문제가 되고 있는 세상의 일부라는 사실을 정확히 대면하지 못하고 있다는 데서 오는 것일 것이다. 개인적인 노력은 별로 의미가 없으며, 문제는 구조적이다 ― 라고 흔히 지식인들은 생각하는 것 같다. 그러나 이번 호 《녹색평론》의 여러 필자들, 특히 〈작은 行星을 위한 食事〉의 필자가 분명하게 말하고 있듯이, 구조적 변화의 출발은 어디까지나 나에게 있는 것이며, 나 자신이 변화함으로써 벌써 세계변화가 시작되는 것이다. 그러므로 우리가 책임있는 인간으로 성장하려는 노력을 계속하는 것이야말로 오늘날 이 당면한 생태적, 사회적, 문화적, 도덕적 위기에 대한 진실로 인간다운 양심적인 응답일지도 모른다.

(제2호, 1992년 1-2월)

두려운 것은 가난이 아니다

무슨 현실적인 쓸모가 있을지 확신도 없이 또다시 책을 엮어 내놓는다. 우리는 그동안 세 차례에 걸쳐 책을 내면서, 우리의 빈약한 자원 덕분에 문자 그대로 개미처럼 일해야 했다. 그러나 사람은 개미가 아니기 때문에 때로는 슬그머니 그만두고 싶은 유혹도 없었던 것은 아니다. 그런 유혹을 이겨내는 데 가장 좋은 약은 만일 이 잡지가 풍족한 조건에서 호화판으로 제작된다면 어떻게 될 것인가라는 공상이었다. 거의 극단적으로 부패한 이 소비문화체제의 일부로 편입되는 '성공'이 우리에게 주어진다는 것을 상상하는 것만으로도 우리는 전율을 느끼지 않을 수 없다.

실로 두려운 것은 가난이 아니다. 우리를 타락시키는 것은 가난이 아니라 편의주의와 물질적 풍요에 중독되는 일이다. 모든 중독이 그렇듯이, 물질적 안락과 편의주의에 중독될 때 사람은 그것과의 절연을 두려워한 나머지 그러한 생활의 연장을 위해서라면 무슨 짓이든지, 심지어 자기 자신의 생존의 토대를 망가뜨리는 일도 서슴없이 행한다. 가난은 무섭고 혐오스러운 것이라고 끊임없이 가르치면서 산업주의적 가치를 받아들이기로 합의해온 결과 우리는 지금 전대미문의 비극적 재난에 봉착한 것이다.

지금 이 머리말을 쓰는 동안 광주에서 도시가스 탱크 폭발사고를 알리는 보도가 나왔다. 그리고 바로 그저께는 이제 오존층에 뚫린 구멍이 남반구만이 아니라 북반구 전역에도 광범위하게 발견되기 시작했다는 미국항공우주국(NASA)의 발표를 전하는 외신 보도가 있었다. 최근에 남미에서는 그 오존 구멍을 통과한 강한 자외선에 노출된 탓으로 장님이 되어버린 토끼들이 수백 마리씩 들판을 헤매고 있음이 발견되었다. 그런가 하면 얼마 전에는 미국의 어떤 대중가요단의 초청공연장이 우리의 청소년들의 광란의 아수라장이 되었고, 인명까지 손상되는 사태가 일어났다. 충격적인 것은 그것만이 아니다. 그 공연 입장권의 암표가 백만 원에 팔렸다고 한다. 물질적 성공만이 가치있는 일이고, 그것을 이루어내기 위해서 남들은 나의 적(敵)이라는 교육을 끊임없이 받아온 아이들, 학교와 가정이 인간교육을 포기하고, 전자오락과 텔레비전과 전자음향기기만이 유일한 안식처가 되어버린 아이들 — 그 아이들은 장님이 된 토끼들의 다른 모습일 뿐이다.

우리는 산업체제의 결함들이 문제가 아니라 산업체제 그 자체가 문제라는 것을 명확히 인식할 필요가 있다.

기술의 보완이 부분적으로 필요한 것은 사실이지만, 결코 기술의 발전이 생태적, 사회적, 문화적 파손을 올바르게 치유해줄 수는 없다. 지금 우리는 얼마 안 있어 농촌이 없는 사회, 흙으로부터 완전히 절연된 사회로 들어갈지 모르는 상황에 이르렀다. 그런데 이것을 수경재배니 생명공학이니 하는 기술로써 해결할 수 있는가? 믿을 수 없는 예측이지만 설사 그런 기술로 당장의 먹을거리를 마련할 수 있다손 치더라도, 흙 없는 세상에서 사람이 정신적, 육체적 건강을 유지하고 산다는 것은 불가능할 것이 분명하다. 인간은 인간 자신의 손으로 만들어진 존재가 아니기 때문에 자연의 순리를 겸허히 받아들이지 않으면 안된다. 인간은 태어날 때 흙을 떠나서는 삶을 향유할 수 없도록 운명지어져 있다는 것을 망각하고, 이것을 자꾸 어기려 한다면 그 궁극적인 결과는 파멸밖에 없을 것이다.

더욱이 자연 생태계는 인위적인 조작으로는 도저히 어찌해볼 수 없는 정교하고 물샐틈없는 조화와 균형과 상호의존의 질서 속에서 움직이고 있는데, 여기에 순전히 인공적인 음양조작기술인 생명공학을 광범위하게 적용한다면, 그것은 참으로 가공할 자연질서의 교란을 초래할 것은 불을 보듯 뻔하다. 우리는 인간의 어리석은 욕심이 아니라 자연질서가 척도가 되는 세상을 회복하지 않으면 안된다. 어떤 형태로든 농업중심의 공동체적 사회질서를 재건하지 않고는 단순히 살아남기도 어려우리라고 우리가 믿는 것은 무슨 복고적 열정 때문이 아니라, 그것 말고는 다른 대안이 없다는 판단 때문이다.

어떤 기술, 또는 어떤 구조적 변혁의 노력에 앞서서 필요한 것은 우리 자신이 지금과 다른 존재로 변화해나갈 용의를 갖추는 것이다. 산업주의의 가치에 대한 거의 무조건적인 신앙에 뿌리를 둔 우리 자신의 욕망의 구조야말로 이 폭력적인 산업체제의 가장 완강한 버팀목이라고 할 수 있는데, 이러한 욕망의 구조를 그대로 둔 채 무엇인가를 자꾸만 덧붙이려는 처방으로써 이 위기에서 벗어나기를 희망한다는 것은 어리석은 일이다. 마이스터 에크하르트가 말했듯이, 우리의 구원은 우리가 무엇을 행하는가가 아니라 우리가 어떤 존재로 되는가에 달려 있는 것이다. 가난을 기쁘게 받아들이고, 권력행사가 아니라 겸손과 무소유야말로 참답고 충만한 삶을 이룬다는 것을 실제로 당장 실천하지는 못하더라도 적어도 그것을 인정할 수 있는 사람으로 변화하는 것 ― 이것이 구원을 향한 진정한 출발점일 것이다.

《녹색평론》은 창간호가 나간 지 두어 달 만에 천여 명이 넘는 고정독자를 얻었다. 수없이 쏟아져나오는 출판물의 홍수 속에서, 시중 서점에 제대로 비치되어 있지도 못한 이 보잘것없는 잡지가 이만큼 대접을 받은 것은 몹시 분에 넘치는 일이다. 그러나 돌이켜보면, 이런 일의 배경에는 어떤 갈망 - 종래의 관습적인 어떠한 사고와 논리와 언어습관으로도 담아내지 못하는, 새로운 사고와 새로운 감수성에 대한 실로 뜻깊은 내적 갈망이 우리 사회 내부에서 강력하게 성장하고 있음을 분명히 감지할 수 있다. 이것은 불가피한 일일 것이다. 조금이라도 책임감이 있고, 민감한 마음을 가진 사람이라면 지금은 종래의 습관적인 가치나 신념체계에 의존하는 것으로써는 어림도 없는 그러한 근본적인 대전환이 필요한 시점이라는 것을 막연하나마 느끼지 않을 수 없을 것이기 때문이다. 우리는 그러한 전환을 위한 '느낌의 공동체'가 눈에 보이지 않게 형성되어가고 있다고 믿는다. 그 전환이 진실로 창조적인 구원이 되기 위해서 이제 우리는 사람 누구나가 가진 정신적 개종의 가능성, 또는 불성(佛性)을 믿어야 한다.

미흡하기 짝이 없으나마 우리의 작업이 지속될 수 있도록 독자 여러분들의 비판과 질책과 성원이 계속되기를 바라 마지않는다.

(제3호, 1992년 3-4월)

뿌린 대로 거둔다

    엄동설한을 변변히 겪어볼 새도 없이 어느새 봄인가 했더니 벌써 초여름 날씨다. 지금 4월 하순 바야흐로 신록의 계절인데, 여름꽃들도 거의 피고 있다. 꽁꽁 얼어붙은 땅이 서서히 풀릴 때 시냇물 흐르는 소리를 들으면서 차례차례 매화가 피고, 진달래가 피고, 개나리가 피고, 이어서 복사꽃이 피어날 법한데, 거의 보름이나 일찍 피어버린 벚꽃이 지기 무섭게 라일락도 활짝 피고 뒷산에는 제비꽃도 피었다. 꽃들이란 꽃들이 모조리 한꺼번에 피어버리는 이 이상스러운 현상은 어떻게 된 일일까?

    말할 것도 없이 이것은 지구온난화 혹은 기상이변이라는 두려운 사태가 나타나기 시작했음을 알려주는 징후들일 게다. 그러나 그러한 피상적인 설명보다도 우리가 먼저 깨달아야 할 것은 이렇게 계절을 무시하고 꽃들이 한꺼번에 피어나는 것은 우리가 계절에 관계없이 꽃들을 원하고, 먹을 것을 찾아왔기 때문인지도 모른다는 것이다. 우리는 아무 때나 온실에서 만들어진 꽃을 사고팔며, 겨울에 수박과 오이와 참외를 먹을 수 있게 된 것을 세월 좋아졌다고 착각하는 어리석음에 깊이 빠져 살고 있다. 수박과 오이와 참외 같은 것은 더워진 몸을 식히는 냉물(冷物)이며, 따라서 그것들은 온대지방에서는 여름의 먹을거리로서 자연에 마련되어 있는 것이다. 이러한 자연법칙을 거스르면서 자꾸만 어리석은

28

제 욕심만 내세우는 인간에게 이제 하늘이 그러한 계절 무시의 습관이 어떤 것이라는 것을 보여주려는 것인가?

뿌린 대로 거둔다고 한다. 콩을 심으면 콩이 나고, 팥을 심으면 팥이 난다는 것과 똑같은 원리에 따라서 땅속에 농약이라는 독을 넣으면 독이 든 농작물을 우리가 얻을 수밖에 없다.

베트남전쟁 때 미군이 살포한 고엽제에 노출되었던 사람들이 심한 육체적 정신적 후유증에 시달리고 있다는 것은 세계적으로 널리 알려진 사실인데, 최근 우리나라에서도 월남 참전 군인들의 일부가 고엽제로 인한 고통을 겪고 있다는 보도가 처음 나왔다. 이것은 어떤 형태로든 사회적인 주목을 지속적으로 받아야 하는 중대한 문제이다. 그런데 이런 논의에서 잊지 말아야 할 또하나 중요한 문제는 그 고엽제와 성분이 거의 같은 제초제가 오랫동안 그리고 지금도 대량으로 우리의 농토와 잔디밭과 골프장에 끊임없이 살포되고 있다는 사실이다. 농촌 노동력의 격감으로 제초제 없이는 거의 농사가 불가능한 상태가 되어 있는 것이 우리의 농업 현실이다.

질소비료 공장에서 흘러나온 수은이 어패류를 거쳐 인체에 축적됨으로써 미나마타병이라는 참혹한 공해병에 걸려 고통받고 있는 일본 사람을 만나고 난 뒤 그 휠체어에 묶여 차라리 죽기를 바라는 사람의 모습은 이제 얼마 안 있어 많은 사람들의 보편적인 운명이 될지도 모른다고 고뇌에 찬 어조로 이반 일리치는 말하고 있다. 우리의 아이들의 몸속에 얼마나 많은 중금속이 함유되어 있을지 실로 두렵고 두렵다.

우리는 이 모든 것이 불가항력적인 운명이라고 해서는 안된다. 겨울에 여름 야채를 찾고, 온대지방에서 열대과일인 바나나를 탐하는 당연한 결과라는 것을 알아야 한다. 자연의 순리대로 사는 것을 거부하는 교만성과 어리석음이 이 모든 재앙의 원인인 것이다.

오늘날 무어니 무어니 해도 가장 큰 위협은 농업의 위기이며, 농촌의 황폐화이다. 그동안 우루과이라운드 협정 문제로 인해 농촌문제는 크게 주목되어왔지만, 이 문제에 관계하여 제기된 것은 주로 식량무기화에 대한 우려, 주곡인 쌀을 개방함에 따르는 농촌경제의 어려움 등으로 요약될 수 있고, 그것을 타개한다는 구실로 정부나 관계 전문가들이 내놓는 처방이란 것은 영농규모의 확대, 농업생산의 기계화 내지는 과학화라는 것이다. 그러니까 농산물의 국제경쟁력을 높이는 일에 주력해야 한다는 것이다. 농경지의 합리적인 재조정이라는 것도 부분적으로 필요한 경우가 있을 것이다. 그런데 이러한 처방은 근본적으로 농사라는 것을 단지 산업의 한 형태로 보고 있다는 것이 무엇보다 문제인 것이다. 농사는 거기에 가해지는 인위적인 노력을 합리화해야 할 부분이 없는 것이 아니지만, 기본적인 척도는 자연이고, 땅의 본성이어야 하는데 이것이 무시되고 있는 것이다. 모든 다른 고려에 앞서서 생산성만이 최대의 기준이 될 때, 땅이 쉽사리 황폐하게 되고 만다는 것은 조금만 생각해도 명백한 것이 아닌가. 수십 년간 다수확이라는 한 가지 목표를 추구하여 우리의 농토에 들어간 농약과 화학비료는 실로 어마어마한 양에 이르고 있음에도 불구하고 지금 또다시 영농과학화, 기계화라는 이름으로 비료와 농약과 트랙터가 대대적으로 투입된다면 조만간 우리의 땅은 회생불능의 상태로 될 수밖에 없을 것이다. 땅은 그 본성에 맞게 사람이 온갖 주의를 기울여 돌보는 일을 게을리하지 않아야 비로소 건강한 바탕을 잃지 않고 건강한 먹을거리를 인간에게 선물로 돌려주는 법이다. 우리의 건강한 생존의 첫째 조건은 땅이 건강해야 하고, 땅이 건강하려면 땅을 건강하게 보살필 수 있는 책임감과 능력을 가진 사람들이 있어야 하는 것이다.

더욱이 땅을 보살필 수 있는 능력은 단순히 기술적인 것이라고 할 수 없다. 그것은 세대에서 세대로 전해져오는 유구한 공동체의 문화적 축적을 전제로 한다. 그런 점에서 오늘날 우리의 농업위기는 본질적으로 농촌공동체의 붕괴라는 현실이 극복되지 않고서는 올바르게 해결될 수 있는 것이 아니다.

그럼에도 불구하고, 조만간 농촌인구를 5퍼센트 이하로 줄이려는 것이 정부의 농업정책이고, 그 구체적인 시책이 농토를 농업진흥지역과 비진흥지역으로 거의 반반씩으로 나누어, 실질적으로 농사다운 농사를 포기하고, 농촌을 사실상 관광, 위락 지역으로 전환시키려는 것이다. 우리 아이들의 장래를 생각할 때 우리는 실로 암담한 느낌을 갖지 않을 수 없다. 지금 세계적으로 해마다 어마어마한 규모로 농지가 줄어들고, 토양이 침식되고 있다. 이것은 주로 미국식의 대규모 기계, 화학적 집약농업에 말미암은 것이다. 인간은 어떠한 재간이 있어도 땅을 떠나서는 생존할 수 없다는 것을 망각해서는 안되는 것임에도 불구하고 산업문화의 지배는 이러한 기초적인 사실조차 사람들로 하여금 잊어버리게 하고 있는 것이다. 땅의 생명을 중심으로 사고하지 않는 어떠한 사상, 어떠한 문화도 살아남을 수 없다는 사실은 일찍이 멸망한 수메리아, 중동, 로마를 포함한 고대사회에서의 농토 오용의 역사가 분명하게 가르쳐주고 있다.

오늘날 농촌을 살릴 수 있는 힘은 이미 농촌에 있지 않다. 많은 인구가 결국 농촌으로 회귀해서 농촌공동체를 되살리지 않고서는 가망이 없다고 할 때, 이 일은 그러면 어떻게 시작될 수 있는가? 우리는 먼저 성장경제, 기술문화에 중독된 우리의 가치관을 근본적으로 반성하는 작업에 시급히 들어가야 하며, 무엇보다 이런 식의 경제, 문화는 절대로 지속 가능한 것이 아니라는 사실을 냉철하게 받아들일 줄 알아야 한다. 때때로 기술문화를 반성하여야 한다고 하는 의견에 대하여 그러면 석기시대로 돌아가자는 말이냐고 항변하는 사람들이 있지만, 지금은 그런

식의 유치한 말놀음에 빠져 있을 때가 아니라는 걸 뼈저리게 느껴야 한다. 우리가 석기시대에 대하여 가지고 있는 관점이라는 것이 얼마나 무지한 편견에 찬 것인가도 이해해야 하지만, 지금의 논점은 이 추세대로는 반드시 파국에 이를 것이 분명한 이상 사람살이의 기본방식을 새롭게 정립하는 노력을 하지 않으면 안된다는 것일 뿐이다. 그러므로 이것은 돌아가자는 이야기가 아니라 진실로 건강한 세상을 향해 용기있게, 정직하게 나아가자는 것이다.

시작 자체가 중요한 것인 만큼 한꺼번에 큰일을 하겠다는 것은 잘못된 생각일지 모른다. 문제는 우리가 생명과 자연에 대하여, 그리고 그 속에서 삶을 꾸려갈 수밖에 없는 인간조건에 대하여 겸허한 자세를 갖는 것이 급선무일 것이다. 우리는 이제 사랑의 능력을 진실로 회복하는 것밖에 다른 길이 없다는 것을 이해해야 한다. 사랑은 생명을 기르는 일이라는 작가 박경리 선생의 말은 음미할 만하다. 또한, 이 사회의 환경문제에 관심을 갖게 된 개인적인 동기가 태어난 자신의 아이가 너무나 소중해서 아무거나 먹이거나 아무렇게나 기를 수가 없었기 때문이라고 말하는 이번 호의 필자 서형숙 씨의 소박한 말은 그것이 소박한 말인 만큼 진실되고, 감동적이다. 딴것이 아니라, 바로 자식을 기르는 어버이의 사랑의 마음이면 족한 것이다. 이런 마음이 보존되어 있다면 우리는 밥상 하나라도 무책임하게 되는 대로 차리지는 않을 것이다. 정체 모를 수입농산물을 무신경하게 사 먹는다든지, 계절에 맞지도 않는 음식을 탐한다든지, 여러가지 면에서 간접살인 행위라고 할 수 있는 고기 중심의 식사를 탐닉한다든지 하는 생활습관을 계속하지 못할 것이다. 내가 될 수 있으면 유기자연농법으로 기른 먹을거리를 애써 구하는 것은 나 자신의 건강을 돌본다는 수준에서 시작할 수도 있겠지만, 그것은 결국 우리의 농촌공동체를 새로운 형태로 재건하는 데 이바지할 수 있는 것이다. 도시에 사는 수많은 선의의 사람들이 지금 농촌을 살리기

위해서 당장 할 수 있는 창조적인 일은 책임 있게 먹을 줄 아는 습관을
몸에 붙이는 노력을 하는 것이다. 조그만 습관의 변화지만 이미 여기에
는 엄청난 전환의 가능성이 들어 있음을 생각해야 한다.

(제4호, 1992년 5-6월)

'지속 가능한 개발' 논리의 허구

유엔환경개발회의를 계기로 새로이 등장한 '지속 가능한 개발'이라는 개념은 우리의 주목을 끈다. 아마 앞으로 얼마 동안 이것은 세계의 많은 지역에서 정치적, 경제적 상상력을 지배할 것으로 보인다. 이제 더이상 환경을 무시하고 나아갈 수는 없게 되었다는 인식 때문에 이러한 개념이 나온 것이 분명하다. 그러나 얼핏 그럴듯하게 들리는 '지속 가능한 개발'이라는 것이 과연 현실적으로 있을 수 있는가? 하기는 개발이라는 용어를 어떻게 정의하느냐 하는 것이 문제이긴 하다. 그러나 1949년에 해리 트루먼이 미국 대통령에 취임하면서 행한 연설에서 비서구세계의 많은 사회를 '저개발' 지역으로 규정한 이래 개발이라는 개념은 국제정치에서 하나의 강력한 이데올로기로서 기능해온 것이 틀림없는 사실이다. 이것은 세계의 모든 민족, 모든 인간이 근대 이후의 서구적 생활방식, 즉 대량생산과 대량소비에 기초하는 산업주의적 생활을 본받아야 한다는 것을 뜻한다. 세계의 수많은 민족들이 다양한 풍토와 다양한 전통 속에서 저마다 독자적인 살림살이를 향유하면서 살아왔다는 사실은 여기서 조금도 존중되지 않는다. 역사적으로, 개발이라는 것은 처음부터 비서구세계에 대한 서구인의 편견과 교만을 고스란히 반영한 제국주의 이데올로기였음은 길게 말할 필요가 없을 것이다.

개발은 곧 GNP(국민총생산)의 증대를 목표로 하는 경제성장을 의미하는 것이 되고, 이것이 한 사회의 '진보'를 측정하는 유일한 잣대가 되어, 서구식 산업문명이라는 단일한 방식을 무차별로 온 세계에 강요해왔다. 그뿐만 아니라 그것이 떠받드는 산업주의 문화는 지구가 어디까지나 유한체계라는 사실을 무시하고 끝없는 팽창을 추구하는 체제인 것이다. 그러므로 이것은 완전히 이성을 상실한 광기의 체제, 폭력의 체제일 수밖에 없다. 우리는 자기의 태반을 파괴하는 태아를 상상할 수 없지만, 바로 그러한 광적인 행동을 근대화, 산업화라는 이름으로 쉴새 없이 자행할 것을 개발논리는 강요해온 것이다.

이번의 유엔환경회의에서 어떻든 개발이 지속 가능한 것이 되어야 한다는 인식이 공유된 사실은 실제로 개발, 성장 논리의 근본적인 부적합성이 공인되었음을 알려주고 있다. 그러나 굳이 지속 가능한 '개발'이라는 용어가 채택되고, 환경과 개발의 조화라는 어중간한 타협책이 새로운 발전 전략으로 선전되면서 이른바 녹색산업주의라는 이야기까지 나온다는 것은 아직도 구태의연한 사고방식이 지배하고 있음을 말해준다. '지속 가능한 개발'이나 '녹색산업주의'라는 것은 따지고 보면 실제로는 불가능한 것이다. 그런데도 이런 공식이 제시되는 것은 환경문제도 적당히 고려하되 지금까지의 습관도 버리지 못하겠다는 태도 때문일 것이다. 사실상 아직도 우선적인 관심은 산업·소비문화 체제를 어떻게 온존시킬 것인가라는 것이지, 환경문제에 있는 것은 아닌 것이 분명하다.

지금은 한 시대가 가고 새로운 시대를 맞이한다는, 역사에서 되풀이되어온 수많은 이행기 가운데 하나가 아니다. 우리가 똑바로 보아야 할 것은, 일찍이 역사상 유례가 없는, 인류의 존망 그 자체가 문제가 된 때가 바로 지금이라는 사실이다. 우리의 안팎에서 지금 소중한 것들은 모조리 결딴나고 있다. 남아메리카 시에라네바다의 높은 산 속에서 문명세계를 향하여 보내는 '인류의 형님들'의 경고에 우리는 모든 잡담을 멈추고 귀를 기울여야 한다. "이대로 가면 세상이 곧 죽을 것이다"라는 그들의 메시지는 단지 재미있는 이야깃거리일 수 없다. 이것은 정말로 게임이 아니다.

우리에게는 근본적인 변화가 필요하다. 지금까지 해왔던 온갖 재간, 술수, 기술적 대책, 권력구조의 개편 따위로 타개할 수 있는 상황은 이미 아니기 때문이다. 환경문제의 해결이 중앙집중적 권력의 행사로 해결될 수 있으리라고 믿는다면, 머지않아 환경독재체제를 받아들일 수밖에 없을 것이다. 그러한 독재체제에서 물과 공기를 배급받아서 얼마 동안 생존은 연장될 수 있을지 모르지만, 그렇더라도 이것도 역시 일시적인 해결일 뿐이며, 끝내는 무서운 결과를 피할 수 없을 것은 자명한 일이다.

진정한 해결책은 하나 — 정말로 지속 가능한 삶의 방식을 회복하는 것일 뿐이다. 이것을 위해서 우리는 오랫동안 우리 자신 속에 뿌리 깊이 내면화된 상투적인 사고방식과 습성에서 해방되어, 정말로 자유롭게 사고할 수 있는 인간이 되지 않으면 안된다. 적어도 우리는 산업주의적 문화에 대하여 단호하게 아니다라고 할 수 있어야 한다. 현실적으로 다가오는 환경독재체제를 막기 위해서도 우리는 산업적 구조와 생산품과 생활방식에 중독되어 있는 상태를 하루빨리 끊는 용기와 책임감을 가질 필요가 있다. 자주적인 인간들의 자치의 공간의 확보야말로 위기를 극복할 수 있는 관건일 것이다.

그런 점에서, 지금 우리에게 무엇보다 필요한 것은 가난의 재평가이다. 어떠한 방법으로 이 위기를 벗어날 궁리를 하든지 간에 궁극적으로 요구되는 것은 물자와 용역의 낭비를 조장하는 생활을 포기해야 한다는 것이다. 이것을 받아들이기에 아마도 가장 준비가 안되어 있는 사람들이 바로 산업문화에 길들여진 사람들인지도 모른다. 우리가 오늘날 환경위기라고 일컬어지는 사태에 대하여, 그것이 객관적인 수습책으로 해결하기는 불가능하다고 생각하는 까닭이 여기에 있다. 어느 정도까지 가난을 자발적으로 선택하는 생활은 사회적으로나 생태학적으로나 우리가 건강하게 살아가는 데 필수적이라는 깨달음과 그러한 깨달음을 위한 내면적 공간의 확보야말로 진짜 필요한 것인지도 모른다. 이런 각도에서, 이번 호에 실린 〈위협받는 토착문화〉는 우리에게 시사하는 바가 많은 것으로 생각된다. 비록 가난하지만 자족적인 한 공동체가 근대화, 개발의 과정을 통해 얻고 잃은 것이 무엇인지, 그리고 건강한 사회의 재건에 토착적 환경과 문화전통에 어울리는 기술과 지식이 어째서 중요한가를 진지하게 생각하는 데 이 글은 큰 도움을 줄 것으로 믿는다. 우리가 발전시켜야 할 것은 거대기술이 아니라 사회적, 생태적 조화를 겨냥하는 비폭력적 기술이란 것, 건강한 공동체는 사회와 생명공동체의 일체화로서만 유지될 수 있다는 생생한 교훈을 거기서 얻을 수 있을 것이다.

이번 유월의 유엔환경회의의 아마도 가장 큰 성과는 그 회의에 참가한 정부대표들과 비정부 민간대표들 사이의 너무나 대조적인 태도에 암시되었듯이 이제 생태적 위기는 세계의 공식적인 권력구조를 통해서는 해결되기 어렵다는 것을 많은 사람들이 인식하게 되었다는 점일 것이다. 세계 곳곳에서 수많은 선의와 책임감을 가진 사람들이 우애와 협력의 기풍을 만들어내면서 새로운 가치관이 지배하는 세계를 향해 나아가려는 피나는 노력을 하고 있는 한편에, 오늘날의 지배권력들은 구태의연한 자멸적인 이기심에서 헤어나는 데 근본적인 무능력을 보여주고 있는 것이다. 그런데 이러한 권력구조의 불가결한 부분을 차지하고 있는 것은 거대 언론기업들이다. 오늘의 언론들은 입으로는 환경문제를 말하면서도 그들의 광고와 기사와 논평의 드러나거나 감추어진 온갖 메시지를 통해서, 그리고 그 제작형태를 통해서 끊임없이 낭비와 폭력의 생활방식을 부추기고 있는 것이다.

언제나 그렇듯이 가장 필요한 것은 민중 자신의 노력에 의한 자주적인 생활공간의 확보일 것이다. 그런데 민중은 어디 있는가. 많은 경우 민중이란 바로 나 자신 속에 있음을 보지 않으려고 하는 데 우리의 근본 착오가 거듭되는지도 모른다. 선결되어야 할 것은 나 자신을 변화시키려는 노력이다. 이번 호에 우리는 '풀무농업고등기술학교'를 소개할 수 있게 된 것을 기쁘게 생각한다. 우리가 조금이라도 인간다운 세상에 살고 있기를 원한다면 정말로 이대로 방치해서는 안될 것은 우리의 학교교육이다. 이 문제를 정당하게 해결할 수 있는 한 모범적인 방식으로 이 '위대한 작은 학교'의 이야기는 널리 주목될 수 있을 것이다. 어두운 시대의 작은 촛불이면서 동시에 시대의 어둠이 얼마나 깊은가를 증언하고 있는 풀무학교의 존재는 자유로운 인간정신이 아직도 살아있고, 우리의 희망은 궁극적으로 그러한 정신에 있다는 것을 다시금 깨우쳐 주고 있다.

(제5호, 1992년 7-8월)

생명의 그물

유별난 더위와 가뭄 속에서 지내온 여름인 것 같다. 콘크리트와 아스팔트 사막에서의 삶이 어느 때인들 괴롭지 않을까마는 거기에 지독한 더위와 가뭄까지 겹치다 보면 단순히 살아남는다는 것도 매우 벅찬 일이다.

하기는 얼마 안 있어 선선한 가을바람이 불어올 것이고, 그러면 우리는 그토록 더위를 못 견뎌했던 우리 자신의 간사스러움에 대해 말할 수 있게 될 것이다. 그러나 그런 식으로 만사가 옛날처럼만 돌아간다면 얼마나 다행이겠는가?

우리가 이 여름의 유난스러운 더위와 가뭄에서 느끼는 불안한 근심은 이것이 결코 예외적인 것이 아니라 앞으로 그 범위와 심도가 걷잡을 수 없을 만큼 난조(亂調)를 보일 이상기후의 전형적인 징조라는 사실에서 온다. 이번 여름에 남쪽 지방에서는 아예 모내기를 포기한 곳도 드물지 않고, 밭작물들은 목말라 허덕이면서 흔히 불볕 아래서 녹아버리기도 했다. 이제 농사를 위해서도 부적합한 것으로 된 강물이지만, 그나마도 부족해서 여러 도시에서는 제한 급수가 강요되었다.

그러나 대부분 도시에 살고 있는 우리들은 이런 사실에 아랑곳하지 않는다. 실제로 가뭄이라고 하지만, 대다수 도시인들에게 이것은 지극히 관념적인 주제이다. 올림픽과 금메달과 정치적 스캔들에 대해 느끼는 민감한 반응이 가뭄이나 농촌 사정에도 적용되는 것은 아니다. 이것은 어쩌면 매우 당연한 일이다. 가뭄을 실제로 심각하게 느낄 수 있는 구체적인 생활내용이 오늘날 대다수 도시인들에게 주어져 있지 않은 것이다. 이제 우리가 날마다 먹어야 하는 밥이 하늘과 땅과 인간의 상호 교감을 통해서 나오는 것이라는 사실을 기억하게 해주는 문화적 틀을 우리는 대부분 상실해버렸다. 돈만 있으면 언제 어디서든지 배불리 먹을 수 있게 되었다는 상황에서는 슈퍼마켓의 상품으로서 밥이나 화장지나 동등한 의미를 가질 수 있을 뿐이다. 게다가, 간단히 수도꼭지만 건드리면 언제든지 풍부한 물을 얻어 쓸 수 있는 아파트 생활자가 갈라진 논바닥과 텅 빈 저수지와 시들어가는 초목을 염두에 두면서 수세식 화장실에서 물을 아껴 쓴다는 것은 기대할 수 없는 일이다. 그러한 것은 그만두더라도, 십년래의 가뭄 소식을 신문이나 텔레비전이 보도한다 하더라도 그러한 소식은 수많은 도시인들을 졸리게 한다. 가뭄 때문에 실내수영장과 호화 목욕탕의 번창함이 수그러드는 일도 없고, 골프장의 넓은 초원에 끝없이 돌아가는 살수기가 멈추는 일도 없다.

우리는 지금 그 깊이를 측량할 수 없는 퇴폐에 끝없이 잠겨 있다. 사회 전체적으로 과거 어느 때보다도 지식과 기술의 보급은 널리 확대되고, 일반적인 교육수준도 엄청나게 높아지고, 우여곡절에도 불구하고 민주적 생활방식에 대한 이해도 커진 것은 사실이지만, 인간다운 삶의 가능성은 도리어 나날이 줄어들고 있는 게 아닌가? 우리가 얻은 지식과 교육은 결국 사물의 작은 이치를 따지는 데 철저하고, 그렇게 함으로써 사람과 사람, 사람과 사물, 사람과 자연을 부단히 갈라놓는 분별심의 증가에 이바지하는 것일 뿐 진정한 인간적 삶의 근원적인 기초라 할 수 있는 내면적 능력과 영성(靈性)은 오히려 고갈되어버린 게 아닌가?

우리는 대체로 부분적인 국면에 충실하면서 전체적인 맥락을 간과한다. 이것은 인간성의 본래적 경향으로 그렇다고 하기보다는 오늘의 산

40

업문화체제에 내재된 논리로 말미암은 것이라고 볼 수 있을 것이다. 우리는 내 몸뚱아리가 귀한 줄 알면서도 내 몸뚱아리가 있기 위한 근본 바탕인 생명의 그물은 보지 못한다. 그렇기 때문에 생명의 그물에 대한 끊임없는 훼손의 대가로 주어지는 편리와 풍요를 아무런 거리낌 없이 향유하고자 하는 것이다. 이러한 의미에서의 근본적인 어리석음, 혹은 근본적인 무책임성은 우리의 생활 전반을 지배하는 뿌리 깊은 관행이 되어 있다. 거의 보름 동안이나 날마다 한강에 떼죽음을 당한 물고기들이 떠올라 와도, 연례행사로 되풀이되는 바다의 적조 현상도, 나비들이 사라지고, 벌들이 무더기로 죽어가고 있는 것도, 기형아 출산율이 해마다 높아지고 있는 것도, 암으로 인한 사망률이 세계 어느 나라보다도 현저하게 증가하고 있는 현상도 무관심 속에서 흘려보내고 있다. 그러면서, 산천 방방곡곡은 자동차로 인해 처참하게 유린되고 있다. 자동차로 인한 기동성의 발달을 좋아하기 이전에 바로 이 기동성이 우리의 삶을 근원적으로 파괴하는 힘의 하나로 작용하고 있다는 사실을 우리는 보지 못하는 것이다.

우리는 이미 세워졌거나 건설 중인 교량이 붕괴되거나 지하철 사고가 빈번하게 일어나는 것을 보면서 우리나라의 원자력발전소에 대해서, 그리고 온갖 유해물질로 구성되어 있는 막대한 산업폐기물이 어떻게 처리되고 있는지에 대해 생각하지 않을 수 없다. 경제활동의 위축을 염려해서 환경 관계 규정을 강화하지 못한다고 하는 공식적인 발언이 아직도 나오고 있는 실로 절망적인 상황인 것이다.

오늘의 이 끝없이 만연한 퇴폐문화는 본질적으로 문화적 냉소주의와 맞물려 있다. 환경문제에 대한 시민들의 각성을 촉구한다고 하는 매스 미디어 그 자신은 환경문제의 원천적이고 대규모적인 유발자인 공해기업들의 이익을 위해 봉사할 뿐만 아니라 그 자신이 또하나의 거대한 공해사업체인 것이다. 강물 오염으로 떼죽음당한 물고기들이 수면 위로 떠오른 시체를 보여주는 보도사진과 나란히 그 강물을 오염시키는 주요 요인인 합성세제를 선전하는 광고가 실려 있는 현상이야말로 문화적 냉소주의의 전형적 예라고 하겠지만, 이러한 현실에서 아무리 신문이고 방송이고 그럴듯한 말을 한다고 해도 그것은 우리 삶을 전체적으로 거짓되게 만드는 데 이바지할 수 있을 뿐이다. 쓰레기 줄이기 운동이 그 자체로 좋은 것이라 하더라도, 매일같이 낭비적인 소비생활을 부추기고, 그 자신 고의적으로 종이쓰레기를 대량으로 생산해내는 신문이 시민들에게 쓰레기에 대해 설교할 수 있는 자격이 있는지 생각해볼 필요가 있다.

　돌아다보면, 우리에게 희망적인 전망을 갖게 하는 것은 참으로 찾아보기 어렵다. 온갖 징조로 보아 지금은 암담하기 짝이 없는 상황인 듯싶다. 이것은 국내적으로나 세계적으로나 어느 쪽을 보더라도 마찬가지이다. 아마존 숲을 지키는 일에 심혈을 바쳐온 국제적인 환경운동가이자 브라질의 환경 담당 장관이었던 호세 루첸버거(그의 글 〈가이아 경제학〉이 《녹색평론》 제2호에 소개된 바 있다)는 아마존 개발을 열망하는 국내외적인 세력으로부터의 끈질긴 압력에 굴복한 브라질 대통령에 의해 최근에 해임되었다. 지난번 리우환경회의가 마치 돈과 기술의 힘이면 지구를 살릴 수 있을 것처럼 접근하는 데 대하여, 문제는 선진 산업사회의 생활방식에 있고, 따라서 제3세계의 자연자원에 대한 보전 대책도 본질적으로는 선진 산업국들이 누리는 특권적인 생활수준과 함수관계가 있다고 루첸버거는 역설해왔다. 세계의 거대기업에 새로운 산업기회를 제공하려는 움직임과 무관하다고 할 수 없는 국제환경회의의 공식 대표들에게 그와 같은 양심적인 발언이 달가울 까닭이 없는 것은 분명하다. 루첸버거의 해임으로 아마존 열대우림은 좀더 노골적인 위협에 직면하게 되었다.

　그러나 아무리 희망이 보이지 않는다 하더라도 우리는 나무에 물을 주지 않을 수 없다. 흙과 땅으로부터의 단절이 이 모든 비극과 재난의 원인이라고 할 때 우리는 오늘의 추세로서 돌이킬 수 없는 것으로 보인다 하더라도, 이 폭력적인 산업문화로는 파국을 피할 수 없음이 너무나 명백하기에 우리가 조금이라도 '흙의 문화'를 회복할 수 있는 가능성이나 여지가 없겠는지 애써 찾아보지 않으면 안된다. 이번 호에 소개하는 일본의 한 경제학자는 그의 경제학 개론 강의에 수강 학생들이 학기 중에 반드시 유기농업을 실천하는 농가에서 실제적인 농사일을 배우고 익히는 과정을 포함시키고 있다고 한다. 그의 이러한 교육적, 학문적 실천은 초경제대국 일본의 풍요로움이 석유문명이라는 허구적인 토대에 기초해 있다는 인식에서 출발하고 있다. 생산력이나 소비수준이 아니라 '생명도'라는 새로운 지표에 의해서 바람직한 사회에 대한 합의가 이루어지지 않고서는 인류에게 미래가 없다라고 하는 깨달음은 대부분의 경제학자, 사회과학자들이 구태의연한 패러다임에 묶여 있는 상황에서 매우 소중한 깨달음이라고 할 수 있다.

이번 호에 실리는 국내 필자들의 글은 비상한 문제의식이나 깊이있는 논의내용에 있어서 어느 때보다도 주목되어야 할 것으로 보인다. 과학사와 문학평론과 동양철학이라는 각기 다양한 전문분야에서 산업기술문화의 공허성과 지속불가능성을 공통하게 주목하고 그 진로가 근본적으로 수정되어야 할 필요성을 절실하게 느끼는 필자들은 오늘의 우리 지식사회로서는 드문 책임감과 지성적인 사고의 수준을 보여준다. 여기에 덧붙여, 몇 차례에 걸쳐 농업문제에 관한 뼈 있는 글을 기고해온 천규석 씨의 '시민과 농민이 동참하는 농업'의 구상은 참담하게 붕괴되어가는 우리의 농업을 실질적으로 살리는 하나의 현실적인 방책으로서도 매우 의미있는 논의이면서, 우리의 삶이 왜 농업적 기초 위에 서야 하는가에 대하여 다시 한번 근본적인 반성을 촉구하고 있다.

참으로 터무니없는 세월을 살아가면서 우리 각자는 자기가 혼자라고 생각하고, 심한 외로움을 느낄지 모른다. 그러나 개발이니 진보니 하는 것이 실상은 '위장된 테러리즘'이라는 것을 직시하고, 이른바 주류에 휩쓸리지 않고 자주적으로 사고하고 판단하면서, 인간가치를 수호하려는 단호한 의지를 가진 사람들이 적지 않다는 사실이 《녹색평론》을 통해서 확인되기를 우리는 바란다. 실은 이러한 공통한 정신의 공동체를 발견한다는 것이야말로 우리의 희망의 원천이다. 낙관이냐 비관이냐 하는 것은 무의미하다. 우리는 우리가 할 수 있는 한 인간으로서의 책임을 다하려고 노력해야 하는 것이다. 가망 없을 것 같아 보이더라도 꾸준히 물을 날라다 줌으로써 언젠가는 죽어가는 나뭇가지에 푸른 잎이 무성하게 돋아나는 기적이 없으란 법도 없을 것이다.

(제6호, 1992년 9-10월)

농촌공동체의 재건이 급선무이다

어느새 창간 한 돌을 맞는다. 아무런 준비도 없이 그저 답답한 마음을 견디다 못해 불쑥 시작한 일이었기 때문에 번번이 의욕만 앞설 뿐 한 번도 만족스러운 책을 만들어 내지도 못했는데, 벌써 한 해가 지나갔다. 작년 이맘때까지만 해도 이 세상에 없었던 《녹색평론》이 발간됨으로써 우리의 삶에 어떤 새로움이나 변화가 끼쳐졌다고는 물론 생각할 수 없지만, 그러나 이제 이 잡지가 없어지면 적어도 서운하게 여길 사람들은 적지 않은 숫자가 되었다. 보잘것없는 작업치고는 과분한 대접을 받아온 셈이기에 한편으로 부끄러운 기분이면서도 다른 한편으로는 완전히 헛되게 종이를 낭비한 것만은 아닌 듯하여 어떤 안도감이 느껴진다.

그러나 이런 책 한번 내는 데 적어도 몇십 그루의 나무가 없어지는 것은 사실이니까 어떤 경우에도 자기합리화는 있을 수 없는 일이다. 책을 발간하는 모든 사람, 모든 단체가 자기들이 소모하는 종이보다 많은 나무를 그때그때마다 손수 심어야 하지 않을까? 하기는, 그런다 한들 생태계의 복원이 쉽게 기대될 수 있는 형편은 아니다. 20세기가 시작될 때 지구의 땅은 대략 60퍼센트가 넘게 숲으로 덮여 있었다. 그런데 지금은 그것이 20퍼센트로 줄어버린 데다가 빠른 속도로 벗겨지고 있다. 벌채가 아니더라도 산성비로 말미암아 세계의 좋은 숲들이 죽음의 숲으로 변화해가고 있는 것이다. 어느 날 우리는 도시의 공원이나 도시 가까운 산들에서는 말할 것도 없고, 깊고 높은 산맥의 숲이 갑자기 사라지는 모습을 보게 될는지도 모른다.

더욱 걱정스러운 것은 때에 따라 중국대륙에서 우리나라에 메뚜기도 날아오는 판인데, 그 중국에서 공업화가 본격화되었다는 소식이다. 앞으로 한반도의 하늘과 땅과 바다와 숲과 강은 어떻게 될까? 게다가, 세계 인구의 거의 사분의 일에 달하는 12억 인구의 집집마다 냉장고와 세탁기와 텔레비전이 구비되고, 개인승용차가 주요 수송수단이 된다고 할 때, 지구생태계는 어떻게 될까? 상상하고 싶지 않은 일이지만 이대로 가면 피할 수 없는 일이다. 그렇다고 해서 중국이나 제3세계의 산업화에 반대할 수 있는 자격이 이른바 선진 산업사회에도, 우리에게도 있을 수 없다. 선진공업국들이나 우리 사회가 이런 문제에 대하여 조금이라도 발언할 수 있기 위해서는 지금과 같은 생활방식 자체를 전면적으로 수정하지 않으면 안된다. 어떤 기술의 개발을 통해서, 또는 쓰레기 재활용과 같은 임시 미봉책으로 이 문제에 계속 접근하려고 해서는 어림도 없는 일이다.

지난 한 해 동안 환경문제에 대한 사회적 의식은 놀라우리만큼 높아졌다. 그리하여 환경 관련 단체, 집회, 움직임이 다양하게 조직되기 시작하였고, 환경문제는 언론의 주요 관심사가 되었다. 기업은 환경문제를 새로운 이윤추구의 수단으로 삼기 위한 전략을 짜는 데 부심할 정도가 되었다. 그리고 지난 한 해 사이에 우리나라에서는 처음으로 여러 종류의 환경 관련 상업지들도 한꺼번에 생겨났다. '환경'도 장사가 될 것 같은 시대가 된 것이다.

그러나 이러한 분위기에서 《녹색평론》은 단순한 기술이나 '녹색산업주의'로는 문제해결이 근본적으로 안된다는 것을 분명하게 이야기하는, 아직은 소수의 의견을 대변하고자 노력해왔다. 오늘날 우리의 지배적인 삶의 양식, 즉 산업문화가 근본문제이며, 그 산업문화를 진보나 발전으로 보는 근대화 이데올로기, 그리고 이것을 뒷받침하는 이분법적 유물주의의 세계관 — 이런 것이 본질적으로 재고되지 않는 한, 이 전대미문의 생태적 위기를 극복하는 일은 불가능할 것이라는 것을 우리는 말하려고 하였다.

우리는 농업의 포기야말로 모든 재난의 진정한 시작이라는 데 주목하여, 땅을 살리는 일이 가장 급한 과제이고, 그러기 위해서 농촌공동체를 재건하기 위한 자치적 협동운동에 무엇보다 큰 관심을 기울일 필요가 있다고 생각해왔다. 누구나가 농사를 지어야 할 필요가 있는 것은 아니지만, 적어도 우리의 사회생활이 전체적으로 농적(農的)인 기반 위에 조직되어야 한다는 것인데, 그렇다는 것은 궁극적으로 유한체계 속에 생존을 영위할 수밖에 없는 생명체로서 우리가 자연의 순환적 운행질서에 순응하지 않고는 지속적인 삶을 지탱할 수 없는 것이 분명하기 때문이다. 농적인 질서는 우리의 사회생활이 자율성과 상부상조의 구조 속에 적응해야 한다는 것을 의미한다. 그러나 이러한 구조에 다가가기 위해서 무엇보다 필요한 것은 그동안 개발 이데올로기 또는 산업문화의 지배하에서 우리 자신도 모르게 두텁게 쌓여온 인간중심주의적 교만성에서 자유로울 수 있게 되는 것일 것이다. 이제 우리는 우주생명과 내 생명이 다른 것이 아니며, 만물이 나의 부모형제라는 것을 받아들이는 감수성이 보편적으로 확대된 문화를 누릴 필요가 있다. 불필요하게 생명체를 죽여서는 안된다는 마음이 없이는 산업주의적 생활방식에 대한 중독상태로부터 벗어나올 수도 없고, 설사 의도적인 노력을 한다손 치더라도 그것은 금욕적 생활의 괴로움만을 안겨주기 쉬운 법이다. 마음에서 우러나와 기쁨으로 하지 못하는 행동은 뿌리가 약할 수밖에 없다.

우리는 지식과 기술과 권력의 증진이 우리의 행복을 보장하는 것이 아니라는 것을 뼈저리게 느껴야 한다. 권력에의 의지가 모든 재난의 원인이 된다는 것이 분명해진 오늘날 우리가 지향해야 할 목표는 권력의 증진이나 권력에 봉사하는 지식과 기술의 증진이 아니라 생명과 영성(靈性)의 향상이다.

우리는 생태계를 보전하고 자연을 치유하는 일을 중앙집중적 권력체제에 언제까지나 위임해놓을 수는 없게 되었다. 이런 사정은 지난 6월의 리우환경회의를 통하여 극적으로 증명되었다. 자기 자신의 인간적인 성숙과 책임감과 자발적인 헌신에 의해서만이 우리는 조금이라도 실질적으로 생태계와 사회정의를 개선하는 데 기여할 수 있을 뿐이다. 물론 생태적으로 건전한 과학기술이나 뛰어난 재능이 기여할 수 있는 여지는 많지만, 그러한 기술이나 재능 자체는 어디까지나 부차적이라는 것을 이해하지 않으면 안된다.

무엇보다 먼저 우리는 생명을 부정하는 모든 사회적 목표와 권력체계를 폐기해야 하고, 경쟁의 논리에 세뇌된 우리 자신의 내면을 해방시켜야 한다. 일찍이 미국의 문명비평가 루이스 멈퍼드가 갈파한 바와 같이, 우리와 우리 아이들의 장래는 결국 한 가지 조건에 달려 있다. 그것은 "모든 수준에서 또 온갖 종류의 공동체에서 권력의 강화가 아니라 상부상조와 애정 어린 연대와 생명의식의 강화를 통해서 이 행성이 생명을 위해 존재한다는 것을 재천명하는 방향으로 살려는 의식적인 노력이" 지금 당장 이루어져야 한다는 조건이다.

지난 한 해 동안 많은 선의의 사람들로부터 오는 지원이 없었더라면 《녹색평론》의 계속 발간은 불가능했을 것이다. 무엇보다 직접 전화나 서신 연락과 같은 번거로운 절차를 마다 않고 정기구독회원에 가입해주신 분들이야말로 이 잡지가 모기소리만큼이라도 이야기를 시작해볼 수 있는 터를 만들어주신 것이다. 공공기관으로 《녹색평론》을 기증하도록 도와달라는 호소에 응답하여 기꺼이 특별후원회원으로 참여해주신 여러 분들에게 특별한 우의와 감사의 말을 전하지 않을 수 없다. 그분들의 참여 덕분에 창간호 삼천 부로 시작하였던 잡지가 이제 오천 부를 찍으면 빠듯한 상태가 되었다. 조금이라도 더 실속있고 의미있는 작업이 될 수 있기 위해서 독자 여러분들의 비판적 관심이 계속되기를 바라고, 가능하면 정기구독회원을 늘리는 일에 적극 참여해주실 것을 부탁드린다.

누구보다도 그동안 원고를 보내주신 필자들께 고마움을 표하는 일을 빠뜨릴 수가 없다. 고료를 지불하지도 않는 잡지에 선뜻 글을 보내는 것은 동지적 연대감이 없이는 불가능한 일이다. 실제로 독자들도 그러하지만, 모든 필자들이 자기 일처럼 이 잡지를 거든다는 것이 《녹색평론》의 이채로운 자랑거리이며 유일한 밑천일 것이다.

이번 호부터 책값 인상이 불가피하다는 말씀을 드리게 된 것을 송구스럽게 생각한다. 애당초 물정 모르고 지나치게 낮은 책값으로부터 출발한 데다가 그동안의 제작비와 경비 인상 요인이 겹쳐서 조금 상례에 어긋난 인상폭이 되었는데, 너그럽게 받아들여주시기 바란다.

창간 한 돌을 계기로 하여 표지에 변화를 시도해보았다. 독자들의 마음에 들었으면 한다. 앞으로 표지에 알맞을 만한 그림이나 사진이 있으면 보내주실 것을 부탁드리고 싶다.

(제7호, 1992년 11-12월)

선거와 풀뿌리 주권의 회복

　선거과정을 통하여 또다시 우리의 상투적인 욕망이 쉴 새 없이 자극되고, 이용되었다. 우리의 행복이 보다 많은 물질적 풍요와 편의에 있다는 상투적인 가정(假定)에 매달리지 않는 어떠한 정치집단도 없었고, 따라서 새로운 '경제부흥'에 관한 약속이 활개를 치는 것은 당연했다. 오랜 군사정권의 종언을 고하는 정치적 의식(儀式)으로 평가되고 있음에도 불구하고, 이번 선거가 본질적으로 개발독재 군정권력의 정당성을 추인하는 꼴이 되었다는 주장에 반박할 수 있는 논리는 찾기 어려울지 모른다. 이것은 선거에 참여한 주도적인 정치세력들과 그들의 논리를 근본적인 비판 없이 받아들인 모든 사람들에게 해당되는 것일 것이다.

　최근 몇해 사이 우리가 듣고 보았던 끔찍하기도 하고 불길하기도 한 온갖 형태의 생태적 파손은 우리의 생존에 무엇보다 큰 위협이 되고 있는데, 대통령선거라는 커다란 정치적 행사에서 생명가치의 선양(宣揚)이 적어도 형식적인 수준에서나마 거론되는 분위기도 없었다는 것은 실로 기이한 일이다. 도대체 생명가치의 근본적인 부정과, 생명에 대한 끝없는 파괴에 기초해 있는 개발논리나 그러한 방식의 '경제부흥'이 어떻게 해서 우리의 활로일 수 있다는 것인가?

　그러나 달리 생각해보면, 지금과 같은 권력의 중앙집중적 체제 속에서는 그 권력이 생명의 옹호를 자신의 과제로 떠맡는다는 것은 불가능할지도 모른다. 거대한 권력의 집중 그 자체에 이미 반생명적이며, 반생태적인 경향이 내재되어 있다는 것을 우리는 주목해야 한다. 오늘날 우리가 직면한 생태적 위기는 결코 거대권력의 통제에 의해서 극복될 수 있는 것도, 또 그렇게 극복되어서도 안되는 것이다. 경계하지 않으면 안될 것은, 걷잡을 수 없는 환경위기의 상황에서 기성의 권력의 틀에 익숙한 버릇대로 이른바 환경독재—에코파시즘—를 용인하려는 태도이다. '강력한 정부'를 운위하는 사람들이 실제로 기대하는 것이 무엇인지 우리는 생각해야 하는 것이다. 선거라는 정치 행사를 통해서 우리가 깨닫지 않으면 안될 것은 진정한 민주주의는 오직 하나—풀뿌리 민주주의밖에 없다는 것, 그 밖의 온갖 형태의 민주주의라는 것은 다만 위장된 엘리트 권력체제라는 것일 것이다.

우리의 살길은 권력의 위임을 통해서가 아니라 우리 자신 하나하나가 스스로를 다스릴 수 있는 책임과 능력을 확보하는 데 있다는 것은 잊어서는 안될 진리이다. 이러한 진리에 한 발이라도 다가가기 위해서 오늘날 우리에게 가장 절실한 것은 우리의 상투적인 욕망을 물어보는 일이다. 최근에 시골에서 과수원을 하시는 어느 독자가 보내온 편지에서 오늘의 우리 농촌의 삶과 노동은 이렇게 묘사되고 있다. "총탄만 날아오지 않을 뿐 이건 완전히 전쟁 상황입니다." 이것이 바로 우리 사회가 그토록 자랑스러워하는 경제적 성공의 결과인 것이다. '전쟁 상황'은 다만 농촌에 한정되는 것이 아니라는 것은 더 말할 필요가 없다. 우리가 그처럼 '가난'을 혐오하면서, 이루어 놓았다고 하는 것이 생명과 삶의 터전을 망가뜨려온 일이라고 할 때, 이러한 미친 짓을 정당화하는 것은 오직 개발논리인 것이다. 생태학적, 사회적, 윤리적 건강의 회복이 어째서 개발 이데올로기의 시급한 극복을 요구하는지 생각해보지 않을 수 없다. 이런 점에서 독일의 사회이론가 볼프강 작스의 '개발' 비판론은 상당한 주의력을 가지고 경청해볼 필요가 있을 것이다.

개발론의 극복은 현실적으로 다급하게 다가온 쌀 개방을 막아야 할 필요성을 고려하면 더욱 절실하다. 지금 이른바 경제적 합리성의 논리에 밝고, 생명의 논리에 어둡기 짝이 없는 이 나라의 엘리트들이 은밀히 혹은 공개적으로 쌀 수입개방 불가피론을 지지하고 있다는 것보다 더 한심한 일이 있을까? 그들은 외국 쌀의 대량 유입으로 민족공동체의 운명이 어떤 식으로 전락할 것인지 상상할 능력이 있는 사람들이라고 할 수 없다. 이 문제에 관한 김성훈 교수의 기고 〈우리쌀, 누가 지킬 것인가〉를 읽으면서 우리가 새삼 확인하는 것은 이 모든 것이 무지든 편견이든 탐욕이든 결국 사람의 문제로 귀결된다는 점이다.

오늘날 세상의 유일한 희망은 (이번 호에 실려 있는 루이스 멈퍼드의 고전적인 강연의 말미에 나오는 말처럼) "생명의 꽃"을 피우기 위하여 자기 자신에게 주어진 기득권이나 특권을 포기하고 공동체를 위해 헌신하는 사람들이다. 최근 서울을 다녀간 인도의 저명한 생태운동가이자 과학자인 반다나 시바 여사의 삶과 행동은 그가 관련된 운동의 진정한 민중적 뿌리와 함께 되새겨볼 만하다.

모든 것이 사람의 문제로 귀결된다면 결국 교육을 떠나서는 아무것도 안된다는 것일 텐데, 수십 년을 두고 악화일로를 걷는 우리의 학교교육은 어떻게 다루어져야 할 것인가? 대답하기 어려운 이 질문에 대한 답변보다도 지금은 도대체 학교교육이란 무엇인가라고 질문의 방식을 원천적으로 바꾸는 게 옳은 일일지도 모른다. 우리는 교육과 정치와 경제와 생태학적 건강을 떼어놓고 생각할 수 없다. 우리가 늘 검증되지 않은 상투적인 욕망의 꼭두각시로 남아 있는 한, 우리의 정치, 우리의 문화, 우리의 생태학적 조건이 건강을 되찾는 것은 불가능할 것이다. 이제 국민주권의 개념에서 주민주권 개념으로 중심을 옮기는 문제를 숙

고해야 하지 않을까? 학교라는 교육체제의 폭력성과 비민주성은 궁극적
으로 풀뿌리 주권의 회복을 통해서만 극복될 수 있는 것인지도 모른다.

(제8호, 1993년 1-2월)

世界는 하나의 꽃

天地萬物이 都是一氣이니 無違一華일세 …
(天地萬物이 모두 하나의 氣이니 틀림없는 하나의 꽃일세)

우리는 우리를 지금 살아있게 하는 근원적인 힘이 저 산(山)을 들어 올리고, 제비꽃을 피게 하고, 강물을 흐르게 하는 기운과 다른 것이 아니라는 것을 이해한다면 정말이지 이렇게 살아서는 안된다는 것을 사무치게 깨닫지 않을 수 없을 것이다. 이름없는 한 떨기 풀잎도, 한 송이 꽃도, 한 마리의 벌레도 내 형제라는 것을 우리는 왜 못 알아차리는가? 오늘 아침 산책길에서 나는 땅이 나를 떠받들어주는 것을 느꼈다. 아스팔트길에서 흙길로 들어서자마자 내 몸은 갑자기 가볍게 공중으로 뜨는 것이었는데, 알고 보니 흙 속에 살고 있는 무수한 내 형제들, 즉 미생물들이 내 몸뚱아리를 들어올려 주었던 것이다. 내 형제들의 나에 대한 공경(恭敬)이 이러할진대 나는 도대체 무엇을 어떻게 하자는 것인가?

이 아름다운, 그러나 지금 무섭게 망가지고 있는 산천에 살고 있는 모든 목숨붙이들이 고통스럽게 토해내는 신음소리가 너무나 큰 소리로 들리기 때문에 우리가 잠을 이루지 못하는 날, 그때서야 비로소 우리에게 조그마한 희망의 가능성이 열릴 것인가? 嗚呼 痛哉!

(제9호, 1993년 3-4월)

욕망의 교육

황사바람 속에서 봄가뭄이 계속되고 있다. 매일 어디에선가 산불이 끊임없이 일어나 아까운 산림(山林)이 어이없이 불타버리고 있다는 뉴스를 듣는 것은 실로 고통스러운 일인데, 이 가뭄이 언제 해소될 것인지 걱정스럽다.

하기는 이제 세계 전역에서 뭉게구름도 사라져가고 있다고 한다. 열대우림을 비롯하여 세계의 숲이 난폭하게 벗겨지면서 공기 중의 습기 형성이 어려워지고, 구름마저 뭉게구름 대신 보기 흉한 줄무늬 구름이 더 많아져간다는 것이다. 문명세계가 이 지상에서 엉뚱한 데 정신을 팔고 있는 동안에 생명권은 이렇게 급속히 변해가고 있는 것이다.

아마도 우리에게 들려온 근래의 가장 충격적인 뉴스는 소련의 핵폐기물이 동해로 마구잡이로 버려져왔고, 앞으로도 얼마 동안 그렇게 될 것이라는 소식이다. 이것을 그저 예사로운 태도로 받아들이는 분위기를 볼 때, 아직도 이 사회의 핵(核) 인식 수준은 참으로 개탄스러운 것임을 확인하게 된다. 외국의 예로 볼 때, 거의 완벽한 안전도를 유지하며 가동된다 할지라도 핵발전소 부근 바다에는 무엇보다 갈매기들이 사라진다는 중요한, 숨길 수 없는 사실이 있다. 우리는 이것을 주목해야 한다. 사람은 본시 거짓말을 하는 존재이므로, 핵의 안전성이라는 것에 대하여 스스로 속이고, 남들을 설득하려고 하는 일도 가능할지 모르지만,

갈매기들이 달아나버린다는 이 정직한 자연현상은 이 문제에 관한 이른바 전문가들의 까다로운 용어로써 결코 은폐할 수 없는 핵의 본질을 단적으로, 명백하게 증언하는 것이다.

핵문제를 포함하여 일반적으로 생태적 위기에 관한 우리 사회의 인식 수준은 또 TV의 종일방영 시작 여부에 대한 최근의 논의방식에서도 드러난다. 시기 문제에 대하여 이견(異見)이 있을 뿐, 토론 참여자들이 TV 종일방송 원칙에는 모두 긍정적이었다고 하는 보도를 보면서, 우리는 그들 자신이 긍정적으로 생각한다는 그 원칙이 또다시 이 좁은 국토에 원자력발전소의 추가 건설의 필요성을 증대시키는 데 기여할지도 모른다는 사실을 놓고 그들이 실제로 고민해본 바가 있는지 궁금한 것이다. 한번 사고(事故)가 나면—사고가 없을지라도 갈매기는 사라진다—그날로 민족공동체가 끝장이 날 수도 있는 위험을 무릅쓰면서까지 TV를 섬겨야 하는 것인지, 또 TV가 제공한다는 정보와 오락이라는 것이 우리의 사회적, 생태적 건강에 어떤 의미를 갖는 것인지 심각하게 물어보는 일을 오히려 우습게 보고 있는 것이 우리의 현실이 아닌가?

앞으로 30년 안에 우리 국토에는 무수화(無樹化) 현상이 일어날 가능성이 있다—라는 것이 식물생태학자들의 판단이라고 한다(〈문화일보〉, 1993년 4월 6일자). 지금 벌써 도시에서 멀리 떨어져 있는 설악산이나 진도 같은 섬에서도 토양 산성화는 심각한 수준으로 진행되어 있고, 이 추세가 그대로 간다면 머지않아 이 땅은 나무 한 그루 없는 곳으로 변할 것이라는 이야기이다. 그러나 이런 두려운 이야기에도 불구하고 산성비의 주요 원천인 자동차가 줄어들 것 같지 않다는 데에 우리의 절망이 있다. 도시의 구조, 대중교통체계의 미비, 오랜 권위주의적 생활관습, 그 밖의 온갖 자동차를 버릴 수 없게 하는 명분이 우리들에게 존재하는 것이다. 그러나 아무리 일리있고, 타당한 명분이라 할지라도 그러한 명분 뒤에 계속 몸을 숨기다 보면 우리는 한 세대 안에 나무도 물도 없는 사막을 삶터로 삼아야 할지도 모른다.

에티오피아가 오늘날 비극의 땅이 된 것은 우리가 모두 잘 알고 있다. 굶주려 죽어가며, 거의 희망이 없는 상태에 방치되어 있는 에티오피아인들에게 우리가 인간적인 연대로써 반응해야 하는 것은 당연하지만, 그들의 비극적 재난이 근원적으로 생태계를 잘못 다루어온 인간 자신의 무지와 무책임에 있다는 사실도 주목할 필요가 있다.

얼마 전에 국내의 어떤 경제전문가는 쌀의 수입개방을 지지하는 논리를 펴면서, 하필이면 에티오피아를 예로 들어, 에티오피아의 문제는 '경제성장'을 못한 결과로 해석하였는데, 이것은 오늘날 성장경제의 논리를 무비판적으로 떠받드는 데 익숙한 사람들이 흔히 보여주는 근시안적 관점의 전형이라고 할 수 있다. 지금 다급한 것은 구태의연한 경제성장론이 아니라 "30년 안에 나무 한 그루 없는" 땅이 될지도 모른다는 가공할 가능성에 현명하게 대처하려는 노력인 것이다. 제아무리 금수강산이라 할지라도, 땅을 아끼고 생명을 공경하는 문화를 파기하고 끊임없이 골프장, 리조트시설, 시멘트정글, 발전소, 고속도로, 고속전철, 자동차, 공장, 기계화와 화학화를 통한 이른바 과학영농 등등으로 땅을 계속적으로 유린할 때, 그 땅의 사막화는 시간문제일 뿐이다.

"부자가 되는 것은 영광스러운 일이다" ─ 이것은 지금 10억이 넘는 인구를 서구식 산업화의 길로 이끌어가고 있는 덩샤오핑의 말이다. 미래주의자들은 흔히 다음 세기에는 세계의 번영의 중심은 동북아시아일 것이라고 말하기 좋아하는데, 그 근거는 이 지역이 서구인들 다음으로 대규모의 산업화를 실현할 수 있는 잠재력을 갖고 있다는 평가일 것이다. 그러나 비(非)백인문화권으로서는 예외적이라고 할 바로 그러한 잠재력으로 인하여 이 지역이 장차 지구의 운명에 아마도 큰 화근(禍根)이 될지도 모른다는 점을 생각해야 할 필요가 있다. 장래의 일은 그만두고라도 바로 지금 당장 황사가 심한 날 우리 자신이 격심한 공기오염으로 시달리고 있지 않은가?

중국의 10억이 넘는 인구가 냉장고와 세탁기와 TV와 자동차를 소유하고 즐길 '권리'를 조금이라도 제약하려는 듯한 국제적 여론에 대하여 중국의 지도자들이 한결같이 보여주는 것은 지극히 냉소적인 태도이다. 그들은 이미 주요 도시에서 — 예컨대 광저우(廣州)에서 — 자동차의 원활한 소통을 위해 자전거의 시내 통행을 금지하였다. 사회적 이성이 살아 있는 곳이라면 자전거 통행을 위해 자동차 운행을 금지하는 것이 당연할 것임에도 불구하고, 우리 사회나 중국에서나 사태는 거꾸로 가고 있는 것이다.

주요 정책 결정에서 아직도 생태적 균형과 조화에 대한 고려가 후퇴를 강요당하고 있는 이 광란적인 상황을 역전시키기 위해서 우리는 언제나 생명보다도 기계와 물건을 우선시할 수밖에 없는 사회체제와 그 체제를 근원적으로 떠받치는 우리들 각자의 욕망의 구조를 뿌리로부터 물어보지 않으면 안된다. 우리에게 지금 무엇보다 필요한 것은 '욕망의 교육'인 것이다. 오늘날 우리에게 진정한 문제는 이미 단순한 배고픔의 문제, 물질생활의 궁핍의 문제라고 할 수 없다. 배고픔을 면해보려는 노력이 이미 정도가 지나쳐, 끝없이 포만(飽滿)을 유지하고자 하는 욕망이 문제인 것이다. 인간영혼과 영성(靈性)의 요구가 철저히 도외시되고 사회적 이성이 마비된 공간에서, 물질적 번영을 배타적으로 추구하는 욕망은 그 메커니즘이 본질적으로 만족을 모르는 것인 이상 삶을 끊임없이 들뜨게 하고, 누추하고 야만적인 것이 되게 한다. 우리의 고통은 우리 자신이 "얼마쯤이면 충분한지를" 모른다는 사실에 있는 것이다.

늘 배부른 상태에서는 삶에 대한 순수한 열정도 진지성도 둔화될 수밖에 없다는 것은 사실일 것이다. (물론 오늘날 우리의 배를 불리고 있는 빵은 따지고 보면 지극히 오염되어 있다. 그리고 이 빵이 오염된 것이기 때문에 우리의 정신은 점점 더 혼미해져가는지도 모를 일이다.)

다시금 삶에 대한 진정한 열의를 회복하기 위해서는 순리(順理)에 의존하는 길밖에 방법이 없을 것이다. 그것은 우리 자신의 식욕을 자연스럽고 소박한 것으로 만드는 일, 다시 말하여 '배고픔'을 경험할 수 있는 생활방식으로 전환하는 것이다. 우리는 오랫동안 좀더 크고, 좀더 많고, 좀더 빠른 것이 무조건 좋은 것이라는 욕망의 구조를 강화해왔고, 그 필연적인 결과로서 지금 수습하기 어려운 사회적 붕괴와 생태적 파국에 직면하였다. 최근의 재산공개 정국(政局)에서 한 가닥 희망이 보였다면, 그것을 진정으로 부끄러워하는 것은 아니라 해도 어떻든 재산 많은 것을 문제라고 인식할 수 있는 능력이 왜곡된 형태로나마 아직도 이 사회 속에 살아있다는 사실이었다. 우리를 구원할 수 있는 것은 결국 청빈(淸貧)을 적극적으로 받아들이는 것밖에 없는 것이 아닌가?

(제10호, 1993년 5-6월)

핵과 자동차, 그리고 쓰레기

창간 두 돌을 맞는다. 거의 막막한 심정으로 시작한 이 잡지가 그런 대로 궤도를 잡고, 이제 열세 번째의 책을 세상에 내놓을 수 있게 된 것은 오로지 독자 여러분들과 필자들의 《녹색평론》에 대한 너그러운 관심의 지속 때문이다. 솔직히 말해서, 당초 우리는 이 잡지가 이렇게라도 버틸 수 있으리라는 확신이 없었다. 그러나 우리의 운이 좋은 것인지 또는 불운인지 알 수 없지만, 두 달 만에 한 번씩 책을 내놓는 일이 어떻든 가능하였고, 덕분에 이제는 이 책의 발간을 지켜보는 적지 않은 사람들 때문에 어떤 곤란이 있다고 해서 섣불리 책 발간을 중단하기는 꽤 어렵게 되었다.

그러나 창간 두 돌을 맞는 우리의 전망은 별로 밝아진 것이 없다. 실제로 이 잡지의 유지를 위해 필요한 필자 확보를 비롯하여 여러 여건이 뚜렷이 호전되지도 않았고, 또 이 사회의 전반적인 생태적 인식 수준이 괄목할 만하게 변하였다는 증거도 없다. 이것은 무엇보다도 이 잡지의 발행, 편집에 종사하고 있는 사람들의 무능에 기인한다는 것은 말할 필요가 없다. 그러나 세계에서도 가장 위기적인 생태환경 속에 살고 있으면서도 이 땅의 지도적인 여론의 풍토를 조성하는 데 책임을 져야 할 지식인들이 일반적으로 이 문제에 대해서 이다지도 어둡고, 무책임한 태도를 취하고 있는 사회도 드물 것이다. 도대체 무슨 묘수가 있는지는 모르겠으나 이 나라의 지식인들 대부분에게는 아직도 생태적 위기의 문제는 그들의 지적, 정신적 작업에서 우선순위가 매우 낮은 항목을 차지하고 있다. 인간생존의 생물학적 기초 자체가 걷잡을 수 없이 허물어지고, 망가지고 있다는 징후가 도처에서 끊임없이 확인되고 있는 오늘날 우리에게 땅과 물과 생명을 살리고, 그것을 위해서 우리의 사회적 인간관계와 삶의 방식을 철저히 물어보는 일보다도 더 긴급하고 중대한 지적, 도덕적, 정신적 과업이 있을 수 있는가?

한심한 것은 지식인들의 일반적인 무관심만이 아니다. 오늘날 이 나라의 거대언론은 때때로 환경과 생태적 현실에 관한 형식적인 관심을 보여주고 있기는 하나 근본적으로는 그 자신이 그 중요한 부분으로 속하고 있는 대기업의 이해관계를 대변하는 일보다 더 나아가지 않는다. 오늘날 언론이 날마다 하는 일이란 인격적 주체를 가진 사람들끼리의 정당한 커뮤니케이션을 원활하게 하는 데 봉사하는 것이 아니다. 언론은 우리들과 우리의 아이들에게, 경쟁적 소비주의 사회의 꼭두각시 이외의 역할을 하는 것은 건방지고 위험한 일이라고 끝없이 가르치고 있다. 우리는 무엇인가 끊임없이 사들이고, 생명파괴적이며 지속 불가능한 구미식 생활방식을 언제까지고 흠모하고 모방하도록 언론을 통해 강제당하고 있다. 우리는 이런 상황을 명확히 이해해야 할 필요가 있다. 환경문제에 근본적으로 무지하고 무책임한 정부와 정치권력을 깨우치고, 타이르고, 감시해야 할 중대한 책임은 당연히 언론에 있지만, 언론 자신이 편협한 이기주의의 노예가 되어 있는 한심한 현실 ─ 이것이야말로 이 사회의 현재와 미래를 밝게 전망하기 어렵게 하는 핵심적인 굴레이다.

핵폐기물이 마구잡이로 동해 바다에 버려지고 있다는 가공할 소식이 지금 언론에 크게 보도되고 있다. 이 문제에 대하여 정부의 외교적 대응을 촉구하고, 국제기구를 움직이고, 적절한 관측조사가 행해져야 할 필요를 논하는 것은 지극히 당연한 일일 것이다. 그리고 먹이연쇄를 통하여 동해의 수산물이 어떻게 이 땅의 인명에 피해를 줄 것인지를 우려하는 것도 자연스러운 일일 것이다. 그러나 이 문제를 통하여 군사용이건 아니건 핵문제에 있어서만은 '평화적 이용'이란 개념이 허구에 찬 것이라는 사실을 이 기회에 냉철하고 진지하게 따져보는 일에는 우리의 언론은 매우 인색하다. 이것을 따지자면 에너지 문제도 거론해야 하는데, 현대 산업생활에 있어서 에너지 문제는 자연자원의 고갈과 쓰레기처리라는 문제를 떠나서 논의될 수 없다. 그러면 이러한 자원고갈 문제와 쓰레기 처리라는 문제는 어떻게 해결할 것인가? 이 모든 문제는 우리가 영위하고, 그것이 결국 좋은 것, 또는 어쩔 수 없는 것이라고 받아들여온 지금의 생활방식 그 자체가 문제라는 인식에 도달할 수밖에 없도록 하는 것이다. 그러니까 오늘날의 기성체제는 이러한 근원적인 물음에 직면하기를 두려워하는 것이다. 그러나 다가오는 파국에 대하여 이 체제가 어떤 것이라도 효과적인 방어책을 가지고 있는 것도 아닌 만큼, 산업체제의 수호라는 단기적인 이해관계에 충실하면 할수록 파국은 더욱 필연적이고, 대규모적일 것이 분명하다.

이번 호에서 두 필자가 거론하고 있듯이, 쓰레기 하나만을 면밀히 살펴보는 것만으로도 대규모 산업·소비생활이란 것이 이제는 막다른 골목에 처했다는 사실을 더이상 외면할 수 없게 되었다. 어떤 적정 규모라는 것은 인간의 건강한 사회적, 생태적 삶에 필수적인 것인데, 오늘날 우리의 삶은 이 기본적인 규모의 문제를 완전히 무시하는 단순한 성장경제 법칙에 매달린 결과, 전대미문의 처치 불가능한 쓰레기 문제에 봉착한 것이다. 지금 동해에 버려지고 있는 러시아 핵폐기물도 본질적으로는 산업쓰레기의 일부이다. 여기서 문제되고 있는 것이 단순히 핵쓰레기일 뿐이라고 믿는 것은 너무나 소박한 생각이다. 핵뿐만이 아니다. 자동차는 어떤가? 지금 우리가 어떤 동기로든 타고 다니면서, 이것 없이는 생활이 불가능하다고 생각하는 이 자동차로 인해서 푸른 행성이 망가지고 있다는 것은 우리가 다 안다. 그런데 우리는 나아가서 이 자동차가 언젠가 쓰레기가 될 때, 이것을 합리적으로 처리할 수 있는 방안은 핵쓰레기의 경우와 똑같이 실제로 없다는 것을 알지 않으면 안 된다.

쓰레기의 논리를 생각해보면, 핵은 불가하지만 자동차는 좋다라고 하는 것은 얼마나 어리석고 위험천만한 믿음인가 하는 것이 분명한데, 그럼에도 불구하고 그러한 사고방식이 널리 — 이른바 진보적 지식인들 사이에서도 — 통용되고 있다는 데 참으로 큰 문제가 있는지도 모른다. '생산력주의'라고 할 만한 이러한 태도는 실로 광범위하게, 또 뿌리 깊이 받아들여지고 있는 하나의 상투화된 사고방식이다. 우리는 인간의 사고방식이 사회의 물적 기초의 반영이라는 가정을 받아들이면서 동시에 우리의 사고 자체가 사회 전체의 변혁에 필요한 또다른 물적 기초를 형성하는 데 기여한다는 것을 상기할 필요가 있다. 우리 자신이 지금 인정하고 싶은 것 이상으로 우리 대다수가 생산력의 형이상학에 너무나 깊이 빠져 있기 때문에, 오늘의 이 어처구니없는 생명파괴의 일상화와 구조화를 뿌리로부터 극복하는 길이 제대로 보이지 않는지도 모른다. 이번 호에 조금 해묵은 느낌이 들고, 분량도 적지 않은 글 〈맑스주의와 생산력〉을 수록하여 독자들의 일독을 권하는 까닭도 거기에 있다. 우리가 이 글의 논지를 다 수용할 필요는 물론 없지만, 그러나 이 글의 기본 논지는 적어도 생명가치를 우선적으로 여기고, 인간의 인격적 발전을 궁극적인 목적으로 여길 줄 아는 관점을 지지하는 한 어떻게든 우리가 받아들이지 않을 수 없는 것이라고 생각된다.

유난스러운 냉해로 엄청난 감수(減收)가 예상되고 있다. 그런데 문제는 이것이 금년만의 예외적인 일이 아니라 앞으로 갈수록 그 정도가 심해질지 모르는 세계 기상의 난조 현상의 일부일지도 모른다는 사실이다. 장기적으로 보아, 산업체제의 확대가 이대로 더 계속될 때, 세계 전체의 농업이 붕괴되는 것은 필연적이다. 지구온난화로 인한 풍토와 기상의 변화 속에서 지역적으로 다소간의 이득이 있는 경우도 있을 수 있겠지만, 전체적으로 세계의 농업 기반이 무너지는 것은 불을 보듯 뻔한 일인 것이다. 이런 가능성을 두고도 무역자유화와 국제경쟁의 이데올로기가 여전히 활개를 치는 현실은 우리의 마음을 암담하게 하기에 충분하다. 그러나 정치적, 경제적 현실을 저주하고만 있을 수는 없기 때문에, 우리는 무엇이 필요한 작업인가를 끊임없이 모색하지 않으면 안될 것이다. 모든 문제가 현실적으로 규모의 문제, 대규모 산업화, 세계무역의 현실과 그 제국주의적 이데올로기로부터 나오는 것이라면, 적정의 문화, 적정의 정치, 적정기술에 대하여 숙고하는 것은 불가피한 과제가 된다. 오늘날 생태적 위기의 본질도 근본적으로는 권력의 집중화에 기인하는 것임을 우리는 분명하게 이해할 필요가 있을 것이다. 이번 호에 주민자치와 지방의 활성화에 대한 진지한 논의가 담긴 글 두 편을 소개하게 된 것은 조금 때늦은 대로 의미가 있는 일이 될 것으로 생각한다.

그와 동시에 오늘날 큰 문제가 되어 있는 학교교육에 대한 논의가 늘 규모와 집중의 문제를 소홀히 해온 점과 관련하여 이것도 기본적으로는 규모의 문제, 권력의 분산과 자치적 발의(發議)와 행동의 문제라는 인식을 새롭게 가져보는 일도 중요하다는 생각에서, 외국의 예이긴 하지만 영국의 남부 시골에서 이루어지고 있는 '작은 학교' 운동의 사례를, 이 운동을 시작한 사람의 세계관이 친밀한 언어로 피력된 글을 통해 우리 독자들에게 소개한다. 전교조 해직교사들이 이제 곧 학교로 돌아갈 수 있게 된 시점에서, 우리 교육 현실의 인간화와 생명교육을 복원시키려는 노력이 '작은 학교'의 이념에 공감하는 노선에서도 진행되기를 바라는 것은 비단 《녹색평론》을 펴내는 사람들만의 희망은 아닐 것이다.

(제13호, 1993년 11-12월)

쌀 문화의 종언

쌀 수입개방을 기정사실로 하려는 기도가 이 나라의 현재의 권력있
는 거의 모든 기관과 개인들에 의해 행해지고 있다. 이것은 국제화의
시대에 달리 선택의 여지가 없는 일이라고 말해지고 있다. 하기는 대외
의존도가 갈수록 심화되어온 지난 수십 년 동안의 경제의 관성을 그대
로 두고 세계무역체제로부터 이탈한다는 것은 상상도 하지 못할 일이
며, 따라서 쌀을 끝까지 지키는 노력을 이 체제의 중심부에서 기대한다
는 것은 불가능한 일이다.

그러나 쌀 문화의 포기가 강요된 정책이든 아니든 그것이 얼마나 엄
청난 재난으로 이어지는 일인지 권력있는 사람들이 알고 있기나 한가?
가장 한심스러운 것은 이것을 농민문제, 농촌문제라고 보는 시각이며,
그러한 시각의 비판 없는 수용이다. 유서 깊은 한 인간공동체의 식량자
급능력을 빼앗고, 자유롭고 주체적이며 보람있는 삶과 노동의 거의 유
일한 원천을 돌이킬 수 없이 망가뜨려 놓을 뿐만 아니라 비참한 생태적
재앙을 불러일으킬 것이 분명한 농산물 시장의 전면적 개방화가 어째
서 단지 농산물의 직접 산지와 생산자에게 국한되는 문제란 말인가?

이 모든 끔찍한 일이 이른바 '국제화'의 이데올로기로 정당화되고 있
다. '무한경쟁'의 국제화 시대에 우리가 살아남을 수 있기 위해서는 그
밖의 다른 선택은 있을 수 없다고 주장되고 있다. 이제는 모든 논쟁을

그치고 오로지 경쟁력을 확보하는 일만이 남아 있다고 이번에도 거대 언론은—마치 다국적기업들의 현지 대변인이기나 한 것처럼—이른바 전문가들을 동원하여 대중을 집요하게 설득하려 한다.

'경쟁력'이라고 하면 모든 것이 통하는 시대가 된 모양이다. 그 어느 누구도 이러한 흐름에 감히 거역하지 못할 듯한 분위기이다. 심지어 농민과 농촌을 살려야 할 필요성에 대해 간곡한 어조로 언급하는 가톨릭 추기경의 강론에서도 국제경쟁력을 길러야 한다는 이야기가 포함되어 있는 형편이다.

우리는 경쟁력을 말하는 것은 좋지만, 이것을 강조함으로써 우리가 무엇에 봉사하는지를 생각할 수 있어야 한다. 극소수 다국적기업이 주도하는 세계의 무역질서에서 '살아남기 위한' 전략으로 경쟁력이 배타적으로 강조될 때 그것은 궁극적으로 우리 공동체의 뿌리를 잘라버리고, 문화적 전통과 개성을 부정하며, 인간다운 교육을 위한 최종적인 근거를 무너뜨린다는 사실을 생각해야 하는 것이다. 위계사회가 시작된 이래 수천 년 동안 어디서나 인간은 노예가 되고, 모욕을 당하고, 비참을 경험해왔으나 그럼에도 불구하고 인간의 본래적 평등성과 협동과 우애와 사랑의 정신은 언제나 좀더 나은 삶을 위한 고갈되지 않는 원천으로서 사람들의 사회에서 기려져왔고, 모든 인간다운 교육의 근간을 지탱해왔다. 이제 '경쟁력'이라는 우상을 섬겨 마땅하다는 분위기 속에서 우리는 사람다움의 마지막 근거인 우애와 사랑과 협동의 정신에 코웃음을 칠 것을 우리 자신과 아이들에게 가르치고 있다.

시장원리 대신에 중앙집중적 계획을 기본 경제질서로 삼는 현실사회주의가 패퇴한 이래 이제 남은 길은 시장경제, 자유무역밖에 없다는 주장이 너무나 쉽게 활개를 쳐왔다. 시장은 물론 인류 역사와 더불어 지속된 유구한 제도이다. 좀더 정확히 장터라고 불려져야 할 옛날부터의 시장은 사람과 물건이 주기적으로 모이고 흩어지면서 삶의 기본적 욕구에 대응하고, 그럼으로써 공동체의 원활한 유지에 불가결한 기능을 담당하는 공간이었다. 여기서 중요한 것은 옛 장(장터)은 건강한 공동체의 유기적 일부였다는 사실이다. 물론 장터 특유의 자유분방한 분위기라는 것이 있었고, 이것은 민중으로 하여금 위계사회의 규범의 구속으로부터 잠시나마 해방을 맛볼 수 있게 하였다. 그러나 그런 종류의 해방감은 공동체 전체의 근원적 건강성을 전제로 하였고, 또 궁극적으로 공동체의 건강에 이바지하는 바가 되었다. 전통적으로 민중문화의 거점이 장터에서 마련되었으며, 민중문화의 기본 메시지가 언제 어디서나 거의 예외 없이 인간의 평등성을 확인하고 우애의 관계를 강조하는 것이었다는 것은 우연한 일이 아니다.

그러나 근대 자본주의의 발전의 결과로서 오늘날의 세계를 지배하는 시장의 논리는 무엇보다 공동체를 근원적으로 부정한다는 특징을 가지고 있다. 오늘의 시장논리에서 세계의 다양한 자연적 조건과 인간 문화는 철저히 무시되고, 모든 인간은 사실상 다국적기업을 위해 봉사하는 생산과 소비의 단위로 간주될 뿐이다. 자유시장 논리의 현대적인 전개로서 지금 우리가 보는 새로운 세계질서 — 모든 무역장벽이나 보호주의적 장치의 전면적 철폐를 겨냥하는 새로운 가트체제의 지배는 인류사회가 수천 년에 걸쳐 쌓아올려온 공동체적 삶의 형태 자체를 파괴하려 한다. 우루과이라운드(UR) 협상이 가장 타기하는 것은 다양한 문화와 자연을 기초로 형성되어온 개성적인 전통과 문화와 지역에 대하여 사람들이 자연스럽게 갖는 사랑과 충성이다. UR 협상은 오랜 세월 세계의 민주주의와 자유를 사랑하는 사람들, 노동운동가들, 농민운동가들, 환경운동들이 쟁취해온 온갖 민주적 제도와 법률을 일거에 무너뜨리려는 기도라고 하는 미국의 농민시인 웬델 베리의 말에 우리는 귀기울여볼 필요가 있다.

생각해보면, 우리 자신이 서구식 물질주의와 그 번영의 방식을 고스란히 떠받들고 본뜨려는 일에 급급하면서 쌀 개방에 저항해 보았자 부질없는 일이다. 우리는 인간영혼의 요구와 친자연적(親自然的)인 생명가치를 철저히 무시하는 토대 위에서 전개되어온 산업주의에 대해 정말로 아니다, 라고 말할 수 있을 만큼 삶에 대한 큰 사랑과 책임감과 에너지가 우리 자신 속에 있는지 물어보지 않으면 안된다. 우루과이라운드라는 괴물이 닥쳐오기 전에 이미 우리의 농촌-농업은 괴멸상태에 있었다는 것을 잊어서는 안된다. 수천 년 동안의 삶터가 댐 건설로 인해 수장(水葬)되는 것을 보면서 우리는 그것을 진보와 발전으로 여겼고, 갈수록 해결하기 어렵게 치닫는 인구집중, 도시화, 땅과 물과 공기의 오염, 삼림파괴, 자동차의 범람을 선진화의 지표로 받아들였다. 지금 우리가 직면한 위기를 간명하게 요약한다면, 이것은 자동차를 섬기기 위하여 쌀을 버리려는 태도에서 나오는 위기라고 할 수 있다. 이러한 미치광이짓이 놀랍게도 경제적 합리성이라는 이름 밑에서 행해지고 있는 것이다.

문제 해결의 열쇠는 결국 단순한 진리를 받아들일 수 있는 우리의 능력에 달려 있다. 우리가 자동차 없이 살 수 있지만, 쌀 없이는 살 수 없다고 하는 자명한 진리 말이다. 이것은 지나치게 이분법적(二分法的)인 접근이라고 반박할 수 있을지 모른다. 그러나 자동차로 대표되는 오늘날 전형적인 산업생활의 방식을 이대로 언제까지나 계속한다는 것은 불가능하고, 이러한 지속 불가능한 생활방식을 고수, 확대하고자 하는 한 세계의 농업은 ─ 그리고 전체 생태계도 ─ 조만간 붕괴될 수밖에 없는 것이다. 쌀을 지키려는 의지가 정말 우리에게 있다면 우리는 자동차 없이 행복하게 살아갈 수 있는 우리 자신의 능력을 표현할 수 있어야 할 것이다. 자동차는 생명과 공동체를 파괴하는 전형적인 흉기이다. 그러나 이 흉기에 대한 우리의 밑도 끝도 없는 욕망 때문에 우리는 다국적기업의 볼모가 되는 것이다.

대체농산물을 원거리 교역의 대상으로 하겠다는 발상 자체가 건전한 이성을 잃었다는 증거이다. 농산물의 본질상 안전한 식품의 공급은 어디까지나 지역공동체 안에서만 이루어질 수 있을 뿐이다. 이러한 농산물이 여러 복잡한 원거리 유통과정을 거치는 국제무역의 상품이 되려면 화학약품의 남용은 필수적인 것이 되며, 막대한 에너지를 소모하게 되고, 환경파괴와 오염이 심화될 수밖에 없다. 그리고 그 과정에서 지역사회의 상호의존성에 기초하는 공동체적 경제와 문화는 붕괴되어버린다. 그뿐만 아니다. 신석기시대 이후 농업은 지구상에서 1만 년이 더넘게 지속되어왔지만, '경쟁력 있는' 농산물을 생산하기 위한 노력은 필연적으로 단시일 내에 무분별하고 무책임한 농토착취, 토양파괴를 수반할 것이 틀림없고, 그 결과 농업 자체가 불가능한 상황이 올 것이다. 지금 쌀 개방에 대한 대책이라고 발표되는 당국의 계획과 '전문가들'의 조언이라는 것을 보면 거의 예외 없이 '규모의 경제학'의 원리에 따른 대책 — 즉 영농규모의 확대, 기업농 체제, 가족농의 해체, 기계화 농법을 적용해야 한다는 것이다. 이것은 한마디로 단기적인 이익을 위하여 장기적으로 지속 불가능한 농업을 하자는 이야기이다.

땅은 살아있는 생명이다. 모든 생명이 다 그러하듯이 땅도 끊임없이 보살펴지고 책임있게 돌보아지지 않으면 급속히 생명을 잃고 만다는 사실을 알지 않으면 안된다. 지금까지 땅이 인심 좋게 곡식과 채소와 과일을 제공해주었다고 해서 앞으로도 이것이 무조건 계속되리라고 생각한다면 큰 착각이다. 화학물질과 둔중한 트랙터의 대대적인 적용에 의해서 흙이 망가지고, 땅이 오염되고, 초토화되면 만사가 끝이 아닌가? 오늘날 세계의 곡창이라고 하는 미국의 농토가 지난 수십 년 동안 단작영농, 기계화, 화학화에 의존해온 '과학농법'으로 인해 토양유실이 심화되고 있고, 심지어는 사막화가 진행되고 있다는 우려 — 미국의 국립과학아카데미(NAS)가 근년에 내놓은 조사보고서에 담긴 우려는 현재의 지배적인 산업적 영농에 대한 두려운 경고이다.

농업의 지속이 불가능한 상황에서도 인간생존은 가능한가? 또, 가능하다 하더라도 그것이 받아들여질 만한 것인가? 이것은 식량안보라든지, 논의 생태적 보호기능이라든지 하는 관점에서 쌀농사를 지켜야 한다는 것과는 좀더 다른 근원적인 수준에서 우리가 물어보아야 할 질문이다. 이제 이러한 근원적인 물음까지 필요하게 된 것은 사태가 갈수록 악화되어가기 때문이다. 이른바 생명공학의 발전을 통해서 앞으로의 식량문제 해결을 전망하는 사람들에게 우리는 인간이란 단순히 충분한 열량을 취하기만 하면 되는 고깃덩어리가 아니라는 것을 말해주어야 하고, 그렇게 말하기 위해서는 우리의 관점이 공리주의적 수준보다 더욱 근원적인 물음으로 향할 필요가 있다. 마찬가지로, 세계무역의 전면적인 자유화로 인해 전체적으로 소득이 오를 것이라고 하는 예측에 대해서도 우리는 이러한 방식의 예측이 실은 인간을 모욕하는 행위라고 말하지 않으면 안된다. 소득이 오르기만 한다면 우리의 인간다운 자질과 덕성의 원천을 내팽개쳐도 상관없다는 것인가? 우리가 쌀 수입개방의 결정 그 자체보다도 이후의 농업대책이란 것들에 대해서 더욱 큰 절망을 느끼는 것은 결국 그러한 대책이 보다 철저히 인간과 자연을 능멸하고 착취하는 방향에서 짜여지고 있다고 보기 때문이다.

우리 내면의 가장 깊은 심층에 있는 삶의 충동, 그리고 우리의 모든 인간다운 감수성과 덕성과 자질들, 우리의 타고난 인간으로서의 권리 등등 — 이 모든 것의 근거는 흙 속에 뿌리를 내리고 있다. 이러한 사실은 지금까지 너무나 자명한 것이었으므로 굳이 해명할 필요가 없었던 것이다. 우리는 산업화의 세례를 겪어오면서 끊임없이 흙으로부터 유리되는 삶을 강요당해왔고, 이제 그 마지막 가냘픈 끈마저 절단당하기 직전의 상황을 맞이하고 있다. 그뿐만 아니라 흙을 가장 안전하게 보살필 수 있는 거의 유일무이한 농업체계, 즉 가족농 제도를 '국가경쟁력'이라는 우상을 위해 희생시키려는 시도가 세차게 일어나고 있다. 체코 대통령 바츨라프 하벨에 의하면, 가족농의 체코말인 '그룬트'는 토대 중의 토대, 삶의 근본 중의 근본이라고 한다. 가족농의 전면적 몰락이 의미하는 것은 삶의 근본 토대의 붕괴이다. 이 토대의 붕괴라는 현실에 실제로 직면하여 우리는 어떻게 반응하여야 하는가?

(제14호, 1994년 1-2월)

희망을 위한 싸움 — 자동차에서 자전거로

　세계시장의 전면적 개방화가 어떤 부류의 사람들에게 가져다줄 단기적인 이득이 무엇이든, 그것이 사회적 공정성의 원칙을 부정하고, 이미 악화일로에 있는 지구생명 부양체계를 돌이키기 어렵게 손상시키며, 세계의 다양한 문화를 획일적인 것으로 만드는 데 크게 기여할 것이라는 것은 자명한 일이다. 어떤 분석에 의하면, 이런 추세가 계속된다면 21세기가 시작될 즈음에 인류사회의 언어 가운데 90퍼센트가 사멸되어버릴 것이라고 한다. 다국적기업들의 거침없는 활보 밑에서 민족문화, 공동체, 고향, 이웃, 가족, 그리고 무엇보다도 풀뿌리 민중의 자치적, 자급적 삶의 토대는 급속히 허물어지고, 전자 및 시각 미디어들에 의한 정보의 홍수 속에서 우리의 삶은 비인격화된 로봇의 수준으로 격하될 것이다.

　이제 인간성을 운위하고 인격을 말하며, 영성에 관해 이야기한다는 것은 심히 우스꽝스러운 일이 될지도 모른다. 오늘날 '찬란한' 21세기 문명을 예견하고 있는 사람들이 망각하고 있는 것은, 과학기술의 비약적인 발전에 의해서 보장될 수 있는 미래라는 것이 — 만약 그런 식으로 맞이할 수 있는 미래가 존재한다면 — 철저히 사물화된 세계이지, 결코 살아있는 생명과 인간의 세계가 아닐 것이라는 사실이다. 현재 어마어마한 연구인력과 연구비가 경쟁적으로 투입되고 있는 이른바 '생명공학'의 약속대로 생태오염과 식량문제가 해결되고, 의료기술의 획기적인 진보가 이루어진다면, 그것은 문제의 해결이 아니라 보다 큰 재난의 시작이 될 공산이 더 크다. 왜냐하면 그러한 진보는 이미 생명의 내재적 가치와 인권에 대한 근원적인 부정을 기초로 하는 것일 것이기 때문이다. 예를 들어, 근년에 대만에서, 또 바로 얼마 전에는 중국의 북경에서도 있었던 일로서, 사형수들에게 인공호흡기를 (그들 자신의 의사와도 관계없이) 씌워놓고 형 집행을 했다. 그러고는 사형수들의 장기들이 즉각 적출되어 병원으로 운반되었다는 것이다. 이러한 일이 인도주의적인 용어로 변호되면 될수록, 우리는 여기서 더이상 나아갈 수 없을 만큼 비인간화가 극에 달하였음을 느끼는 것이다.

　참으로 기괴하고 무서운 상황으로 우리는 지금 들어가고 있는 게 아닌가? '문명화'의 척도나 된다는 듯이 어느덧 우리는 엄청난 정보들의 홍수 속에서 허우적거리고 있는데, 따져보면 이러한 '뿌리 없는' 지식들은 우리의 삶을 끝없이 들뜨고 겉돌게 한다. 오늘날 우리에게 주어지는 이 정보들 가운데서 우리의 삶에 진정으로 살아있는 관계를 갖고 있는 것들이 과연 얼마나 되는가? 현대 정치와 광고로 인한 언어와 삶의 타락은 흔히 지적되어온 현상이지만, 지금 이 사회에 있어서만큼 거의 모든 문화적, 학문적 역량이 상업주의의 창달을 위해서 동원되고 있는 사회가 있는가? 역사적으로 인문적 지성은 늘 언어의 타락에 저항하는 것을 자신의 본분으로 여겨왔다. 그러나 지금 이 사회에서 이른바 유능한 작가, 지식인들 가운데 광고언어의 확대에 이바지하기를 단호히 거부하는 사람이 얼마나 있는가? 우리는 날마다 이른바 저명한 문학인들이 상품광고를 위해서 그들의 언어를 '너그럽게' 구사하는 모습을 본다. 그리고 책 장사에 도움이 된다면 자신이 믿는 사람의 것이건 아니건 독자를 현혹시킬 문장이라면 덮어놓고 이용하지 않는 출판인들은 과연 몇이나 되는가? 요컨대 몇몇 사람들의 문제가 아니라 어느덧 우리 모두가 엄청난 불감증, 도덕적 정신적인 마비가 일상화된 세상에 도달하고 만 것이다. 상품과 기술의 승리를 위해서 우리는 싸워보지도 않고 인간정신의 패퇴를 감수하고 있는 것이 아닌가?

우리가 시작하지 않으면 안될 것은 희망을 위한 싸움이다. 희망이 있느냐 없느냐 하는 것이 아니라 희망의 조짐을 우리의 삶 속에 드러내는 일에 참여하는 일이 중요한 것이다. 도대체 '무한경쟁'이라는 것이 어떻게 사회적 이성의 이름으로 수용될 수 있는가? 우리 각자가 이런 터무니없는 데마고기에 적극적으로 동의한 바가 없다고 하더라도 우리 자신의 몸으로 산업소비체제의 전횡에 묵종하고, 세계 전체 인구의 8퍼센트에게 허용되어 있는 개인자동차를 아무런 비판 없이 '나의 것'으로 하는 데 정신이 팔려 있다면, 산업주의의 논리를 강화하고 생명의 논리를 부정하는 데 우리 자신이 책임이 없다고 말할 수 없는 것이다.

오늘의 이 나라의 언론이 사회적 정의의 문제와 생태적 위기라는 절박한 현실에 대면하여 그러한 것을 바로잡는 데 과연 이바지할 수 있는지 — 날이 갈수록 의심스러워진다. 일간신문 32면이 어느새 당연시된 것은 '선진화'의 표지인지 모르지만, 이것을 위해서 지구 어느 곳에선가 날마다 수십 헥타르의 숲이 사라져가고 있다. 정보사회라는 것은 간단히 말하여 휴지와 같이 정보를 쓰고 버리는 일을 강제하는 사회이다. 우리의 삶에 어떠한 진정한 깊이도 고양(高揚)의 경험도 가져다줄 수 없는 정보를 읽고 버리기 위하여 인간 자신의 궁극적인 삶터를 가차 없이 망가뜨리고, 사회적 약자들을 억누르는 구조 — 이러한 구조를 확대하는 일에 앞서지 않으면 '살아남을' 수 없다는 위협이 매일같이 언론에 의해 되풀이되고 있다.

'그린라운드'는 아무리 상품과 기계의 논리가 세계를 지배하고 있다고 하더라도 그래도 최소한도나마 인간이성이 살아있다는 증거를 보여주는 것인지 모른다. 그러나 '후발 산업국'의 입장에서 선진 산업국들의 전횡에 대하여 비판적인 것은 당연하고 필요한 자세인지 모르지만, 그것보다도 더욱 필요한 일은 그린라운드라는 것은 환경의 이름으로 궁극적으로 돌이킬 수 없는 환경파괴를 보장하는 장치가 될 것이라는 것을 주목하는 것이다. 이른바 후진국들의 환경보전 수준을 선진국 수준으로 끌어올린다는 그린라운드의 목표는, 역사적 상황에 비추어볼 때 실현 불가능한 속임수이다. 다시 말하여, 오늘날 산업선진국들에 있어서 개선된 환경 수준이라고 하는 것은 '후진국'들에 대한 식민주의적 지배를 기초로 한 것이고, 끊임없는 '비용 전가'에 수반된 기술개발의 성과인 것이다. 그러므로 이것은 결코 세계 전역으로 일반화할 수 있는 환경수준이 아니다. 사회적 약자와 생태계에 대한 폭력을 전제하지 않고는 한 걸음도 전진할 수 없는 환경보전기술의 세계화는 가능하지도 않을 뿐만 아니라 그것은 또 오늘의 상황에서 부차적인 문제이다. 선진 산업사회가 누리고 있는 '생활수준'과 생활양식 그 자체가 오늘날 인류를 공멸로 이끌어가고 있는 가장 근본적인 요인임을 명백히 하는 일이 가장 중요한 것이다. 쉽게 말하여, 세계의 재난은 자동차를 지배적인 개인 수송수단으로 만들고, 그렇게 함으로써 '거대한 자동차경제'를 중심으로 사회발전을 계획한다는 데에서 비롯하는 것이다. 인력에 의한 수송수단이 지배적이었던 아시아 각 지역에서 정치지도자들과 계획전문가들은 그러한 토착생태적인 기술을 멸시하고, 자동차 중심 사회로의 이행에 착수하였다. 우리나라에서도 이제 자동차 수는 자전거 수를 능가하기 시작하였다고 한다. 이러한 사실이 무엇을 의미하는가? 이것은 기왕에 자동차를 소유하고 있는 서양 중산층의 생활양식이 비서구 지역으로 확산된다는 말이며, 따라서 지구가 더이상 사람이 살 수 없는 행성으로 변하는 것은 시간문제일 뿐이라는 것을 의미한다. 물론 자동차 중심의 생활양식이 기왕의 특권적인 소수에 국한되어 있어야 한다는 이야기가 아니다. 그것은 사회적 정의로 보나 생태적 한계로 보나 시급히 포기되어야 할 독점적이고 범죄적인 생활양식이다.

몇몇 나라, 지역사회에서의 경험은 이미 자동차 중심으로 깊이 들어
갔던 사회도 자전거 사회로 전환할 수 있다는 뜻깊은 희망의 가능성을
보여주고 있다. 자전거는 가장 진보된 공생의 기술이다. 내가 자전거를
탄다고 해서 다른 사람과 다른 생명체가 고통을 당하지는 않는다. 그러
나 자동차가 제공하는 어리석은 '행복'은 철저히 배타적이고, 그것을 향
유하기 위해서 치르지 않으면 안되는 대가는 너무나 엄청난 것이다. 자
동차는 일상화된 폭력수단이다. 우리의 아이들이 납을 들이마심으로써
저능아가 되는 것을 바라지 않는다면 우리는 당장 행동해야 할 필요가
있다. 그러나 그것이 고통스러운 금욕주의를 받아들이는 일은 아닐 것
이다. 우리 각자가 자동차에서 단순히 내려옴으로써 우리는 철제구조물
속의 개인주의적 행복보다 더 진정한 행복이 있다는 것을 발견할 수 있
을 것이다. 그때 우리는 보행자와 자전거를 위한 길을 함께 만들어가면
되는 것이다.

일찍이 간디는 언젠가 산업주의가 인류에게 큰 저주가 될 것이라고
말하였다. 자기 파멸을 향하여 가속적으로 달려가면서도 결코 멈출 줄
모르는 것이 산업주의의 본질이라고 한다면 우리가 택할 수 있는 것은
이 지옥으로 가는 자동차에서 내리는 수밖에 없다. 그리고 그러한 선택
을 행하는 사람이 많으면 많을수록 우리에게는 희망의 가능성이 커질
것이 분명하다. 그러나 우리 각자는 결국 혼자서 결정하지 않으면 안된
다. '희망을 위한 싸움'은 본질적으로 자기 자신과의 싸움이다.

(제16호, 1994년 5-6월)

생산력이 아니라 공생의 윤리를

아무리 보아도 가망 없는 일인데도 불구하고 성장과 경쟁의 논리가 갈수록 기승을 부리고 있다. 기업과 정책당국이나 언론이나 대학은 말할 것도 없고, 체제에 맞선다고 자처하는 다양한 비판세력들의 대부분도 경쟁과 힘의 논리를 근본 전제로 하고 있다는 점에서는 거의 아무런 차이가 없는 것으로 보인다. 힘의 논리가 활개를 치는 세상이 새삼스럽게 놀라울 것은 없을지 모른다. 그러나 우리의 삶을 야만의 상황으로 몰아넣고 있는 권력주의와 생산력지상주의에 맞서서 인간다운 삶의 조건을 진정으로 옹호하려는 노력들이 점점 발붙이기 어려워지고 있다는 것은 우울한 일이 아닐 수 없다.

과거 어느 때보다도 풍요로운 정보와 지식의 사회 속에 살고 있지만, 우리가 지금 보고 들을 수 있는 것의 대부분은 너절한 잡담에 지나지 않는 것들이다. 오늘날 컴퓨터의 보급 덕분에 인쇄물이 엄청나게 쏟아져나오고 있는데, 이런 현상과 나란히 어느새 문학작품들도 분량 경쟁이 되어버린 듯하다. 있어도 그만 없어도 그만일 것 같은 잡담들을 위해 아까운 종이와 에너지가 허비되고 있는 것을 보는 것도 못 견딜 노릇이지만, 기계에 의존하는 글쓰기가 삶의 '내적 흐름'을 가로막는다는 것을 날카롭게 느끼는 민감한 작가들도 차츰 드물게만 볼 수밖에 없다는 것도 슬픈 일이다. 편의주의를 위하여 소중한 삶이 희생당하는 것을 가장 거부해야 할 문학적 지성들이 도리어 상업주의의 첨병 노릇을 마다하지 않는다는 점이야말로 현재 이 땅의 정신적 불모 상황을 가장 잘 드러내어 주는지도 모른다.

근년에 미국의 어느 국민학교에서 있었던 일이라고 한다. 교사가 아동들에게 링컨 대통령에 관하여 조사 연구해서 작문을 제출하라는 숙제를 내었다. 아이들은 제각기 집에서 개인용 컴퓨터를 이용하여 자료은행을 통해서 링컨에 관한 규격화된 정보를 얻었고, 이것을 컴퓨터에 명령하여 모범적인 보고서들을 만들었다. 아이들의 보고서의 문장 수준은 모두 백악관의 연설문 책임자의 수준이었다. 이것을 본 선생이 아이들에게 뭔가 이상하지 않느냐고 물었지만, 아이들은 선생이 무슨 말을 하는지 도저히 이해할 수 없었다는 것이다.

위와 같은 예화가 지금 우리들 사이에서는 어떻게 받아들여질 수 있을까? 아마 얘깃거리도 안되는 게 아닐까. (서양으로부터의) 새로운 기술의 도입이라면 덮어놓고 좋은 것, 향상된 삶을 약속해주는 것으로 대해온 뿌리 깊은 관습이 우리에게는 있다. 심지어 텔레비전이나 자동차나 컴퓨터나 이동통신 같은 것에 대하여 그 사회적, 인간적 부작용을 염려하는 사람들은 — 만약 그런 사람들의 목소리가 들리기라도 한다면 — 여지없이 비애국자 취급을 당할 듯한 분위기이다. 역사를 거꾸로 되돌릴 수는 없다라는 편리한 논리를 가지고 삶의 뿌리 자체를 망가뜨리는 일도 주저하지 않는 태도가 서구인들보다도 우리들에게 더 짙게 배어 있는지도 모르는 것이다. 비근한 예를 들어, 지금 대학에서 학생들의 숙제를 육필원고로는 안 받겠다고 하는 대학교원들이 적지 않다고 한다. 기술선진국이 되기 위해서 학생들의 컴퓨터 적응능력을 길러주어야 할 책임이 자신들에게 있다고 생각하는지 모른다. 그러나 그러한 '현실주의적' 고려가 컴퓨터화 사회에서의 삶의 근본적인 박탈과 공허화와 비인격화라는 좀더 근원적인 문제를 철저히 외면하고 이루어지는 것이라면, 이런 문제를 생각해야 할 책임은 누구에게 있는가?

지금 많은 사람들 사이에서 환경위기에 대한 인식은 크게 고조되어 있는데 여기에 있어서도 가장 두려운 것은 과학기술에 의해 이 위기가 조만간 해결될 것이라고 하는, 기술에 대한 미신적인 신앙이 거의 팽배해 있다는 사실일 것이다.

우리는 이번 호에 이런 문제들에 관하여 근원적인 성찰을 보여주는 무게있는 글들을 소개할 수 있게 된 것을 기쁘게 생각한다. 금년 봄 한국철학회에서 기조 논문으로 발표된 김충열 교수의 글은 무엇보다도 근년에 우리 주변에서 흔히 들려온 이야기 — 21세기는 동아시아가 주도하는 세계가 될 것이라는 사이비 예언행위의 근본적인 경박성을 드러내고, 그러한 예언이 실질적으로 의미있는 것이 되려면 그것이 문자 그대로 동아시아의 패권적 세계지배를 가리키는 것이 아니라 동아시아 전통사상에서 늘 강조되어온 '공생의 논리'가 세계의 새로운 지도원리가 되어야 하고, 그렇지 않으면 지구 자체가 사람이 살 수 없는 생태적 불모지로 변해버릴 것이라는 사실을 환기하는 일이라고 지적하고 있다. 단지 형식적인 학술논문의 수준을 넘어서 오늘날 그 어떤 것보다도 더 긴급한 인간생존의 위기에 대한 심각한 관심을 드러내는 이 글을 읽으면서, 이 글의 필자도 말하듯이 아마도 동양사상의 창조적 현실적용이라는 과제도 서구적 기술소비주의문명에 뒤늦게 흠뻑 취해서 제정신을 차리지 못하는 동아시아인들이 아니라 이미 서구문명의 파국적 경향을 깊이 절감해온 서구인들 자신에 의해서 주도되기가 쉬울 것이라는 점에 고뇌를 느끼는 사람들도 있을지 모른다.

그러나 누가 주도하느냐가 중요한 문제는 아니다. 문제는 전지구적으로 맹렬히 확산되고 있는 이 자멸의 논리가 너무 늦지 않게 멈추어질 수 있느냐 없느냐 하는 것이다. 그러므로 우리는 우리가 이러한 일에 정말로 기여할 수 있는지, 어떻게 기여할 수 있는지를 진지하게 숙고해야 하는 것이다. 서양은 저물었으니 이제부터는 동양의 세상이라는 식의 실없는 자기도취에 빠져 있거나 서구세계에서는 '진리'에 대한 망각이 이미 깊었으므로 새로운 가능성은 아직 진리에 대한 감수성이 어느 정도 살아있는 비서구세계, 좀더 구체적으로 분단의 비극으로 인해 세계사적 모순을 첨예하게 겪어온 한반도에서 일어날 수 있을 것이다 — 라고 하는 좀더 세련되기는 하되 근본적으로는 자기기만일 수도 있는 논리에 붙들려 있어서는 안될 것이다. 우리는 좀더 진실되게 자신을 들여다볼 능력이 있어야 하고, 적어도 새로운 삶의 가능성을 찾는 오늘날 가장 진지한 지성적, 도덕적, 정신적 흐름이 자신의 문화와 삶터를 지키려고 투쟁하는 토착민들 속에서, 또 세계 각지의 에콜로지스트들 사이에 괄목할 만하게 성숙해 있다는 사실에 시선을 돌릴 수 있어야 한다.

우리는 에콜로지 문제를 우선적으로 보면서, 이것을 중심으로 인간의 현실과 역사를 보는 관점이야말로 오늘에 있어서 세계의 가장 진보적이고 과학적이며 의미있는 정치철학을 구성할 수 있다고 생각한다. 물론 아직도 자본과 노동 간의 모순은 중요한 문제이며, 사회적 정의와 평등의 문제는 생태적 건강을 회복하는 데 불가결한 사회정치적 전제조건이라고 할 수 있다. 그러나 일반적으로 전통적인 노동운동의 기본노선이 아직도 빵의 고른 분배의 전제로서 빵의 크기를 확대하는 데 있어서 자본과 이해관계의 일치를 보이고 있다고 한다면, 자연을 단지 이용가능한 자원으로서만 간주하는 그러한 인간중심주의적이며 생산력중심주의적 노선의 운동이 생태적 위기에 대하여 어떤 창조적인 응답을 줄 수 있는지 극히 의문스럽다고 해야 할 것이다. 다시 말해서, 지금과 같은 철학과 방법 속에서 노동운동이 예컨대 자동차의 생산 자체를 반대하는 데까지 갈 수 있는가라고 우리는 투박하게 질문해볼 필요가 있는 것이다. (자동차는 가령 원자력발전에 비하여 환경적으로 덜 치명적인 것이라고 많은 사람들이 습관적으로 생각하고 있기 때문에 그만큼 더 위험하고 치명적인 기술이라고 할 수 있다. 자동차 문제를 근본적으로 따지지 않고 온갖 사회변혁적 운동에 관해 이야기해 보았자 그것은 변죽만 울리는 헛된 노력이기 쉽다.)

1983년 가을 미국 핵무기의 서유럽 배치를 목전에 두고 격렬한 반핵운동이 전개되고 있을 때, 반핵운동단체의 초청으로 동독 출신 평화운동가 루돌프 바로가 뉴욕을 방문하였다. 본래 동독의 저명한 맑스주의 철학자이며 저널리스트였지만, 그의 책《대안》(1977)의 집필 이후 점차 산업문명체제 그 자체가 근본문제라는 시각에 분명하게 접근함으로써 서독 녹색당의 창립에 주요 역할을 했고, 다양한 정치적 경향을 가진 사람들의 혼합체였던 녹색당 가운데서 가장 근본적인 '녹색의 논리'를 견지하고 있는 이론가로서 바로는 이미 잘 알려져 있었다. 그런데 바로는 반핵집회에서 지금 뉴욕의 거리를 질주하고 있는 자동차들도 그 본질에 있어서 핵무기와 다를 것이 없다고 말하였다. 이런 그의 발언은 특히 좌파 운동가들 사이에서 격렬한 반발을 일으켰다. 그러한 발언은 빈곤계층의 생활수준을 개선하려는 노력을 가로막는 논리라는 것이 바로에게 가해진 비난의 요지였다. (만년의 하이데거가 기술사회의 진전에 깊이 고뇌하면서, 가령 화학비료와 농약으로 흙을 죽이고 있는 현대농법은 아우슈비츠의 유태인 학살에 못지않은 폭력이라고 발언한 적이 있는데, 어떤 좌파 지식인은 이것을 하이데거의 정신착란 증세를 보여주는 예라고 격렬히 비판한다. 이른바 진보적 지식인들 가운데 생태적 문맹자가 적지 않다고 하는 사실은 현대사의 큰 불행이다.)

'생활수준'이라고 하는 본질적으로 부르주아 개인주의적 개념이 늘 필수적인 평가기준이 되어왔다는 데에 20세기 사회변혁운동의 실패와 비극의 핵심적인 원인이 있는지도 모른다. 물질적 재화의 소비규모의 과다에 의해서 측정될 수밖에 없는 생활수준이라고 하는 것이 사회발전의 핵심적인 기준이 될 때, 토착문화의 다양한 삶의 방식들이 파괴되고, 전통적인 농업이 사라지고, 생태적 재앙이 따르고, 공동체가 해체되며 인간의 도구화가 심화되는 것은 필연적이다. 그뿐만 아니라 생활수준의 향상을 꾀하는 '개발'이 진행되면 될수록 부의 독점은 심화되고, 빈곤문제는 갈수록 해결 불가능한 것으로 된다는 것은 현대사에서 너무나 명백하게 증명되어온 사실이다.

이번 호에 소개하는 루돌프 바로의 글은 흔히 환경위기라고 하는 문제가 어째서 단순한 외면적 수습책을 넘어서 인간의 근본적인 자기쇄신을 필요로 하는 문제인가를 밝히는 중요한 문건이다. 이것이 비현실적인 논리라고 믿는 '현실주의자'가 지금 어디에서나 다수를 이루고 있다. 그러나 루돌프 바로와 같은 사람들이 꿈꾸는 것이 역사의 승리자가 되려는 것은 아니다. 다만 꺾여질 수 없는 인간정신과 온전한 삶의 비전을 전승하고 보존해야 할 책임감을 그들은 느끼는 것이다.

어떻든 연방의회에 진출하는 등 서독 녹색당은 현실정치의 한 제도적 세력이 되면서 점차로 산업체제와 타협을 모색하려는 '현실주의자'들에 의해 주도됨에 따라 핵심적인 녹색의 논리를 방기하는 데까지 이르렀고, 여기에 반발하여 바로는 동료들과 함께 1985년에 당을 떠났다. 그 후 영국 브리스틀에서 열린 슈마허 기념강연에서 자신의 입장을 소상하게 밝힌 것이 이 글인데, 이것을 통하여 우리는 이번 세기의 가장 양심적이고 지적으로 살아있는 지식인의 한 사람이 어떻게 맑스로부터 간디와 노자에게로 도달하게 되었는지 그 궤적을 짐작해볼 수 있을 것이다.

이번 호를 준비하는 도중에 무위당 장일순(无爲堂 張壹淳) 선생의 부음에 접하게 되었다. 《녹색평론》 제7호에도 소개된 바 있지만, 선생의 생애는 원주 토박이로서 평생 원주에서 머물면서, 민주화운동과 생활공동체운동을 이끌고 밀어주는 일에 대한 헌신으로 점철되어왔다. 선생의 삶에서 자신의 개인생활과 공동체의 운명은 떼어놓을 수 없는 것이었던 것으로 보인다. 사람과 사회와 자연을 모두 아우르는 생명공동체 전체의 건강이 항상 그의 관심사였고, 그것은 무엇보다 자기 자신의 작은 자아(小我)를 내세우지 않고 일하고 사는 그의 삶의 방식에서 두드러지게 표현되었다. 우리 사회에 동학사상, 특히 해월 최시형 선생의 지극한 생명공경의 가르침을 절실한 마음으로 전하고, 땅과 하늘과 인간이 총체적으로 오염되고 훼손된 이 시대의 참혹한 현실에 어느 누구보다도 깊이 상도하여, 제자들과 함께 생활자치운동과 '한살림운동'을 주도함으로써 오늘날 우리 사회에서 이루어지고 있는 다양한 형태의 생명운동의 선례를 열어준 선생의 업적은 철저히 비권력주의적 방식으로 행해진 그만큼 더 크고 값진 것으로 여겨진다. 선생의 사상과 행동에 온전히 접근한다는 것은 지금으로서는 어려운 일이지만 아쉬운 대로 한 소규모 집회에서 행한 선생의 강연 녹음을 정리한 글과 두 편의 추모의 글을 실어 우리는 선생의 명복을 빌고, 그의 뜻을 기리고자 한다.

(제17호, 1994년 7-8월)

시골학교의 폐쇄가 뜻하는 것

　군사정권에 의해 파괴되었던 지방자치제도의 실질적인 부활을 목전에 두고 시민자치 및 주민자치의 가능성에 관한 토론이 활발해지기 시작하고 있다. 이것은 물론 좋은 일이다. 그동안 억압적인 정치상황에서 우리는 삶에 대한 책임을 우리 자신이 아닌 딴 데로 돌리는 일이 습관이 되어왔고, 그 결과 삶의 온갖 수준에 있어서 우리의 무책임한 태도는 치유하기 힘들 만큼 뿌리 깊은 것이 되었다.

　물론 이것은 상황의 압력 밑에서 어쩔 수 없는 현실이었다고 말할 수 있을지 모른다. 그러나 오랜만의 지방자치의 전면적인 시행을 앞두고 이 당연한 민주주의의 기본 제도의 향수(享受)보다도 그것이 초래할지도 모를 부작용에 관한 예상이 훨씬 더 설득력 있게 우리의 주의를 끄는 까닭은 무엇인가? 그리고 지금 우리가 과연 우리 자신의 삶에 대한 자율적인 책임을 떠맡기를 진실로 원하기는 하는가?

　무엇보다도 지금 이 나라에 지방이 있다고 할 수 있는가? 도대체 자치와 자율을 위한 정신적 물리적 토대가 건전하게 살아있는 곳이 과연 있는가? 아마 우리에게 좀더 절실하게 다가오는 것은 이러한 물음일지 모른다.

　오늘날 우리가 좌절감을 느끼는 일이 어디 한두 가지일까만 그중에서도 문을 닫는 시골 국민학교가 날로 늘어나고 있는 현상처럼 마음을 무겁게 하는 일도 드물 것이다. 이 문제를 단순한 경제논리에 근거하여 처리하고 있는 이 나라의 교육 행정가들의 단견을 비난하는 것은 물론 쉬운 일이다. 줄어드는 학생들을 위하여 학교운영을 계속하기보다는 그 아이들을 큰 학교로 옮긴 다음 통학버스를 제공하는 편이 보다 효율적이라고 보는 경제합리성의 원칙이 지배하는 한, 시골학교의 잇따른 폐쇄는 불가항력적인 것이 되고 만다. 오늘날 이 나라의 교육 행정당국이 시대의 추세에 맞서면서까지 교육과 인간의 문제를 경제논리보다 더 크고 근본적인 시각에서 접근해주기를 기대한다는 것은 어리석은 일일 것이다. 그리고 따져보면 이것은 몇몇 교육관료의 책임의 한계를 넘어서 있는 문제이기도 하다.

시골학교의 폐쇄 문제는 이 나라 농업문화의 절멸이라는 좀더 근원적인 문제에 맞물려 있는 문제이다. 이것은 우리가 다 아는 일이다. 그럼에도 불구하고 농촌마을의 정신적, 문화적 구심체로서의 학교가 없어질 때 그것은 궁극적으로 마을 자체의 해체를 앞당기고, 그래서 이미 쇠퇴일로에 있는 '흙의 문화'의 사실상의 종언이 목전에 다가왔다는 사실이 다시 한번 우리의 가슴을 철렁 내려앉게 하는 것이다. 이것은 도무지 인간으로서 참고 볼 수가 있는 현실이 아니다. 이러한 현실이 뜻하는 것은 우리의 인간다운 삶의 근원적인 토대가 급속도로 허물어지고 있고, 따라서 이제 얼마 동안일지 모르지만 우리의 이 지상에서의 생활은 '기계의 노예'로서만 가능할 것이라는 사실이다.

학교와 교육의 문제를 단지 돈이나 비용의 관점으로만 보는 사고방식이 늘 우위를 차지하고 있는 한, 오늘날 농사가 결딴난 마을에 각양각색의 소비주의 퇴폐문화가 줄지어 들어서는 것은 차라리 당연한 일인지 모른다. 골프장과 스키장과 러브호텔과 식당과 주유소가 어느새 조용한 시골을 뒤덮어버렸다. 이 야만적인 변화는 농사를 계속 지으려는 농민이 이 나라 전체에서 거의 사라지고 있는 현실과 정확히 대응하고 있다. 정부의 융자를 지원받아 지금 여러 농촌지역에서 진행되고 있는 갖가지 시설농원이나 기업농 체제는 말의 참다운 의미에서 이미 농사라고 할 수 있는 것은 아니다. 살아있는 농업공동체가 중심이 되지 않고, 다만 자본과 기계와 화학물질에 의해서 이루어지는 특화작물의 생산은 농업의 공업화 과정의 전형이며, 따라서 그것은 '흙의 문화'의 번창에 아무런 기여를 할 수가 없다. 오히려 공업화된 농업은 극심한 토양 오용으로 말미암아 궁극적으로 사막화를 초래할 가능성이 높다는 사실은 아무리 강조해도 지나치지 않을 것이다.

진정한 농업은 농촌공동체 없이는 존재할 수 없다. 시골학교의 소멸이라는 '흙의 문화'의 결정적인 패퇴의 징후를 보면서 우리가 느끼는 상심과 낙담은 이제부터 우리가 영위할 삶에 거의 아무런 선택의 여지가 없다는 것을 다시 한번 확인하기 때문이기도 하다. 농사를 짓고 싶어도, 시골생활을 누리고 싶어도 그것이 최소한도라도 허용되지 않는 상황이 실제로 다가오고 있는 것이다. 학교는 사라지고, 러브호텔이 활개치는 시골이 더이상 시골일 수 있는가? 산업사회는 그럴싸하게 화려한 외관에도 불구하고 인간의 삶을 갈수록 좁고 메마르게 만드는 획일적 체제이다.

그러나 농업문화의 소멸 현상이 진정 우려스러운 까닭은 말할 것도 없이 이것이 지속 가능한 사회를 가능하게 하는 순환경제체제의 유일한 기초이기 때문이다. 저명한 생태철학자 루이스 멈퍼드에 의하면, 생태적으로 건전한 — 다시 말해 영속적인 인간생존이 가능한 — 사회의 존속에 반드시 구비되어야 할 전제조건은 그 사회가 전체적으로 80퍼센트 이상의 농업적 기반 위에 있어야 하고, 도시화는 20퍼센트 수준을 넘어서는 안된다는 것이다. 이러한 수치의 구체적인 근거가 무엇인가 하는 문제와는 별도로, 이것이 담고 있는 대의(大義)는 건전한 이성능력을 갖춘 사람으로서는 쉽게 납득할 수 있는 주장이라고 할 수 있다.

인간이 식물의 세계로부터 절연되어서는 즐겁고 보람있는 생활은커녕 생존 자체가 불가능하다는 것은 진화론의 관점에서 보아도 명백하다. 지구 표면에 식물이 나타나고, 꽃을 피우기 전에 지구의 풍경은 극히 황량하고 단조로운 것이었다고 한다. 그러나 파충류의 시대를 뒤이어 포유류의 시대가 시작되었을 때, 그 시기는 지구상에 꽃이 폭발적으로 피어나기 시작한 것과 일치한다는 것이다. 이것은 단순한 우연의 일치라기보다는 인간을 포함한 포유동물의 운명과 식물의 세계 사이에는 근원적인 교감의 관계가 원초적으로 주어졌다는 사실을 뜻하는 것일 것이다.

오늘날 인간이 경제성장이나 개발이라는 명분 밑에서 숲을 파괴하고, 토착민의 삶터를 유린하고, 생태계의 질서를 교란하고, 그렇게 함으로써 갈수록 거주불능의 공간을 넓혀갈 때, 이 어리석은 일은 궁극적으로 진화론적 존재로서의 인간의 특성 자체를 무시하는 일이기도 하다는 점을 우리는 깊이 생각해볼 필요가 있다. 인간으로서 우리에게는 반드시 물질적 재화의 획득과 소비만으로 채워질 수 없는 숱한 다면적인 기본욕구가 있다. 우리는 도덕적 존재이고, 심미적 존재이며, 종교적 존재이기도 한 것이다. 이러한 다면적인 인간 욕구의 균형있는 충족이 실현되지 않을 때 인간이 불행을 느끼는 것은 사람마다의 개인적 특성 이전에 인간이라는 종(種)으로서의 특성이 존재하고 있기 때문일 것이다.

끊임없는 성장경제의 논리로써 자기확대를 계속하는 산업체제란 근원적으로 인간 무시를 끝없이 되풀이하여 강제하는 체제이다. 생태적 파괴도 파괴이지만, 우리가 산업체제를 받아들일 수 없는 것은 인간으로서의 존엄성을 조금이라도 생각하는 사람에게는 이 체제가 엄청난 모욕이며 저주임이 분명하기 때문이다.

다가오는 지방자치제의 전면적 시행이 우리의 삶의 좀더 인간다운 위엄을 높이는 데 얼마나 공헌할 수 있을 것인지, 그리고 도대체 공헌하는 바가 있기나 할 것인지 — 이것은 성급하게 답변될 수 없는 문제이다. 그러나 우리는 우리의 목표가 무엇인가에 관해서는 명확히 해둘 필요가 있다. 지방자치가 지역개발이라는 명분 밑에 또한번 대대적인 생태적 파손을 합법화하는 광란의 잔치가 되고, '흙의 문화'의 마지막 가능성을 돌이킬 수 없이 파괴하는 데 기여한다면 우리에게는 정말 희망이 없다. 우리는 많은 선의의 사람들의 이러한 우려가 근거 없는 것이 되기를 바라고 싶다. 그러나 지금까지 그랬던 것처럼 우리의 역사가 늘 "가장 바람직하지 않은 방향을 선택해왔다"는 것이 사실이라면 이것이 또 근본적으로 변경될 수 있는 가능성이 있을 것인가?

결국 '비약'이 필요하다고 말하지 않을 수 없다. 과학과 기술과 정보가 아니라 자기 자신의 좁은 이해관계를 초월하여 사심 없이 행동할 수 있는 능력 — 그리하여 자신을 진정으로 인간답게 들어올리는 일이 지금처럼 필요한 때가 없었다.

'자기희생'이 조금이라도 이루어지지 않는 세계는 이미 인간의 세계가 아니라고, 이번 세기의 가장 위대한 예술가 중의 한 사람인 타르코프스키는 말한다. 문명과 진보의 이름으로 집단자살체제를 만들어낸 인간에게 지금 구원의 가능성은 어디에 있는가? 죽은 나무에 오랫동안 물을 길어다 줌으로써 마침내 그 나뭇가지에 푸른 잎이 무성하게 살아나는 기적을 볼 수 있을 만큼, 우리에게 삶에 대한 책임과 사랑과 성실이 있는가?

(제22호, 1995년 5-6월)

삼풍백화점 붕괴를 보며

　인간의 삶에 있어서 작든 크든 고통은 피할 수 없는 것일 것이다. 고통은 삶의 근원적인 조건인지도 모르기 때문이다. 고통 없는 삶이란 인간에게 있어서는 불가능한 꿈일 뿐만 아니라 완전히 바람직한 것이라고도 말할 수 없을 것이다. 생각해보면, 고통 없는, 안락한, 절대적으로 안전한 삶에 대한 희구는ー그것이 배타적인 목표로서 추구될 때ー도리어 삶의 온전함을 망가뜨리는 파괴적인 힘으로 작용할 수도 있는 것이다. 절대적 안전에 대한 완강한 집착ー이것은 사람의 사람다운 삶의 궁극적 조건이라 할 수 있는 '죽음'을 부정하는 어리석은 기도의 또다른 표현일 수도 있기 때문이다. 우리의 나날의 생존이 무수한 인연의 보이지 않는 자비로움 속에서 가능한 것이라면, 우리가 무엇 때문에 자기를 앞세워 세계의 고요와 평화를 깨뜨리고, 나아가 자기 자신의 본성에 대하여도 심히 난폭한 공격을 해야 하는가?
　오늘날 산업기술문화의 근본적인 폭력성은 여러 각도에서 이야기될 수 있지만, 그중에서도 가장 중요한 것은 그것이 계속적인 기술개발과 기술혁신의 과정을 통하여 이제는 근원적인 인간조건을 부정하려는 데까지 이르렀고, 그래서 죽음조차도 부정한다는 점에 있을 것이다. 이것은 산업문화가 심화됨에 따라 죽음이라는 인간현상을 수용함에 있어서 사람들이 갈수록 무능력을 드러내는 것에 직결되어 있는 문제이다. 산업사회에서 죽음이란 외면하고 싶은 단순한 재난이며, 밑도 끝도 없는 공포의 대상일 뿐이다.

그러나 인류 전체의 역사에서 볼 때, 죽음에 대한 이러한 태도는 극히 근래의 것이며, 예외적인 현상임이 분명하다. 전통문화에 대한 기억을 되살려보거나 토착민족들에 대한 인류학적 보고를 살펴보면, 생태적으로 건전한 삶을 누렸던 이들 사회는 예외 없이 죽음을 지극히 평정한 마음으로 받아들이는 성숙한 정신적 체계를 유지하고 있음을 확인할 수 있다. 예를 들어, 19세기 중엽 북미 인디언 시애틀 추장이 남긴 메시지는 이런 점에서도 감동적인데, 그는 백인들의 무자비한 공격 앞에서 인디언 종족의 멸망을 예견하면서, 그것을 깊이 슬퍼하면서도, "바다의 파도처럼 왔다가 가는" 인간의 궁극적인 운명에 너그럽게 자신을 맡기는 것이다. 이것은 '합리주의'와 경쟁의 논리에 찌든 사람들로서는 이해하기 어려운 태도이다. 토착민족들의 사물을 파악하는 방식은 인간존재란 자기 자신보다도 훨씬 더 큰 전체 자연의 일부이며, 만물은 형제라는 사실에 대한 살아있는 감각에 뿌리 깊이 기초해 있었다. 이러한 인식은 세계 속에서의 그들의 존재방식을 결정하였다. 자연과의 생생하게 살아있는 교감이 지배하는 문화에서 자연에 맞서는 기술을 발전시킨다는 것은 불가능한 일이다. 자연에 맞선다는 것은 결국 자기 자신을 적대하고, 인간본성에 반하는 것을 의미하기 때문이다.

산업문화란 바로 그러한 유기적 지식과의 철저한 단절 위에 기초해 있는 문화이다. 그러므로 우리가 갈수록 우리 자신이 자연의 일부라는 인식을 받아들이는 데 곤란을 느끼고, 그 결과로 죽음이라는 가장 근원적인 인간조건에 대해서조차도 혼란을 느끼는 것은 당연한 일인지 모른다.

죽음에 대한 부정적인 태도는 본질적으로 죽음에 대한 두려움에 기인하는 것인데, 두려움이란 단절과 고립과 외로움의 체험 속에서 불가피한 것이다. 자연의 일부로서의 자신의 존재에 대한 생생한 감각으로부터 멀어지기 시작하면서 사람에게 외로움과 불안을 피할 수 없는 운명이 되었다. 생태적으로 건강한 사회는 동시에 공동체적 연대가 살아있는 사회를 의미한다. 자연과의 살아있는 교감의 상실은 공동체적 삶의 붕괴와 병행하는 것인데, 그런 상황에서 이제 사람의 갈수록 공허하고 불안해지는 마음은 끊임없이 물건과 권력을 확대하는 일에 대한 집착밖에 달리 기댈 데가 없는지 모른다.

백화점 건물이 무너지고, 남해 바다가 기름으로 뒤덮이고, 온갖 경악과 신음소리, 그리고 온 산천을 유린하는 자동차들의 소음 속에서, 이 땅의 여름이 힘들게 지나가고 있다. '삼풍' 사고에서 분명하게 보아야 할 것은 이것이 부실공사와 부패구조와 관리태만과 가진 자의 탐욕의 문제만이 아니라는 점이다. 하필이면 왜 백화점 건물이냐고 물어볼 만도 하지만, 하여튼 여기에는 오늘날 우리의 삶의 전면적인 뒤틀림이 집약되어 있다. 그러나 우리들 대부분이 이 문제를 얼마나 심각하게 보고 있는지는 분명치 않다. 이 나라의 언론은 이번에도 문제의 근본을 생각해보려는 노력은 거의 보여주지 않았다. 지난겨울 일본에서 대지진이 발생하여, 내진성을 자랑하던 모든 건물, 도로와 철로들이 파괴되고, 수많은 사람이 참사를 입었을 때, 물론 소수 의견이기는 하나 일본의 주요 언론에 반영된 중요한 견해의 하나는 이 재난이 이른바 '풍요'를 맹목적으로 추구해온 일본사회 주류의 뿌리 깊은 지향을 근본적으로 수정해야 할 필요를 던져주었다는 논리였다. 이와 같은 견해의 바탕에는 지진이 발생한 고베지방 일대에 여러 해에 걸쳐 대토목공사가 진행되었고, 이것이 민감한 지반(地盤)에 영향을 미쳤을 것이라는 가정도 들어 있었다. 이러한 가정 자체의 타당성과는 별도로, 적어도 대토목공사와 지구생태계와의 양립 가능성을 근본적으로 묻고, 그리고 무엇보다 천재지변으로 통할 수 있는 사고와 인간 자신의 교만과 탐욕을 연결시켜 보고 있는 점에서, 이것은 경청할 만한 시각이었다. 이것은 산업문명의 인간적, 사회적, 생태적 적절성에 대한 근원적인 의문을 제기하는 물음인 것이다. 흔히 너무나 당연한 것으로 받아들이고 있는 산업문명체제를 이렇게 근본적으로 물을 수 있다는 것은 아직 꺾이지 않는 인간정신이 살아있다는 증거일 것이다.

어이없이 순식간에 무너질 수 있는 건물 속에서 일상생활을 하거나 볼일을 본다는 것은 기막힌 일이다. 그러나 그렇다고 하여 완벽하게 안전한 건물이라면 아무 문제가 없는지, 우리는 좀더 생각해볼 필요가 있다. 물론 이 세상에는 영구히 안전한 인공구조물 같은 것은 있을 수 없다. 실제로 대단히 견고한 건물이라 하더라도 최근의 미국의 오클라호마에서의 경우에서 보듯이 폭발물에 의해서도 쉽게 붕괴될 수 있는 것이다. 게다가 모든 건물은 세월의 풍상을 겪는 동안에 언젠가는 허물어지게 마련이다. 그러므로, 이렇게 허물어질 수밖에 없는 것이 건물이라면, 허물어진 다음의 일까지 고려해야 하는 것이 진정으로 책임있는 인간의 태도라고 할 수 있다.

그러나 지금 산업사회가 자랑하는 온갖 종류의 거대한 인공구조물에는 그 체제의 본질상 그런 대책이 들어갈 수가 없는 것이다. 산업체제의 근본 문제는 부분적인 합리성을 넘어서 전체적인 국면에 대한 고려가 없다는 점인데, 이것은 쓰레기에 대한 이렇다 할 아무런 '합리적' 방책도 없이 생산의 증대만이 일방적으로 추구되는 모든 산업적 생산활동의 공통한 문제이다. 요즈음 이야기되고 있는 '다품종 소량생산'이라는 새로운 전략은 쓰레기의 팽창 속도를 줄이는 데 기여하는 바가 있을지 모르지만 근본적인 해결과는 너무나 거리가 멀다. 쓰레기문제는 결국 쓰레기가 만들어지지 않는 생활방식―자연의 재생순환 과정에 우리의 생활을 종속시키는 것밖에는 다른 어떤 해결책이 있을 수가 없는 것이다. 플라스틱 우유병을 적게 만든다고 될 일이 아니라 플라스틱 병

자체의 생산을 중단해야 하는 것이다.

같은 논리는 건축에 대해서도 적용될 수 있다. 책임있는 태도라면 처치불능의 쓰레기가 될 건축재료는 처음부터 거부해야 마땅한 것이다. 오늘날 철근콘크리트 건물의 잔해는 대체 어디로 가는가? 그것들은 썩어서 흙 속에 동화될 수 있는가? 흙과 돌과 나무를 포기하고 시멘트의 대량생산에 의존하기로 작정했을 때 이미 가망 없는 선택이 이루어진 것이다. 재생순환이 불가능한 재료만이 아니라 적정한 규모 이상의 큰 건물도 생태계로서는 소화해낼 수 없다. 모든 산업재해에는 거의 반드시 규모의 문제가 수반되어 있다. '인간적 규모'를 유지한다는 것은 생태적으로 건전한, 따라서 인간다운 삶을 영위하는 데 불가결한 조건인 것이다.

거대한 건축물은—성당 건물을 포함하여—자신의 본원적인 한계를 뛰어넘어 불멸의 존재가 되고자 열망하는 인간의 야심의 표현이다. 이것에 비하면 가능한 한 이 지상을 "가벼운 발걸음으로 다니며" 거의 아무런 흔적도 남기지 않는 것을 삶의 제1원칙으로 삼았던 인디언 부족들의 경우는 경탄할 만한 대조를 보여준다. 북미대륙에서 몇만 년에 걸쳐 인디언들이 살았지만 그 흔적은 "하늘의 구름이 땅을 스쳐가는" 것과 같은 것이었다. 이것은 이들의 문화가 하늘과 별과 땅과의 생생한 교감 속에서 성립하고 있었기 때문일 것이다. 인디언을 포함하여 세계의 여러 원초적 사회에서 발견할 수 있는 주요한 특성은 초월적 실재로서의 신(神)의 개념이 존재하지 않는다는 점인데, 이것은 의미심장한 사실이다. 실제로, 신의 개념이 필요하게 되는 것은 자연 또는 우주와의 살아 있는 관계가 단절된 이후일 것이다. 그래서 근원적인 소외를 체험하게 된 인간은 바로 그 소외로 인해 자극된 권력에의 욕망—불멸에의 욕망을 신에 대한 예배라는 형식을 통하여 표현하기 시작하였고, 그 단적인 상징이 하늘을 찌를 듯한 거대한 인공구조물로 나타난 것이다.

고대 이집트의 피라미드를 당대 절대권력자 파라오의 권력에 대한 무한한 욕망의 표현으로서 해석하는 도중에 루이스 멈퍼드는 그러한 권력욕망을 위한 대규모의 인력동원 및 조직관리의 일관된 체계를 '거대기계(megamachine)'라는 용어로 묘사한 바 있다. 지금 우리를 지배하는 산업체제는 그 '거대기계'가 어떤 절대권력자의 독점적 욕망이라는 수준을 넘어서 무수히 많은 개인들에게로 확산된 체계라고 할 수 있다. 배타적 개인주의가 배태하는 권력욕은 산업문화를 살찌우는 원천적인 자양분이다. 타자의 존재를 자아의 의지 밑에 굴복시키고자 하는 권력욕망, 또는 더 간단히 말하여, 경쟁의 논리는 자연세계 및 그 자연세계와 개인을 사회적으로 매개하는 공동체에 대한 기억이 희미해지면 질수록 난폭하게 성장한다. 큰 것, 최고의 것, 제일 높은 것에 대한 우리의 열망은 단지 자본주의 논리만으로는 설명되지 않는 차원을 포함하고 있는 것이다. 하여튼 그러한 열망의 끓어오르는 화덕 속에서 지금 우리의 삶은 지옥이 되어가고 있다.

정말 무서운 것은 부실공사도 아니고, 사회적 무질서도 아니다. 끝을 모르고 끊임없이 성장하며, 한순간이라도 성장이 멈추어지면 붕괴될 수밖에 없게 구조화되어 있는 이 거대기계의 '질서' 그 자체가 무엇보다 끔찍한 것이다. 그러나 변경하기란 거의 불가능한 것으로 보이는 이 '질서'가 실은 또 얼마나 취약한 토대에 서 있는가 — 이것은 당장이라도 석유공급이 끊어지면 어떻게 될 것인가를 상상해보는 것으로 아마 충분할 것이다(지금은 세계적으로 농사도 석유 없이는 불가능하다는 현실을 고려해야 한다). 멀리 갈 것도 없이, 시프린스호(號) 기름 유출 사고에서 확연히 드러난 대로, 인간의 실수 하나로 바다 전체가 순식간에 죽어버릴 수 있는 가능성이 언제나 있다는 이 엄연한 실증은 우리를 새삼스럽게 전율하게 한다. 사람은 무엇보다 실수를 범하는 존재이다. 이것은 우리가 어떤 마술로도 기술로도 변경할 수 없는 기본적인 인간조건의 하나이다. 그러므로 사람살이가 "절대로 안전하고, 절대로 실수가 있어서는 안되는" 전제조건을 요구한다면, 그것은 인간으로서는 도저히 감내할 수 없는 생활방식인 것이다. 원자력발전이 거부되어야 할 가장 중요한 이유는 그것이 절대적 안전, 무오류를 전제조건으로 하고 있다는 데 있을 것이다. 그러나 현실은 어떤가? 그리고 우리들 자신은 에너지 낭비 구조의 일상생활에 순순히, 또는 적극적으로 가담함으로써 원자력발전의 확대를 요구하고 있는 것이 아닌가?

〈요한계시록〉의 종말론적 상황 묘사 가운데, 하늘에서 별이 떨어져 그것이 지상의 온갖 샘과 웅덩이와 강물 속으로 쓰디쓴 쑥이 되어 들어간 탓으로 세상의 삼분의 일의 물이 못쓰게 되어 무수한 사람들이 죽게 된다라는 대목이 나온다. 그런데 바로 이 '쓴 쑥'의 우크라이나말이 '체르노빌'이라는 것이다!

묵시록적 상황은 결국 사람 자신이 만들어낸다는 얘기이다. 1986년 4월의 체르노빌 핵발전소 사고로 인한 방사능오염은 지금도 계속되고 있다. 우크라이나의 비옥한 광대한 땅이 못쓰게 되고, 생물이 서식할 수 없는 지역으로 변해버린 것이다. (실은 피난 갔던 많은 사람들이 체르노빌과 그 부근의 고향땅으로 되돌아왔다고 한다. 그러나 이 귀향은 거주조건이 회복되었기 때문이 아니라 타향에서의 삶을 견디지 못한 사람들의 절망적인 선택이다. 고향으로 되돌아왔지만 그들은 지금 극도의 불안과 우울 속에서 집 안에 틀어박혀 지내고 있다. 오랜 세월 생명의 안식처였던 체르노빌 주변의 숲은 다시 거기에 사람이 들어갈 수 있으려면 몇백 년이 더 지나야 할지 모른다는 것이다.)

사회적 혼란이나 무질서에 대하여 비판하면서, 정작 산업체제 그것에 대하여는 기술적 관리와 통제의 관점에서만 바라보는 일이 계속되고 있다. 오로지 더 많은 돈과 과학진흥과 기술과 정책의 문제라는 것이다. 그리하여 '개발과 환경보전의 조화'가 유행처럼 말해지고 있지만, 사람 자신의 공리주의적 욕망과 교만성을 토대로 한 이러한 기술주의적 태도로는 묵시록적 상황의 도래를 막을 수 없다는 것은 의문의 여지가 없다. 사람의 능력으로는 절대로 완벽한 관리와 통제가 가능하지 않은 것이다. 보이지 않는 미생물의 세계로부터 이름 없는 무수한 풀과 벌레와 하늘과 별과 구름과 땅과 인간의 마음에 이르기까지 빈틈없는 짜임새 속에서 늘 아슬아슬한 균형을 유지하며 한 치의 오차 없이 움직이는 자연의 운행에 인간이 어떻게 개입한다는 것인가? '가이아' 가설의 이론가 제임스 러브록은 세계의 난폭한 약탈자로서 살아온 인간이 이제 세계의 '청지기'로서 자처하려 하지만 그럴 만한 자격이 인간에게 없다는 점에 대하여 역설하고 있다.

예로부터 지혜로운 이들이 끊임없이 경고해왔듯이 인간을 망치는 원흉은 자기가 최고라는 의식, 언제나 자기를 중심으로 놓고 보는 습관인지 모른다.

《작은 것이 아름답다》(1973)의 결론 부분 마지막 문장에서 프리츠 슈마허는 이제 무엇을 해야 할 것인가라고 질문한다. 인간을 구원할 수 있는 것은 과학도 기술도 아니라고 그는 말한다. 녹색사상의 현대적 고전이라 할 수 있는 이 '진실로 인간을 위한 경제학'의 저자의 최종 결론은 인류의 활로는 전통적인 지혜로 되돌아가는 데 있다는 것이었다. 지금 우리는 이른바 생명운동에 헌신하는 사람들조차도 자기와 자기 것만이 최고이며, 나머지는 사이비라는 배타적 심리에서 자유롭지 못한 사회에서 살고 있다. 우리의 민족문화야말로 세계에 유례없이 가장 뛰어난 것이고, 우리가 남다른 수난을 겪어온 만큼 앞으로는 세계를 지도할 능력을 갖게 될 것이며 한반도는 미래의 문명의 중심이 될 것이다 — 이런 종류의 발언은 그냥 단순한 열등의식의 표현으로만 이해하기에는 너무나 자주 거침없이 이야기되고 있다. 세상을 망쳐온 가장 핵심적인 요인인 그 권력논리를 가지고 손상된 세상을 치유하려는 것이다. 그러나 이러한 태도에서 정말 문제인 것은 이것이 자기도 모르는 무의식적 심리의 발로라는 점이다. 그만큼 우리는 너나 할 것 없이 남들보다 앞서거나, 적어도 남들보다 뒤떨어지지 않겠다는 욕망에 뿌리 깊이 오염되어 있는 것이다.

모든 것은 설득력의 문제로 돌아온다. 아무리 현실 극복을 말하더라도 우리의 깊은 내면세계가 그것에 동의하지 않는다면 실제로 모든 것은 헛일이다. 사람을 진정으로 변화시키고, 움직이는 것은 그럴듯한 논리가 아니다. 우리의 온몸과 영혼 전체가 반응해야 하는 것이다. 우리가 쉽게 믿고 있듯이 필요한 것은 남들을 설득하는 문제가 아닐 것이다. 무엇보다 필요한 것은 자기 자신에 대한 설득, 자기 자신과의 싸움일지 모른다. 우리 각자가 정말 이 어둠의 현실에 얼마나 아파하고 있는지, 오히려 이 어둠을 자신도 모르게 즐기고 있는 것은 아닌지 — 물어보지 않으면 안된다.

노자(老子)는 자애로움(慈)과 검소함(儉)과 남들 앞에 나서지 않음(不敢爲天下先)을 세 가지 보배로 들었다. 삼풍사고에서 변을 당한 한 희생자 가족은 이렇게 말했다. "자식을 잃은 후에는 땅바닥의 벌레도 감히 밟을 수가 없게 되더군요." 아마 이것은 이번 사고를 통해서 우리가 얻을 수 있었던 가장 소중한 소득의 하나일 것이다. '不敢爲天下先'이란 결국 벌레를 죽이지 않으려는 마음이 아닌가. 만물이 형제이며, 천지와 내가 한 몸뚱이라는 깨달음에 가닿기 위해서 우리에게는 온몸으로 감당해야 할 크나큰 충격이 있어야 하는지 모른다.

(제24호, 1995년 9-10월)

컴퓨터기술, 구원인가 저주인가

　화가 천경자 씨는 언젠가 어느 수필에서, 1960년대 초 서울의 부유한 동네를 중심으로 냉장고가 보급되기 시작하는 것을 보면서 앞으로 무서운 세상이 다가오리라는 예감을 느꼈었다고 술회한 바 있다. 그 무렵 한국의 예술가가 에콜로지에 관하여 아는 게 있었을 리는 없다. 냉장고의 냉매로 쓰이는 합성물질인 염화불화탄소가 오존층 고갈의 주범으로 판명된 것도 한참 뒤의 일이었다. '무서운' 세상에 대한 천경자 씨의 예감이 냉장고와 같은 현대기술의 환경파괴적 성격에 대한 구체적인 이해나 지식에 근거한 것이 아니라는 것은 길게 말할 필요가 없을 것이다. 그 예감은 한 민감한 예술가의 직관에 의한 것이었다.

　지금 돌이켜볼 때, 우리는 그러한 직관에 놀라운 선견지명이 있었음을 느끼지 않을 수 없다. 무엇보다 실감 나는 것은 '무서운' 세상이라는 언급이다. 냉장고가 처음 선뵈던 시절에는 상상도 하지 못했을 만큼 기술화가 깊이 진전된 지금의 상황에서 무섭다는 것은 특별히 예민한 사람이 아니라도 공감할 수 있는 느낌일 것이다. 그러나 문제는 자신의 느낌을 솔직하게 드러내는 사람이 드물고, 우리의 오늘의 사회적 분위기는 그러한 솔직한 느낌의 자유로운 개진을 거의 허용하지 않는다는 데 있다.

　냉장고와 같은 현대적 기술에 접하여 한 민감한 예술가가 불길한 예감을 느꼈다면, 그것은 원리적으로 자연의 순리를 거스르는 현대기술의 본질을 직감으로 대뜸 알아차릴 수 있었기 때문이었을 것이다. 그래서 예술가의 예민한 마음은 그러한 기술에 내재한 역천(逆天)의 논리에 깊이 두려움을 느꼈는지 모른다. 그러나 이러한 두려움은 생산성과 능률과 진보의 이데올로기에 철저히 사로잡힌 사회 분위기에서 무시당할 수밖에 없는 것이었다. 비록 소수이지만 예민한 사람들이 품었음직한 꺼림칙한 느낌에도 불구하고 부유한 자들의 교만과 가난한 자들의 선망 속에 냉장고는 어느새 이 사회의 가장 흔한 일상용품의 하나가 되었다. 거의 비슷한 시기에 세탁기와 텔레비전이 급속도로 확산되었고, 뒤따라 개인자동차가 들이닥쳤고, 이제 컴퓨터와 정보기술이 우리의 삶의 뿌리를 흔들어놓으려 하고 있다.

냉장고가 출현한 이후 수십 년이 지난 지금 갈수록 제어하기 어려운 기술환경 속에서 막연하게나마 불안과 위구(危懼)를 느끼지 않는 사람은 아마 드물 것이다. 그럼에도 불구하고 시대에 뒤처져서는 안된다는 외부로부터의 끊임없는 압력과 자기 내부로부터의 다그침 속에서 우리들 대부분은 자신의 정직한 느낌을 외면해버린다. 어떻든 빨리 적응하여 살아남아야 한다는 지상명령 밑에서 각자가 깊이 느끼는 감정의 진실에 귀 기울일 용기와 능력은 점점 쇠퇴하는지 모른다. 물론 이것은 새삼스러운 경험이 아니다. 새로운 기술을 받아들이는 과정에서 우리가 취해온 태도는 언제나 순응주의였다.

컴퓨터와 정보기술에 대하여 아무리 저항해보았자 이제 소용없는 일이라는 것을 느끼지 못할 사람은 없을 것이다. '환경의 적 제1호'인 자동차라는 괴물도 버리지 못하는 인류사회가 여러 면에서 자동차와 비교할 수 없을 정도로 우수한 기술이라고 인정받는 컴퓨터를 거부할 수 없으리라는 것은 거의 자명한 일이다. 싫든 좋든 컴퓨터기술의 개입 없는 문명생활은 실제로 생각할 수 없는 것이 되었다. 특히 노동조건의 개선에 대하여 컴퓨터가 끼친 공헌을 무시한다면 그것은 불공정한 일이다. 엄밀하게 따져보면, 컴퓨터기술에 대하여 냉정한 거리를 취할 수 있는 사람은 이제 있을 수 없다고 해도 좋을 것이다. 자신이 직접 컴퓨터를 만지지 않는다고 해서 이 기술에 무관하다는 주장이 통할 수 있는 상황이 이미 아니기 때문이다.

그러나 컴퓨터와 정보기술이 우리의 삶의 복판으로 침범해 들어오는 것에 대하여 우리가 속수무책일 수밖에 없다고 느끼는 좀더 큰 까닭은 이것이 우리의 개인적인 선택에 관계없이 자본의 논리와 다국적기업의 이해에 의해서 확대되고 있는 기술임이 분명하기 때문이다. 이러한 사실은 정보화사회, 인터넷, 정보고속도로에 대한 사회적 관심이 '자유무역체제'를 근간으로 하는 이른바 세계화의 논리와 더불어 급속히 고조되어온 것에 분명하게 드러난다. 컴퓨터와 정보기술은 다국적기업들의 세계지배―전 세계의 사회적 약자와 자연에 대한 구조적 침탈에 기초하는―를 강화하고 지속시키는 데 극히 효과적인 무기로서 기능하는 것이다. 이렇게 볼 때, 그 다양한 쓰임새에도 불구하고 컴퓨터기술은 명백히 또하나의 폭력의 기술이라고 할 수 있다.

그러나, 말할 것도 없이, 이 세계의 현실은 폭력에 맞서기 위해서도 폭력을 필요로 하게 한다. 압제에 대한 투쟁을 좀더 효과적으로 하기 위해서도 투쟁의 무기를 세련화해야 할 필요가 있다고 생각할 수도 있는 것이다. 멕시코의 '사파티스타' 농민게릴라 전사들이 그들의 지휘부와 인터넷을 통해서 교신하고 있다는 얘기는 널리 알려져 있고, 오늘날 세계 대부분의 비정부조직이나 환경운동단체들이 컴퓨터 통신망에 크게 의존하고 있다는 것도 주목할 만한 일이다. 그러나 여기서 부딪치는 딜레마는 사회정의와 에콜로지를 위한 투쟁의 방법이 사회적 약자와 자연을 유린하고 파괴해온 바로 그 폭력의 구조와 논리를 강화하는 데 다소라도 기여한다면 어떻게 되는가 하는 것이다. (조금 다른 얘기인지 모르지만, 한때 미국의 최대 환경보호단체인 시에라클럽은 회원들이 낸 막대한 회비를 관리하는 방법으로서 주식투자를 계속하였다. 주식투자가 자금의 '효과적'인 관리로서는 타당한 방법일지는 모르지만, 그것이 환경파괴에 가장 큰 책임이 있는 대기업들을 돕는 행위라는 엄연한 사실을 생각하면 그 단체 자체의 존재이유는 스스로 부정되는 것이다. 시에라클럽의 경우는 극적인 것이겠지만, 이것은 작든 크든 자본의 틀 안에서 움직이는 모든 혁신적인 운동이 부딪칠 수 있는 딜레마인지 모른다. 그러나 중요한 것은 그러한 딜레마를 예민하게 의식하는 정직한 태도일 것이다. 자본의 논리에 순응함으로써 자본의 지배를 슬기롭게 극복해야 한다는 의견도 있지만, 그것이 단지 말놀음이나 자기변명으로 떨어지지 않으려면 구체적인 실천으로 그 슬기를 증명할 수 있어야 할 것이다.)

하여튼 우리가 고립을 택하지 않는 한 현대적 기술을 거부한다는 것은 불가능한 일이다. 이미 우리는 너무나 깊이 기술의 세계로 들어와버린 것이다. 더욱이 컴퓨터나 전자통신망은 사회적 약자를 위하여 무시하지 못할 혜택을 베풀어주고 있다. 지금까지 있어온 컴퓨터 옹호론 중에서 가장 설득력 있는 것은 이 기술 덕분으로 신체결함자들에게 좀더 자유로운 삶의 기회가 주어질 수 있게 되었다는 얘기이다. 그리고 마약이나 진정제나 알코올의 도움으로 겨우 하루하루를 버텨나가고 있는 오늘날 산업사회의 무수한 외롭고 소외된 사람들에게 컴퓨터통신이 비록 비실재적이긴 하나 그래도 어느 정도는 인간적 욕구를 만족시키는 '가상공동체'를 제공한다는 얘기도 매우 그럴듯하게 들린다. 자신의 바로 이웃에게는 철저히 무관심하면서 수천, 수만 리 떨어진 먼 곳의 미지의 인물들과의 통신에 열중하는 태도는 분명히 병리적인 현상이라고 해야 하겠지만, 그런 방식으로나마 인간적인 소통을 시도한다는 것은 어떻든 긍정적으로 평가해야 할 노력임에 틀림없을 것이다.

그러나 생각해보면, 바로 여기에 함정이 있는 게 아닐까? 이것은 우리가 우리의 육신과 마음 전부를 가지고 다른 사람이나 생명체와 사귀면서 살아가는 능력이 심각하게 퇴화해버렸다는 얘기가 된다. 그 퇴화의 결과 마약에 의존하지 않으려면 전자통신망을 통한 교제를 시도할 수밖에 없게 되고, 또 이런 경험의 누적을 통해서 점점 실지로 살아있는 사람을 대하는 일은 더욱 힘들어진다는 악순환이 반복될 수 있는 것이다. 인터넷은 또하나의 마약인지도 모른다.

사회적 약자에게 주어지는 혜택을 강조함으로써 기술을 옹호하는 태도에도 실은 문제가 없지 않다. 거의 예외 없이 모든 현대적 기술은 인도주의적이거나 윤리적인 동기를 앞세우면서 선전되고 옹호되어왔다는 것을 우리는 주목할 필요가 있다. 근대과학과 기술의 불경(不敬)의 노골적이고 극단적인 형태는 아마 인공수정이나 유전자조작기술과 생명공학일 것인데, 이러한 기술은 실제로 불임 부부와 난치병 환자와 식량문제를 위한다는 명분으로 개발, 확산되어왔다. 물론 이런 기술의 발전의 밑바탕에 있는 것은 주로 권력과 명성과 돈에 대한 탐욕, 과학적 호기심 같은 것일 것이다. 만일 거기에 정말 인도주의적 관심이 있었다고 한다면, 과학자는 자신이 그렇게 작은 데 관심을 집중함으로써 자기도 모르게 인간의 보다 큰 운명을 극히 위태롭게 만들어놓는다는 사실을 몰각(沒覺)하고 있었던 셈이다. 아닌 게 아니라 이 시대의 근본적 재앙은 지극히 위험스러운 잠재력을 가진 현대기술이 극히 협소한 시야밖에 갖고 있지 못한 전문가들에게 맡겨져 있다는 점에 크게 관계되어 있다. 난치병 환자를 살려내고, 사람의 수명을 연장하는 데 생명기술을 적용하는 것이 좋은 일이라고 쉽게 생각하기 전에, 이런 기술이 인간의 궁극적인 한계에 대한 인식을 망가뜨리는 것이 아닌지 숙고하는 것이 책임있는 인간의 태도일 것이다. 그러나 어떤 사회이론가가 말하듯이, 지금은 '조직화된 무책임'이 군림하는 시대이다.

두려운 생명공학의 발전도 실제로 컴퓨터가 없으면 불가능하다. 컴퓨터는 기술 중의 기술, 모든 현대기술의 기초적 기술이라고 할 수 있다. 컴퓨터가 없으면 인공위성을 쏘아올릴 수 없는 정도가 아니라 아예 일상생활 자체가 불가능하게 되었다. 이런 상황에서 컴퓨터에 대한 열광이 갈수록 기승을 부리는 것은 당연한 일일 것이다. 그러나 아무리 그렇다고 해서 지금과 같이 어린아이들에게까지 컴퓨터나 정보기술을 익히도록 강요한다는 것은 너무나 기막힌 난센스가 아닌가? 도대체 아이들에게 인터넷이 왜 필요하며, 정보가 무슨 의미를 가지는가? 나중을 위해서 미리 익혀두어야 한다는 주장이 있을 수 있겠지만 오늘날 컴퓨터 전문가들이 아이 때부터 컴퓨터교육을 받은 사람이 아니라는 것은 분명하다. 아이들에게 필요한 것은 정보가 아니라 이야기의 세계이다. 정보란 것은 뿌리 없는 지식의 파편으로 그것 자체로는 사람의 주의력을 끊임없이 흩어지게 하고, 사람의 마음을 들뜨게 할 뿐이다. (아마 이것이 오늘의 산업체제가 노리는 것인지 모른다. 소비주의 사회란 끊임없는 잡담과 수다 속에서 대중의 주의력이 한없이 분산되어 있어야 한다는 전제조건이 필요한 것이다.) 정보를 의미있는 것으로 만드는 데 필수적인 것은 인간적인 맥락이다. 그리고 그러한 맥락은 아이들에게 있어서는 원천적으로 이야기의 세계로 들어가는 경험을 통해서 주어진다고 할 수 있다. 게다가 아이들에게는 자라는 도중에 반드시 몸으로, 감각으로 익혀야 할 경험이 있다는 것도 틀림없는 사실이다. 흙장난을 해보지 않은 아이가 자연에 대해 어떤 근원적인 이해를 가지고 자랄 것인가? 텔레비전과 컴퓨터 앞에 매달려 아동기의 대부분을 '가상현실'의 체험으로 보낸 아이들이 과연 다른 사람, 다른 생명의 슬픔과 기쁨을 이해하고, 보살피고 돌보는 능력을 가진 어른으로 성장하리라고 기대하기는 어려운 일이다. '가상현실'의 경험은 거기서 사람이 싫증 나거나 고통을 느낄 때는 언제라도 플러그를 뽑아버리면 순식간에 그 상황에서 벗어날 수 있는 '뿌리 없는' 경험이다. 그러니까 그것은 시련이나 고통이나 기다림을 통한 도덕적 연마와 정신적 성숙을 기대할 수 있는 공간이 아니다. 오늘날 많은 부모들과 교사들이 일상적으로 증언할 수 있는 현상—무책임하고, 참을성 없고, 너무나 쉽게 지루함을 느끼는 아이들이 갈수록 늘어나는 현상은 우리가 실제로 가장 두려워해야 할 문제인지 모른다.

컴퓨터통신 덕분으로 세계적인 과학자와 열 살도 안되는 꼬마가 대등한 자격으로 '대화'할 수 있게 되었다고 전자통신의 민주적 가능성을 얘기하는 사람들도 있다. 아이와 어른이 거리낌 없이 평등하게 대화한다는 것은 매우 그럴듯한 얘기로 들릴 수 있다. 그러나 다시 생각해볼 때, 어른이 아이를 통해 무엇인가를 배우는 일이 실제로 드물지 않다고 하더라도, 그러나 그 둘 사이는 본래 가르치고 가르침을 받는 관계이지, 대등한 관계일 수는 없는 것이다. 이 세상에 가르칠 자격이 있다고 할 만한 어른이 드물다고 해도, 아이를 어른이 가르치지 않으면 누가 가르치는가? 마찬가지로, 이 세상의 모든 의견이 다 동등한 가치를 갖는 것이 아니라는 것을 생각할 때, 인터넷이 약속한다고 하는 커뮤니케이션의 민주화 역시 글자 그대로 긍정하기는 어렵다는 것을 느끼지 않을 수 없다. 컴퓨터통신이 권력의 비집중화에 크게 기여할 수 있다는 통설도 극히 부분적으로만 타당한 얘기이기 쉽다.

컴퓨터나 정보기술에 대한 맹목적인 신앙의 가장 희극적이고 동시에 가장 위험스러운 결과는 지금 이 나라의 교육문제가 정보화기술의 보급 문제로 지극히 단순화되어 처리되고 있는 것에서 볼 수 있다. 오늘날 우리의 교육이 거의 구제불능이라는 것은 우리가 다 아는 일이다. 그리고 이것은 비인간적 경쟁의 논리에 교육이 속절없이 굴복해버린 결과라는 것도 분명한 일이다. 그러나 아동교육에서 대학교육에 이르기까지 모든 교육과정과 학문의 성패가 지금은 컴퓨터 정보망의 문제에 달려있는 것처럼 요란하게 운위되고, 그러한 분위기에서 교육과 학문의 진정한 실패의 원인은 은폐되고 있는 형편이다. 한때는 비록 위선적으로나마 협동과 우애를 말하고, 약자에 대한 관심도 때때로 이야기될 수 있었던 학교에서 이제는 그러한 관심의 표명은 노골적으로 경멸을 받는 것이 되었다. 오로지 이겨야 하고, 이기려면 전산망에 들어가야 한다는 야만적인 단순 논리가 활개를 치고 있는 것이다.

확실히 컴퓨터라는 기술은 효율성이 높은 기술임이 틀림없다. 여러 긍정적인 공헌에도 불구하고 컴퓨터의 세계에 대한 우리의 불안이 끝내 가셔지지 않는 것은 바로 그 지나친 능률과 생산성 때문이다. 다시 말하여, 컴퓨터의 지나치게 '창조적'이고, 너무나 놀랄 만한 재간은 우리로 하여금 우리가 인간이지 결코 하느님이 아니라는 사실을 쉽사리 망각하게 하는 것인지도 모른다. 최근에 우리말로도 번역본이 나온 제러미 리프킨의 《노동의 종말》(1995)은 컴퓨터에 의한 자동화시스템의 급속한 확산으로 말미암아 대부분의 인구가 일자리를 더이상 가질 수 없게 될 가까운 장래에 대한 불길한 분석을 보여주고 있는 책이다. 사람에게 일이 없으면 어떻게 되는가. 지금 갈수록 심화되고 있는 선진 산업국가들의 실업문제는 리프킨이 예견하는 사태의 단지 서곡에 불과한 것일 가능성이 높다. 그러나 이러한 실업문제보다도 더 불길한 것은 머지않아 우리의 인간 개념에 근본적인 변화가 일어날지 모른다는 점이다. 이른바 인공생명에 대한 연구를 진행하고 있는 과학자들은 그들의 연구목적이 '완전한 인간'의 창조에 있다고 공공연히 말하고 있다. 왜 인간이 '완전한 인간'을 만들어내야 하는지에 대해서는 그들은 말이 없다. 다만 지금까지 인간사회는 늘 좀더 완전한 상태를 지향해왔으니까 그 논리적 관성의 연장에서 '완전한 인간'의 이미지는 당연한 것이지 않느냐 하는 것이다.

과학자들 중에서는 이른바 인공생명이 초래할 가공할 가능성에 대하여 우려하는 사람들도 있지만, 이들도 '과학적 호기심'을 억누를 수 없다고 고백한다고 한다. 그러니까 인류의 운명보다도 과학자 자신의 호기심이 앞선다는 것이다. 개인주의적 문화의 궁극적인 귀결이 이렇게 되는 것일까?

어떻든 이러한 인공생명과 같은 것에 대한 연구가 다국적기업의 지원 밑에서 이루어지는 한, 이것을 막을 도리는 아마 없을 것이다. 인권이니 영혼의 문제니 인간존엄성이니 하는 것들이 무슨 허깨비 같은 소리가 될 날이 곧 닥칠지 모른다. 그러나 이것은 미래의 문제가 아니다. 컴퓨터통신망을 통해서 단순한 포르노 감상이 아니라 섹스행위도 가능하다는 것이 오늘의 현실이다. 우리들 가운데 일부라도 이런 얘기에 접하여 오장육부가 뒤틀리는 느낌을 받는다면 그래도 아직 우리에게 희망이 있다고 할 수 있을지 모른다.

영국 작가 존 버거는 서로 다른 시대에 속한 사람에게는 복수(復讐)도 불가능한 법이라고 말한 바 있다. 그러니까 기억과 언어와 체험의 공동체가 없으면 의사소통 자체가 성립할 수 없다는 말이다. 지금 우리에게 닥친 문제는 오랜 세월 되풀이되어온 단순한 세대 간의 의사소통 문제가 아니다. 우리의 문제는 생명과 인간성에 관한 오래된 정의(定義)를 보존할 수 있느냐 없느냐의 문제이다. '완전한 인간'의 창조를 시도한다는 것이 어째서 가공할 일이며, '가상섹스'가 왜 심히 불경스러운 짓인가를 굳이 설명해야 한다면 이미 사태는 돌이킬 수 없는 게 아닐까?

컴퓨터기술의 발달로 인하여 우리는 인간이란 존재가 과연 무엇인지 다시 근원적으로 묻지 않을 수 없게 되었다. 아마 이것이 컴퓨터라는 탁월한 기술이 우리에게 줄 수 있는 최대의 선물인지 모른다. 능률과 속도와 생산성에 매혹되어 우리가 이 길을 계속 따라갈 때 그 궁극적인 결과가 어떤 것이 될지 컴퓨터는 역설적으로 우리에게 깨우쳐주는 것인지 모르는 것이다. 컴퓨터는 권력의 확대를 돕고 조장하는 기술이라는 점에서 폭력을 본질로 하는 현대기술의 하나일 수밖에 없지만, 방대하게 확대된 권력의 궁극적인 모습을 우리가 예견할 수 있게 한다는 점에서 특이한 기술이며, 심지어 '구원의 기술'이 될 수 있을지 모른다.

물론 지금으로서는 그 가능성은 지극히 희박하지만, 그것을 구원의 기술로 전환하기 위해서는, 진부한 말이지만, 인간의 창조적인 개입이 필요하다고 할 수밖에 없다. 그러나 그 개입이 끊임없이 인터넷에 대한 환상을 불러일으키고, 정보기술에의 접근을 사람들에게 무차별로 강요하며, 사회적 이성을 혼란시키는 최근의 한국의 주요 언론들의 경박하고 무지스러운 방식과는 전혀 다른 종류의 것이라는 것은 분명한 일이다. 그리고 또하나 분명한 것은 컴퓨터나 정보기술의 창조적 수용의 전제조건은 맹목적인 기술숭배로부터 해방되어 사람들이 진심을 털어놓고 이야기할 수 있는 공론(公論)의 장이 열려야 한다는 것이다.

(제28호, 1996년 5-6월)

'고르게 가난한 사회'를 향하여

여름 무더위가 한창입니다.

이번 호는 발간 예정일을 훨씬 넘겨 이제서야 편집일을 끝내고 인쇄소로 넘기게 되었습니다. 저희가 특별히 게으름을 피운 것은 아니지만, 무더위 속에서 일하는 데다가 지난번에 예고해드린 책 《오래된 미래》의 발간을 위해서 많은 시간과 노력이 들어갔습니다. 게다가 이번 호의 원고와 자료를 취사선택하는 과정에서 편집자의 판단잘못이 있어서 그것을 시정하는 데에도 적지 않은 시간이 필요했습니다. 그동안 염려 속에서 잡지를 기다려주신 독자 여러분에게 용서를 구하며, 또 감사를 드립니다.

발간이 늦어진 만큼, 쓸모있는 책이 되어야 할 텐데 불안합니다. 그래도 이번에는 비교적 좋은 글들이 고르게 실린 게 아닌가 합니다. 이번 호에 실린 글들도 《녹색평론》 독자들로서는 대체로 쉽게 받아들일 수 있는 글들이라고 생각합니다. 그러나 특히 두 편의 조금 긴, 학술논문의 느낌을 주는 글에 대해서는 약간의 해명이 필요할지 모르겠습니다. 먼저 김우창 교수의 글 〈전통문화 속의 땅과 풍경〉은 지난해 가을 일본에서 열린 한 심포지엄에서 발표되었던 내용을 토대로 지난봄에 국내의 《月刊美術》을 통하여 발표된 글의 일부입니다. 이미 발표된 글을, 그것도 일부를 다시 저희가 전재하기로 결정한 것은, 말할 것도 없이, 그 글이 매우 중요한 얘기를 하고 있기 때문입니다. 오늘날 우리는 땅에 대한 우리의 관계를 근원적으로 살펴보지 않고는 안될 시점에 있습니다. 우리는 땅을 우리의 이기적인 목적을 위하여 마음대로 이용·개변할 수 있는 대상으로 여기고 있지만, 이것은 물론 산업시대의 논리에 우리가 깊이 빠져버렸기 때문입니다. 김우창 교수에 의하면, 전통 한국에 있어서 사람들이 — 공식 문화이든 비공식의 문화이든 — 생각하였던 유토피아적인 삶은, 땅에 대한 심미적이거나 초월적인 관점을 떠나서 설명하기 어려운 것입니다. 다시 말하여, 땅은 단지 먹고사는 실용적인 목적 이상의 다른 목적, 즉 '초월의 원리'라는 또다른 근원적인 인간 욕망의 표현에 연결되어 있었습니다. 전통사회에 있어서 좋은 땅이란, 이렇게 생활의 편익을 도모해주면서 동시에 심미적 만족 또는 초월적 욕망이라는 비실용적인 목적을 충족시켜주는 풍경을 약속하는 땅이기도 했다는 이야기입니다. 그러니까 우리가 여기서 보는 것은, 인간본성 속에 깊이 내재하는 이러한 근원적인 욕망의 표현을 허용하는 데에 전통문화의 본질적인 한 역할이 있었고, 그런 점에서 전통문화의 근원적인 건강성과 지혜로움이 있었다는 것입니다. 상인논리만이 활개 치는 한 어째서 우리의 산천과 생태계가 나날이 황폐해지는 것과 동시에 우리가 내면적으로 또 사회적 관계에 있어서 점점 살벌한 삶을 살아갈 수밖에 없는가를 생각하는 데 김우창 교수의 글은 우리에게 가르쳐주는 바가 크다고 생각합니다.

　글을 읽기에 조금 어려움을 느끼실지 모르겠습니다만, 편집자로서 또하나 권하고 싶은 글은 정화열 교수의 논문 〈생태철학과 보살핌의 윤리〉입니다. 이 글은 에콜로지 문제에 관한 오늘날의 세계의 일반적인 논의수준에서 볼 때는 말할 것도 없고, 그 글이 담고 있는 메시지의 중요성으로 볼 때 《녹색평론》의 독자들에게 꼭 소개해야 할 것으로 보입니다. 이 글 속에는 20세기 말에 있어서 세계적으로 — 특히 서구세계에서 — 가장 선진적인 입장을 대변하고 있다고 볼 수 있는 철학적·사상적 입장이 명료하게 집약되어 있는 것으로 보입니다. 이 글은 요컨대, 지금까지 세계를 지배해왔던 '근대적' 담론, 즉 남성본위의, 인간중심적인 세계관 — 따라서 '권리'에 대한 자기주장이 사회조직의 압도적인 원리로 되어온 — 으로는 지금 걷잡을 수 없이 '거주 불가능한 곳으로' 되어가는 지구를 되살릴 수는 없다는 것입니다. 정화열 교수에 의하면 지금 긴급히 필요한 것은 무엇보다 여성적인 '보살핌의 윤리'입니다. 그리고 나아가서 이번 정화열 교수의 글이 주는 중요한 암시의 하나는, 얼핏 보아서 알아듣기 힘든 난해한 언어로 20세기 말의 지적 담론을 지배해오다시피 한 '탈근대론'이 참으로 생산적이고 창조적인 지적 기여를 할 수 있으려면 생태적 세계관과의 결합을 필요로 한다는 것입니다.

이번 호를 준비하는 동안에도 환경재난을 알리는 보도가 봇물처럼 터져나왔습니다. 한탄강에도 낙동강에도 또다시 물고기들이 떼죽음을 당하고, 서울에서는 오존주의보가 내려졌습니다. 여천공단이 거주불능 지역으로 확인되었다는 섬뜩한 보도가 나온 것과 동시에 시화호의 폐수방출 문제는 참으로 이러지도 저러지도 못할 난감한 상황을 집약적으로 보여주고 있습니다.

환경을 걱정하지 않는 사람은 이제 사실 드뭅니다. '환경의 날' 기념식에서 대통령도 앞으로의 최우선적인 국가정책이 환경문제가 될 것임을 약속하였습니다. 그런데, 기가 막힌 것은 이런 심각한 상황이 계속되는데도 자동차의 수는 줄기는커녕 계속 불어나고 있습니다. 그뿐만 아니라, 모처럼 자동차 운행을 줄여보려는 서울시의 제안도 주류 언론과 중앙정부로부터의 커다란 저항에 부딪치고 있는 듯합니다. 모두가 환경에 관해 말을 하면서, 행동과 태도에 있어서는 전혀 반대로 가고 있는 것입니다. 물론 이것은 고의적인 선택은 아닐지 모릅니다. 오래 길들여진 습관이라는 것이 있고, 무엇보다 자본의 논리에서 벗어난다는 것은 쉬운 일이 아닙니다. 그러나 우리의 삶터를 이 지경으로 망가뜨려온 바로 그 원리와 방법을 가지고 문제 해결을 해보겠다고 고집한다는 것은 자멸적인 일이 분명합니다.

우리는 강이 죽는다는 게 무엇을 의미하고, 우리의 삶터가 '거주불능'의 공간으로 되어간다는 게 무엇을 의미하는지 이제 정말로 깊이 생각해보지 않으면 안됩니다. 여천공단은 예외적인 곳이 아니라, 지금은 우리의 온 국토가 — 그리고 세계 전역이 — 여천공단화하고 있다는 사실을 분명히 직시할 필요가 있습니다. 그리고 무엇보다 주목할 것은 이 모든 심화되는 재난이 우리의 사회적 인간관계가 갈수록 늑대들의 관계로 되어가고 있는 상황을 정확히 반영한다는 사실입니다. 우리는 지금 자연훼손이 심화되는 것과 인간공동체가 붕괴되는 것이 결국 같은 문제라는 것을 보여주는 허다한 증거를 매일같이 경험하고 있습니다.

어느새, 모든 것을 이기고 보아야 한다는 너무나 노골적인 강자의 지배논리만이 활개를 치고 있습니다. 패배한 사람, 약자들은 어떻게 되는지 아무도 묻질 않습니다. 이 시점에 와서 우리는 우리의 기본전제에 중대한 결함이 있는 게 아닌지 생각해보지 않으면 안됩니다. 우리는 우리 모두가 물질적으로 고르게 풍요롭게 사는 삶을 이념적으로 지향해왔지만, 이것이 가능하지도 않고, 바람직하지도 않은 것임을 이제는 깊이 이해할 필요가 있습니다.

이 사회에는 부정부패라는 '인간적 요소'가 만연해서, 우리는 사태의 본질을 잘못 보기가 쉽습니다. 우리는 사람들이 좀더 도덕적으로 행동하고, 좀더 사회적 정의가 실현되면 모든 문제가 풀릴 것이라고 생각하고 있는지 모릅니다. 그러나 그것은 착각입니다. 중요한 것은 우리의 생존의 바탕인 자연의 한계를 인식하는 일입니다. 사회적 정의가 실질적인 의미를 가지려면 자연세계와의 조화를 벗어나서는 안되며, 자연세계와 조화를 이룰 수 있는 삶이란 '풍요'를 추구하는 논리로써는 결코 실현되지 않는다는 것을 우리는 알아야 합니다. 일찍이 간디는 가난한 삶의 선택이 뜻하는 것은 모든 사람들과의 사이에 '사랑과 평등의 관계'를 수립하는 일이라고 하였습니다.

살인(殺人)을 하지 말라가 아니라 살생(殺生)을 하지 말라는 것이 옛 선현들의 가르침이었습니다. 1970년대에 '레바논 사회주의 진보당'을 이끌었던 사회주의 혁명가 카말 줌블라트는 언젠가 서방 기자와의 인터뷰에서, 그의 목표는 '고르게 가난하게 사는 사회'라고 말하였습니다. 레닌상을 받은 경력도 있는 이 이슬람의 혁명지도자에 의하면 "지금 세계를 파괴하고 있는 악마적인 과정을 중단시키기 위한 유일한 대안은 진정으로 인간적인 사회주의 사회"이며, 그 사회는 "고르게 가난한" 사회라는 것이었습니다. "예수가 말했듯이 하느님과 맘몬(재물의 신)을 동시에 섬길 수는 없기" 때문이라는 것이 그의 논리였습니다.

(제29호, 1996년 7-8월)

어떤 寓話

랍비들 사이에 전해져오는 이야기입니다.

어떤 사람이 천사의 안내를 받아 천국과 지옥을 차례로 구경하였습니다. 먼저 지옥이란 데를 가보았더니, 사람들이 모두 못 먹어서 말라비틀어진 몰골을 하고 있었습니다. 그런데 그 가운데는 커다란 가마솥이 있고 그 솥에는 향기로운 죽이 그득히 끓고 있었습니다. 그러나 그 죽을 떠먹을 수 있는 국자가 너무 크고 길어서 사람들이 아무리 발버둥을 쳐도 그 국자를 가지고 자기 입에 죽을 떠 넣을 수가 없었던 것입니다. 그 결과 그들은 바로 앞에 먹을 것을 두고도 극심한 굶주림의 고통을 겪을 수밖에 없었습니다.

이번에는 천국을 방문하게 되었습니다. 역시 여기에도 커다란 솥에 죽이 그득 끓고 있고, 아까 본 것과 같은 어마어마하게 큰 국자가 있었습니다. 모든 조건은 지옥에서와 꼭 같았습니다. 그러나 여기에서는 모든 사람들이 혈색 좋은 행복한 얼굴을 하고 있었습니다. 배불리 먹고 있는 게 틀림없었습니다. 그들은 그 큰 국자를 가지고 죽을 떠서 각자가 자기 입으로 가지고 가는 게 아니라 다른 사람, 상대방의 입에 서로 떠 넣어주는 것이었습니다.

(제31호, 1996년 11-12월)

살생으로 유지되는 경제

'단군 이래의 유례없는 호황'을 언제까지라도 구가할 것 같던 분위기가 바로 엊그제까지 계속되었는데, 경제를 살려야 한다고 아우성이다. 자동차나 전자제품의 수출을 위해서는 농사는 포기해도 좋다는 논리로 농산물 개방을 결정하였을 때만 해도 이런 사태가 곧바로 닥치리라는 것을 예견 못 하였을까?

어떻든 매우 어려운 시절이 닥치는 모양이다. 어제오늘의 얘기는 물론 아니지만 신문이나 텔레비전 같은 거대 언론매체는 갈수록 돈 얘기 뿐이다. 아마 광고주를 구하기가 힘들어지는 상황이 올지도 모른다는 위기감을 예민하게 느끼기 때문일 것이다. 그러나 경제제일주의를 말하고, 돈 얘기에 동참하는 것은 지금 한창 파업 중에 있는 노동자들도 예외는 아니다. 파업 지도부의 논리로서 현재 크게 설득력을 얻고 있는 대표적인 논리는 국제경쟁력을 높이기 위해서도 노동자들이 정당한 대우와 보호를 받는 것이 필수적이라는 것이다.

지금 벌어지고 있는 노동투쟁이 근년에 있었던 다양한 노동투쟁들에 비해 볼 때도 더 큰 무게와 의미를 가지고 있다는 것은 분명하다. 현재의 파업상황은 일상적인 노동조합의 논리에서 나온 것도 아니고, 단순한 임금 인상이나 노동조건 개선을 위한 투쟁도 아니다. 이것은 사람이란 돈보다도 더 중요한 존재이고, 일할 권리는 인간의 생득적인 권리에

속하는 것이라는 근본적인 진리를 확인하려는 투쟁이라고 할 수 있다. 어떻게 보면 해방 이후 최초라는 총파업이 가능한 것은 단순한 절차적 민주주의보다 더 근본적이고 양보할 수 없는 인권에 대한 의식이 괄목할 만하게 성장해왔기 때문인지도 모른다.

그러나 진정하게 인간적이고 건전한 노동이란 과연 무엇인가를 다시 생각해본다는 의미에서도, 지금 파업 중에 있는 노동자들도 살려야 한다고 하는 데는 아무런 이의(異議)가 없는 '경제'란 도대체 어떤 경제를 두고 말하는 것인가를 우리는 물어볼 필요가 있다.

지난 수십 년간 '기적적'이라고 자화자찬하면서 우리 사회가 이루어온 '경제발전'은, 발전이 되면 될수록 우리의 삶의 근본적 토대가 치유하기 어려울 정도로 자꾸만 망가지는 과정의 연속을 기록해왔다. 우리는 일반적으로 소득은 많아졌지만 우리의 삶의 터전은 점점 더 빈곤해져버렸다. 간단히 말하여, 우리가 경험해온 '기적의 경제'는 지속 불가능한 경제였다. 지각있는 사람이라면 평균소득 만 달러 시대에 접어들면서 내심으로 크나큰 불안과 공포를 느끼지 않을 수 없게 된 것이다.

경제가 죽어간다면 경제를 살려야 한다는 것은 당연한 일이다. 그러나 그렇게 살려야 한다는 경제가 장기적인 관점에서 볼 때 삶의 토대 자체의 붕괴를 이끌고, 그 결과 우리의 인간으로서의 모든 창조적인 활동 전체를 불가능하게 하는 것이라면 이성을 가진 인간으로서 이것을 어떻게 받아들일 수 있는가?

오늘날 환경문제의 심각성을 모르는 사람은 실제로 드물 것이다. 이대로 가면 인류문명이 종언을 고하거나 그렇지 않은 경우에도 인류의 대부분이 앞으로 다가올 수세기 또는 수십세기에 걸쳐 형언키 어려운 고통 속에서 참담한 삶을 영위해 나가리라는 것은 거의 확실한 전망이라고 할 수 있다. 그만큼 생명부양체계의 손상은 우리가 몸으로 실감할 수 있을 만큼 이미 심각하게 진전되었다. 비단 공기, 물, 땅의 손상과 오염만이 아니다. 사람의 생명을 지킨다는 명분으로 갈수록 비대해지는 건강 및 의료 시스템은 활인(活人)은커녕 사람을 포함한 생명체들에 대한 합법적인 살상기구로 변해버렸고, 교육과 문화는 생명을 일상적으로 파괴하는 권력욕망과 경쟁심과 소비주의를 끝없이 부추기는 설득수단이 되었다. 그리고 무엇보다도 하루하루의 생계를 위해 우리가 몸을 바쳐 소득을 마련하는 오늘의 경제구조는, 그 속에서 우리 각자가 개인적으로 어떤 노력을 하든 상관없이, 그 전체로서 거대한 살상과 폭력의 메커니즘이 된 지 오래인 것이다.

　오늘날 지각있는 사람이라면 자신의 삶의 터전을 갉아먹으면서 번영을 누리고자 하는 이런 식의 체제를 긍정할 사람은 없을 것이다. 그러나, 죽어가는 환경을 살리고, 우리 자신과 다음 세대들의 생존을 위해서, 우리가 영위하는 생활의 방식 — 좀더 구체적으로 우리가 종사하고 있는 현재의 노동형태나 직업을 포기해야 한다고 하면, 우리들 가운데 과연 몇 사람이나 그것을 받아들일 수 있을까? 따져보면, 우리들 대부분의 생계를 보장하는 일거리치고 지금 파괴와 살생에 관계되어 있지 아니한 것이 없고, 따라서 우리가 더이상 우리의 삶의 토대를 훼손하지 않으려면, 지금과 같은 생계유지 방식은 가능한 한 빨리 포기하고, 다른 방식으로 전환해야 한다는 것은 필수적이다. 생태적 위기의 급박성을 포함하여, 우리의 뒤틀리고 병든 사회적 위기 상황을 고려할 때, 기왕의 경제행위 방식을 계속 고집한다는 것은 말도 안되는 일이다. 그러나, 임박한 붕괴의 위협 앞에서 그 위협을 느끼면서도, 우리들 대부분은 — 반드시 무지와 무책임 때문만이 아니라 당장 먹고살아야 한다는 이유 때문에 — 우리에게 익숙한 방식과 관행을 포기하지 못한다. 레이첼 카슨의 《침묵의 봄》(1962)이 나온 지 30년이 훨씬 지났고, 놀랄 만큼 빨리 확대되고 있는 오존층 고갈 현상으로 아열대 활엽수의 세포조직이 폭탄을 맞은 것처럼 찢겨나가고 있다는 가공할 보고에 접하면서도,

그리고 지구온난화의 위협이 현실로 다가왔음을 보여주는 이상기후를 되풀이 경험하고 있음에도 불구하고, 자동차들이 끝없이 증가하고, 화학비료와 살충제의 사용은 결코 줄어들지 않는 것이다. 이것이 바로 오늘의 비극의 핵심이고, 우리가 처한 딜레마의 근본적인 윤곽이다.

그러나 이러한 비극과 딜레마는 또한 우리가 마음을 바꾸어 먹기만 한다면 큰 축복으로 변할 수도 있다는 것을 생각하지 않을 수 없다.

소득이 높아지고, 물자와 서비스를 풍부하게 쓰면 쓸수록 그것은 본의든 아니든 세계의 무수한 사회적 약자와 자연의 생존권리를 침탈하는 것을 의미할 수밖에 없는 것이 산업체제인 한, 우리 자신이 진정으로 인간다운 인간으로 존재하고자 한다면 그것은 하루빨리 혁파하지 않으면 안될 체제임이 분명한 것이다. '경제의 세계화'라는 이름으로 중앙집중적인 생산양식과 대량소비구조, 그리고 대량폐기의 악순환을 끝도 없이 확산시키는 가공할 '기업식민주의'에 예속되어 있는 한 우리는 이 행성 위의 사탄일 수밖에 없다. 중앙집중적인 거대산업의 진흥이 아니라 자립적인 마을공동체들에서 희망의 원천을 보는 간디의 '스와데시'는 인간다운 삶의 전제조건이 무엇인가를 새삼 깨우쳐주고 있다. 간디에게 있어서 참다운 문명이란 '자발적인 포기의 기술'을 의미하였다.

오늘의 생태적·사회적 위기는 지금까지 계속되어온 성장경제의 논리를 더이상 받아들이는 데 우리가 깊은 저항감을 느낄 수 있는 사람으로 변화함으로써만 제대로 극복될 수 있을 것이다. 모든 것은 우리가 어떤 사람이기를 원하느냐에 달려 있음이 틀림없다.

(제32호, 1997년 1-2월)

IMF 사태에 직면하여

　망가진 경제의 회생을 위해서 모두가 합심 노력해야 할 필요성에 관해 많은 사람들이 소리 높여 말하고 있다. 책임자를 처벌해야 한다고도 하고, 대기업, 정부, 가계, 개인을 불문하고 모든 사람에게 책임이 있다고도 한다. 또, 모두에게 책임이 있는 것은 사실이지만 책임의 경중을 가리는 문제도 중요하다는 얘기도 나온다.

　그러나 이렇듯 엇갈리는 견해에도 불구하고, 지금이 엄청난 난국— 6·25 이후 최대의 위기이며, 따라서 이 상황을 하루빨리 반전시켜 또한 번의 경제기적을 성취할 필요가 있다는 데에는 거의 목소리가 일치하고 있다. 이제 구체적으로 어떤 전략으로 얼마나 신속하게 그러한 성취에 도달할 것인가 하는 어려운 실행의 문제가 남았지만, 1인당 국민소득 만 달러가 사실상 오천 달러로 떨어져버린 '치욕'에서 어떻든 조속히 벗어나고 싶다는 욕망은 실로 강력하게 분출되고 있다.

　그러나, 물론 치욕감이라는 주관적 정서가 문제의 전부는 아니다. 이제 바야흐로 국제통화기금(IMF)의 압력 밑에서, 또 무엇보다 세계화 시대의 무자비한 경쟁논리 속에서, 어김없이 다가들 실업사태와 궁핍화의 고통에 대한 두려움이 심리적 공황상태를 불러일으키고 있는 것은 말할 필요가 없다. 라면 한두 상자와 밀가루 한두 포대를 남들보다 먼저 확보해둔다고 해서 될 일이 아니라는 것을 모르지 않으면서도 사람들은 그러한 사재기로써 자신의 두려움을 조금이나마 해소할 수 있을 것으로 믿는지도 모른다.

하기는 사재기는 이 사회의 유구한 뿌리 깊은 관성이다. 대기업의 부실경영 실태가 차츰 드러나고, 외환위기의 조짐이 보이기 시작했을 때, 부유한 사람들은 일찌감치 원화를 달러로 바꾸어 장롱 속에 보관해두었고, 이것이 현재의 위기의 또하나의 원인이 되기도 하였다는 것이 아닌가. 현대 경제학은―특히 지금 '세계화'를 이끌고 있는 신자유주의경제학은―무엇보다 경제주체의 이기심을 전제로 하지 않고는 성립할 수 없는 이론체계이다. 개인이든 집단이든 이기심에 기초하여 행동할 때, 그것이 과학적으로 예측 설명할 수 있는 합리적인 행동이 되는 것이다. 그러니까 사재기 행위는 현대 경제학의 틀 속에서는 지극히 합리적인 행동이며, 따라서 나무랄 수 없는 행동이라고 할 수밖에 없다. 다만, 그 행동의 동기의 뿌리에 있는 근시안적인 안목에 대해서 개탄할 수는 있겠지만, 그러나 오랜 세월 이 사회의 대다수 사람들이 받아온 교육은―가정, 학교, 사회교육을 막론하고―내가 살기 위해서는 남들도 살아야 한다는 공존과 공생의 지혜를 가르치는 교육이 아니었다. 그뿐만 아니라, 현실에서는 사재기 행위가 흔히 그 당사자에게는 이득을 가져다주었으면 주었지 불리한 결과를 가져다준 일이 없었다. 실제로 이번에도, 달러를 장롱 속에 보관함으로써 국가경제를 벼랑으로 몰고 가는 데 일조한 사람들이 그 때문에 어떤 형태든 책임 추궁을 당하기는커녕 오히려 금융실명제의 사실상의 폐지라는 선물을 받게 된 것이다.

이것이 우리 사회의 경제적 현실의 기본 문법이다. 요약하자면, 그것은 사회정의에 대한 무감각을 구조화하고, 삶의 진실에 대한 뿌리 깊은 냉소주의가 활개를 치게 하며, 사회적 약자와 인간생존의 근원적 토대인 자연 생태계에 대한 약탈적 접근의 끝없는 되풀이를 조장하는 체계였다. 그런데, 바로 이러한 체계를 확립하고 강화해온 것이 다름 아닌

지난 30년에 걸친 '성장경제'의 논리였던 것이다. 그렇다면 지금 우리가 무턱대고 경제의 회생을 큰소리로 외쳐대는 게 과연 이성적인 행동일 수 있는가?

상황이 다급할수록 필요한 것은 근본적인 성찰이다. 그러나 오늘날 매스미디어의 본질을 생각할 때, 한국의 주류 언론에 이와 같은 근본적 성찰을 기대하기는 어려운 일로 보인다. 신문이나 방송 그 자체가 거대 기업화되었을 뿐만 아니라 실제로 상업광고 없이는 존속할 수 없는 처지에서, 대부분의 언론이 현재의 사태를 시급히 벗어나야 할 재앙으로 보는 것은 어쩔 수 없는 일인지 모른다. 기업으로서의 자신의 존립이 걸려 있는 상황에서 사태의 본질을 좀더 객관적으로, 장기적이고 근원적인 관점에서 통찰해볼 수 있는 능력은 처음부터 배제되기가 쉽기 때문이다.

제3세계 민중의 현실에 초점을 두고 오늘의 세계 문제를 다각도로 분석해온 월간 잡지 《뉴인터내셔널리스트》는 1995년 1월호에서 동아시아 신흥공업국들의 '경제 기적'을 특집으로 다룬 바 있다. 전통적인 사회이론의 믿음과는 달리 저개발국의 처지에서 고속성장을 이루어내는 데 성공한 아시아 신흥공업국들의 예는 만성적인 빈곤, 사회모순, 그리고 환경악화에 시달려온 수많은 제3세계 사회들의 미래에 희망을 던져줄 수 있는 모범으로 종종 비쳐져왔다. 그러므로 지구상의 인구 대다수를 이루고 있는 제3세계 또는 산업국가들 내부의 사회적 약자들의 운명의 개선에 이바지하려고 노력해온 이 국제적인 잡지가 '동아시아의 경제 기적'에 주목하는 것은 당연한 일이었다. 그런데 이 특집에 기고한 여러 필자 중의 한 사람이었던 필리핀 출신의 아시아 경제전문가 월든 벨로는 다음과 같은 어떤 미국 관리의 말을 인용함으로써 글을 시작하였다.

    신흥공업국들을 아시아의 호랑이들이라고 사람들은 흔히 말하지만, 그 비유에는 어두운 면이 있다. 호랑이라고 불리우는 것은 지금 아시아의 신흥공업국들이 강력하고 사나운 교역상대자이기 때문이다. 그러나 호랑이는 정글에서 사는 동물이며, 정글의 법칙에 따라 산다. 오늘날 호랑이는 멸종되어가고 있는 종(種)이다.

    이 발언은 원래 미국과 동아시아 경제 사이의 무역전쟁의 분위기에서 나온 것이다. 미국의 자유시장론자들의 시각에서 볼 때, 아시아 경제의 고속성장은 "가격을 옳게 매겼기 때문이 아니라 가격을 고의적으로 왜곡시켰기 때문"이었다. 요컨대, 시장경제의 규칙을 지키지 않은 결과로 아시아의 경제 기적이 가능했다는 것이다.

    지금 1997년 말의 상황에서 국제통화기금의 구제금융으로 위기를 넘기면서 한국 경제의 재도약을 말하는 사람들에게 공통된 것이 있다면, 아무도 시장경제와 개방화의 논리를 부정하지 않는다는 점이다. 그러니까 시장의 논리를 충분히 존중하지 않은 결과가 지금의 위기인 만큼 위기 극복의 원칙도 당연히 시장경제의 원리를 준수해야 한다는 것이다. 그런 점에서, 위와 같은 미국 재무성 관리의 발언은 결국 타당한 것이 된 셈이다.

    그러나, 발언자의 의도와 관계없이 호랑이와 호랑이 서식지로서의 정글에 관한 비유적 언급은 좀더 근원적인 문제에 관련하여 놀랄 만큼 날카로운 암시가 아닌가? 미국 관리는 이 발언을 통해 '정글의 법칙', 즉 국가 개입 없는 기업의 자유경쟁의 필요성을 강조하였는지 모르지만, 우리가 보기에 그보다 더 중대하고 근본적인 문제는 호랑이의 서식지인 정글이 사라지고, 그 필연적인 결과로 호랑이가 멸종되어가고 있다는 엄연한, 부정할 수 없는 불길한 사태이다. 그러니까 지금 정말 문제는 '정글의 법칙'을 말하는 미국 관리나 뒤늦게나마 그 '정글의 법칙'이 지배하는 냉혹한 현실을 받아들여야 한다고 하는 한국의 여론 주도자들 대부분이 믿는 것과 같이, 시장원리에 입각한 경제체질의 강화 또는 경쟁력 제고를 통해서 또한번 경제적 도약을 이룰 것이냐 말 것이냐가 아니다. 정글의 '법칙'을 운운하기 이전에 '정글'이 사라지고 있다는 데 먼저 주목하지 않으면 안되는 것이다. 왜냐하면 우리는 지혜로우면 돈 없이도 얼마든지 살 수 있지만, 삶터가 붕괴되면 어떠한 꾀로도 살아남을 수 없는 생물학적 존재이기 때문이다.

월든 벨로는 같은 글에서, 풀뿌리 민중의 입장에서 볼 때, 국가 개입에 의한 경제발전이냐 자유시장에 의한 경제발전이냐 하는 것은 그다지 중요한 문제가 아니라고 말한다. 적어도 지금까지의 경제개발은 국가 주도이든 아니든 모두 엘리트주의적 발전모델로서, 극심한 사회적 불평등을 심화시켜왔다. 그리고 무엇보다도 그것은 경제성장 물신주의에 빠져 생태적으로 지속 불가능한 발전모델—다시 말하여, 자신의 '미래를 갉아먹는 경제'를 만들어왔다고 월든 벨로는 강조한다. 요컨대, 아시아 신흥공업국들이 이루어냈다고 하는 경제발전은 지극히 단명할 수밖에 없는 운명을 가진, 이를테면 노천광 채굴식의 방식으로 진행되어 왔다는 것이다. 단적으로 이러한 과정은 대만의 한 생태여성운동가의 다음과 같은 말 속에 잘 드러나 있다. 이 여성은 오늘날 대만의 엘리트들의 일반적인 행태를 지적함으로써 대만에 있어서의 경제성장의 본질이 어떠한 것인가를 예리하게 드러내었다. "그들은 이 섬을 착취함으로써 혜택을 누린 뒤에 자기 아이들을 미국으로 보냅니다. 대만은 너무 오염되었기 때문이지요." 이것은 대만에 국한되는 얘기가 아닐 것이다.

돌연한 위기국면의 출현으로 많은 사람들의 마음이 얼어붙는 것은 어쩔 수 없는 일일 것이다. 그러나 그동안 우리가 믿어왔던 '성공'은 결코 성공이 아니었다는 사실을 우리는 명확히 할 필요가 있다. 어떻게 보면, 더 늦기 전에 이런 위기가 닥친 것이 구원일 수도 있다. 지금 많은 사람들이 큰 두려움을 느끼는 것은 닥쳐올 생활상의 고통도 고통이지만 어쩌면 잠재의식 중에 이제 우리들이 되돌아갈 수 있는 귀향의 터전이 남아 있지 않을지도 모른다는 위구를 갖고 있기 때문인지도 모른다. 외국 언론인들이 다 같은 IMF의 구제금융에 의지하게 되었으면서도, 동남아시아 사람들과는 달리 한국인들이 이 상황을 너무나 비관적인 심정으로 받아들이는 것에 대하여 이해하기 어렵다는 이야기를 하고 있다는 사실도 조금 생각해볼 만한 단서를 제공한다. 우리가 가령 태국이나 인도네시아 사람들과 현저하게 다른 반응을 나타내는 것이 사실이라면, 그 차이는 어디에서 나올까. 물론 그것은 문화와 역사가 만들어내는 차이일 것이지만, 다른 한편으로 생각해볼 때 그 차이는 상대적으로 뒤늦게 출발한 공업화 덕분에 동남아시아에는 한국에 비해 아직 손상이 덜 된 땅과 농촌공동체가 많이 남아 있다는 점과 관계가 있는 것이 아닐까 혹시 모를 일이다.

많은 전문가들이 분석해왔듯이 지난 30년 동안 한국 경제발전의 원천은 비록 적지 않은 문제가 내포되어 있는 대로 해방 후 경자유전 원칙에 따라 이루어진 토지개혁으로 확립된 자영농 중심의 농업공동체와 그 생산력이었다. 한국의 공업화는 처음부터 농촌으로부터 제공받는 노동력 및 에너지, 식량공급 없이는 불가능하였다. 그러나 경제효율성과 생산성이라는 산업논리가 우리의 전체 삶을 지배하면서, 우리의 삶은 순환적인 질서를 잃어버렸고, 농업 및 농촌공동체는 여기서 가장 대표적으로 산업논리의 희생물이 되었다. 농촌은 끊임없이 빼앗기면서 되돌려받는 것이 없었다. 그 결과 농지는 끊임없이 축소되어 30년 만에 농경지는 반으로 줄어들었고, 심각한 토지오염과 지력소모로 잠재적인 사막으로 되어가고 있다. 이것은 우리가 다 아는 일이다.

지금 현재 남한의 식량자급률이 25퍼센트 수준으로 떨어져 있는 시점에서 경제위기를 맞게 되었다는 것은 단순한 우연이 아닐 것이다. 월 드워치연구소 등에 의한 임박한 세계적 '식량대란'에 대한 경고는 갈수록 설득력이 높아져가고 있는 상황인데, 자동차나 전자제품을 수출해서 번 돈으로 해외에서 식량을 사들인다는 한국 경제의 전략이 언제까지 먹혀들 수 있을까? 수출경기가 좋아진다고 하더라도ー그럴 가능성은 점점 줄어들고 있지만ー그래서, 돈이 있다 하더라도 세계식량시장에서 식량이 고갈된다면 어찌할 것인가?

주간신문 〈내일신문〉의 보도에 따르면, 지난 10월 말 전경련(전국경제인연합회) 산하 대외경쟁력위원회라는 기구가 주최한 한 심포지엄에서 앞으로 우리나라의 농토를 현재의 2퍼센트 수준으로 축소시켜나갈 필요가 있다는 주장이 발표되었다고 한다. 이러한 믿기 어려운 계획이 이 사회의 사실상의 실력자들의 머릿속에서 구상되고 있을 뿐만 아니라 이제는 공공연히 발표되기도 하는 것이다. 전경련 사람들의 주장으로는, 앞으로의 식량문제는 생명공학이나 수경재배와 같은 첨단 기술로써 해결하면 되는 것이고, 따라서 지금의 농경지 대부분은 보다 수익성이 높은 산업용 및 산업 하부기반으로 전용시켜야 한다는 것이다. 경제논리로써는 이러한 계획에 반대한다는 것은 사실상 불가능할 것이다. 좀 더 이윤이 많은 산업활동을 위해서 수익성이 낮은 농업은 포기하는 것이 합리적이다ー이러한 사고방식은 물론 어제오늘 갑자기 튀어나온 것이 아니다. 문제는 이러한 사고방식의 지배를 우리가 언제까지 허용할 수 있는가 하는 것이다.

농토를 지금의 2퍼센트 수준으로 줄여야 한다는 얼핏 보아 농담 같은 주장이 그럴싸한 심포지엄의 주제로 공공연히 발표될 수 있다는 것은 그동안의 이 나라의 엘리트들의 행태나 사고방식으로 보아서 그다지 놀랄 일도 아니라고 해야겠지만, 또 한편으로는 그런 주장의 근거가 생명공학과 같은 이른바 첨단 과학기술에 대한 순진한 믿음에 기초해 있다는 사실은 우리의 각별한 주목을 끈다. 생명공학은 물론 그 범위가 넓은 것이고, 그것이 베풀어줄 수 있는 부분적인 혜택을 우리가 완전히 부정할 수는 없다. 그러나 현재 유전자조작기술에 의해서 생물의 종간(種間) 벽이 없어지고, 고등동물의 복제까지 가능해진 단계에서 앞으로 생태계의 질서가 어떻게 교란될지 모른다는 불안과 우려가 커져가고 있을 뿐만 아니라 현실적으로 유전자적으로 조작된 식품의 안전성이 확실히 검증되지도 않고 있는 상황에서, 다시 말하여 '생명기술'의 유효성이 아직은 과학적으로 만족스럽게 하나도 검증되지도 않은 상황에서, 그러한 모호한 가능성을 가진 기술에 한 인간집단의 운명 전체를 건다는 것은 도대체 있을 수 있는 일인가? 그에 반해서 적어도 농업은 오랜 세월에 걸쳐 지속적인 인간생존을 보장해왔을 뿐만 아니라 최선의 인간문화가 성립할 수 있는 기반을 제공해왔다는 것은 누구도 부인하지 못할 엄연한 사실이 아닌가? 그런데도, 이러한 분명한 객관적인 사실을 무시하고, 불확실한 것을 위해 확실한 것을 희생시키려고 하는 것이 오늘의 권력있는 사람들 대부분의 행태인 것이다.

생각해보면, 단순 명료한 진실을 외면하고 본말이 전도된 논리를 펴면서 삶의 근원적인 토대를 파괴하려고 하는 이러한 반이성적인 권력엘리트들의 행태와 사고방식은 그들의 눈이 탐욕에 어두워진 결과라고 할 수 있다. 우리는 이제 중요한 것은 삶 자체이지, 이른바 생활수준이 아니라는 것을 분명히 인식할 필요가 있다. 이러한 인식의 근본적인 전환에 의해서만 우리는 우리의 삶을 끝없이 야만적이게 하는 경제물신주의의 질곡으로부터 해방될 수 있고, 따라서 인간다운 삶의 필수적인 요건이라고 할 수 있는 공생의 논리를 마음 깊이 받아들일 수 있는 능력을 갖게 될 것이다.

실제로, 이번에 이른바 'IMF 한파'가 불어닥치면서 우리 사회에서 나타난 여러 반응은 음미할 만한 것이 적지 않다. 그 가운데 특히 주목할 것은 많은 사람들 속에서 임박한 실업사태에 직면하여 해고나 감원보다는 감봉을 감수하면서라도 동료들과 일을 나누어 갖는 쪽을 택하겠다는 태도가 두드러지게 나타나고 있다는 점일 것이다. 이것은 그동안 이기성으로 점철되어온 이 사회의 관행으로는 얼른 이해하기 어려운 태도로 보일지 모른다. 그리고 이러한 태도의 이면에는 실상 보다 완고한 이기성이 도사리고 있다는 것도 부인할 수 없는 사실일 것이다. 그러나 여기에는 단순히 그러한 동기만으로는 다 설명될 수 없는 심리적 요소―어려운 시절을 함께 살아가야 할 사람들로서의 본능적인 연민의 감정이 다소나마 작용하고 있음을 느끼지 않을 수 없는 것이다.

비록 가냘픈 모습으로 지금 드러날 뿐이라고 하더라도 우리의 궁극적인 구원이 그러한 공동체적 감각, 연민의 마음의 확산에 달려 있다는 것은 말할 필요가 없다. 그러니까 가난해진다는 것은 결코 나쁜 일이 아니다. 가난이 주어지지 않았다면 어떻게 사람들이 일이든 무엇이든 남들과 나누어 갖는 것이 좋은 것이라는 생각에 도달할 수 있었겠는가.

경제난국에 처하여 이것을 단지 일시적으로 참고 견뎌야 하는 어려운 시기로 간주한다는 것은 근본적으로 잘못된 생각이라고 할 수 있다. 내핍과 절약과 가난은 일시적인 것이 아니라 인간다운 삶에 있어서는 항구적인 생활방식일 수밖에 없다. 이렇게 말하는 것은 인간의 생활향상 의지를 우습게 보거나 과학기술의 능력을 얕잡아보기 때문이 아니다. 모든 조건을 고려할 때, 이 지구 위에 서식하고 있는 사람을 포함한 모든 목숨붙이들이 공생공존할 수 있는 가장 기본적인 원칙은 '고르게 가난한' 삶이라는 것을 받아들이지 않을 수 없다고 생각하기 때문이다. 인간의 재간이 아무리 뛰어나고, 과학기술의 능력이 아무리 향상된다 하더라도 인간은 자연의 일부로서, 지구라는 유한체계 속에서만 삶이 가능하다는 근원적인 테두리를 뛰어넘을 수는 없는 것이다. 이러한 테두리를 초월하고자 하는 데 근대적 산업문화의 근본적인 불경(不敬)이 있고, 삶의 끝없는 타락과 왜곡이 비롯하는 것이라는 것은 우리가 늘 경험해온 대로이다. 다만 물리적으로 판단하더라도, 현재의 구미 선진국이나 대만이나 남한 사람들의 평균 생활수준을 온 세계 인구가 공유할 수 있기 위해서는 지구가 수십 개나 더 필요할 것이라는 추정이 있다. 그러니까, 내가 누리는 풍요로운 생활의 뒤에는 내 형제의 굶주림과 고통이 있다는 것—따라서 우리가 높은 생활수준에 연연해한다는 것은 얼마나 범죄적인가, 또는 적어도 얼마나 염치없는 노릇인가 하는 자각이 있어야 하는 것이다. 더욱이 오늘날 전지구적으로 무차별로 자행되고 있는 개발이란 온갖 동식물을 끝없이 희생시키는 과정이 아닌가. 우리는 진정으로 "풍요로운 삶이란 새 한 마리까지 함께 이웃하며 살아가는 것이지 인간들끼리만 먹고 마시고 즐기는 건 더럽고 부끄러운 삶"이라는 아동문학가 권정생 선생의 말에 새삼 귀 기울일 필요가 있다.

그러나, 가난을 받아들여야 할 필요성은 생태학적 고려 때문만은 물론 아니다. 절제된 가난의 삶은 그 자체가 미덕이며, 인간을 인간답게 만드는 필수적인 전제조건이라는 생각은 동서양을 막론하고 옛날부터 지혜로운 이들에 의해 줄기차게 이야기되어왔다. 아시시의 성인 프란치스코는 우리가 가난한 사람들에게 자선을 행할 때, 그것은 우리가 가난한 사람에게 '허리를 굽히는' 행위가 아니라 가난한 사람에게 우리 자신을 '들어올리는' 행위라고 말하였다. 다시 말하여, 가난을 받아들이거나 가난을 선택하는 것은 삶의 전락이 아니라 고양(高揚)을 의미하는 것이라는 것이다. 가장 단순한 차원에서 생각해보더라도 가난해져야 우리가 서로서로 돕고, 상부상조할 필요성이 생겨난다는 것은 분명한 진실이다. 생각해보면, 산업화 또는 경제개발의 과정은 재화와 서비스의 총량적 증가를 통해 물질생활의 풍요를 가져다준 반면에 그 밖의 많은 삶의 내용을 극히 빈곤하게 만들어버렸다. 우리는 일상적인 생활의 자립적 관행과 서로서로를 돕고, 보살피는 데 필요한 전통적인 기술과 지혜를 잃어버렸다. 그리고 무엇보다도 대량생산과 소비에 기초한 '쓰고 버리는' 생활습관이 뿌리내리면서, 물건과 사람과 생명을 아끼고, 귀하게 여기는 능력을 상실하였다.

물자가 귀해지면 사람이 물건을 아끼고, 주의를 기울이게 되는 것은 당연하다. 주의를 기울인다는 것은 그 대상에 대하여 공경심을 갖는다는 의미가 될 수도 있다. 가난이 우리 자신을 떨어뜨리는 것이 아니라 들어올린다는 것은 바로 그런 뜻인지도 모른다. 탐욕의 지배 밑에서 우리는 끝없이 직선적인 욕망충족의 경주에 내몰릴 수밖에 없다. 그동안 우리의 삶은 늘 들뜨고, 시끄럽고, 불안할 수밖에 없는 속도경쟁 속에 갇혀왔다.

불가의 게송(偈頌)의 하나에 "空界循環濟有情"이라는 구절이 있다. 순환이 없다면 이 세상은 유지될 수 없다. 직선적인 욕망의 추구는 세상의 근본질서를 망가뜨리는 일이다. 우리의 삶의 올바른 회생은 간단히 말하여 순환의 질서에 순응하는 삶의 패턴을 다시 일구는 것이라고 할 수 있다. 우리는 모든 생명이 서로서로에게 밥이 되고, 공양이 되는 우주의 근본질서를 겸손하게 받아들이지 않으면 안된다.

(제38호, 1998년 1-2월)

기술의학 체제를 넘어서

경제를 살려야 한다는 지상명령 앞에서 모든 것이 뒤로 물러설 수밖에 없는 상황이 계속되고 있다. 따져보면 이것은 어제오늘의 일이 아니다. IMF는 고통스러운 시련이기는 하나 아무것도 새삼스러운 것이 아니었다. 그것은 다만 우리의 생존 현실의 뿌리 깊은 뒤틀림의 한 극적인 표현이었을 뿐이다. 지금 주류 언론을 통해 이제 곧 한국 경제가 어두운 터널을 벗어날 것이라는 이른바 전문가들의 진단과 관측이 흘러나오고 있지만, 그러한 경제회복이 설령 실현된다 하더라도 우리의 삶이 본질적으로 조금도 나아지지 않을 것이라는 것은 우리가 모두 내심으로 다 잘 알고 있는 일이다. 오히려 우리가 얼마나 더 암담하고 야만적인 삶을 견뎌야 할 것인지 ─ 근원을 알 수 없는 두려움이 아마도 지금 우리들을 깊이 사로잡고 있는지도 모른다.

우리는 세계화의 시대에 살아남기 위해 경쟁력을 기르고, 그러기 위해서는 구조조정을 해야 한다는 얘기를 귀가 아프게 들어왔고, 구조조정이란 결국 돈이 되지 않는 것은 모두 버려야 한다는 것을 뜻하는 것임을 보아왔다. 우리는 이것이 말도 안되는 논리라는 것을 모르지 않으면서도 불가피한 현실논리로서 묵묵히 받아들이고 있다. 그리하여 지금 진행되고 있는 것은 기업의 살빼기만이 아니다. 아이들을 낳아 기르고, 사람이 사람과 어울려 살며, 건강한 생존의 지속을 도모할 수 있는 교육과 문화와 생활의 하부구조가 뿌리로부터 붕괴되고 있는 것이다. 상품성을 높여야 한다는 다급한 현실의 필요는 사람답게 사는 것이 무엇인가를 묻는 철학적, 도덕적 노력을 모두 부질없는 것으로 만든다. 우리는 그저 세계시장이 제공하는 갖가지 현란한 물건 중에서 상표를 고르는 소비자로서의 운명에 만족해야 하는 처지를 감수할 수밖에 없는 것이다. 우리들 개개인이 단순한 상품소비자 이상의 존재임을 주장할 수 있게 하는 사회적 지지세력은 어디서든 위축되어가고 있을 뿐이다.

오늘날 아마도 소비주의 문화의 대표적인 첨병의 하나는 날이 갈수록 첨단 기술에 대한 의존도가 심해지고 있는 현대적 의료산업일 것이다. 사람의 생명과 건강을 돌보는 사회적 제도로서 현대적 의료기관이 베푸는 의료행위가 많은 경우 아픈 사람의 고통을 완화시키고, 죽어가는 생명을 살리는 데 이바지해온 것은 사실인지 모른다. 그러나, 다른 한편으로 우리가 주목해야 할 것은 현대적 의료체제는 무엇보다도 우리들 대부분을 단순히 수동적인 의료상품의 소비자가 되게 하는 거대산업이 됨으로써 생명을 보살피는 우리 각자의 잠재적인 능력을 고갈·쇠퇴시키는 데 크게 기여해왔다는 사실이다. 그 결과 진정한 인간적 삶의 토대라고 할 수 있는 가족과 공동체의 보존에 불가결한 상호의존의 관계와 그 위에서 성립하는 '보살핌의 문화'가 돌이킬 수 없이 약화되는 것은 필연적인 일인지 모른다.

근대 서구의 환원주의적 과학에 토대를 둔 현대의학은 질병이라는 것을 의술의 힘으로 공격·퇴치해야 할 고립된 인자로 보며, 대부분의 질병의 원인은 특정 병원균의 침입에 의한 것이거나 특정 환부의 문제로 보는 뿌리 깊은 가정을 갖고 있다. 그러므로 특정 병원균이나 환부를 적발하고, 고립·분리시킴으로써 그것을 제거하는 적절한 대응수단을 발전시키는 기술적 노력이 현대의학의 중심을 형성해온 것은 당연한 일인지 모른다. 그리하여 수많은 약품과 수술 및 방사능요법이 개발되었고, 이제 그러한 환원주의적 질병관의 자연스러운 연장으로서 모든 병인을 개인의 유전자에서 찾아 질병을 퇴치할 수 있다는 유전자기술의 시대가 운위되기에 이르렀다. 지금 빠른 속도로 진전되고 있는 생명공학의 한 성과로 유전자치료기술이 발달하면 아마도 인간사회는 더이상 질병으로 고통받거나 또는 심지어 늙고 죽는 일도 없는 '멋진 신세계'가 도래할지 모른다는 들뜬 기대가 광범위하게 퍼지고 있다.

그러나, 실제 실현 가능성 여부를 떠나서 그러한 '멋진 신세계'가 과연 우리들이 받아들일 만한 세계인가. 우리는 거듭되는 의료기술의 무조건적인 발전을 통하여 인간사회에 질병이 사라지고, 노화 방지, 수명의 연장이 가능해진다고 할 때, 그것을 단순히 축복으로 생각할 수 있을까. 질병이란 무조건 쫓아버려야 할 악인가. 한 걸음 더 나아가, 고통 없는 삶이 인간의 삶일 수 있는가, 다시 말해 우리의 삶에서 완전히 고통이 제거된다면 그래도 우리의 삶이 의미있는 것이 될 수 있을까—지금 정말 필요한 것은 이런 근원적인 질문일 것이다.

현대기술의 원리는 자연의 지혜보다 인간 자신의 능력이 우월하다는 엄청난 교만심에 토대를 두고 있다. 그래서 끊임없는 기술개발을 통해 자연에 대한 인간의 통제력을 강화하려는 노력이 쉴 새 없이 계속되어 왔지만, 그러나 무슨 까닭인지 기술의 자연 통제력이 커지면 커질수록 인간의 영혼은 갈수록 공허해지고, 인간생존의 토대가 위태롭게 된다는 것을 보여주는 증거가 날로 증가하고 있다. 인간은 이 세계에서 지배자가 되려고 발버둥쳐왔지만, 이제 그가 딛고 선 세계는 텅 빈 영혼의 무의미한 세계가 되어버린 것이다. 무의미한 세계에서 주인이 된다는 게 무슨 의미가 있는가. 더욱이, 자연의 지혜를 끝없이 깔보아온 당연한 대가로서 지금 우리는 생태적 파국에 직면해 있지 않은가.

최근 세계 전역에 걸쳐 각 민족의 전통의학이나 자연의학에 대한 관심이 새삼스럽게 부활하고 있는 것은 생명과 질병의 문제를 좀더 넓은 생태적 시야에서 바라보고자 하는 새로운 욕구를 반영하는 것인지 모른다. 이러한 욕구의 아마도 직접적인 배경의 하나는 현대의학의 기술주의로는 더이상 대응할 수 없는 질병들이 만연하고 있다는 점일 것이다. 현대의학은 기본적으로 감기 하나 제대로 고치지 못할 만큼 무능하다는 말도 있지만, 실제로 이것은 특정 병원균의 박멸을 위한 항생물질 남용, 환부 제거 수술, 장기이식 등 공격적 치료기술의 과잉 적용으로 특징지어지는 현대적 의료로서는 극복할 수 없는 한계인지도 모른다. 그리하여 오늘의 주류 의학은 생명의 기술이 아니라 폭력의 기술이라는 극단적 비판도 나올 법한 것이다. 이에 관련하여 흥미로운 것은, 몇 해 전 이스라엘에서 의사들이 한 달 동안 파업을 한 일이 있었는데 그 한 달 동안 이스라엘 사람들의 사망률이 평시에 비해 50퍼센트나 감소했음을 보여준 통계가 있다는 사실이다. 이런 얼른 이해하기 어려운 현상은 남미 국가 콜롬비아의 수도 보고타에서도 보고되었고, 거기서는 의사들의 파업이 계속된 52일 동안 35퍼센트의 사망률 감소 현상이 일어났다는 것이다. 이와 비슷한 경험은 미국의 로스앤젤레스에서도 조사된 바가 있다는 보고가 있다.

현대적 의료처치가 덜하면 덜할수록 생명에 대한 위해(危害)는 그만큼 더 감소된다고 하는 이런 역설적인 현상은 가볍게 지나쳐버릴 수 있는 에피소드가 아닐 것이다. 그것은 산업화된 현대 의료체제와 기술주의 의학에 내재된 구조적인 제약을 드러내는 것인지도 모른다. 간단히 말해서, 현대의학의 원리와 방법은 생명과 건강을 온전히 다루는 데 본질적으로 부적합한 틀 속에서 움직이는 것이 아닌가 하는 근본적인 반성이 필요한 문제인지도 모른다는 것이다.

산업주의 문화를 떠받치는 제도와 기구들이 대체로 그렇듯이 현대의료의 근본문제의 하나는 그것이 기술원리주의에 의해 이끌리고 있다는 점이다. 기술원리주의란 모든 것은 기술의 힘으로 제어되고 극복될 수 있으리라는 완고한 신념에 붙들려 있는 정신적 태도라 할 수 있는데, 이때 기술은 또 상황의 전체적인 국면을 고려하는 생태적 관점이 아니라 상황의 전체 맥락으로부터 고립시켜 문제를 해소시키려는 환원주의적 관점에 뿌리박고 있다. 물론 이런 관점은 주어진 문제를 해결하는 데 비상한 효율성을 발휘하고, 부분적으로 뛰어난 합리성을 갖지만, 상황 전체의 장기적인 맥락에 비추어 볼 때, 그러한 효율성과 합리성은 지극히 무분별하고 무책임한 행동으로 떨어질 수밖에 없는 것이다. 이것은 우리가 이미 다 잘 알고 있는 일이며, 산업기술주의 문명의 지속 불가능성이 바로 여기서 비롯하고 있음은 더이상 설명할 필요가 없는 일이다.

생명과 건강의 문제에서 우리가 무엇보다 먼저 고려하지 않으면 안될 것은 우리 자신의 개인적 건강이 그 자체로서 고립적으로 존재할 수 있는가 하는 문제이다. 조금 투박하게 말하여, 땅과 하늘이 더럽혀지고, 숲이 망가지고, 물이 오염되고, 공동체가 붕괴되어버린 상황에서 우리가 건강한 생존을 영위한다는 게 있을 수 있는 일인가. 그리고, 수많은 동물들이 사람의 탐욕스런 식욕 때문에, 태어난 생명으로서의 모든 권리와 자유를 박탈당한 채 축사에 갇혀 다만 '가축 기계'로서 비참한 운명을 강요당하고 있는 상황에서 인간만의 건강을 바라는 일이 가능한 일인가.

아마도 현대의학의 가장 중대한 문제는 이와 같은 전체적인 상황에 대해 늘 침묵해왔고, 침묵할 수밖에 없다는 점에 있을 것이다. 오늘날 의사들은 사람들에게 금연을 권유하지만, 그보다 훨씬 더 치명적으로 공기를 더럽히고 물과 땅을 오염시키는 자동차산업과 중화학산업에 대하여는 아무런 이의를 제기하지 않는다. 산업주의 체제의 주요 지주의

하나로서 오늘의 의료체제가 자신의 토대 자체를 심각하게 들여다본다는 것은 쉬운 일이 아닐 것이다.

우리가 지금 비주류 의학의 여러 모습들에 관심을 가질 필요가 있는 이유는 실제로 한두 가지가 아니다. 그중에서 빠뜨릴 수 없는 것은 기술원리주의와 그것과 짝을 이루는 전문가에 의한 의료독점 현상을 극복해야 할 필요성이다. 건강을 돌보는 일은 전통적으로 가족과 공동체의 일이었고, 다른 모든 삶의 기본적인 필요를 충족시키는 일에 있어서처럼 건강을 돌보는 일은 공동체 구성원 모두의 상호의존성을 전제로 하면서 동시에 그 상호 의존의 그물망을 강화하는 데 기여하였다. 우리의 육체적 건강뿐만 아니라 우리가 내면적 인간으로서 가진 깊은 욕구들은 시장의 논리로도, 복지의 공영화로도 충족될 수 있는 것이 아니다.

사람이 심신 양면으로 건강을 누리고, 삶의 행복을 느끼는 데 무엇보다 불가결한 전제는 살아있는 공동체이다. 지금 우리가 직면한 모든 재난은 근본적으로 공동체의 죽음에 관계되어 있다고 해도 과언이 아닐 것이다. 이른바 대체의학이나 자연의학이라고 불리는 비주류 의학은 대체로 사물을 전일적이고 생태적인 시각에서 바라보는 전통적인 세계관의 소산으로서, 전문적인 기술이라기보다 일반적인 삶의 기술이라고 할 수 있다. 이러한 비주류 의학이 과연 특정한 질병을 다스리는 데 얼마나 효과가 있느냐 하는 것은 차라리 부차적인 문제일 것이다. 그보다 더 중요한 것은 오랜 세월 공동체를 기반으로 발전해온 이러한 생태적 의료체계의 부활을 통해서 우리들 각자가 그동안 잃어버린 '건강 자치권'을 회복하고, 그럼으로써 공동체적 공간의 재생을 꿈꿀 수 있는 힘을 다소나마 얻게 될지 모른다는 것이다.

(제44호, 1999년 1-2월)

물신주의와 생명공학

경제가 성장궤도로 다시 들어섰고, 금년 성장률이 4퍼센트 이상 될 전망이라는 뉴스가 요란하다. 경제성장률의 회복이 의미하는 것은, 말할 것도 없이, 또다시 광란의 잔치가 벌어진다는 것이다. 낭비를 제도화하고, 파괴와 오염을 생산이라고 부르는 광기의 체제가 다시 활력을 얻게 된 것이다. IMF가 불행한 사태일망정 우리의 깨달음 여하에 따라서는 구원의 계기가 될 수도 있었음에도 불구하고, 우리는 다시 가망 없는 수렁으로 빠져들고 있다. 하기는 '깨달음'이 몇몇 개인의 테두리를 넘어 다소라도 사회적 차원으로 성숙하는 데 필요한 최소한의 문화적, 정신적 토양이 우리에게 있기나 한가.

일용직 건설노동자로 일하다가 실직의 나날을 보내고 있는 한 독자로부터의 편지 — 그는 자신이 그동안 잠시 공공근로사업에 참가하게 된 사정을 이야기하고 이렇게 말한다. "금년 봄에는 근교의 산과 들에서 아마도 진달래를 보시기 어려울 겁니다. 숲가꾸기 사업에서 저희가 맡은 일은 키가 큰 나무들을 제외하고는 나무든 풀이든 덤불이든 모조리 다 베어버리는 일이었습니다. 더욱이 전기톱으로 하는 일이라 짧은 시간 내에 도시 근교의 나무들은 필요 이상으로 무참히 베어져 나갔습니다." 그런가 하면, 어떤 지방도시에서는 숲가꾸기 사업의 현장 책임자들의 지시로 수십 년 이상 알뜰히 자란 교목들까지도 가차 없이 벌목되어버렸다. 까닭인즉, 나무들이 많으면 산불의 염려가 있고, 산불이 나면 성가시기 때문이라는 것이었다. 산불을 방지하는 가장 좋은 방법은 아예 나무를 제거해버리는 것이다!

이 기막힌 야만주의는 결국 하나의 비유에 지나지 않는다. 구조조정이라는 이름으로 가차 없이 베어져 나가는 것은 진달래와 나무들뿐이 아니다. 또, 작은 것, 약한 것, 돈이 되지 않는 것은 모조리 잘라버려야 한다는 '생산성' 물신주의의 압력 밑에서 희생되는 것이 사회적 약자들의 삶에 국한된다고 할 수도 없다. 그리고 이것은 전통적인 의미에서의 경제학의 문제도 아니다.

그 물신주의는 경제성이 없다는 이유로 시골학교를 끊임없이 폐쇄하고, 그렇게 함으로써 인간다운 생존과 문화의 토대 중의 토대라고 할 수 있는 농업문화의 죽음을 앞당기는 일을 서슴지 않는 심리와 논리의 토대를 이루고 있다. 그것은 또한 평생을 교직에 바친 교사들을 늙고 무능하다는 이유로 조롱하면서 가차 없이 교단으로부터 추방하려는 야만적인 '교육정책'을 지배하고 있는 원칙이기도 하다.

대학이라고 예외가 아니다. 돈이 되지 않는 인문학, 인문교육은 일찌감치 버려야 대학이 산다는 기묘한 논리가 거침없이 활개를 치고 있다. 인문적 가치에 대한 조롱과 경멸은 이미 군사독재정권 이래 면면히 계속되어왔지만, 그것이 지금처럼 참혹한 괄시를 당한 적이 없었다. '살아남기 위해서, 경쟁력을 위해서'라는 저항하기 어려운 명분 밑에서 행해지는 구조조정의 소용돌이 속에서 지금 한국의 대학은 진리와 보편적 인간이념에 대한 관심을 포기할 수밖에 없는—따라서 더이상 대학으로 존재할 수 없는—상황에 처해 있다.

이러한 상황에서 받아들여지는 유일한 가치는 실용주의, 공리주의이다. 그리하여, 대학의 연구실과 실험실들은 기업과 정부가 벌이는 프로젝트의 충실한 협력자, 대변인, 하인들의 서식처로 되어갈 뿐이다.

　과학기술에 대한 의존도가 갈수록 심화되는 상황에서 과학자 또는 전문가들의 독립성이 위축되거나 상실된다는 것은 우리 모두에게 큰 불행과 재앙을 예고한다. 유전공학의 예를 들어볼 때, 이것은 핵 재앙에 못지않거나 그보다 더 심각한 재앙을 예고하는 기술임이 분명한데도, 지금 거의 아무런 사회적 저항 없이 우리의 삶 속으로 밀물처럼 밀려들어오고 있다. 물론 생명공학 기술의 가공할 위험에 대해 비타협적으로 경고하고 있는 과학자들이 없는 것이 아니다. 그러나, 이들에 비할 수 없는 절대다수의 과학자들이 생명공학 기업들과 이해관계를 같이하고 있다는 것이 문제인 것이다. 기업 또는 정부의 이해관계와 과학의 이해관계가 일치를 이루는 것은 반드시 직접적인 권력 또는 금력의 작용에 의한 것일 필요는 없다. 보다 근본적인 것은 세계관의 일치 여부라고 할 수 있다. 가령 암소를 그 나름의 거룩한 삶을 누릴 자격이 있는 하나의 생명체로서 보느냐 아니면 인간에게 유익한 우유를 생산해내는 단순한 생물기계로 보느냐 ─ 여기에 결정적인 분기점이 있는 것이다.

　오늘날 유전공학을 비롯한 생명조작기술들은 늘 인류의 식량문제를 해결하고, 의료의 한계를 극복한다는 명분을 내세운다. 그러나, 지금 세계의 식량문제는 본질적으로 식량생산의 절대적 부족이 아니라 분배구조의 왜곡에서 나온다는 사실을 잊어서는 안된다. 그뿐만 아니라 지구상에서 지속 가능한 유일한 식량증산의 길은 소농(小農)체제에서만 가능하다는 것은 역사적인 경험이 증명하고 있다. 의료의 한계를 극복한다는 것도 깊이 생각해보아야 할 문제이다. 인간사회에서 질병이 모두 퇴치된다는 것이 과연 축복받을 일인가. 우리는 완벽하게 질병 없는 사회란 가장 저주스러운 비인간적인 세상의 다른 이름일지도 모른다는 것을 생각해보아야 한다.

핵심적인 것은 거룩한 것에 대한 감각이다. 우리는 적어도 인간이 모든 것을 마음대로 해도 좋은 전지전능한 존재가 아니라는 것을 깊이 수긍하지 않으면 안된다. 이 단순한 진리를 무시할 때, 우리의 삶은 언제까지나 야만주의의 관성에서 벗어날 수 없을 것이다.

(제46호, 1999년 5-6월)

연대의 그물을 위해서

어느새 통권 50호를 내게 되었다. 사람의 일이 반드시 오래 지속되는 것이라고 해서 좋은 것일 수는 없겠지만, 경우에 따라서는 살아남는 것 자체가 작지 않은 의미를 갖는 일이 있을 것이다. 《녹색평론》이 꼭 그러한 경우에 해당하는 것은 아니겠지만, 적어도 이 잡지를 펴내는 일에 직접 관계해온 사람들로서는 지금 50호를 맞이하는 심정이 그냥 무심한 것일 수는 없다. 창간호를 낼 적에 우리는 '이 어둡고 황막한 세상에서' 이 잡지가 이렇듯 8년 이상이나 버티어나갈 수 있으리라고 생각하지 못했다.

돌이켜보면, 《녹색평론》이 어떻든 짧지 않은 기간 동안 살아남을 수 있었고, 미약하나마 하나의 매체로서 이 사회 속에서 어떤 기능을 하게 되었다면, 그것은 궁극적으로 독자들의 뒷받침 때문이었다는 것은 두말할 필요가 없다. 우리가 두 달에 책을 한 번씩 낸다는 것은 어차피 처음부터의 사회적 약속이었고, 그 약속은 싫든 좋든 지킬 수밖에 없는 것이었다면, 그러한 약속의 이행이 실제로 가능하도록 하는 힘의 원천은 독자들에게 있었다. 이 책의 계속적인 발간을 지지하고, 기다려주는 독자들이 없었다면, 아마 우리가 《녹색평론》을 발간하는 데 필요한 신념과 에너지를 유지하는 것은 불가능했을 것이다. 《녹색평론》의 메시지가 근본적으로 옳지만, 비현실적이며 이상주의적이라고 하는 끊임없는 비판의 목소리 가운데서도, 그러한 '현실성 없는' 메시지야말로 인간다운 가치를 지키려는 노력의 궁극적인 몸부림일지도 모른다는 견해에 동의해준 독자들도 적지 않았던 것이다.

인간보다도 기계와 기술이 갈수록 득세하고, 온 세상이 투기꾼들이 활개치는 난장판으로 되어가는 상황에서, 아무리 순진하게 들릴지언정, 우리는 우리가 인간답게 사는 것이 무엇을 뜻하는 것인가에 대해 되풀이하여 묻지 않을 수 없었다. 그리하여, 사회적 약자의 운명과 생명공동체 전체를 무시하거나 간과하는 사회 및 문화 체제가 과연 인간다운 삶에 적합하며, 또 무엇보다 '현실적으로' 지속 가능한 것인가에 대하여 근본적으로 묻는 매체이기를 고집해왔지만, 그러나 실제로 《녹색평론》을 통해서 우리가 직접 목표로 한 것은 그리 거창한 것이었다고 할 수 없는지 모른다. 왜냐하면, 아마 우리가 희망해온 것은 그러한 근본적인 질문의 전파를 통해서 지금 뿌리로부터 병든 문명으로 인해 고통스러워하고 있는 많은 사람들 사이에 연대의 그물이 형성되고, 그것을 통해서 사람들의 삶이 조금이나마 더 견딜 만한 것이 되도록 돕는 일이었는지 모르기 때문이다.

《녹색평론》 50호 기념 메시지를 보내주신 분들을 비롯하여, 늘 아쉬울 때 무리한 원고 청탁에도 군말 없이 글을 보내주시는 필자들께 새삼스럽지만 깊이 감사의 말을 드린다. 앞으로 얼마나 더 이 잡지가 존속할 수 있을지 모르는 일이지만, 우리 모두의 삶이 좀더 사회적, 생태적으로 건강하게 될 수 있는 문화적 저변을 다지고 넓혀가는 데 《녹색평론》이 다소나마 공헌하려면 독자 여러분들로부터의 솔직하고 활발한 관심의 표현이 꼭 필요하다는 것을 덧붙여 간곡히 말하지 않을 수 없다.

(제50호, 2000년 1-2월)

9·11 테러와 '미국식 생활방식'

"우리에게 희망이 있는가"라고 창간사의 첫머리의 운을 떼던 일이 바로 어제의 일처럼 기억에 생생한데, 어느새 10년이 훌쩍 지나갔다. 창간 당시에 이 잡지가 두서너 해를 더 넘어 살아남을 수 있으리라고 예상한 사람은 많지 않았다.

냉전체제의 퇴각과 더불어, '세계화'라는 미국의 새로운 패권적 전략이 세계 전역에서 파장을 일으키는 것과 때를 같이하여, 우리의 90년대는 고삐 풀린 상업주의, 소비주의가 우리의 오랜 문화적 관습을 뿌리로부터 파괴하면서 시작되었다. 30년에 걸친 군사독재의 틀은 어떤 식으로든 일단 무장해제되었으나 그 대신 이제부터 우리의 삶을 속속들이 지배하게 되는 것은 세계를 향해 무방비로 개방된 시장에서 살아남아야 한다는 강박적 경쟁논리, 그리고 이와 관련하여 모든 것은 상품가치로서만 측정될 수밖에 없다는 한층 더 강화된 현실주의 경제논리였다.

오랜 세월 위선적이든 아니든 우리가 삶의 제일차적 규범의 기초라고 믿어온 정신적, 초월적 가치들은 그것들이 시장에 내놓을 만한 상품으로서의 잠재성을 갖고 있지 않는 한 가차 없이 밀려났고, 조롱과 경멸의 대상이 되었다. 이러한 상황에서, 개인적으로든 집단적으로든 장기적인 비전 속에서 우리의 삶과 문화가 기획되고 평가된다는 것은 불가능한 일이 되었다. 낙오하면 죽는다는 밑도 끝도 없는 두려움, 그래서 새치기를 하지는 못할망정 적어도 새치기를 당하지는 말아야 한다는 강박관념이 삶과 문화의 전 영역에 침투함으로써 우리의 삶이 갈수록 천박하고 야만적인 것이 되는 것은 불가피하였다.

그러나, 인간생존의 자연적 토대 자체가 급속히 붕괴되어가고 있다는 경고가 울려오는 상황에서, 이러한 방식으로 우리가 계속 살아간다는 것은 불가능한 일이다. 우리가 최소한도로나마 인간답게 살아남기를 원한다면, 지금 우리에게 절박하게 필요한 것은 지구라는 유한체계 속에서 우리가 어떤 방식으로 살아가는 것이 마땅한가에 대한 근원적인 성찰일 것이다. 이것은 조금이라도 깊이 생각할 능력이 있는 사람이라면 누구에게나 분명한 사실이다.

우리가 1990년대의 초입에 《녹색평론》을 시작한 것은 주로 이러한 절박한 마음 때문이었을 것이다. 우리는 더 크고, 더 높고, 더 많은 것에 대한 욕망이 아니라 지금까지와는 근본적으로 다른 것에 대한 욕망이 지금 절실히 필요하다는 것을 말하고 싶었던 것이다.

그리하여 우리는 비록 작은 목소리로나마 《녹색평론》이 오늘의 주류 문화에 대하여 "아니다"라고 말할 수 있는 용기와 자존심을 가진 사람들 간의 정신적 연대의 형성에 이바지할 수 있기를 바랐다.

다행하게도, 이 연대의 그물은 ─《녹색평론》의 오래된 독자들을 포함한 많은 개인 및 조직의 구성원들 속에서─ 꾸준히 성장하여 이 사회 곳곳에서 진행되고 있는 새로운 삶의 방식을 위한 다양한 모색과 실천적 움직임들을 통해 가시적인 것으로 드러나고 있고, 시간이 갈수록 이것은 더욱 강화될 것으로 보인다. 아마도 현재 가파르게 황폐화하고 있는 우리의 삶 속에 한 가닥 희망의 신호를 찾는다면, 이런 움직임을 떠나서 발견하기는 어려울 것이다.

그러나, 우리는 이것이 여전히 '절망 속의 희망'이라는 것을 인정하지 않을 수 없다.

지난 10년 동안 《녹색평론》을 통하여 우리가 일관되게 이야기해온 것이 있다면, 그것은 끝없는 성장, 팽창을 내재적인 요건으로 할 수밖에 없는 산업경제, 산업문화가 물러나고, 새로운 차원의 농업 중심 사회가 재건되는 것만이 생태적, 사회적 위기와 모순을 벗어나는 유일하게 건강한 길이라는 논리였다. 그리고 이러한 원칙이 근본적으로 옳은 것이라면, 우리는 지금보다 훨씬 더 가난해지고, 또 평등하게 가난해야 한다는 것이었다. 다시 말해서, 공존공영(共存共榮)이 아니라 공빈공락(共貧共樂)이야말로 우리가 추구해야 할 올바른 방향이라는 것을 숙고할 필요가 있다는 것이었다.

　유사 이래의 전면적인 생태적 위기로 인해 우리가 뒤늦게나마 깨달은 것은 재화와 서비스의 총량적 증가를 통한 부의 분배라는 종래의 논리는 아무리 기술적 수단이 발달한다 할지라도 결국 생태적 파국을 불가피하게 하며, 따라서 타자들—사람이든 아니든—에게 상처를 주지 않고 우리가 인간다운 위엄과 자유와 행복에 이를 수 있는 유일한 길은 가난하게, 겸손하게 사는 도리밖에 없다는 사실일 것이다. 내가 목소리를 낮추어야 딴 사람이 말을 할 수 있고, 사람이 조용해져야 새들이 노래를 할 수 있을 것이 아닌가.

　그러나, 지난 10년을 되돌아보면, 그 기간은 대부분 거의 절망적으로 농업 중심 순환형 사회로의 꿈이 가차 없이 깨지는 과정이었다. '세계화'의 거센 압력 밑에 사실상 주권을 포기한 정부는 우리 삶의 토대 중의 토대인 농업적 기반을 보호해야 할 책임을 간단히 방기하고, 이 땅을 근본적으로 기업 식민지로 전락시키는 데 부심해왔다. 이 나라의 지배엘리트들은 우리가 땅의 자식들이라는 사실, 우리의 모든 정신적, 물질적 부가 궁극적으로 땅을 공경하고 보살피는 우리의 능력에 있다는 기초적인 사실을 간단히 망각하고, 농사를 이 사회에서 가장 천대받는 일로 만들어버리는 데 앞장서왔다. 이것은 용서할 수 없는 범죄이다.

생각해보자. 이미 피폐해질 대로 피폐해진 우리의 농촌에는, 매년 곳곳에서 폐교되는 학교의 증가가 말해주듯이 오래전부터 아이들의 소리가 들리지 않는다. 지금 농촌인구의 대부분이 고령층이라는 것은 잘 알려져 있지만, 이들이 더이상 농사일을 감당할 수 없을 때, 그날이 바로 우리의 농업이 사실상 사라지는 날이 될 것이라는 데 대해서 우리가 얼마나 심각한 사회적 고민의 흔적을 드러내고 있는가. 과연 땅은 포기해도 좋은 것일까. 그리고 식량은 해외로부터 사들여오면 그만일까. 언제까지나 어느 때든 사들여올 경제력은 보장되어 있을까.

다가오는 선거철을 앞두고 그린벨트의 사실상의 해체를 선언한 정부는 또다시 쌀의 재고를 이유로 쌀 증산 정책을 포기할 것을 공공연히 선포하였다. 식량자급도가 겨우 20퍼센트 수준에서 맴돌고 있는 사회에서 쌀이 남아돌아간다는 것은 도대체 무슨 말인가. 또, 만약 쌀 생산이 감소하였을 때 국외로부터 들여오는 밀과 콩과 옥수수가 어떤 이유로 공급이 중단되는 사태가 발생한다면 어떻게 한다는 믿을 만한 대책이라도 있다는 것인가. 작년에 일본정부가 2010년까지 일본의 식량자급률을 50퍼센트까지 끌어올리겠다고, 그리하여 이제부터는 농업 중시의 방향으로 나아가겠다고, 새로운 정책을 발표한 사실은 어떻게 이해해야 할 것인가.

저장이 문제될 만큼 쌀이 현재 남아돌아가기 때문에 앞으로 쌀 증산 정책을 포기하겠다는 한국정부의 정책입안자들의 사고방식이 얼마나 한심스러운 것인가를 알기 위해서 우리에게 전문적인 식견이 필요한 것은 아니다.

지금 세계적으로 많은 환경운동가들이 가장 우려하는 것은 기후변화이다. 이미 지구온난화의 징후를 가리키는 이상기후는 거의 모든 지역에서 일상적인 체험에 속하게 되었고, 벌써 바닷물이 차오르기 시작한 남태평양의 여러 섬나라 주민들은 국제사회가 온난화 현상에 대하여 대책을 세워줄 것을 필사적으로 호소하고 있다. 최근에는 21세기의 중반까지 지구의 평균기온이 섭씨 3~6도나 올라갈 것이라는 국제적 과학자 모임으로부터의 경고가 있었다. 이러한 수치가 과연 무엇을 의미하는지 우리는 당장 실감하기 어렵지만, 그러나 이러한 변화의 결과 종래의 인류사회를 유지하던 근간이 뿌리로부터 흔들릴 것이라는 것은 충분히 짐작할 수 있는 일이다. 실은, 이것은 미래의 일이 아니다. 세계 곳곳에서 의외의 가뭄, 홍수, 지하수 고갈, 이상난동 등으로 농사가 점점 어려워지고 있는 현상은 거의 일상적으로 되었다. 기후변화는 단순히 지구의 지도를 바꾸어놓을 뿐만 아니라 생명공동체의 유지에 필수적인 기반을 붕괴시킬지 모른다. 오늘날 지구환경이 이러한 지경에 놓여 있다는 것은 이미 널리 알려진 것인데, 유독 한국의 정부관료들과 경제학자들만 이런 사실에 무지하다는 말인지 모를 일이다. 그렇지 않다면 어떻게 한가롭게 쌀 농사 감축 운운할 수 있겠는가.

더욱이, 경제문제만 살펴보더라도 지금이 농사를 경시할 수 있는 상황은 결코 아니다. 지금 세계경제는 이미 경제공황 또는 대불황의 초입으로 들어서고 있다는 것은 이미 여러 신호를 통해 짐작할 수 있는데, 이것은 사물을 편견 없이 보려고 하는 사람들이라면 조금씩 분명한 현실로 다가오고 있음을 느끼지 않을 수 없을 것이다. 아마도 이와 같은 현실을 못 보거나 보려고 하지 않는 사람들은 정부관료와 기업경영자들과 이른바 경제전문가들뿐 아닐까.

설령, 경제공황이 아니라 하더라도, 결코 안심할 일은 아니다. 왜냐하면 지금까지 세계경제가 걸어온 길 — 그리고 거기에 기생하는 한국경제가 추구해온 길 — 은 장기적인 관점에서 볼 때, 지속 불가능한 경제형태라는 것은 다시 더 말할 필요가 없는 사실이기 때문이다. 서구적 근대화를 이끌고, 동시에 근대적 산업화를 통해 강화된 자본주의경제

시스템은 본질적으로 재생 불가능한 자원을 고갈시키고, 생태계를 오염시키며, 세계 도처의 토착문화를 파괴하고, 사회적 약자의 노동력을 약탈하고, 인권을 유린하는 것을 내재적인 원리로 하고 있는 체제이다. 신자유주의 '세계화' 경제는 이러한 시스템의 연장으로서 제국주의적 지배력을 무역자유화와 자유시장의 이름으로 한층 더 강화한 형태라고 할 수 있다. 따라서, 근원적으로 생명과 인간에 대하여 적대적일 수밖에 없는 이러한 경제체제가 그 주창자와 옹호론자들에 의해 아무리 그럴듯하게 정당화된다 하더라도, 그것의 본질적인 야만성이 달라지는 것은 아닐 것이다. 이미 세계 도처에서 세계화 경제에 대한 도전과 저항이 다양한 형태로 조직화되기 시작한 것은 우리가 이미 잘 알고 있는 일이다.

9월 11일의 미국 중심부에 대한 테러는 이러한 맥락에서도 주목해야 할 사건일 것이다. 아마도 이 사건은 앞으로 우리의 삶에 어떤 식으로든 큰 영향을 끼칠 것으로 보이는데, 그것이 야만주의의 완화로 이어질지, 또는 야만주의의 강화로 이어질지 지금으로서는 알 수 없는 노릇이지만, 테러에 대한 대응으로서 아프간의 무고한 백성들과 땅을 희생시키기로 결정한 미국 — 기독교 국가 — 의 선택에서 우리는 몹시 불길한 느낌을 갖지 않을 수 없다.

도대체 이 지상에서 가장 힘없고, 가장 가난한, 굶주림에 지쳐 있는 백성들이 무슨 죄가 있는가. 세계무역센터 등에서 희생된 미국 사람들의 목숨이 귀하듯이 헐벗고 굶주린 서아시아 산악지역의 풀뿌리 백성들의 생명도 한없이 귀한 목숨이다.

9월 11일의 테러가 가공할 범죄라는 것은 더 말할 필요가 없는 일이지만, 중요한 것은 이러한 테러의 뿌리가 무엇인가를 생각해보려는 노력이 아닌가. 왜 미국 또는 미국의 어떤 요소가 이토록 상상을 초월한 테러를 유발시킬 만큼 크나큰 증오의 대상이 되었는가.

그러나, 테러 직후 미국의 정치지도자들과 주류 언론은 테러의 원인이 미국의 민주주의와 '미국적 생활방식'에 대한 시기심과 질투에서 나온 것이라고 말함으로써, 또다시 그들의 뿌리 깊은 편견이나 무지 또는 교만을 드러내었다. 테러조직과 그에 연루된 집단, 국가들에 대한 가차없는 군사적 응징을 요구하는 열광적 애국주의자들은 제외한다 하더라도, 이른바 진보적이라고 알려져온 — 또는 그릇되게 알려져온 — 언론도 예외는 아니었다. 아마도 대표적인 언론은 〈뉴욕타임스〉일 텐데, 이 신문의 오래된 논설 필자 앤서니 루이스는 뉴욕의 세계무역센터와 워싱턴의 국방부 건물에 비행기를 충돌시킴으로써 자살테러를 감행한 인간들을 사로잡고 있었던 것은 아마도 '종말론적 허무주의'라고 논평했다. 이런 용어의 사용에 암시되어 있는 것은 오늘날 미국의 엘리트들이 — 좌우를 막론하고 — 미국의 패권적 세계지배로 인하여 비서구 문화권 또는 제3세계의 대다수 민중이 얼마나 절망적인 상황에 놓여 있는지에 대해 거의 모르거나 알려고 하지 않는다는 사실이다.

아마도 관념의 유희에 빠져 있는 제1세계의 지적 엘리트들로서 그들에게는 사태를 폭넓은 시각에서 깊이있게 이해할 만한 능력 자체가 결여되어 있는지도 모른다. 오늘날 세계 전체가 가파른 벼랑으로 치닫고 있는 가장 결정적인 요인의 하나는 세계 전체를 통하여 지적 엘리트들이 공통하게 드러내는 '상상력의 빈곤'이라고 해도 과언이 아닐 것이다. 그리고 그러한 상상력의 빈곤은 근본적으로 그들의 근거 없는 지적, 정신적 오만에 연결되어 있을 가능성이 크다.

미국은 항상 옳고, 세계 어느 곳이든지 미국이 보기에 '가르칠' 필요가 있다고 생각되는 곳이면 언제나 정치적으로 또는 군사적으로 개입하는 것이 당연하다고 여기는 뿌리 깊은 오만은 실제 미국의 엘리트 문화 전체를 물들이고 있음이 틀림없다. 그들은 하필이면 세계무역센터와 국방부 건물이 표적이 되었다는 사실이 갖는 상징적 의미를 정말 깨닫지 못하는지도 모른다. 왜냐하면 그들에게는 이것을 오늘날 미국 주도하의 세계화 경제의 비인간성과 그를 뒷받침하는 미국의 패권적 군사주의에 대한 — 왜곡된 형태이지만 — 도전이나 저항으로 받아들일 수 있는 심리적 준비가 되어 있지 않기가 쉽기 때문이다. 미국적 생활방식이란 '협상의 대상'이 아니라고 부시 대통령은 말했지만, 그런 사고방식은 미국의 주류 엘리트, 지식인들 사이에서 낯선 게 아닐 것이다.

그러나, 실제로 미국적 생활방식 또는 미국적 문명이란 대체 오늘날 무엇을 의미하는가. 세계 전체 인구의 5퍼센트에 해당되는 인구가 세계 전체 자원의 대부분을 독점적으로 점유, 소비함으로써 유지되고 있는 — 그러면서도 인종적, 계층적, 성적 불평등의 문제를 고스란히 갖고 있는 — 이른바 미국적 생활방식이란 결코 부러워할 어떤 것이 아니다. 그것은 세계 전체의 평화와 생태계를 위협하는 재앙일 뿐이다. 석유의 낭비를 무한정 자극하는 미국적 생활방식이 아니라면 중동을 비롯한 세계 도처의 무고한 사람들의 자주적인 삶이 터무니없이 유린되지도, 토착민들의 땅이 무참히 훼손되는 일도 일어나지 않았을 것이 아닌가.

어느 모로 보나, 지금 이 세계의 폭력의 주된 원천은 바로 미국적 생활방식이라고 할 수밖에 없다. 더욱이 거의 모든 나라, 거의 모든 개인들이 도처에서 미국적 생활방식을 모방하기에 급급해 있는 현실을 고려하면, 그러한 생활방식의 잠재적인 파괴성은 이 추세로 간다면 시간이 갈수록 강도를 더해갈 것이고, 그 결과 그것은 지구공동체 전체에 어마어마한 재앙이 될 것이라는 것은 불을 보듯 명확한 일이다.

일찍이 간디는 서구문명에 대하여 그것은 '문명'이라는 이름에 값할 만한 게 못 된다고 일갈한 바 있다. 간디에 의하면, 참다운 문명이란 자발적으로 물욕을 포기할 수 있는 능력에 달려 있다.

우리가 진정한 의미에서 문명된 세상에서 살고자 한다면, '미국적 생활방식'에 대하여 철저히 비판적으로 물어볼 수 있어야 한다. 그러자면 먼저 우리 자신 속에 깊이 도사리고 있는 배타적 권력욕망도 동시에 들여다보아야 할 것이다. 간디는 사람들의 기본욕구의 충족을 위해서는 이 지구는 극히 풍요로운 곳이지만, 탐욕 앞에서 지구는 지극히 결핍된 곳이라는 뜻의 말을 하였다. 이 지상의 평화로운 삶을 위해서 이보다 더 간명한 진리를 드러내는 말은 없을 것이다. 우리가 깊이 생각해보지도 않고, 덮어놓고 본뜨고, 그것이 사회발전의 모델이라고 여겨온 미국적 생활방식의 근간에 있는 것은 결국 배타적인 탐욕이다. 그 탐욕을 토대로 하여 마천루와 세계무역센터가 세워지고, 핵무기와 생물 및 화학 무기가 개발되고, 아마존 숲이 뭉개지고, 지구가 더워지고, 무수한 죄 없는 사람들이 피눈물을 흘리고, 참혹한 굶주림과 죽음을 당해왔다. 9월 11일의 테러는 테러의 직접적인 동기와 상관없이, 미국뿐만 아니라 오늘의 이른바 문명사회 전체에 대한 하나의 분명한 경고였다.

무고한 아프간 백성들에 대한 공격을 당장 그만두라는 우리의 외침이 위선이 되지 않게 하려면, 우리는 '미국적 생활방식'과의 결별을 준비하고, 우리의 삶을 자립적, 자치적인 것으로 바꾸어가려는 노력을 하지 않으면 안된다. 무한경쟁의 자유시장 경제에 우리가 속절없이 매여 있는 한, 우리는 투기꾼들이 판치는 노름판의 상황에 일희일비하는 누추하고 비루한 야만의 삶을 벗어날 수가 없다.

자립적, 자치적 삶의 유일한 토대가 동시에 생태적으로 건전하고 지속 가능한 유일한 삶의 토대와 일치한다는 것은 우연이 아닐 것이다. 우리는 더 늦기 전에 거품과 같은 뿌리 없는 산업경제-소비주의 문화를 넘어 자급능력을 최대한 확보할 수 있는 농촌공동체 중심 지역문화로 깊이 뿌리내리려는 노력을 시작하지 않으면 안된다.

(제61호, 2001년 11-12월)

월드컵 경기와 공동체

결국 돈 이야기인가. 한 달 동안 계속된 축구 열기가 가라앉을 때가 되자 이제는 한국의 '브랜드 가치'가 운위되고 있다. 외국 사람들 사이에서 한국에 대한 이미지가 높아졌고, 이것을 국운 상승의 기회로 삼아야 한다는 이야기들이 언론매체들을 통해서 쉴 새 없이 흘러나온다. 그리고, 국운 상승이란 구체적으로 세계시장에 한국 상품을 어떻게 팔아먹을 것인가 하는 문제로 집약되고 있다. 축구도 성공했으니 이제는 경제도 4강에 못 오를 이유가 없다는 이야기일 것이다.

많은 부정적인 계기와 문제점에도 불구하고, 월드컵 경기는 재미있고, 유익한 점도 없지 않았다. 무엇보다도, 많은 사람들이 여러 날을 웃음 띤 얼굴로 지낼 수 있다는 것은 보기에 유쾌했다. 전통적인 축구의 강호들을 잇달아 누르고, 예상 밖의 성적을 올리는 '우리' 팀 선수들의 활약을 보고 감탄하고, 열렬한 응원을 보내는 일은 그 자체로 자연스러운 기쁨이었다. 그런 기쁨을 누리기 위해서 우리가 유난스러운 애국자나 민족주의자가 될 필요는 없었다.

인간에게는, 아니 모든 목숨붙이들에게는, 자신의 생존공간을 지키고자 하는 본능적인 영토감각이란 게 엄연히 존재한다. 자신과 가족과 이웃의 삶과 그 삶을 가능하게 하는 땅에 대한 사랑은 실은 본능적인 사랑이며, 이러한 향토애 없이 인간의 생존도 문화도 불가능하다는 것은 말할 필요가 없다. 이른바 애국심이니 동포애니 하는 감정은 근본적으로 향토애를 뿌리로 해서 나오는 감정이고, 따라서 이것은 결코 비난받아야 할 감정도 아니다.

그러니까, 자기 나라 선수들이 다른 나라 선수들과 승부를 겨루는 마당에서 같은 동포들끼리 심리적 일체감을 느껴 '하나 됨'의 경험에 쉽게 이른다는 것은 아무것도 신기할 게 없는 현상이다. 이미 현대사회에서 스포츠는 단순한 운동이 아니다. 그것은 격렬한 육체적 활동을 동반하는 투쟁이자 유희이면서 동시에 소속집단 구성원들의 일체감을 유지, 강화하는 데 특이한 효험을 발휘하는 일종의 '종교적 제전'이 되었다. 이러한 경험은 현대적 상황에서는 이미 다른 방법으로는 도달하기 어려운 것이 되었기 때문에, 스포츠는 많은 국가에서 엄청난 비용을 들여서 장려하는 '축제'가 된 것이다.

그런데, 지금 언론매체들은 이번 축구경기를 통해서 한국 사람들이 '공동체'를 깊이 체험하였다고 ─ 하고 있다고 ─ 호들갑스럽게 떠벌리고 있다. 그러나, 이것은 공동체라는 말이 무슨 뜻인가를 전혀 이해하지 못하고 있는 사람들의 잘못된 언어사용의 예를 보여줄 뿐이다. 공동체는 일시적인 흥분상태에서 형성될 수도, 체험할 수 있는 것도 아니다. 무엇보다도, 공동체는 스포츠를 통해서 고양되는 단순한 심리적 상태가 아니다. 현대세계에서 스포츠가 진정으로 살 만한 공동체의 성립에 기여할 수 있는 잠재적인 가능성을 가지고 있다고 믿을 수 있는 근거는 희박하다. 오늘날 자본과 국가의 적극적 장려 아래에서 번창하고 있는 스포츠는 진정한 공동체에 대한 민중의 갈망을 희석화하는 데 크게 이바지하는 관건적인 메커니즘의 하나라고 할 수 있다. 스포츠는 혁명에 대한 열정을 잠재우는 유력한 도구이다.

공동체란 무엇인가. 그것은 물건의 소유와 권력의 확대를 위한 이해(利害)가 아니라 사람들 사이의 호혜적 관계가 지배하는 삶, 다시 말해서 경쟁과 투쟁의 논리가 아니라 상호부조와 보살핌이 주된 삶의 원리가 되어 있는 공간이다.

만일 한국의 언론들이 진실로 공동체에 관심이 있다면, 그래서 모처럼 월드컵 경기를 통해서 소생하였다는 공동체 감각을 진실로 소중하게 생각한다면, 왜, 그리고 어떻게 그동안 공동체가 파괴되어왔는지를 좀더 진지하게 검토해보려는 자세를 취해야 할 것이다. 단순히 그동안 철저히 '파편화되고, 개인화된 존재'로 여겨왔던 새로운 세대들이 알고 보니 공동체에 굉장히 굶주려 있었다고 말하는 것으로 끝내지 말고, 그들이 정말 결핍을 느꼈던 공동체적 삶이 무엇이며, 그것은 어떻게 해체되어왔고, 어떻게 되돌릴 수 있는 것인지에 대한 깊은 고민이 있어야 하는 것이다.

대부분의 언론매체와 지식인들이 젊은이들의 '애국심'을 찬양하고, 공동체의식의 '부활'에 감격해하면서도, 이 모든 것의 결론을 '국운(國運)'이라는 개념으로 집약하고, 그리고 이때 국운 상승의 구체적인 의미가 '한국이라는 상품의 브랜드 가치'의 상승이라면, 그들이 말하는 공동체란 결국 위선적인 헛소리에 지나지 않는다. 공동체가 망가진 것은 다른 무엇보다도 경제지상주의 때문인데, 또다시 자본과 상품의 논리로 무엇을 어떻게 하겠다는 것인가.

따져보면, 문제는 축구를 둘러싼 열기가 아니라 한국의 언론과 지식인들이 그 열기를 해석하고 받아들이는 방식에서 드러나는 지적 무능력과 상상력의 빈곤이다. 무엇보다도, '국운'이라는 말부터 얼마나 치욕스러운 뉘앙스를 풍기는가. 이번 월드컵 경기를 통해서 우리는 또다시 우리의 삶을 끊임없이 외국인, 특히 서양인들의 눈을 통해서 보고자 하는 뿌리 깊은 콤플렉스가 쉴 새 없이 발현되는 모습에 고통을 느끼지 않을 수 없었다.

우리가 제대로 살고 있느냐 그렇지 않느냐 하는 것이 오로지 외국인들이 어떻게 보느냐에 달려 있다라고 생각하는 사고방식 — 이것은 따져 보면, 서해 바다에 양이선(洋夷船)이 나타난 이래 100년이 훨씬 넘는 세월 동안 우리의 삶을 근원적으로 왜곡해온 족쇄였다. 이러한 콤플렉스는 알게 모르게 유형무형의 박래품(舶來品)에 대한 선망과 강자숭배주의에 결합되어왔고, 그 결과 우리는 늘 자신의 땅에서 마치 이방인처럼 살지 않을 수 없는 자기소외를 강요당해왔다.

서양의 언론들이 이번 월드컵 경기의 진정한 승자는 한국인이었다고 말했다고 해서 그게 진정한 존경심의 표현이라고 받아들이는 것은 매우 어리석은 태도이다. 어떤 서양 사람들이 진심으로 그런 말을 했다고 하더라도 그것은 한국인에 대한 진정한 존경심의 표현이라기보다는 또 하나의 오리엔탈리즘의 발로였을 가능성이 크다. 분석, 평가라는 것은 결국 무엇인가. 사람이 다른 사람을 자기 자신과 다름없이 예민하고, 상처받기 쉬우며, 끊임없이 삶의 고통과 기쁨에 마주치며 살아가는 복잡하고, 궁극적으로 신비로운 존재라는 것을 마음 깊이 인정하고 있는 한, 그리고 그러한 근원적인 존엄성을 공유하면서 대등한 관계 속에서 살고 있다면, 상대방을 분석, 평가의 대상으로 삼고, 그 결과에 따라 일정한 점수를 매긴다는 것은 있을 수 없는 일이다. 진정하게 평등한 관계에서 사람은 다른 사람의 심미적 평가의 대상도, 통치의 대상도 아니다. 상대방의 행동에 대해서 이해하거나 공감하기 어려울 때 차라리 분노나 증오를 표시하는 것이 대등한 인간관계의 바른 표현법일 것이다.

히딩크에 관한 이야기들만 하더라도 그렇다. 그가 우수한 선수를 육성하기 위해서 축구선수로서의 자질에 관계없는 다른 인간적 요소들을 배제했다는 것이 널리 이야기되고, 우리도 이런 것을 모르지 않으면서도 왜 지연, 학연에 얽매여 살아왔는지 모르겠다고 자탄하는 소리들도 많지만, 우스운 것은 우리가 히딩크라는 외국인이 한국의 지연, 학연을 고려할 아무런 이유를 갖고 있지 않았다는 사실을 잊고 있다는 점이다.

그가 그런 인간적 요소를 배제한 것은 그것이 축구를 위해서 소용없기 때문이 아니라, 한국의 지연, 학연이라는 거미줄 같은 인간관계가 그의 눈에 보였을 리도 만무하지만, 설령 보였다 하더라도 그에게 이런 것이 아무런 의미가 없었기 때문일 것이다.

나아가서, 물론 지연이니 학연이니 하는 것으로 우리가 괴로운 세월을 살고 있는 것은 확실하지만, 이런 요소를 우리의 삶에서 다 배제하고 그야말로 철저히 '합리주의적'으로 사는 게 과연 바람직하기만 할 것인가 하는 점도 생각해볼 필요가 있다. 흥미로운 것은 히딩크의 합리적인 행동을 찬양하면서 동시에 오랜만의 공동체 체험의 소중함에 대해 이야기하는 사람들이 많다는 사실이다. 히딩크류의 합리성은 물론 축구를 잘하는 데, 또 그 밖의 많은 인간사의 경영에 필수적인 요건일 것이다. 그러나 그런 종류의 합리성이 모든 일의 일관된 원리가 될 때 공동체의 기반이 무너진다는 것도 생각해보아야 할 문제이다. 경쟁의 원칙을 공정하게 적용함으로써 능력 있는 사람들이 제대로 실력을 발휘하고 응분의 보답을 받는 사회도 중요하지만, 그보다 더 중요한 것은 약자와 무능력자에 대한 배려와 보살핌을 우선적으로 생각하는 사회이며, 극소수의 승자를 위해서 대다수가 좌절의 인생을 살아야 하는 구조를 타파하는 일이다.

한국의 아이들과 청소년들이 붉은 티셔츠를 입고, 축구시합의 진행에 따라 열광한 것은 남다른 민족의식이나 애국심 때문이었다고 할 수는 없다. 그들은 그들이 느끼는 깊은 소외와 구속과 좌절로부터 일시적이나마 큰 해방감을 느꼈던 것이다. 그 며칠 동안만은 지긋지긋한 시험도 점수도 과외도, 경쟁사회에의 적응을 요구하는 온갖 자잘한 규율과 심리적 압박에서 벗어나 있을 수 있었다. 한국의 '붉은 악마'들의 열광적인 응원이 세계에 달리 유례가 없이 인상적인 것이었다면, 그것은 한국인의 '저력'이니 민족적 역동성이니 하는 것으로 미화할 문제가 아니다. 무엇보다도 그것은 이 사회에서 인간적인 손상이 얼마나 심각하게 진행되어왔는지를 암시하는 병리적인 증상이라고 보아야 할 측면이 큰 것이다. 승부를 가리는 경기에 사람의 마음이 자극을 받는 것은 당연하지만, 이토록 이기고 지는 일에 극성스럽다는 것은 심리적인 균형과 건강을 유지하고 있는 사람들로서는 생각하기 어려운 반응이기 때문이다.

또, 열광적 축제라고 하면서 이렇다 할 혼란도 일탈도 없는 '질서정연한 축제'가 가능했다는 사실도 한번 따져보아야 할 문제일지 모른다. 왜냐하면 이것은 어법상으로 모순되는 두 개념이 양립할 수 있다는 희귀한 예를 보여주기 때문이다. 축제는 무엇보다 질서를 깨뜨리는 데서 성립한다. 그런데 이러한 상식에 어긋나는 축제가 가능했고, 그것도 매우 열광적인 것이었다고 한다면, 그 열광은 대체 어떤 종류의 열광이었을까. 아마도 그 열광의 배후에는 암암리에 어떤 종류의 계산이 작용하고 있었던 것이 아닐까. 다시 말해서, 외국인들이 우리를 어떻게 볼까라는 소심한 계산 말이다. 이 경우 외국인은 이른바 선진국 사람들이라는 것은 더 말할 것도 없다.

우리의 콤플렉스는 외국인이라고 해서 모두 같은 존재로 보지 않게 한다. 외국인을 대하는 우리의 자세는 매우 선택적이고, 심지어 차별적이다. 우리의 서양 콤플렉스와 강자숭배주의가 얼마나 기막힌 수준까지 와 있는가는 네팔 여성 찬드라 꾸마리 구룽이 겪은 참혹한 이야기에서 선명하게 볼 수 있다. 외국인 노동자 신분으로 일하던 찬드라 구룽이 어느 일요일 서울의 한 음식점에서 밥을 먹고 돈을 내지 못했다는 죄 때문에 경찰에 연행된 것까지는 이해할 수 있는 일이다. 그러나 행색이 남루하고, 경찰이 알아들을 수 없는 괴상한 말을 한다는 이유로 주거불명의 정신병자로 오인되고, 그 후 6년 반 동안 정신병자 취급을 받으며 정신병원에서 갇혀 지냈다는 것은 도저히 이해할 수 없는 일이다. 그런데 그런 일이 일어났던 것이다.

아마 찬드라 구릉이 영어를 말하는 사람이었다면 그렇게 터무니없이 정신병자 취급을 받지는 않았을 게 틀림없다. 우리가 찬드라의 이야기에서 큰 절망을 느끼는 것은 설령 경찰이나 정신병원에서 시초에 본의 아닌 오인이 있을 수 있었다 하더라도 시간이 경과하면서 이 여성이 적어도 외국인이라는 사실은 밝혀졌을 것인데 어떻게 그렇게 오래 방치될 수 있었는가 하는 점 때문이다. 실제로, 찬드라가 수용되어 있던 병원 쪽에서는 얼마 있지 않아 이 여성이 외국인이라는 사실을 인지하였고, 그래서 법무부 출입국관리소에 문의를 하였다고 한다. 그런데 병원에서 잘못 파악한 이름 – 찬드라 고름 – 이 법무부에 비치되어 있는 외국인 노동자 명부에 보이지 않는다는 컴퓨터 조회의 결과 때문에 다시 몇 년을 허무하게 정신병원에 갇혀 지낼 수밖에 없었다는 것이다. '찬드라 고름'이 '찬드라 구릉'을 잘못 발음한 것일지도 모른다는 약간의 섬세한 배려만 있었던들 이 여성과 딸의 행방을 몰라 애태우던 네팔의 가족들의 비극은 좀더 일찍 마감될 수 있었을 것이 아닌가.

야만주의는 차별을 바탕으로 출발하고, 차별은 타자를 절대적인 인격으로 이해하고 받아들이는 상상력의 결핍으로 일어난다. 그리고 이러한 상상력의 결핍은 개인적인 자질 이전에 우리 각자가 그 구성원으로 참여하고 있는 문화공동체의 성격에 결정적으로 기인한다. 영어가 아닌 다른 변방의 외국어를 하기 때문에, 행색이 초라하다는 이유 때문에 함부로 한 인간을 재단하고, 정신병원에 6년 반이나 방치해 둘 수 있다는 것은, 뒤집어서 볼 때, 멀쩡한 단일 겨레말의 존재에도 불구하고 영어 공용화가 외쳐지고, 영어를 위해서라면 아이들의 혀를 수술하는 데도 망설임이 없는 사회에서만 가능한 일인지 모른다. 우리는 지금 투쟁적인 열기와 공격적인 자기주장이 넘쳐흐르는 분위기 속에서 살고 있다. 찬드라 구릉의 일화는 꼭 외국인에 국한되는 이야기라고 할 수도 없다. 찬드라 구릉은 지금 이 사회에서 천대받고 있는 모든 사회적 약자의 다른 이름일 뿐이다.

또한, 사회적 약자뿐만 아니다. 축구경기장과 도시의 광장에서 '태극전사'와 '대한민국'이 소리 높여 외쳐지는 동안에도 북한산도, 새만금도 망가지고 있었다는 것을 우리는 기억해야 한다. 그리고, 진실로 더이상 되풀이하여 말하고 싶지 않지만, 무엇보다도 공동체의 토대 중의토대인 농업과 농촌공동체가 괴멸 직전의 상황에 놓여 있다는 것을 외면해서는 안된다.

공동체는 공허한 수사로 지켜질 수 있는 게 아니다. 더 크고, 더 높고, 더 많은 것을 맹목적으로 추구하면서 남들보다 앞서고자 하는 뿌리깊은 욕망의 구조, 그리고 그것과 결합하여 끝없는 성장, 팽창을 되풀이함으로써만 비로소 유지될 수 있는 경제시스템, 거기에 매달려 있는소비주의 생활방식 ― 여기에 대한 총체적이고 근본적인 방향전환을 시도하지 않는 한 공동체 운운은 한갓 말장난에 지나지 않는다.

지금은 인류역사상 가장 파괴적이고 어리석은 시대이다. 지구온난화는 단순한 시나리오가 아니라 가공할 사태로 이미 목전에 닥쳤다. 우리는 우리의 잔치판이 아무리 흥거운 것이라 해도 우리가 탄 배가 타이타닉호라는 사실을 잊지 말아야 한다. 지금 우리에게 정말 필요한 것은더이상의 자기도취가 아니라 항로를 바꾸기 위한 협동적 노력에 온몸으로 가담하는 일일 것이다. 이것은 재론의 여지가 없는 일이 아닌가.

(제65호, 2002년 7-8월)

'선진국'이란 과연 무엇인가

환경위기에 대한 유일한 해결책은, 우리가 함께 일하고, 서로서로 보
살피며 지내는 삶이 좀더 큰 행복을 가져다준다는 깨달음을 많은 사람
들이 공유하는 데 있다.

— 이반 일리치

거의 일년 내내 선거 분위기 속에서 지내다가 결말이 나고, 좀더 개
혁적인 인물로 비쳐진 후보가 선출되자, 그에 대한 지지 여부에 관계없
이, 이제 새로운 정치, 새로운 사회에 대한 기대가 이 사회에 넘쳐흐르
고 있다. 이것은 물론 환영할 만한 풍경이다. 오랜 군사 파시즘 치하의
악몽 같은 상황에서는 상상도 할 수 없었던 이러한 분위기는, 말할 것
도 없이, 자유로운 경쟁과 선택을 보장하는 선거제도가, 험난한 경로를
거쳐, 우리에게도 이제는 당연한 상식이 되었기 때문일 것이다.

그러나, 다른 한편, 지금 우리가 경험하고 있는 이러한 분위기는 의
회민주주의 전통이 견고하다고 알려진 북미나 서유럽 혹은 일본에서도
더이상 찾아보기 어려운 현상이라는 점을 주목할 필요가 있다. 즉, 우
리에게는 지금 선거가 하나의 집단적인 정화의식(淨化儀式)으로 기능하
고, 따라서 다분히 축제 분위기가 될 만한 소지가 있다면, 이것은 아직
우리 사회에는 서구 산업사회와 달리 어떤 설명하기 어려운 근원적인

활력, 혹은 인간적 에너지가 내재되어 있기 때문인지 모른다. 오늘날 서구의 이른바 선진 산업사회는 철저하게 제도화된 시스템에 의해 움직이는 사회이기 때문에, 정치적 리더십이 개별 정치가들의 인간 됨됨이에 좌우될 여지는 좁다고 할 수 있다. 이것은 대통령제를 유지하고 있는 미국도, 본질적으로는, 예외가 아니다.

이렇게 본다면, 선거를 둘러싸고 한국사회가 뿜어내고 있는 열기는 이른바 근대적인 시스템의 미비 혹은 미숙한 운용으로 인한 현상, 즉 '후진성'의 증표라고 할 수 있을지 모른다. 우리 모두가 늘 개탄하는 이 사회의 뿌리 깊은 온갖 비리와 부패는, 무엇보다도, 정치적 결정과 사회적 관행들이 시스템의 합리성이 아니라 인간적 고려에 흔히 의존해온 데 큰 원인이 있다는 것은 부정하기 어려운 사실이다. 이번 선거에서 주로 개혁에 대한 대중적 원망(願望)에 좀더 효과적으로 대응하는 데 성공한 것으로 평가되는 대통령 후보가 당선 직후, 앞으로 개인이든 기업이든 청탁을 하는 경우에는 도리어 불이익을 당할 것이라는 차기 정부의 방침을 천명한 것은, 지금 부패와 사회적 불공정이야말로 한국사회가 가장 시급히 극복해야 할 문제라는 인식이 널리 퍼져 있다는 증거이다.

그러나, 인간적 요소가 모조리 배제되고, 철저히 합리적인 시스템에 의해 관리되고, 통제되는 사회가 과연 좋고, 건강한 사회일까 — 한번 물어볼 필요가 있다. 이렇게 말하는 것은, 물론, 부패문제가 방치되거나, 한국사회의 '후진성'을 극복할 노력이 포기되어도 좋다는 얘기가 아니다. 우리가 말하고 싶은 것은, 지금 이 사회에 넘쳐흐르는 욕망과 그 에너지가 향하고 있는 방향에 대해서 좀더 근본적인 성찰이 필요하다는 것이다. 우여곡절 속에서 한국 경제는 30년이 넘게 높은 성장을 계속해왔고, 그 연장선에서 지금 "우리도 하루빨리 선진국 대열에 진입해야 한다"는 열망이 이 사회에는 팽배해 있다. 하지만, 오늘날 많은 한국인들이 갈망해 마지않는 그 '선진적' 사회란 과연 어떤 사회이며, 지금 인류사회 전체가 직면한 생태적, 사회적, 인간적 위기에 관련해서 '선진국 따라잡기'는, 설령 그것이 가능하다 하더라도, 용납될 수 있는 것인가.

물론, 이른바 선진사회의 '선진성'을 한마디로 규정한다는 것은 불가능하다. 그러나, 오늘날 흔히 '남북문제'라고 불리는 선후진국 사이의 관계를 냉철하게 볼 때, 이 세계의 평화를 원천적으로 어지럽히고, 대다수 풀뿌리 민중의 삶을 불구로 만들고, 돌이킬 수 없는 생태적 파괴와 오염을 자행하고 있는 세력은 어디까지나 '선진국'이지 '후진국'이 아니라는 것은 분명한 사실이다. 지금 자유시장 경제와 '세계화'를 주도하고 있는 다국적기업 경영자들과 정치엘리트들과 전문가들과 주류 언론은 흔히 현재 가장 긴급히 해결해야 할 세계적인 난제가 '후진국'의 빈곤문제라고 말을 하지만, 이것이 얼마나 왜곡된 현실인식과 편견을 드러내는 것인지는 우리가 조금만 깊이 들여다보면 알 수 있는 일이다. 다시 말해서, 현재 북쪽 선진국들이 ─ 그리고 이를 모방한 남쪽 후진국의 일부 특권계층이 ─ 누리고 있는 '풍요'는 근본적으로 남쪽의 풀뿌리 민중과 자연에 대한 약탈에 의한 것이라는 움직일 수 없는 역사적 사실이 있는 것이다.

더욱이, 결코 잊어서 안될 것은, 지금 시시각각 다가오는 생태적 파국 앞에서, 그래도 이 지구상에 아직 "인간이 거주할 만한" 장소가 남아 있다는 것은 극히 단순한 형태의 생존을 영위하고 있는 대다수 풀뿌리 민중의 '가난' 덕분이라는 엄연한 사실이다. 세계 인구의 대다수를 구성하고 있는 이들이 탐욕과 폭력을 끝없이 조장하는 약육강식의 경제 논리에 동화되어, 텔레비전과 냉장고와 자동차를 소유하고, 육식 중심의 식생활과 골프와 스키와 관광을 즐기는 생활을 '선진적인' 삶의 방식이라고 믿는 광란의 잔치에 참가하게 된다면 과연 이 지구는 어떻게 되겠는가.

인류 대부분에게 보편적으로 적용할 수 없는 생활방식을 일부 인간이 독점적으로 향유한다는 것은 윤리적으로 용납할 수 없는 범죄이다. 지난 5,000년 동안 인류사회의 일부에서 문명화라는 이름으로 저질러온 이러한 범죄의 역사와 그 파장은 오랫동안 국지적인 현상에 머물러왔다. 그러나, 콜럼버스 이후 지금까지 500년이 넘게 식민주의적 지배와 약탈, 근대화, 개발, 그리고 세계화라는 이름으로 점차로 전지구적으로 확산되어온 이러한 범죄행위의 거침없는 진전의 결과, 특권적인 '풍요'의 향유는 이제 인류사회 전체의 존속 그 자체를 위협하는 재앙의 최대 원인이 되었다.

　　문제는 가난이 아니라, '풍요로운' 소비문화라는 사실을 기억하는 것이 중요하다. 이것을 잊어버릴 때, 우리는 경제성장 없이는 인간다운 생활을 할 수 없으리라는 어리석은 착각에서 벗어나기 어려울 것이다. 그동안 우리는 박멸해야 할 바이러스처럼 가난을 무조건 혐오해왔다. 그 결과 '품위있는' 가난과 그 의미에 관한 성숙한 인식은 이 사회에서 극도로 축소되었고, 우리의 삶은 외형적인 풍요에도 불구하고 ─ 혹은 그 때문에 ─ 내면적으로는 심히 병들고 공허한 것이 되었다. 그리고, 무엇보다 비극적인 것은, 자립적인 생존의 기반이자 도덕적 삶의 원천인 농경문화의 중요성에 대한 감각이 상실되어 버렸다는 사실이다. 식량자급률 25퍼센트 수준 ─ 그나마도 석유에 의존해서 ─ 이라는 한심한 농업현실로는 한 사회공동체의 장기적인 존속이 명백히 불가능함에도 불구하고, 지금 우리는 목전의 이윤추구에 혈안이 되어, 마치 내일이 없는 사람들처럼, 땅을 죽이는 일에 광분하고 있다.

　　우리는 《녹색평론》을 통해서, 여러 해 동안 우리가 왜 '고르게 가난한' 사회를 지향해야 하는지 되풀이하여 말해왔다. 그러나, 이런 우리의 얘기는 흔히 비현실적인 꿈같은 소리로 받아들여져왔다. 그러나, 새로운 시대에 정말 관심이 있다면, 무엇이 더 현실적인 태도인지, 선입관이나 편견 없이 생각할 수 있어야 한다. 빙산을 향하여 돌진하는 타이타닉호의 항로를 변경하거나, 엔진을 멈추자고 하는 게 현실적인 태도인가, 아니면 여객선 안의 사치스러운 향연에 도취한 채, 이 경고를 무시하고, 단지 갑판 위 의자 몇 개를 옮기는 따위의 방책에 만족하는 것이 더 현실적인 태도인가.

새로운 정치, 새로운 사회의 실현이 더 많은 돈, 기술, 정책의 문제로 귀결되는 시대는 이미 지나갔다. 설령 정치적 부패와 사회적 비효율이 개선되어, 우리 사회가 '선진국 따라잡기'에 성공하는 날이 온다 하더라도, 정작 그때 가서 우리가 직면할 사태는 훨씬 더 끔찍하고, 훨씬 더 비인간적인 상황일 가능성이 높다는 사실을 우리는 간과하지 말아야 한다.

지난 12월 2일 독일 브레멘에서 76세의 나이로 갑자기 숨을 거두기까지, 현대적 상황에서는 매우 희귀하게 독립적인 생애를 보낸 '떠돌이 학자' 이반 일리치는 산업사회의 대적(大賊)이었다. 뛰어난 철학자이자 역사가로서, 그리고 무엇보다 현인으로서, 그의 생애는 일관되게 근본적인 불경(不敬)과 부조리에 토대를 둔 근대적 산업체제를 뿌리로부터 거부하면서, 풀뿌리 민중의 토착문화를 비타협적으로 옹호하는 데 바쳐졌다. 일리치에 의하면, 토착 민중문화는 "함께 어울려 사는 삶의 행복"을 장구한 세월 동안 증언해온 보고(寶庫)였다. 주목할 것은, 그러한 '어울려 사는 삶의 행복'을 가능하게 한 주된 원천은 결코 '경제적 풍요'가 아니었다는 사실이다. 그렇기는커녕, 그 원천은 기초적인 생존유지 수준에서 영위되는 자급적 생활방식과 그러한 '가난한' 생활방식이 자연스럽게 요구하는 풍부하고 다면적인 인간관계, 그리고 갖가지 삶의 지혜와 기술이었다.

우리가 과거로 다시 돌아간다는 것은 이제 불가능한 일이다. 그러나, 수십 년에 걸친 경제성장과 '근대화'와 개발의 결과, 우리의 삶 자체가 말할 수 없이 열악하고, 빈곤한 것이 되었다는 엄연한 사실을 언제까지 외면할 수 있을 것인가. 새로운 사회, 새로운 삶에 대한 기대가 허망한 것이 되지 않기 위해서, 지금 우리에게 무엇보다 필요한 것은, 존귀한 생명을 가진 모든 존재가 즐겁게 함께 어울려 살 수 있는 삶의 근본 전제로서, '가난'을 이 시점에서 왜 좀더 적극적으로 받아들여야 하는지, 깊이 이해하려는 노력일 것이다.

(제68호, 2003년 1-2월)

해방 60년, 우리는 과연 성공했는가

8·15 이후 꼬박 60년이 되었다.

그날 '해방'의 날 이후 지금까지 이 땅은 엄청난 변화를 겪어왔다. 비록 남북 분단은 여전히 계속되고 있는 상황이지만, 식민지 지배와 전쟁으로 초토화된 땅에서 놀라운 생명력으로 사람들은 살아남았을 뿐만 아니라 경제적 발전도 이루어졌고, 또 혹독한 시련 끝에 정치적 민주화도 실현되었다.

이런 변화를 두고 지금 "성공한 대한민국의 역사"를 운위하는 사람들도 적지 않다. 제2차 세계대전 이후 식민지에서 독립한 나라로서 한국의 경우처럼 산업화에 성공했을 뿐만 아니라 아시아 전역에서도 예외적이라 할 정도의 민주주의의 제도와 관행을 정착시켜온 예가 없다는 것이다. 이러한 시각은 이른바 보수적 지식인들만의 것이 아니다. 예를 들어, 박정희 시대를 평가함에 있어서도 그 시대가 비록 많은 문제를 내포하고 있지만, 고도의 경제성장을 이룩한 그 공로는 일단 긍정적으로 평가해야 한다고 하는 것은 보수, 진보를 막론하고 대부분의 지식인들의 공통한 사고방식인 것처럼 보인다.

이러한 시각의 근간에 있는 것은 어떻든 이만한 경제력을 갖게 됨으로써 우리도 세계에서 인간다운 대접을 받을 수 있게 되었고, 따라서 우리가 이러한 현실을 존중하지 않을 수 없다는 현실주의적 사고일 것이다. 이것은 일견 타당한 논리인 것으로 보인다. 지금 세계는 혼자서 고립되어서는 살아갈 수 없는 상황이며, 그동안 특히 한국의 경제발전은 주로 수출주도형 산업성장 방식을 취해왔기 때문에 해외의존도가 극히 높다는 것은 말할 필요가 없다. 이런 판국에 자주적, 자립적 경제에 대해서 말한다는 것은 몽상에 가깝다는 것도 일리가 있는 주장임이 분명하다.

그런 의미에서 이른바 글로벌 경제의 바깥에서 생존할 수 있는 가능성은 지금으로서는 거의 없고, 따라서 우리는 싫건 좋건 설혹 그것이 제국주의적 지배의 논리라고 하더라도 현재의 세계화의 지배체제 속에서 활로를 모색하지 않을 수 없다는 주장은 아마도 논박하기 어려운 논리일 것이다.

그러나, 정말 그럴까? 과연 오늘날 우리가 보는 것과 같은 경제성장과 사회적 발전이 정말 발전이라고 할 수 있는 것인가? 그렇다고 할 때, 그것은 구체적으로 누구의 무엇을 위한 발전인가? 이렇게 묻지 않을 수 없는 것은 지금은 지난 몇십 년간 계속되어왔던 것과 같은 방식의 경제성장과 그 성장을 둘러싼 세계관과 욕망의 구조로는 한 걸음도 더 나아갈 수 없는 상황에 직면하였음을 알려주는 온갖 불길한 사회적, 생태적 징후를 우리가 일상적으로 목도하고 있기 때문이다.

그뿐만 아니라, 지금 무서운 속도로 다가오는 전지구적인 기후변화에 직면하여, 종래와 같은 '풍요로운' 생활을 추구한다는 것 자체는 이미 범죄적인 행위에 가까운 것이 되고 있다는 것도 빠뜨릴 수 없는 문제이다. 왜냐하면 그러한 풍요로운 생활이라는 것은 아무리 뛰어난 과학기술의 도움이 있다 하더라도 세계 전역으로 확산할 수는 없는 '특권적'인 생활방식임이 분명하기 때문이다. 모든 인간에게 보편적으로 적용할 수 없는 자원과 에너지 약탈적인 '선진적인' 생활양식을 계속해서 추구한다는 것은 결국 부족한 자원을 둘러싼 치열한 경쟁을 부추기고,

나아가서는 전쟁의 가능성을 높인다는 것 외에 아무것도 아니기 때문이다.

그럼에도 불구하고, 압도적인 추세로 볼 때 우리 사회에서 경제성장에 제동을 걸어야 한다는 사회적 합의가 이루어질 가능성은 당분간은 전혀 없어 보인다. 누군가가 양보를 해야 한다면 우리 자신이 아니라 딴 사람, 다른 나라가 그래 주기를 내심으로 우리는 바라는지 모른다. 그리하여, 세계의 생태학적 장래를 생각할 때, 가령 중국이나 인도의 계속적인 산업화는 매우 우려스러운 사태라고 생각하면서도, 우리는 우리 자신이 성장이나 더이상의 개발을 멈춘 상태를 감히 상상조차 하지 않으려 하는 것이다.

따지고 보면, 이러한 자기중심적인 힘의 논리는 한국의 현대사에서 뿌리 깊은 것인지도 모른다. 최근에 나온 박노자 교수가 쓴 《우승열패(優勝劣敗)의 신화》(2005)는 오늘날 한국사회에 팽배해 있는 강자숭배, 약자멸시라는 정신적, 정서적 풍토가 구한말에서 일제 식민지를 거쳐 해방 후에 이르기까지 어떻게 형성, 전승되어온 것인가를 특히 지식인들을 중심으로 예리하게 묘사하고 있는 점에서 주목할 만한 책이다. 서양제국주의 국가들에 의한 침략이 노골화되고 있던 19세기 말엽의 상황에서 동아시아 지역의 지식인들은 어떤 이유로든 대부분 약육강식의 논리를 골자로 하는 '사회진화론'에 경도되어 있었다. 이 사상적 신념에 의거하여 당대를 대표했던 조선 지식인들 대부분도 힘을 길러야 한다는 생각, 그리고 흔히는 그 생각의 연장선상에서 힘있는 자에게 순종해서 살 수밖에 없다는 기회주의적 사고에 길들여졌다. 서재필, 유길준도 사회진화론의 신봉자였고, 친일 지식인 최남선, 이광수는 말할 것도 없고, 신채호, 한용운의 초기 사상도 강자의 지배를 어쩔 수 없는 자연적 법칙으로 보는 데는 예외가 없었다. 아마도 가장 노골적인 예는 윤치호의 경우일 것인데, 어렸을 적부터 신동으로 이름났고, 미국 유학

이후 평생 동안 영어로 일기를 쓰기를 계속했던 그는 3·1 독립운동에 가담해주기를 청하는 한용운의 요청에 대하여 "약자가 강자를 이길 수 없는 법칙인 만큼, 약자는 강자에게 순종해서 사는 법을 배워야 한다"는 논리로 거절하였다는 것이다.

우리가 오늘날 친일 인사들의 행적을 놓고 단순히 비난하기는 쉽다. 그러나 지금 그보다 더 필요한 것은 아마도 친일의 논리와 심리를 좀더 깊이있게 이해해보려는 노력일지 모른다. 이광수든 윤치호든 혹은 그 누구든 소위 '민족의 지도자'들이 어떻게 해서 스스로 자신의 민족을 능멸하는 발언을 서슴지 않고, 끝내는 민족을 배신하는 데까지 나아가게 되었던가. 그것은 결코 그들이 원래 부도덕하거나 비윤리적인 인간이었기 때문이라고는 할 수 없을 것이다.

그들이 그렇게 되었던 것은 그들이 현상을 넘어 볼 수 있는 비전이나 상상력을 결여하고 있었기 때문이었을 텐데, 그러한 상상력의 결핍은 그들이 엘리트로서의 자각 이전에 당대의 밑바닥 풀뿌리 민중과 운명을 함께하겠다는 자세가 결여되어 있었던 점에 연유했을 가능성이 크다. 예컨대, 신채호나 한용운의 경우, 최초에 얼마간의 사상적 혼란기가 지난 다음에 그들이 끝끝내 사회진화론의 함정을 벗어날 수 있었던 것은, 그들 자신이 늘 민중과 함께 있겠다는 철저한 평등주의 사상, 혹은 근원적 자유의 사상을 획득하는 데 성공하였기 때문이라고 할 수 있는 것이다.

중요한 것은 엘리트 중심의 지식과 교양이 아니다. 엘리트는 흔히 그 자신의 사회적 특권에 대한 의식으로 매우 좁은 사고의 지평을 벗어나기 힘들 뿐만 아니라, 이른바 '근대주의적' 개념들에 의해 그들의 정신은 오염되어 있기 쉽다.

이와 관련해서, 재일조선인 지식인 서경식(徐京植)이 최근에 〈한겨레〉에 기고한 글은 매우 흥미로운 얘기를 담고 있다. 서경식은 꽤 알려져 있듯이, 박정희 시대의 대표적인 간첩조작 사건의 희생자들인 서승, 서준식 형제의 아우로서 자신의 형들이 겪은 고난을 자기 속에 내면화함으로써 현대세계에서 식민주의와 난민(難民)이 갖는 의미를 집요하게 천착해온 대표적인 재일동포 지식인이다. 그는 이번에 신문에 발표한 글에서 예전에 자신의 어머니가 일본으로부터 한국의 감옥에 있는 아들들을 면회하기 위해서 드나들던 때를 회고하면서, 그때 한국의 관리들이 이 두 사상범의 사상전향을 위하여 어머니가 설득하도록 엄청난 압박을 가했다고 말하고 있다. 그러나 어머니는 자식들과 자신의 고통에도 불구하고, 관리들의 말을 듣지 않았다. 옥중의 자식들에게 그 어머니는 눈물을 보인 일도 없었다. 그 모습을 보고 한국 관리들은 "역시 빨갱이 어머니답다. 재일교포에게는 대한민국에 대한 애국심도 충성심도 없다"고 비난을 했다고 한다.

그 가혹했던 시절에 자식들의 고통 앞에서도 어머니가 그토록 의연할 수 있었던 까닭은 무엇일까 하고 서경식은 자문한다. 그것은 어머니가 가지고 있던 무슨 이데올로기적인 확신 때문이 아니었다. 식민지 시대에 부모를 따라 일본으로 건너가 무학으로 어렸을 적부터 일만 하고 살아왔던 그 어머니는 학교에서 아무것도 배우지 않은 대신에 "애국심이니 국가에 대한 충성심이니 하는 쓰잘데없는 것을 주입받지도 않았던" 것이다.

아마도 밑바닥에서도 가장 밑바닥으로 밀려난 소외의 삶을 살아왔다고 할 수 있는 사람이었기에 그 어머니에게는 "근대적인 교육이 가져다준 지식이나 이론은 없었지만 근대적인 개념에 지배당하지 않는 지혜 같은 것"이 있었을 것이라고 서경식은 말하고 있다. 요컨대, 그 어머니의 삶을 이끈 것은 흔히 지식인들을 사로잡고 있는 근대, 전근대, 탈근대 따위의 관념적 언어로써는 절대로 포착할 수 없는 생명에 대한 본능적인 감각과 의식이었을 것이다. 나는 그것을 '비근대적인' 지혜라고 부르고 싶지만, 아마도 이것은 어느 모로 보나 특권계급을 형성하고 있다고 할 수밖에 없는 대부분의 근대적 교육을 받은 지식인들에게는 쉽게 상상하기 어려운 생존방식에서 우러나오는 지혜임이 틀림없을 것이다.

그러니까, 정작 중요한 것은 이러한 밑바닥으로부터의 시선과 감각이다. 거기서 볼 때도 과연 지난 60년간의 한국의 역사는 '성공적'이라고 할 수 있을까. 오히려 경제성장이 고도화되고, 개발이 확산되고, 산업화가 심화될수록 이 모든 사회적 변화의 움직임은 풀뿌리 민중의 생존의 바탕이 붕괴되는 것을 의미하는 것 외에 아무것도 아니었다. 그것은 자립적 생존의 물질적 바탕인 땅과 갯벌과 바다가 사라지거나 오염되는 것을 의미할 뿐만 아니라, 오랜 세월 민중생활의 근원적인 조직원리로 기능해왔던 상부상조와 협동의 공동체와 호혜적 생존기술이 돌이킬 수 없이 파손된다는 것을 의미하는 것이었다.

지금 한국사회에서 약자들의 운명은 갈수록 벼랑 끝으로 내몰리고 있다. 오래된 농민공동체는 복구 불가능할 정도로 해체되었고, 전체 노동자의 절반 이상이 비정규직이라는 사실도 경악할 일이지만, 나날이 늘어가는 청년실업률과 함께 빈부격차에 의한 사회적 양극화는 위험수준을 빠르게 넘어가고 있다. 그럼에도 불구하고 이 현실을 타개할 수 있는 출구가 보이지 않는다는 절망적인 상황이 계속되고 있다. 무엇보다, 지금 이 사회에 정말 희망이 있는지 의심스럽게 하는 가장 단적인 척도는 급격한 출산율 저하 현상에서 볼 수 있다. 이것은 하나의 인간공동체로서 이 사회의 실패와 좌절을 가리키는 명백한 징후이지 결코 '성공한 대한민국' 운운할 수 있는 사태가 아닌 것이다.

출산율 저하라는 문제를 여기서 거론하는 것은 사회보장제도의 지속성에 대한 염려 때문이 아니다. 생태적 수용능력을 고려하더라도 한반도에서 마냥 인구가 늘어가는 것을 우리가 좋아할 수는 없을 것이다.

그러나 현재 출산율 저하 현상이 내포하고 있는 좀더 정확한 진상을 볼 때, 이것은 이 사회가 지금 도저히 아기를 낳아 건강하게 기르고 교육할 수 없는 상황으로 깊이 들어가고 있다는 것을 반영하고 있는 사태임이 분명하기 때문에, 이것이 두렵다는 것이다. 이 경쟁지상주의가 팽배한 사회에서 출산과 보육과 교육 과정에서 단계단계마다 부모나 자식이나 어김없이 겪을 엄청난 시련과 스트레스를 사전에 조금이라도 상상할 수 있는 능력이 있다면, 어떤 부모가 자식을 낳아 기를 엄두를 내겠는가. 이것은 결코 출산장려금 따위로 해소될 문제가 아닌 것이다. 지금 출산율 저하라는 현상은 사람들이 대부분 무의식중에 행하는 '보이콧' 행위라고 해야 옳을 것이다. 그 보이콧은 그동안 한국의 경제적 발전의 성과를 긍정하고 미화해온 무수한 '교육받은' 엘리트들의 논리가 한마디로 허위이며 거짓말이라는 것을 단적으로 말해주고 있다.

일찍이 간디는 인도가 영국의 식민지에서 정치적으로 해방되더라도, 만약 서구 제국주의 국가들의 생존양식을 그대로 답습한다면, 그것은 인도 민중의 입장에서 볼 때, 지배자의 피부빛깔이 달라진 것 외에 아무런 의미가 없을 것이라고 말했다. 그러나 간디의 정치적 후계자 네루는 간디의 이 말에 귀를 기울이지 않았다. 네루는 산업주의적 생산양식은 시대의 필연적인 추세라고 생각했고, 그의 지도 밑에서 인도는 현대적인 산업국가가 되기 위한 수많은 프로젝트를 시작하였다. 그 결과 인도는 세계에서 가장 많은 대형 댐이 아직도 건설 중인 국가가 되었고, 교육받은 소수 엘리트들과 대다수 민중 사이의 소득 및 생활수준의 격차는 갈수록 심화되어왔다. 그보다 더 중요한 것은 그 과정에서 독립 이전보다도 풀뿌리 민중의 삶은 비교할 수 없이 참담한 것이 되었다는 점이다. 산업화와 경제성장의 확대는 전통적인 민중의 생활수단과 협동적 공생의 터전인 공유지(commons)를 뿌리로부터 공격, 훼손하는 것을 의미하였기 때문이다. '공유지'란 반드시 토지만을 말하는 것이 아니다. 그것은 호혜적 관계의 총체적 그물이다. 이 그물이 찢어질 때 풀뿌리 민중의 삶은 속절없이 붕괴될 수밖에 없다. 그 결과 그들은 어쩔 수 없이 도시의 변두리, 밑바닥을 헤매는 유랑민의 신세로 전락하는 것이다.

오늘날 한국의 상황이 과연 본질적으로 인도의 것과 얼마나 다른지 우리는 알지 못한다. 그러나 세계 전역의 모든 사람들에게 "풍요로움과 평화와 진보"를 가져다줄 것이라는 자본주의 세계화 경제의 주창자들과 신봉자들의 믿음이 갈수록 근거 없는 것으로 판명되고 있다는 것은 틀림없는 사실이다. 영국의 사회평론가 제러미 시브룩이 말하듯이, 지금 산업국가에서 사람들은 그들 자신의 '당면한 긴급 문제', 즉 노사 간의 갈등이라는 문제에 매달린 나머지 '진정한 문제'를 잊고 있는 게 분명하다. 그 진정한 문제란, 지난 수세기 동안 서구문명이 비서구인들에게 강요해온 서구식 발전의 모델은 실패할 수밖에 없는 운명이라는 것을 깨닫는 것에 관계되어 있다.

일제 식민지에서 '해방'된 지 60년, 그동안 우리가 이룩했다고 하는 경제적 발전이라는 것이 풀뿌리 민중의 삶터를 불모지로 만드는 것을 의미해왔다면, 간디의 말과 같이, 오늘날 우리에게는 지배자의 얼굴만 바뀐 식민주의 시대가 계속되고 있다고 해야 옳을지 모른다.

지금 국토의 균형발전이라는 구호 밑에서 중앙 행정기구를 지방으로 이전하고, 공공기관들을 각 지역으로 분산하려는 움직임이 요란하다. 근본적으로 농업을 천시하면서, 국토의 균형적 발전이 국가 및 공공기관의 이전으로 어떻게 이루어질 수 있다는 것인지 우리는 이해할 수가 없고, 어디에서도 명쾌한 설명을 들어볼 수가 없다. 우리가 걱정하는 것은 지금까지 이 사회를 지배해온 약육강식의 논리가 조금도 완화됨이 없이 좀더 큰 규모에서 본격적으로 관철된다면, 국토의 균형적 발전이라는 이름 밑에 벌어질 새로운 잔치판은 결국 국토의 균형적 파괴로 나아갈 수밖에 없을 것이라는 점이다. 이 광란의 잔치를 언제까지 우리가 허용할 수 있을 것인가.

(제83호, 2005년 7-8월)

'수돗물불소화'를 우려하는 발행인의 편지

　독자 여러분들에게 긴급한 편지를 드립니다. 성가시더라도 꼭 한번 숙독해주실 것을 부탁드립니다. 왜냐하면 이것은 이 나라의 민주주의와 우리들과 아이들의 생명, 건강, 환경에 관련해서 잘 드러나지 않은, 그러나 매우 중대한 사태에 관한 문제이기 때문입니다.

　다름 아니라, 이 편지를 드리게 된 것은 이번 정기국회에서 다시 구강보건법 개정안을 상정, 통과시키려는 움직임이 있어서입니다. 구강보건법 중 핵심적인 수돗물불소화를 앞으로 지자체에서 사실상 의무적으로 실시하도록 법을 개정하겠다는 것입니다. 현행 구강보건법에는 "지역주민의 의견을 적극 수렴하고 그 결과에 따라 실시할 수 있다"고 되어 있는 수돗물불소화를 개정안에서는 "보건복지부 장관이 정하는 바에 의하여 실시한 지역주민 여론조사 결과가 과반수 이상의 반대의견인 경우"를 제외하고는 전국 각 지자체가 반드시 "시행하여야 한다"라고 규정하고 있습니다. 이것은 여론조사라는 단서를 달고 있지만, 여론조사 관장 기관의 성격과 여론조사 방식을 어떻게 하느냐에 따라 얼마든지 조작이 가능한 현실을 감안하면, 실제로는 사실상 전국적 불소화의 실시를 강제하겠다는 뜻임이 분명합니다.

　그동안은 중앙정부가 적극적으로 장려, 지원은 해왔지만, 어떻든 지자체의 결정에 따라 하기로 되어 있었습니다. 그래서 지역별로 새로이 실시하는 데도 있었지만, 청주, 과천, 포항 등 종래에 '모범적인' 불소화 도시로 간주되어왔던 지역들에서 재작년, 작년에 걸쳐 지역활동가들의 문제제기에 의해서 수돗물불소화 사업이 중단되기도 하였습니다. 아마 이런 지역에서의 사업 중단 움직임에 자극을 받은 모양인지, 보건당국과 치과계 불소화 추진자들이 이제부터는 법적 강제력을 동원하려고 하는 것으로 보입니다.

이것은 첫째, 마실 물을 선택할 수 있는 시민의 기본권을 무시하는 비민주적 — 혹은 심지어 전체주의적 — 발상이라는 것은 말할 것도 없고, 아직도 미국 등 국제적으로 논쟁중인 불소화 사업을 전국적으로 강제 시행한다는 것은 윤리적으로 도저히 용납할 수 없는 일이라 생각됩니다. 게다가 근년에 올수록 지난 반세기 동안 미국을 중심으로 실시되어온 이 사업의 충치예방 효과와 안전성에 관해 의문을 제기하는 과학적 연구결과가 증가하고 있는 현실입니다. 이 사업을 한국에서 적극 추진하고 있는 치과의사단체는 그동안 《녹색평론》이 중심이 되어 이런 사실을 알려온 것에 대해서 "외국의 폐기된 자료"를 가져와 대중을 현혹하고 있다는, 터무니없는 주장을 되풀이해왔습니다.

사실은 바로 요즘도 미국에서는 이 문제를 둘러싸고 논란이 계속되고 있고, 최근에는 하버드대의 치과 교수가 불소화와 소년들의 골육종(골암) 사이에 명백한 연관관계가 있다는 것을 증명한 자기 제자의 연구결과(박사논문)를 은폐, 왜곡하여 보건당국에 보고한 것이 폭로된 사실이 〈월스트리트저널〉, 〈워싱턴포스트〉 등에서도 보도된 바 있습니다. 이것은 예외적인 사건이 아니고, 불소화의 역사에서 그동안 허다히 되풀이되어온 "과학적 속임수"의 한 예에 불과합니다. 저는 여러 해 동안 《녹색평론》 편집에 종사하면서 정부나 산업계의 지원으로 연구를 수행하는 과학자, 전문가라는 사람들의 윤리의식이나 도덕적 양심, 그리고 그들의 지적 불성실이 개탄할 만한 수준에 있음을 보여주는 문헌과 자료에 빈번히 마주친 경험이 있습니다.

우리나라에서는 수돗물불소화라면 무조건 아이들의 충치예방에 효과가 있고, 다른 아무 문제가 없는 것으로 널리 알려져 있지만, 전혀 그렇지 않다는 것은, 복지 선진국이라는 유럽 국가들 — 영국, 아일랜드를 제외하고 — 에서는 불소화를 아예 하지 않았거나, 도중에 중단하였다는 사실을 보더라도 명백한 일입니다. 그런데도 늘 세계의 선진국들이 모두 시행하는 사업이라고 대중은 기만당하고 있습니다. (항간에는 수돗물불소화에 대한 지지와 반대는 사회민주주의적 가치와 생태주의적 가치의 대립이라고 보는 견해가 있지만, 이런 견해는 사민주의적 가치가 가장 뿌리박은 북유럽 국가들에서 불소화가 왜 시행되지 않는지 설명해주지 못합니다. 2000년 노벨 의학상 수상자인 스웨덴 약물학자 아비드 칼슨(Arvid Carlsson) 박사는 1970년대와 1980년대의 스웨덴에서의 불소화 논쟁이 결국 스웨덴 의회에서 수돗물불소화 불법화라는 결정으로 종결되기까지 전 과정에 참여하였던 유력한 증인입니다. 여러분이 이 문제에 대한 '사민주의' 국가 쪽의 진상이 궁금하다면 그에게 문의해보는 것도 좋은 방법일 것입니다.)

최근에 올수록 점점 밝혀지고 있는 것은 불소의 충치예방 효과는 기왕에 선전되어온 것처럼 그렇게 대단한 것이 아니고, 극히 미미한 정도라는 것입니다. 그것은 불소화를 시행하고 있는 미국과 시행하지 않는 유럽 국가들 사이의 충치유병률이 거의 아무런 차이가 없다는 데서도 알 수 있는 사실입니다. 또한 중요한 것은, 미국의 질병통제센터(CDC)도 인정하고 있듯이, 불소의 충치예방 작용은 음용에 의한 '전신적인 효과'가 아니라, 접촉이나 도포에 의한 '국소적 효과'라는 게 최신 연구들의 유력한 견해입니다. 그렇다면 불소치약을 사용하거나 하면 될 것을 왜 군이 불소 함유 식수의 음용을 강제하려고 하는지 알다가도 모를 일입니다.

무엇보다 불소는 쥐약과 살충제의 주성분인 맹독성 독극물이고, 신체의 생명유지에 결정적으로 중요한 효소활동을 저해하는 화학물질이데다가 인체 속에서 일부는 배출되고 일부는 축적되는 것인데, 비록 그게 저농도라 하더라도 어떻게 그것이 장기간의 음용에 의해서 사람에게 무해한 것으로 입증될 수 있다는 것인지 이해할 수 없습니다. 더구나 개인의 신진대사 능력과 체질, 영양상태는 천차만별인데 그것을 무시하고 일률적으로 일정한 농도(0.8~1ppm)의 불소 함유 식수 음용이 장기적으로도 아무 문제될 게 없다는 주장이 과연 과학적인 논리일 수 있다고 생각하는지 알 수가 없습니다.

실제로, 그동안 독립적인 과학자들의 증언에 의하면, 수돗물불소화의 농도에 근접한 용량에서 반점치를 비롯하여 알레르기, 위장 장애, 무력증, 뇌신경 장애, IQ 저하, 갑상선 장애, 관절염에서 골암에 이르는 각종 골질환, 다운증, 송과선 장애에 의한 멜라토닌 분비 이상, 등등 각종 건강장애가 발생할 수 있다는 연구논문이 권위있는 학술지와 박사논문 등을 통하여 계속 발표되어왔습니다. 다만 무슨 이유에서인지, 미국 정부와 치과계가 이러한 과학적 증언을 무시하거나 억압, 외면해왔을 뿐입니다. 하기는 미국의 보건당국은 납 첨가 가솔린도, 석면도, 흡연도 오랫동안 무해하다는 주장을 해온 역사를 가지고 있습니다.

불소화 지지자들은 늘 세계보건기구(WHO)가 권장하는 사업이라고 주장합니다만, 그것도 잘 새겨들어야 할 주장입니다. 무엇보다 세계보건기구의 치과전문가들은 대개 미국의 주류 치과계와 밀접한 관계가 있는 사람들이라는 것에 주의해야 합니다. 그러면서도, 세계보건기구가 펴낸 불소 관계 자료를 실제로 읽어보면, 거기에는 불소화를 시행하기 전에 반드시 그 지역 주민들의 평소 불소 섭취량을 면밀히 사전 조사할 것을 권고하고 있습니다. 이게 무슨 말이냐 하면, 자칫하면 과잉섭취의 염려가 있다는 얘기입니다. 불소는 다른 독성물질의 경우와는 달리 공식적인 최대허용량(4ppm, 미국 환경청의 기준)이라는 게 충치예방 효과를 본다는 '적정치'와 거의 근접해 있습니다. 그렇기 때문에 섭취에 매우 신중을 기해야 한다는 것이지요. 그런데 우리는 이미 지난 몇십 년간의 화학비료, 살충제 등의 엄청난 사용으로 각종 농산물을 통해서 예전에는 상상도 할 수 없을 만큼 많은 불소를 섭취하고 있고, 게다가 그동안의 산업활동으로 우리의 대기에는 이미 막대한 양의 불소가 포함되어 있어서 우리가 모르는 사이에 끊임없이 흡입하고 있다고 보아야 합니다. 그뿐만 아니라, 한국인은 미국인들이 잘 먹지 않는 각종 해산물, 해초 등을 비롯하여 쌀, 보리, 콩, 녹차 등 원래 불소가 많이 함유된 식품을 통해서도 이미 불소에 과잉 노출되어 있을 가능성이 높습니다. 그런데 제가 아는 한, 한국의 보건당국과 불소화 추진론자들은 이 문제에 대해 일찍이 어떠한 믿을 만한 과학적인 조사를 한 바가 없습니다.

게다가, 지금 불소화가 시행중인 지역에 투입되거나 앞으로 불소화가 실시될 지역의 정수장에 투입될 불화물은 대개 인산비료 공장에서 나온 산업폐기물이라는 간과할 수 없는 문제가 있습니다. 한국에서는 현재 남해화학에서 나오는 폐기물로 불화규산이라는 것을 사용하고 있지만, 여기에는 미량이지만 비소, 카드뮴, 방사능물질 등 유해물질이 포함되어 있다는 연구결과가 있습니다. 그런데도 한국에서는 말할 것도 없고, 미국에서도 정부 보건당국에 의해서 이 불화물이 수돗물을 통해서 공급될 때 발생시킬 수 있는 문제(인체건강 이외에, 수도관 부식의 문제도 포함되어 있는)에 대해 아무런 연구를 수행한 바가 없습니다(이것은 미국 환경청 당국도 인정한 바 있습니다).

독물학자들에 의하면 불소가 알루미늄과 결합하면 독성이 강한 환경호르몬이 된다고도 합니다. 한국 가정에서 알루미늄 용기로 수돗물을 가지고 조리를 하는 상황을 생각해보십시오. 그리고 만약 전국적으로 불소화가 시행될 때 우리가 먹는 두부, 콩나물을 비롯해서 거의 모든 가공식품에 불소 성분이 들어가는 것이 피할 수 없는 사태가 된다는 것도 두려운 일입니다. 환경적으로도 불소화는 담수에서의 수중 생태계를 교란시킨다는 보고도 있습니다. 불소 가스로 인한 대기오염은 이미 심각한 수준에 이르러 있다고 봐야 합니다. 미국 위스콘신대학에서 불소 관계로 학위를 받고 수원대 교수로 일했던 독물학자 안혜원 박사에 의하면 한국의 많은 식물의 나뭇잎에는 이미 과도하게 불소가 축적되어 있다고 합니다.

온갖 면에서 허술하기 짝이 없는 과학적 근거 위에서, 민주주의 원칙을 어기면서 전국의 정수장에 불소를 의무적으로 투입케 하려는 사람들의 동기(動機)가 과연 무엇인지 저는 모르겠습니다. 그러나 만약에 그들의 뜻대로 이번에 법이 상정, 통과된다면 우리는 큰 재앙을 맞을 것이라고 저는 생각합니다. 건강약자의 충치예방을 목적으로 한다지만 실상 건강약자들이 제일 큰 피해를 입게 될 것이 분명합니다. 당뇨병이나 신장질환 등 신진대사 기능이 원활하지 못한 사람들을 포함하여, 생수를 사 먹을 여유가 없고, 영양도 균형잡히지 못한 가난한 사람들에게는 불소의 독성작용은 치명적일 수 있습니다(분자 크기가 워낙 미세한 불소는 보통 가정용 정수기로는 걸러지지 않습니다. 거의 증류수에 가까운 역삼투압 정수기에서만 걸러질 수 있다고 합니다). 개인적 차이를 인정하지 않고 무차별적으로 공공급수체계를 통해 약물학적으로 활성이 강한 화학물질을 음용하라는 것은 결국 '강제적 의료행위'라고 비판받아 마땅한 것입니다.

그런데, 한국의 불소화 지지자들 중에는 생수에도 불소가 들어 있다는 이유로 수돗물불소화를 정당화하려는 사람들이 있습니다. 그러나, 이것은 무지에 근거한 견강부회의 논리로서 매우 위험한 생각입니다. 왜냐하면 생수 혹은 광천수의 불소는 불소의 독성작용을 막아주거나 완화시키는 칼슘과 마그네슘염 등 풍부한 미네랄과 함께 함유되어 있기 때문에, 수돗물에 인위적으로 첨가되는 불화규산이나 불화나트륨에 비해 독성작용이 현저히 약하다고 알려져 있습니다. 그러나, 비록 천연적인 것이라 하더라도 불소가 과다히 함유된 식수의 장기적 음용은 금물이라는 것은 과학적인 상식입니다.

그런데도 이번에 국회 열린우리당 전국구 제1번인 장향숙 의원이 대표 발의하는 형식을 통해서, 그들은 구강보건법 개정이라는 이름으로 불소화의 전국적 시행을 강제하려 하고 있습니다. 장향숙 의원은 상세한 내용을 잘 모르면서 이 사업에 찬동했을 가능성이 높다고 저는 생각합니다만, 저희가 듣기로는 아주 완강히 이 법안을 밀고 나갈 태세인 것 같습니다. 약자를 위한 훌륭한 공중보건사업이라면서요.

쓰다 보니 길어져서 미안합니다. 그러나 워낙 문제가 간단치 않은 것이어서 요령있게 설명하기가 어렵군요. 시간도 다급하고, 어떻게 해야 좋을지 모르겠습니다. 국회의원들 개개인을 접촉할 수도 없고, 언론에서 별로 반기는 기삿거리도 아닌 모양입니다. 지금까지 최근의 정황에 대한 뉴스는 연합뉴스에서 주로 나왔을 뿐입니다. 인터넷 신문 〈프레시안〉이 예외적으로 최근에 두어 차례 이 문제에 관련된 큰 기사를 썼습니다. 지금 불소화 추진 측에서는 9월 9일부터 시작해서 전국적으로 미국 등 몇 나라의 소위 불소전문가들을 초치하여 대대적인 국제학술대회를 가질 예정이라고 합니다. 국회 법안 통과를 위해서 '바람'을 일으키려고 하는 것이지요.

독자 여러분께서 이 문제에 각별한 관심을 가져주시어, 다수 시민이 알지도 못하는 사이 이 중대한 법안이 통과되는 일이 없도록 협조해주시기를 간곡히 부탁드립니다. 아직은 지난 60년 동안 미국에서 어떤 경위로 불소화가 시작되었는지, 그리고 그동안 어떻게 양심적인 과학이 억압되어왔는지 그 소상한 역사를 저 같은 소수 사람만이 알고 있을 뿐이지만, 미국의 산업 및 군사적 필요에 의하여 맹독성 화학물질이 소위 전문가들에 의해서 '건강에 좋은 물질'로 둔갑하게 된 사태의 진상을 알게 되면 아마도 상식적인 사람은 모두 경악할 것이라고 저는 믿고 있습니다. 필요하다면 언제든 만나서 자세한 설명을 드리거나 자료를 제공해 드리겠습니다.

참고로, 최근 하버드대 치과 교수에 의한 불소 관계 연구결과 은폐를 둘러싼 논란을 보도한 〈월스트리트저널〉의 기사 번역문(no-fluoride. net/news/f_WSJ_20050722)과 미국 환경청(EPA) 노조(勞組) 과학자들이 수돗물불소화에 대한 모라토리엄을 즉각 단행할 것을 요청했다는 보도자료(nteu280.org/Issues/Fluoride/Press%20Release.%20Fluoride. htm), 그리고 환경청 노조 부의장 윌리엄 허지 박사가 미국 상원 청문회에서 행한 불소화 관계 증언을 볼 수 있는 사이트(nteu280.org/Issues/Fluoride/629FINAL.htm)를 소개합니다. 미국 환경청 노조 소속 과학자들은 "지난 10년 이상 불소화에 관한 연구결과들을 검토해온 우리들의 경험에 의하면, 불소화로 인한 이익은 거의 없고, 부작용은 크다는 것을 보여주는 갈수록 증가하는 증거가 있다"고 말하고 있습니다. 불소화를 완강하게 고집하는 한국의 치과의사단체가 말하는 것과는 달리 불소화의 종주국 미국에서 이 문제를 둘러싼 논란이 지금 심각한 국면에 있다는 것을 짐작하시리라 믿습니다.

(제84호, 2005년 9-10월)

'국익' 논리의 함정

　황우석 사태는 우리의 삶이 얼마나 가공할 만한 상황에 있는지 적나라하게 드러내는 사건이었다. 소위 첨단과학 연구에서 세계적인 성과를 거두었다고 해서 국가적인 영웅이 되어왔던 한 연구팀과 그 책임자의 가증스러운 사기행각 그 자체에 대해서는 더이상 말할 것도 없지만, 이들의 가면이 벗겨지고, 속임수와 거짓이 우여곡절 끝에 폭로되는 일련의 과정에서 우리들이 인간으로서 겪지 않으면 안되는 수치와 모멸감은 형언할 수 없는 것이었다. 최소한도의 인간다운 양식과 감수성이 있는 사람이라면 누구라도 느꼈을 '만행'은 매일같이 되풀이되었다. 다른 것은 다 그만두고, 거의 한 달 이상에 걸쳐서 우리는 날마다 텔레비전 화면에서 소위 핵치환 기술이라는 이름으로 자행되는, 여성의 신체 가장 내밀한 부분에서 억지로 끄집어낸 난자가 이리저리 찢기고, 유린·공격당하는 기괴하고도 역겨운 장면에 끊임없이 노출되어왔다.

　히로시마 이후 일관되게 '죽음의 과학'으로 질주해온 현대과학 연구의 근본경향에 대해 깊이 우려하면서 생애의 말년을 우울과 외로움 속에서 지냈던 생화학자 에르빈 샤르가프의 말대로, 오늘날 이미 우리는 인간으로서 "차마 상상조차 할 수 없는 끔찍한 일들"에 너무도 익숙해져버렸는지 모른다.

　그러나, 지금 아마도 대다수 한국인들이 아쉬워하고 있는 것은 모처

182

럼 세계 일등을 하고 있다고 여겼던 어떤 과학적 성과가 한 연구팀의 '인위적 실수'로 물거품이 되어버렸다는 사실일 뿐, 그 이상은 아닐지 모른다. 그리하여 난치병 환자들에게 희망을 주고, 막대한 국가적 이익을 가져다주리라고 기대되었던 연구가 실은 허위이며, 조작이었음이 판명되고 난 뒤의 단순한 허탈감이 가장 지배적인 감정일지 모른다. 이번 사태에도 불구하고, 아직도 한국의 생명과학 혹은 과학공동체는 건재하다느니, 이번 일을 거울삼는다면 조만간 다시 한국의 과학이 세계 제일이 되는 날이 올 것이라느니 하는 말들이 무성한 것은 그러한 허탈감의 반영일 것이다.

여기저기서 반성이니 성찰이라는 말들이 나오고 있지만, 요컨대 "진실보다는 국익이 우선"이라는 터무니없는 발언이 공공연히 통하는 풍토와 '국민적 정서'가 근본적으로 달라지리라고 믿을 만한 증거는 없다. 황우석의 배아복제 연구가 결국 거짓임이 드러났지만, 애초에 조작된 논문이나마 가능하여 세계적인 과학전문지의 표지 논문으로 게재되고, 거기에 온 나라가 흥분했던 것은 결국 다른 나라보다도 훨씬 더 자유롭게 연구를 위한 기본재료, 즉 난자를 풍부히 획득할 수 있었기 때문이었다. 그러므로 그것은 그 자체만으로도 나라의 위신을 높여주기는커녕 도리어 부끄러워해야 마땅한 일이었음에도 불구하고, 한국사회는 그러한 근본적인 윤리문제의 논의를 용납하는 분위기가 아니었다. 아니, 이 사회는 본질적으로 그런 분위기가 조성될 '여유'가 없는 정신적 불모(不毛)의 사회인지 모른다.

자본주의 근대체제 속으로 편입되기 시작한 이후, 식민지, 해방, 분단, 전쟁, 빈곤, 군사독재, 산업화, 민주화투쟁이라는 험한 역정을 겪어오는 과정에서, 그리고 다른 무엇보다도 '한강의 기적'이라고 일컬어지는 고도 경제성장에 의한 얼마간의 달콤한 열매를 누리는 과정에서, 오늘날 한국사회는 근거가 불확실한 대로 어떤 종류의 자신감(혹은 열등감)에 차 있는 사회가 되었다고 할 수 있다. 그 결과 소위 식자들 가운데는 '붉은 악마'로 표상되는 집단적 에너지의 폭발적인 발현에서 '민족적 웅비(雄飛)'의 가능성을 운운하는 사람들도 적지 않게 되었다. 하지만 더 많고, 더 높고, 더 빠른 것에 대한 욕망이 끓어넘치면서 시도 때도 없이 '국익'이 말해지고, 맹목적인 '애국주의'가 활개를 치는 이런 상황이야말로 우리의 삶을 근원적으로 타락시키고, 미래를 어둡게 하는 원흉이 된다는 것을 우리들 중 얼마나 많은 사람들이 철저히 인식하고 있다고 할 수 있을까.

1492년 콜럼버스가 '신세계'에 도착한 이후 20여 년이 경과한 시점에서 스페인을 중심으로 일어난 이른바 '인디오 논쟁'은 이른바 '국익'이라는 것이 얼마나 끔찍스러운 만행에 직결되는 개념일 수 있는지 알려주는 대표적인 사례로 기억될 수 있다. 당시 스페인 왕실의 신대륙에 대한 정책을 좌우할 만큼 중대한 정치적 의미를 가지고 있었던 이 '인디오 논쟁'의 핵심은 아메리카 대륙의 원주민, 즉 인디오의 '인간성'에 대한 해석을 둘러싼 논쟁이었다. 즉, 인디오를 서구 백인과 똑같이 하느님의 아들, 딸로 볼 것인가, 아니면 인간 이하의 존재로 볼 것인가 하는 것이었다. 수많은 노예와 황금을 가져다줄 풍부한 잠재력을 가진 이 신세계의 원주민의 인간됨을 어떻게 해석하느냐에 따라 아메리카 땅과 그 원주민에 대한 거리낌 없는 학살과 착취가 도덕적으로 정당화되거나 그렇지 않을 수 있었던 것이다.

말할 것도 없이, 힘에 의한 약자의 지배와 착취가 세계적인 규모에서 체계화되기 시작하고 있던 '대항해시대'의 지배적인 분위기 속에서 인디오의 '인간성'은 부정되기 쉬웠다. 하지만 예외가 있었다. 그것은 라스-카사스라는 가톨릭 사제(司祭)의 목소리였다. 그는 시대의 대세에 맞서서 "인디오는 신앙을 배척하는 존재도 아니며, 또 타인의 물건을 차지하거나 빼앗는 사람들도 아니다. 더욱이 그들은 우리를 죽이려고 기다리고 있는 존재도 아니다. 그들은 야곱의 제자들과 같이 기독교로 개종하기 이전의 우리들의 조상과 마찬가지의 상황에 있다. 아니, 그 점에서는 인디오 쪽이 우리들의 조상보다도 훨씬 뛰어나며, 우리들 이상으로 신앙을 받아들이는 데 적합한 소질을 가지고 있다"고 말하면서 적극적으로 인디오의 인권을 옹호했다. 그러나 그의 이러한 목소리는 외로운 목소리일 수밖에 없었고, 그는 수많은 동료들, 스페인 사람들에게서 '편집중 환자', '정신이상자' 그리고 무엇보다도 '국익'을 해치는 '매국노'라는 비난을 들어야 했다. 말하자면, 세계 제패를 통해서 무한한 부와 권력을 꿈꾸고 있던 당대의 스페인 국민들에게 라스-카사스는 "진실이라는 것 때문에 국익을 우습게 여기는" '공공의 적'이었던 것이다.

오늘날 되돌아볼 때, 아메리카 토착민의 '인간성' 여부를 놓고 벌어진 16세기의 이 논쟁은 처음부터 터무니없는 것이었다고 하지 않을 수 없다. 그러나 우리가 간과하지 말아야 할 것은 눈앞의 이익을 위해서는 타자의 인간성 자체를 무시하는 정신적 습벽은 대항해시대에 본격화하여 이후 제국주의 시대를 통해 훨씬 더 강화되어 근대적 세계의 핵심적인 생존의 원리가 되었다는 사실이다.

지난 백여 년이 넘는 세월 동안, 개화기 이래, 한국인들이 열심히 적응하려고 해온 근대세계의 질서란 근본적으로, 일찍이 도스토예프스키가 말한 대로, "나의 행복을 위해서는 타자의 불행이 전제되어야 할 것"을 필수적인 요건으로 하는 '어둠의 체제'였다. 따지고 보면, '국익'이란 근대적 국민국가의 성립과 그 유지에 필수불가결한 개념인지도 모른다. 국민국가란 본질적으로 다소간 제국주의적 요소를 자신의 내재적인 특질로 하고 있는 정치체제라고 할 수 있기 때문이다. 자본주의의 발전과 결합하여 전개되어온 근대적인 의미의 국가는 바깥으로든 안으로든 자연세계와 사회적 약자에 대한 식민주의적 지배, 억압, 착취를 계속하지 않고는 하루도 유지될 수 없는 체제인지도 모른다. 그리하여 근대국가가 배태하는 '국익'이란 어디까지나 경쟁과 배제의 원리에 기초한 생존전략이지, 결코 국민국가의 틀 이전 혹은 바깥에서 상호부조와 공생공락의 원리에 따라 살아온 민중의 자치·자립적 삶의 원리를 장려하는 논리가 될 수는 없는 것이다.

황우석 사태에서 드러난 과학적 조작, 허위, 속임수 그 자체는 한국사회 고유의 현상이 아니다. 오늘날 과학적 속임수는 갈수록 전문화되고, 거대화하고, 상업화하는 현대 과학연구의 구조적인 특성에 비추어 허다히 발생할 수 있는 소지를 갖고 있다. 미국에 한정하더라도 2003~2004년에 걸쳐 과학적 발견을 조작한 사례가 50퍼센트나 증가하였고, 2004년 한 해 동안 과학적 사기 혐의 때문에 연방기관에 보고된 연구는 270건이 넘었다는 통계가 있다. 그런가 하면 반대로, 양심적인 연구를 발표함으로써 정부와 기업으로부터 박해받는 과학자들도 드물게 존재한다. 대표적인 것의 하나가 1998년에 유전자조작 식품의 유해성을 입증한 연구를 발표했던 영국 과학자 아파드 푸스타이 박사의 경우일 것이다. 그는 하루아침에 일자리를 빼앗기고, 정부와 기업 소속 과학자들에 의해 쏟아지는 비난과 오명에 직면해야 했던 것이다. 이것이 현대 과학연구를 둘러싼 환경의 실상이다.

더욱이 오늘날 생명공학을 비롯한 이른바 첨단과학 연구는 그것이 과연 인류의 장래에 축복이 될지, 저주가 될지 모르는 매우 불확실한 '도박'인 경우가 대부분이다. 우리는 기후변화나 수많은 환경문제를 포함한 현재 인류사회가 직면한 난제들이 과학기술의 발전으로 해결될지도 모른다는 막연한 기대를 품고 있지만, 실은 이 대부분의 문제들이 본래 근대적 과학기술로 해서 생겨난 문제들이라는 것을 간과해서는 안된다. 그러니까, 문제의 원인을 가지고 문제의 답을 찾겠다는 어리석음을 지금 우리는 범하고 있는지 모르는 것이다.

아마도 한국사회가 유독 이런 어리석음에 깊이 빠져 헤어나지 못하고 있는 가장 중요한 이유는 그 과학기술이 원래 서양에서 유래한 것이기 때문인지 모른다. 우리들 대다수가 거의 예외 없이 갖고 있는 서양 혹은 서양적인 것에 대한 깊은 콤플렉스는 이른바 한국사회의 '발전'의 동력이 되어왔다고도 할 수 있겠지만, 동시에 그것은 나날이 심화되는 우리의 삶과 정신의 빈곤화와 황폐화의 주요 원인이 되고 있다고 해야 옳을 것이다. 생각해보라. 세계화와 개방화라는 이름으로 이토록 광적으로, 철저하게 민중의 자립적·자치적 생존의 토대를 파괴하고 있는 나라가 있는가.

황우석 사태를 둘러싼 온갖 희비극의 근원에는 오늘날 우리들의 삶을 근원에서 망가뜨리고 있는 온갖 모순과 어리석음과 탐욕이 자리잡고 있음은 길게 말할 필요가 없다. 그러나 정말 용서할 수 없는 것은 수천 년 동안 민중생활의 안정적인 기반이 되어왔던 농사(農事)와 농촌공동체를 방기하고, 윤리적으로 의심스러울 뿐만 아니라 그 현실적 가능성도 모호하기 짝이 없는 소위 첨단과학 기술의 발전에 한 사회 전체의 운명을 거는 데 주저하지 않는 이 나라 권력엘리트들의 끝도 없는 무지와 무책임이다. 황우석 사태는 표면적으로 조만간 일단락되겠지만, 그러나 그 사태의 근원에 가로놓인 좀더 심층적인 요인들은 계속해서 우리들에게 악몽으로 남아 있을 공산이 크다.

(제86호, 2006년 1-2월)

한미FTA와 민주주의의 위기

한미FTA 협상 문제로 번뇌의 나날이 계속되고 있다. 이 협상의 중단을 요구하는 목소리가 나라 곳곳에서 다양한 형태로 터져나오고 있음에도 불구하고, 정부는 조속한 협상타결을 천명한 당초의 결심을 재고할 마음이 전혀 없는 것으로 보인다. 하기는 협상이 개시되기도 전에 소위 4대 선결조건이라는 것을 미국 측에 양보해버림으로써 정작 협상 테이블에서 써먹을 '카드'를 처음부터 내팽개친, 이해하기 어려운 우행(愚行)을 범하면서까지 서둘러 협상을 시작한 정부가 지금에 와서 한미FTA를 우려하는 비판적 목소리에 귀를 기울이리라고 기대하는 것은 어리석은 일인지 모른다.

실제로, 대통령은 지난 8·15 기념행사에서 다시 한번 이 문제를 거론하면서, 대화와 타협의 정신을 발휘하여 뜻을 하나로 모아줄 것을 국민들에게 호소하면서도, 정작 자기 자신은 대화와 타협을 위한 선행조건, 즉 자신의 것과 다른 의견을 경청하려는 자세를 조금도 보여주지 않고 있다. 지금 정부나 대통령이 기회 있을 때마다 내놓고 있는 협상의 명분, 즉 개방하면 살고, 쇄국하면 죽는다는 이분법적인 논리만 하더라도 그렇다. 대외의존도가 70퍼센트나 될 정도로 이미 과도히 개방되어 있다고 할 수밖에 없는 한국 경제의 현실을 두고, 새삼스럽게 개방이냐 쇄국이냐 하는 것은 실소를 자아낼 만큼 어이없는 논리이다. 그런데도

되풀이하여 그런 주장을 하고 있다는 것은 결국 이 시점에서 한미FTA
가 왜 필요한지 다수 국민들을 설득할 수 있는 정당한 논리가 지금 정
부에는 결여되어 있음을 뜻하는 것일 것이다.

　주목할 것은, 오랫동안 수출지향 경제성장만이 살길이라면서 대중을
끊임없이 설득해온 주류 경제학의 입장에서도 현재 정부가 빠른 속도
로 추진하고 있는 이 협정을 통해서 얻을 수 있는 실익이 과연 무엇인
지 계산해낸다는 것이 쉽지 않다는 점이다. 이것은 한미FTA의 필요성
을 정당화하기 위해 작성된 정부기관 연구소의 문건에서도 인정된 사
실이다. 그리하여, 이 협정이 대다수 한국인들에게 구체적으로 어떤 혜
택과 이익을 가져다줄 것인가를 친절하게 설명하는 대신에 정부는 한
국 경제의 새로운 '성장동력'을 위해서 세계 최대 시장인 미국과의 '자
유무역협정'이 꼭 필요하다는 추상적인 주장을 슬로건처럼 반복하고
있다. 그러면서 때로는 이 협정으로 인한 경쟁을 통해서 한국의 서비스
산업이 미국의 수준으로 '업그레이드'될 가능성에 대한 맹목적인 믿음
을 토로하면서, 외부로부터의 '충격'에 의한 '개혁'을 언급하기도 한다.
그러나 외부적 충격요법에 의한 개혁이라고 하지만, 현실적으로 대다수
한국인들에게 그 개혁은 결국 '구조조정', 즉 해고, 실직, 혹은 비정규
직의 항구화, 아니면 파산으로 귀결될 공산이 오히려 높다는 것이 좀더
근거 있는 예측이라고 해야 할 것이다. 어떤 방송 프로그램에 출연한
대통령이 스크린쿼터의 축소에 대해 우려를 표명한 한 영화인을 향하
여 "그렇게도 자신이 없느냐"고 반문했다든지, 국회의원들과의 간담회
에서 "우리 국민은 신의 손을 가졌기 때문에 위기를 쉽게 극복할 것으
로 믿는다"라고 말했다든지 하는 것은 단순히 자신감의 표출이라기보
다는 내심으로는 대통령 자신도 한미FTA가 다수 국민들에게 시련을 가
져다줄 것이라는 것, 그리고 나아가서 이 협정이 한국사회로서는 모험
이며, 혹은 심지어 도박일 수도 있다는 것을 스스로 인정하고 있음을

자기도 모르게 드러냈다고 할 수 있다.

이 협정의 본질적 성격으로 보거나, 다른 국가들의 경험으로 보거나, 미국과의 FTA가 일단 타결, 시행된다면 그것은 극소수 상위계층을 제외하고 대다수 국민들의 생활기반을 뿌리로부터 흔들어버리고, 장기적으로는 이 땅의 생태적 토대에 치명적인 훼손을 가할 것이라는 것은 그동안 이 문제를 깊이 천착해온 비판적인 학자, 지식인, 전문가들의 공통된 의견이다. 그렇다면, 명색이 민주주의국가라면 대다수 국민들의 생활에 어떤 식으로든 심대한 영향을 끼칠 것이 분명한 이 협정을 왜 맺어야 하는지, 주권자인 국민에게 상세히 설명하고, 현재 제기되어 있는 비판적인 의견이나 반론들에 대해서는 성실히 대답해야 할 책임이 정부에 있다는 것은 말할 필요가 없는 일이다. 하지만, 지금까지 정부가 내놓은 것은 도저히 책임있는 설명이라고는 할 수 없는 막연하고 앞뒤가 맞지 않는 궁색한 논리, 자료조작, 기만, 그리고 무조건 정부를 믿어달라는 투의 공허한 대국민 홍보용 슬로건뿐이다.

그러나, 무엇보다 우려할 만한 사태는, 처음부터 지금까지 정부가 협상을 시작한 이유와 협상 내용과 그 진전 상황에 대한 정보를 일반 국민에게는 말할 것도 없고, 농민 및 노동자 단체를 포함한 이해 당사자들에게, 그리고 심지어 국회의원들에게까지도 공개하지 않고 있다는 점에 있다. 생각해보면, 한미FTA의 타결 여부보다도 근본적으로 더 중요한 것은 이와 같은 비밀주의가 허용되고 있다는 상황일 것이다. 이 상황은 주권자인 국민이 자신의 운명을 결정하는 일에 주체로서 참여하는 것이 원천적으로 봉쇄되어 있다는 것을 뜻하는 것 외에 아무것도 아니다. 한미FTA는 일단 협정이 타결된 이후의 현실적 결과로서만이 아니라, 그 협상의 시작과 과정에서 이미 민주주의와 양립할 수 없는 자신의 정체를 이렇게 드러내고 있는 것이다.

한미FTA가 민주주의와 양립할 수 없을 뿐만 아니라 결정적으로 반민중적인 것일 수밖에 없다는 것은 이 협정으로 인한 사회적 양극화 현상의 심화를 짐작해보면 쉽게 이해할 수 있다. 물론 정확히 예견하는 것은 어려운 일이긴 하나, 대기업, 금융자본가, 관료, 정치가, 소수 언론기업, 소위 고급 전문직 종사자들은 대체로 한미FTA의 수혜자가 될 가능성이 높은 반면, 대부분의 노동자, 농민, 중소상공인, 자영업자들을 포함하여 이 나라의 다수 대중을 구성하고 있는 사회적 약자들은 속절없이 피해자가 될 수밖에 없을 것임은 거의 틀림없는 일이다. FTA가 아니라도 이미 몰락 직전에 있는 이 나라 농민들의 형편에 대해서는 더 길게 말할 필요가 없을 것이다. 이제 한국에서 소농 혹은 가족농에게 미래가 허용되어야 한다고 생각하는 정책결정자들은 거의 존재하지 않는다. 노동자들의 권리도 현저히 약화될 가능성이 크다. 노동자들의 처지가 어떤 식으로 될 것인지는 가령 "한국 기업들이 자유롭게 해고를 할수 있도록 한미FTA가 필요하다"라고 말한 것으로 보도된 주한미국상공회의소의 한 임원의 발언에 담겨 있는 의미를 생각해보는 것으로 충분하다. 주한 미국인 사업가의 이와 같은 말 한마디 속에는 어쩌면 국민적 여론에 아랑곳없이 한미FTA가 왜 이렇게 급박하게 추진되고 있는지그 진정한 사연이 숨어 있는지도 모른다.

상품과 자본의 국경 간의 자유로운 이동을 보장한다는 자유무역협정이란 본질적으로 기업과 투자자들의 무제한적인 이윤추구를 위한 자유를 말하는 것일 뿐이라는 것은 오늘날 세계무역의 현실에서는 자명한일이 되었다. 이 협정이 효력을 발휘하고 있는 체제 속에서 자본과 상품과 일부 전문가들의 이동은 자유롭지만, 노동자를 포함한 하층민들의국경 간 이동은 철저히 제한되어 있다는 것도 이 체제가 누구를 위한것인가를 단적으로 말해주고 있다. 요컨대, 오늘날 신자유주의적 세계경제 체제하의 자유무역 질서라는 것은 다국적기업과 금융자본이 자본증식의 극대화라는 목적을 위해서 세계의 어느 곳이든 자유로이 투자,

이윤을 추구할 권리를 누린다는 것을 뜻하는 한, 이 체제의 확대 속에서 자연자원과 사회적 약자 혹은 토착민들에 대한 이용, 수탈, 착취가 갈수록 강화되는 것은 필연적이다. 자본은 가장 임금이 싸고, 공공정책이 허술하고, 환경규제가 불철저한 지역을 겨냥하게 마련이고, 그 과정에서 다른 지역, 다른 나라로 자유로이 이동할 수 없는 토착민이나 노동자들은 살아남기 위해 서로 경쟁하며, 거의 강제노동에 가까운 노역을 강요당하거나 불법이민자가 되는 수밖에 없고, 동시에 지구환경은 갈수록 생명이 살 수 없는 불모지로 변하고 만다. 자본증식, 주주가치의 극대화라는 논리가 절대적인 우선권을 갖고 있는 이 상황에서는 지구온난화로 인한 환경위기나 혹은 다가오는 석유생산 정점에 관련한 에너지 위기, 세계경제와 문명이 직면한 위기를 경고하는 끊임없는 목소리들도 그저 무의미한 소음에 지나지 않는다. 아마도 오늘날 세계경제의 지배자들은 아프리카 사람들이 다 죽어버린다 하더라도 상관없다고 생각하고 있는지도 모른다.

다자간이든 쌍무적이든 자유무역협정의 결과로, 확실히 수출이 늘고, 국가총생산(GNP)이 증대하는 것은 사실일 것이다. 그리고 현대 국가들의 종교가 된 경제성장률에도, 또 고용증대에도 그것은 기여하는 바가 있을지 모른다. 하지만, 우리가 정말 기억하지 않으면 안될 것은, 이 모든 경제적 효과에도 불구하고, 소위 자유무역과 개방정책으로 인하여 실질적으로 세계의 풀뿌리 민중의 운명이 다소나마 개선되었다는 것을 보여주는 증거는 어디에서도 찾아볼 수가 없다는 점이다. 오히려 부유한 계층은 더욱 부유해지고, 가난한 사람들은 더 가난해졌다는 것을 보여주는 통계와 일화들만이 넘쳐날 정도로 존재하고 있다. 인도에서는 지금 해마다 수만 명의 농민이 자살을 하고 있고, 나프타(NAFTA) 협정 이후 멕시코에서는 농민들의 다수가 농사를 포기하고, 도시빈민으로 전락하거나 미국으로 탈출, 불법이민자가 되고 있다는 것은 잘 알려진 이야기이다. 이런 사정은 나프타 이후 사회보장정책이 축소되고 노숙자가 크게 증가한 캐나다에서도 예외가 아니다. 또 자유무역협정의 성과로 흔히 일자리가 늘었다고 선전되고 있는 미국에서도 좀더 세밀히 보면 그 대부분의 일자리는 비정규직이거나 임시직일 뿐만 아니라, 전체 인구에서 빈곤층으로 전락하는 중산층이 증가하고 있다는 사실도 간과할 수 없는 현상이다.

그러니까, 여기서 다시 물어보아야 할 것은 설혹 국가경제가 좀더 부유해졌다고 해서 풀뿌리 민중들의 생활현실의 진상이 이렇다면 그 '부(富)'라는 게 과연 무슨 의미가 있는가 하는 것이다. 오스트레일리아의 역사학자 개번 매코맥은 일찍이 "부강한 국가, 가난한 국민"이라는 인상적인 말로 경제대국 일본의 현실을 요약함으로써, 그 경제적 번영이 실은 '공허한 낙원'을 낳았을 뿐이라는 것을 통렬히 지적한 바 있지만, 이것이 일본만의 이야기가 아니라는 것은 더 말할 것도 없다.

그러나, 오늘날 자유무역 논리가 지배하는 현실에서 세계의 다수 민중의 삶이 가혹한 시련을 겪고 있는 것은 단순히 그들에게 개발과 발전의 열매가 공평하게 주어지지 않는다는 점에서 나오는 것만은 아니다. 그것보다는 오히려 자유무역체제하의 무자비한 경쟁논리 밑에서 민중의 오랜 삶을 지탱해온 온갖 종류의 공동체적 상호부조의 관계망이 돌이킬 수 없이 파괴되어버린다는 데에 재앙의 핵심이 있다고 할 수 있다.

멕시코의 저명한 비판적 지식인, 구스타보 에스테바는 멕시코 정부 고위직에서 일하고, 멕시코대학의 교수를 지낸 경력도 있는 사람이다. 그러나 그는 엘리트의 삶을 일찍 포기하고, 멕시코의 심장부라 할 수 있는 오악사카주에 있는 자신의 고향으로 돌아와 농민들과 어울려 살면서, 경제성장과 개발논리의 압력 밑에서도 아직도 대체로 오래된 관습과 생활양식을 유지하면서 살아가고 있는 토착농민들의 '우애와 환대에 토대를 둔 삶'을 옹호하는 데 지식인으로서의 생애 대부분을 바쳐왔다. 그는 토착농민들의 삶을 지배하고 있는 것은 돈의 논리가 아니라 어디까지나 우애와 환대의 원리임에 주목하고, 이러한 생활원리가 가령 서구 근대의 핵심적인 가치 중의 하나인 관용(tolerance)과 어떻게 근본적으로 다른지 설명한다. 그에 의하면 관용은 약자나 소수자에 대한 강자의 너그러움의 표시이다. 그것은 약자나 소수자가 강자가 지배하고 있는 기성의 질서에 위협이 될 가능성이 있다고 생각될 때는 언제든 돌변할 수 있는 덕목이다. 따라서 관용은 근본적으로 불관용의 다른 이름에 불과하다는 것이다. 이에 반해서, 비서구 세계 토착민들의 삶을 오랫동안 특징지어온 환대(hospitality)의 원리는 아무런 대가를 바라지 않고 타자에게로 향하는 존경과 포용이다. 따라서 타자는 단지 베풂의 대상이 아니라, 타자를 포용하는 사람 자신의 삶을 풍부하게 만드는 데 없어서는 안될 동반자이다. 그런 바탕 위에서 토착민들의 삶은 서구적 개인주의와는 거리가 먼 공생공락의 삶을 성립시켜온 것이다.

환대라는 토착민들의 생활원리가 구체적으로 어떻게 작용하는가를 보여주는 하나의 예로서 에스테바는 이 마을에 가령 살인사건이 발생했을 때의 마을사람들의 대응방식을 묘사한다. 일단 살인사건이 일어나면, 마을사람들이 가장 먼저 하는 것은 사람을 죽인 사람을 "큰 나무 같은 곳에 결박하여" 일단 격리시킨다는 것이다. 이렇게 하는 것은 그를 징벌하기 위한 것이 아니라, 살인을 저질렀으므로 "극도의 흥분상태에 있어" 혹시 자살이나 자해를 할지도 모르기 때문에 그를 "진정시키기 위한" 것이다. 그러고는 마을의 원로들이 모여서 이 사람을 어떻게 할 것인지를 의논한다. 결론은 대체로 징벌이 아니라, 살인이라는 엄청난 죄를 범한 결과로 위축될 대로 위축된 이 사람을 어떻게 하면 다시 마을생활 속으로 자연스럽게 복귀시킬 것인가 하는 쪽으로 난다. 그 결과 얼마 동안 마을에서 떨어져 살게 한 다음에 돌아와서 자기가 죽인 사람

194

의 가족의 생계를 책임지도록 한다는 것이다.

이른바 근대 문명사회의 사법적 정의에 익숙해져 있는 사람들로서는 상상도 할 수 없는 이 흥미로운 이야기는 오늘날 '선진국'이 되기 위해서 오래된 삶의 흔적을 가차 없이 지워버리고 있는 한국사회의 대책 없는 어리석음을 돌아보지 않을 수 없게 한다. 그 이야기는 우리들에게 어떤 사회가 진실로 선진사회이며, 후진사회인지 다시 근원적으로 물어볼 것을 요구하는 것이다.

그러나, 유감스럽게도, 멕시코 토착농민들의 이러한 우애와 환대의 문화도 조만간 사라질 운명에 처해 있다. 그렇다는 것은 특히 나프타 이후 미국으로부터 물밀듯이 쏟아져 들어온 값싼 옥수수 때문에 멕시코 농민들의 옥수수 농사 기반이 붕괴되고 있기 때문이다. 옥수수 농사는 전통적으로 멕시코 농민사회의 생존과 문화의 핵심적 요소였다. 그 농사가 망하면 농민문화의 소중한 전통도, 농민들의 상부상조와 공생공락의 기반인 삶터도 더이상 지속될 수 없다는 것은 자명한 일이다. 전쟁만이 문제가 아니다. 자유무역이라는 그럴듯한 논리 밑에서 오늘의 세계경제는 이렇게 민중의 자립적, 자치적 생활의 근거 자체를 유린해 버리고 있는 것이다.

한미FTA는 기왕의 다른 다자간 혹은 쌍무적 자유무역협정의 연장에 있는 것이면서 동시에 예외 없는 개방을 강력히 요구하는 가차 없는 '포괄성'으로 인해서 한국의 사회와 문화와 제도와 관습에 미칠 충격은 예측하기 어려울 정도로 가혹한 것이 될 것임에 틀림없다. 그러나 가장 두려운 것은 오늘날 세계를 벼랑 끝으로 몰아가고 있는 신자유주의적 세계화의 지배에 저항하여 인간다운 삶의 양식을 회복하고자 하는 여러 다양한 시도들이 한미FTA라는 새로이 추가된 폭력에 의해서 속절없이 꺾여질지도 모른다는 어두운 전망이다.

따지고 보면, 미국문화를 규범으로 삼고, 미국적 생활방식을 선망한 나머지 미국과의 경제통합이 우리의 살길일지도 모른다고 맹목적으로 믿도록 세뇌되어온 이 사회에 만연되어 있는 대중적 환상이야말로 문제의 근원인지도 모른다. 우리가 모두 알고 있듯이, 실로 오랫동안 한국사회를 지배해온 것은 미국을 모델로 하는 근대화론과 성장논리였던 것이다. 그러나 우리는 미국적 문화, 생활방식은 세계평화와도, 민주주의와도, 지구의 건강과도 양립할 수 없는 본질적으로 낭비와 수탈을 구조화하고 있는 체제, 즉 근원적인 의미에서 범죄적인 체제라는 사실을 결코 잊어서는 안된다. 지금 세계는 전쟁과 빈부격차, 그리고 무엇보다 환경위기로 크나큰 위기에 처해 있다. 이런 위기상황을 극복하는 데 아마도 가장 큰 책임이 있다고 할 수 있는 미국은 최강국으로서의 지도력을 발휘하기는커녕 자폐적인 이기주의에 갇혀 끊임없이 약자를 괴롭히고, 세계의 평화와 안정을 어지럽히고, 지구의 생태적 지속성을 위태롭게 하고 있다는 것은 우리가 다 알고 있는 사실이다. 현재 세계의 수많은 불행과 재앙은 이러한 미국의 '왜소화'에서 연유한다고 할 수 있다. 이라크 파병을 결정할 때와 같은 근시안적인 사고방식으로 한미FTA가 결정되어서는 안된다. 이라크 전쟁은 간단히 말하여 미국에 의한 침략전쟁이며, 따라서 이라크 사람들의 ─ 나아가서 나머지 세계의 사람들 모두의 ─ 눈에 비친 한국군은 자기들을 도와주려고 온 군대가 아니라 침략자의 동반자일 뿐이라는 엄연한 사실은 어떤 레토릭, 어떤 합리화로도 변경되지 않는다.

경제학자 우석훈 씨는 《한미FTA 폭주를 멈춰라》(2006)에서, 한미FTA의 문제는 단순한 경제학의 문제가 아니라, 한국사회가 어떤 사회를 지향해야 할지를 논의하는 가운데서 결정되어야 할 기본적으로 '철학적'인 문제라고 말하고 있다. 지금은 근본적인 방향전환이 시급한 때이다. 우리는 우리 자신이 인간답게 살 수 있는 근본조건이 어디까지나 연대와 협력의 인간관계에 있지, 결코 자본의 논리에 대한 충성에 있지 않다는 것을 일상적으로 체득할 수 있는 좀더 윤리적이고, 좀더 생태적으로 건강한 사회로 나아갈 필요가 있다.

(제90호, 2006년 9-10월)

사상누각의 꿈 ─ 한미FTA가 가져올 재앙

6월항쟁 20주년을 맞이하여 수많은 기념행사와 토론회가 열리고 있다. 20년 전 이 무렵 우리 사회는 불완전하게나마 어떻든 군사독재체제를 종식시키는 데 성공하였고, 그 후 우여곡절을 거듭하면서 민주적 직접선거에 의한 정권교체를 되풀이하면서 지금에 이르렀다. 그러므로 이 시점에서 '민주화 이후'의 민주주의 역사 20년을 돌이켜보고 기념한다는 것은 지극히 자연스럽고, 또 마땅히 그래야 할 일이라는 것도 분명하다.

그런 의미에서 당연히 축제의 분위기가 되어야 할 이 시점에서 또다시 민주주의가 심각한 위협에 직면하고 있는 것을 보는 우리의 심정은 참으로 착잡하다. 거의 틀림없이 이 나라 민초들의 삶에 심대한 영향을 끼칠 한미FTA를 타결하는 과정에서 단 한 번도 그 민초들의 의견을 들어보려고 하지 않던 정부는 결국 6월의 마지막 날 미국에서 협정 체결을 완료하고 말았다.

한 노동자의 분신 사태까지 유발하고, 격렬한 이의(異議) 제기와 항의의 목소리들을 계속하여 철저히 무시하면서, 대통령은 엊그제 또다시 해외교포를 상대로 한 연설에서 "개방하면 모든 게 잘될 것"이라는 자신의 '믿음'을 천명하였다. 현대국가란 가능한 한 엄밀하고 과학적인 사태파악과 정당한 절차와 여론수렴을 통해서 합리적인 정책을 만들고 그것을 수행하기 위한 방대한 인적·물적 조직체라고 정의할 수 있다. 그런데 그러한 현대국가를 이끌도록 위임받은 지도자가 자신의 개인적인 '감(感)'과 '믿음'에 의해 중차대한 국가정책을 결정하였노라고 주저 없이 고백하고 있는 것이다. 우리는 이 사태를 어떻게 받아들여야 할 것인가.

이러한 어처구니없는 사태가 전개되고 있는 상황에서, 다가오는 대선을 앞두고 대통령이 되겠다고 나선 사람들이 보여주는 무지와 무관심은 더욱 기막히다고 하지 않을 수 없다. 민주노동당 후보들을 제외하고 지금 소위 유력 정당이나 정파의 후보들이라고 알려진 인물들 가운데 과연 한미FTA라는 협정문에 무엇이 씌어 있는지 제대로 공부한 사람이 있다고 할 수 있을까. 최근에 《한미FTA 핸드북》을 쓴 통상법 전문가 송기호 변호사의 간명한 말을 빌리면, 한미FTA는 한국이라는 국가의 '패퇴'를 선언하는 조약문서이다. 특히 이 협정문의 '투자자-국가 직접소송제'에 관한 규정에 의해서 앞으로 적어도 한국에서는 국가주권의 행사에 해당하는 공공정책을 포함한 거의 모든 공익성 사업이 극도로 위축되고, 오로지 투자자의 사적 이익이 절대적인 우선권을 차지하게 된다는 것은 그동안 끊임없이 지적되어온 사실이다. 그렇게 된다면 모든 것은 시장의 자유경쟁 논리에 맡겨질 뿐 사실상 국가는 할 일이 없어질 게 분명하다.

한미FTA가 한국만이 아니라, 미국에도 적용될 터이니까, 그리 크게 우려할 필요가 없을 것이라고 생각하는 사람들이 반드시 챙겨 보아야 할 문제가 있다. 즉, 그것은 앞으로 이 협정에 의해서 전개되는 상황이 거의 일방통행적인 것이 될 가능성이 높다는 점이다. 왜냐하면 한미FTA에는 "장차 한국이 관련 법률을 개정하겠다는 것을 약속하는 내용 혹은 양국의 의회의 승인을 얻겠다는 내용의 조항들"이 포함되어 있는 반면에(송기호, 《한미FTA 핸드북》, 녹색평론사, 2007, 67쪽), 지금까지 미국이

다른 국가들과 체결한 FTA의 선례에 따라 다음과 같은 미국 의회에 의한 '한미FTA 이행법(履行法)'이 따라붙을 것이 확실하기 때문이다.

어떠한 미합중국 법률과 일치하지 않는 FTA의 그 어떠한 조항 또는 그 적용은 어떠한 미국인에게든, 어떠한 상황에서든, 무효이다. 미국 주(州)의 법률의 조항이나 그 적용이, 미합중국이 제기하는 절차를 제외하고는, FTA와 일치하지 않는다는 이유로 어떠한 미국인에게든, 어떠한 상황에서든, 무효로 선언될 수 없다(북미FTA 이행법 102조, 미국-칠레 FTA 이행법 102조, 미국-싱가포르FTA 이행법 102조, 미국-호주FTA 이행법 102조).

— 송기호, 같은 책, 68쪽

실질적으로 국민을 위해서, 혹은 공익을 위해서 중앙정부든 지방정부든 제대로 된 일을 할 수 없게 만든다는 의미에서 한미FTA는 사실상 국가주권을 박탈하는 조약이라고 할 수밖에 없는 것이다. 그럼에도 불구하고, 지금 소위 유력 대선 후보들은 이런 문제에는 전혀 주의를 기울이지 않고, '대운하'니 '열차페리'니, 혹은 '대통합'이니 '소통합'이니 하는 허망한 공약이나 자기들만의 무의미한 정치공방에 골몰해 있을 뿐이다.

하기는 그들이나 그들을 에워싼 사이비 전문가, 지식인들만의 이야기가 아니다. 무엇보다도 이 나라의 민주주의를 위협하고, 풀뿌리 민중의 자립, 자치, 자율적인 삶의 가능성을 가로막는 세력에 관해 말할 때 우리가 오늘의 주류 언론을 빼놓을 수는 없다. 한미FTA 반대를 위해 단체행동에 나선 최근의 금속노조 노동자들의 파업에 대하여 이 사회의 주류 매체들이 정부와 한목소리가 되어 보여준 신경질적인 반응은 그들의 본심이 무엇이든 그것이 결코 민주주의에 대한 관심은 아니라는 것을 단적으로 드러내었다.

정부와 언론은 금속노조의 파업결의에 대해 합법적인 노동쟁의가 아닌 정치파업은 용납할 수 없다고 엄포를 놓고, 한미FTA로 인해 오히려 이익을 볼 자동차기업 노동자들이 한미FTA를 반대한다는 것은 이해할 수 없다는 식의 주장을 폈다. 과연 자동차 자본이 아니라 자동차기업 노동자들이 한미FTA의 수혜자가 될 수 있는지는 논외로 하고, 사람이 자신의 좁은 이해관계를 넘어 행동할 수 있는 가능성 자체를 의심하는 이러한 논조는 인간성에 대한 근원적인 편견과 무지, 몰이해에 수반되어 있음이 확실하다. 그뿐만 아니라, 노동자의 단체행동을 임금인상이나 직접적인 노동조건의 개선 등 매우 좁은 의미의 경제주의 투쟁으로 국한하여 왜소화하면서, '정치파업'을 사갈시(蛇蝎視)하는 정부와 언론의 논리도 매우 위험한 것이라고 하지 않을 수 없다. 왜냐하면 거기에는 현대 민주주의국가 존립의 기반이라고 할 수 있는 민중의 정치적 표현의 권리를 부정하고, 소위 엘리트들에 의한 권력독점을 합법화하려는 음험한 기도가 들어 있기 때문이다.

우리가 결코 잊어서는 안될 것은 오늘날 약육강식의 논리를 구조적으로 강요하고 있는 자본주의사회에서 날로 심화되는 경제력의 격차는 사실상 민주주의의 필수적인 요건인 평등한 사회적 관계의 수립을 갈수록 어렵게 하고 있다는 점이다. 이것은 우리 모두가 너무나 잘 알고 있는 기초적인 사실이다. 삼권분립이 제도적으로 구비되어 있다고 해서 민주주의가 제대로 기능하는 것이 아니다. 오늘날 이 나라의 밑바닥 백성들에게 4년 내지 5년마다 투표를 할 수 있는 권리가 주어져 있다고 해서 이들이 그들 자신의 운명을 결정하는 중대한 정치적·정책적 결정에 참여할 수 있는 길이 열려 있다고 할 수 있는가. 단적으로 이 나라의 민초들에게 과연 엘리트집단에게 만큼의 정치적 발언권이 허용되고 있는가.

민주주의는 몇몇 제도로서 완결되는 것이 아니고, 어떤 단계에 이르러 완성되는 것도 아니다. 그것은 계속해서 돌보지 않으면 죽어버리는 생명과 같은 것이라고 할 수 있다. 그러므로 민주주의는 끊임없이 원점에서 다시 시작되고, 순간순간 되풀이하여 쟁취되는 것일 수밖에 없는 것이다. 따라서 엘리트에 의한 권력독점 현상이 구조적으로 강화되기 쉬운 오늘의 상황에서는 민주주의의 생명은 풀뿌리 민중이 얼마나 자주, 얼마나 많이 거리로 나오느냐 하는 것에 달려 있음이 분명하다. 정말로 살아있는 민주주의를 위해서는 민중이 자신의 정치적 권리를 정당하게 요구하고, 그들의 민주시민으로서의 의견을 자유롭게 개진하는 것이 허용되고 있느냐 없느냐가 결정적인 요인이라고 하지 않을 수 없는 것이다.

한미FTA를 통해서 풍요로운 선진사회로 갈 수 있는 길이 열렸다는 정부와 주류 언론의 일방적인 주장에 우리가 우리의 운명을 맡겨놓을 수는 없다. 오늘의 지구사회와 생태계가 처한 현실을 고려할 때, 그들이 말하는 그러한 선진사회가 과연 도래할지도 극히 의심스럽지만, 설령 그런 미래가 온다 한들 그것은 그들의 미래이지 우리들의 미래는 아니다. 여기서 우리들이라고 하는 것은 가장 마지막까지 이 땅에서 살면서 함께 일하고 사랑하고 미워하며, 자식을 낳고, 기르며, 죽어갈 이 나라의 풀뿌리 민중을 말하는 것이라는 것은 더 말할 필요가 없다.

우리들 모두에게 한미FTA가 가져다줄 것은 장밋빛 미래이기는커녕 나락(奈落)이기 쉽다. 왜냐하면 한미FTA는 무엇보다도 공생의 삶을 위한 토대 중의 토대라고 할 수 있는 농민과 그들의 공동체를 가차 없이 사멸시키고자 하는 기도이기 때문이다. 간단히 말하면, 한미FTA는 소수 특권층의 배타적인 치부(致富)를 위하여 만인의 삶을 망가뜨리려는 야만적 논리의 결정판이며, 궁극적으로 그것은 그 소수 특권층의 누각(樓閣)도 사상누각으로 만들어버릴 공멸의 논리이다.

지금 우리에게 긴급히 필요한 것은 우리가 기어코 이러한 공멸의 논리를 넘어갈 수 있다는 신념과 용기와 희망일 것이다. 그리고, 말할 필요도 없이, 그러한 신념과 용기와 희망은 우리들 자신의 협동적 연대의 그물 속에서만 발견될 수 있을 뿐이다.

(제95호, 2007년 7-8월)

II

용산 참사가 알려주는 진실

이것이 인간의 나라인가?

이른바 민주사회에서 이름 없는 소시민들이 자신의 재산과 삶을 지키기 위한 처절한 싸움 끝에 불에 타죽는 끔찍한 일이 발생한 지 한 달이 넘었는데도, 국가권력은 단 한마디의 사과도, 납득할 만한 진상조사도, 재발 방지를 위한 어떠한 적극적인 방책도 내놓지 않고 있다. 오히려 권력은 온갖 억지 논리를 펴면서, 희생자들의 '폭력성'을 탓하고, 애매한 사람들만을 구속하면서 '질서'니 '법치'니 하는 공허한 말만 되풀이하고 있다. 희생자들의 원혼을 달래기 위한 시민들의 추모집회는 경찰에 의해 번번이 봉쇄되었고, 급기야 추모집회에 참석한 유족이 구타당하고 심지어는 희생자의 영정마저 경찰의 구둣발에 짓밟히는 사태가 벌어지고 말았다.

이것은 이미 민주주의의 위기를 말할 상황이 아니다. 이것은 우리가 과연 '인간의 나라'에 살고 있는지 어떤지를 물어보아야 하는 상황이다. 어쩌다 사태가 이런 기막힌 지경에까지 이르렀을까.

'용산 참사'를 둘러싼 핵심적인 의혹 사항의 하나는 멀쩡한 보통 시민들에 의한 농성 현장에 왜 경찰특공대가 투입되었으며, 그것도 그토록 신속히 투입되었는가 하는 것이다. 특공대란 테러의 발발과 같은 긴급한 위난(危難)에 대응하기 위한 경찰조직이 아닌가. 경찰에 의한 과잉

진압을 정당화하기 위한 이런저런 말이 많지만, '망루 농성'을 시작한 '철거민'들을 경찰이 설마 테러범으로 보지는 않았을 것이다. 우리가 그 내용을 정확히 알 도리는 없지만, 지금 국가권력―그리고 그 배후에 있는 재벌―은 최소한의 생존권을 요구하는 보통 시민들의 어떠한 집단적인 시위도 용납하지 못할 만큼 다급히 쫓기고 있는지도 모른다. 사실 국가권력이 야만적인 폭력을 휘두를 때, 그것은 그만큼 그 권력이 허약하다는 것을 뜻하기 쉽다.

비록 선거에 의해 집권했다고는 하나, 처음부터 도덕적 권위라고는 없었을뿐더러, 기본적인 사회정의와 민주주의에 대해서도 관심이 없는 태도로 일관해온 정부는 오로지 '경제 살리기'라는 명분에 자신의 모든 것을 걸어왔다. 그러나 그 '경제'가 뜻대로 되지 않는다는 게 지금 이 정부와 그 지지자들의 고민일 것이다. 아마도 '경제'만 잘 풀렸다면, 원래 자신들에게 표를 주었던 유권자들의 계속적인 지지를 받는 데 문제가 없었을 것이라고 그들은 생각하고 있을 게 틀림없다.

그런데 문제는 그들이 지금 '선진화'라는 슬로건을 걸어놓고 추진하려는 경제회복 정책이라는 게 세계경제와 한국 경제를 지금과 같은 나락으로 빠뜨려온 바로 그 원리와 방식을 아무런 반성 없이 그대로 확대하는 것에 불과하다는 데 있다. 다시 말해서, 파멸의 원인을 가지고 파멸을 치유하겠다는 것이다. 그리하여 그들은 기득권층의 이익을 위하여 온 나라, 온 백성을 끝없이 유린하는 부동산 투기와 '토건경제'를 다시 살려내기 위해서 안간힘을 쓰고 있지만, 일시적인 성공이나 실패에 관계없이, 이것이 장기적으로 그들 자신도 포함하여 이 나라 전체의 운명에 괴멸적인 피해를 줄 것이라는 것은 말할 것도 없는 일이다.

들을 귀가 없는 사람들을 향하여 계속 말을 한다는 것은 부질없는 짓일지 모른다. 그러나 우리 자신이나 다음 세대가 살아가야 할 세상은 공생하지 않으면 공멸할 수밖에 없다는 것을 시사하는 징후들이 갈수록 짙어지고 있다는 것을 우리는 되풀이하여 말하지 않을 수 없다. 현재 공황의 초입에 들어선 상황은 그동안 우리의 삶을 근원적으로 유린하고 왜곡해온 경제논리를 철저히 반성할 것을 요구하고 있는 것이다.

자본주의경제는 기본적으로 사회적 약자와 자연에 대한 억압과 수탈없이는 지속될 수 없는 체제이다. 자본주의의 번영과 확대를 위해서 지난 수백 년간 무수한 민초들이 희생당했고, 자연이 끔찍하게 파괴되어왔다. 소수 특권계층을 제외하고, 세계 전역의 민초들에게 있어서 자본주의 문명은 가공할 테러이자 홀로코스트였다. 아메리카 대륙의 인디언 부족들이 거의 멸종되다시피 대량학살을 당하거나 밀림 속으로 쫓겨 피신하지 않을 수 없었던 사정은 아프리카의 무고한 젊은이들이 북미 대륙으로 끌려와 노예의 삶을 강요당하지 않을 수 없었던 사정과 정확히 같은 원인, 같은 메커니즘에 의한 것이었다. '용산 참사'는 이러한 끔찍한 비극이 역사 속으로 사라진 과거의 이야기가 아니라, 오늘도 끊임없이 변화된 형태로, 더욱 음험하게, 우리 자신이나 우리 이웃들의 삶터 한복판에서 언제라도 재현될 수 있다는 것을 단적으로 알려주고 있다.

지금 정말로 필요한 것은 진실로 인간을 위한 경제, 즉 경세제민(經世濟民)의 사상이다. 그 사상의 수립을 위해서는 자본주의의 야만성을 어쩔 수 없는 운명으로 받아들여온 우리 자신의 공범성(共犯性)을 냉정하게 들여다보는 노력이 시급히 선행되지 않으면 안된다.

지난 수십 년간 개발 혹은 재개발이라는 이름으로 무수히 많은 우리의 이웃들이 재산과 삶터를 강탈당하고 쫓겨나는 동안에도 우리는 대부분 수수방관하면서 살아왔다. 생각해보면, 철거민은 단지 거주지의 이동을 강요당하는 게 아니다. 철거를 강요당할 때, 그들은 공동체를 빼앗기고, 이웃들 간의 상호부조의 인간관계를 상실하고, 그 가난한 공동체에서만 가능했던 삶의 기쁨과 슬픔을 박탈당해야 했다. 마침내 용산에서는 목숨까지 잃어야 했다. 국가와 자본에 의한 이 야만적인 테러는 더이상 용납되어서는 안된다.

(제105호, 2009년 3-4월)

민주주의를 위하여 (1)

국가권력의 횡포가 점입가경이다. 이명박 정권이 지금 자신을 비판하는 목소리를 온갖 수단을 동원하여 억압하면서 내세우는 명분은 소위 '법치'의 확립이다. '법치'가 확립돼야 '선진국'이 될 수 있다는 것이다. 그런데 어느 선진국에서 도시재개발이라는 이름으로 서민들의 재산을 강탈하고, 심지어는 그 과정에서 무고한 인명까지 빼앗고도 국가권력이 단 한마디의 사과는커녕 오히려 희생자들을 가혹하게 몰아붙이는 사례가 있는가. 그리고 민주사회의 존속에 불가결한 언론, 집회, 표현의 자유라는 가장 기본적인 시민적 권리를 거침없이 유린하는 선진국이 도대체 어디에 있는가.

따져보면, 지금 실제로 법을 우습게 여기는 것은 국가권력 자신이라는 것은 누가 보아도 명백한 일이다. 대통령은 헌법을 수호하겠다고 엄숙히 선서하고 국가 최고지도자의 자리에 앉았음에도 불구하고, 그가 이끄는 정부에 의한 공권력 행사는 위헌적이라기보다는 완전히 헌법 자체를 비웃고 있다. 도대체 이 나라에 헌법이 존재하고 있다는 사실을 알고 있기나 한 정부인지 의심이 갈 정도로 이 정권의 헌법 무시 태도는 도를 넘어도 너무 넘어섰다.

원래 헌법을 위시한 모든 법률은 시민들의 행동을 옭아매기 위한 것이 아니라, 시민들의 민주적 권리와 자유를 제약하고자 하는 유혹을 받기 쉬운 국가권력을 경계하고 감시하기 위한 것이다. 주권재민(主權在民)을 천명하고 있는 헌법이라면 특히 그렇다고 할 수 있다. 간단히 말해서, 기본적으로 헌법은 정부에 대한ㅡ시민의 권리를 존중하라는ㅡ명령이다. 이 명령을 엄격히 지킨다는 전제하에서 비로소 국가권력은 국민들에 대하여 권위를 행사할 수 있는 자격을 얻는 것이다. 권력의 정당성은 단지 선거를 통해서 집권했다는 사실만으로 확립되는 게 아니다. 히틀러도 선거에 의해서 권력을 장악했다는 사실을 잊어서는 안된다.

그럼에도 불구하고, 작년 촛불시위 이후 시민들로부터의 비판적인 목소리를 온갖 말도 안되는 핑계를 대면서 전방위적으로 탄압하기 시작한 이명박 정권은 이제 강권통치에 깊이 중독되어버린 게 분명하다. 정부정책을 비판했다고 해서 방송국 피디와 기자와 작가들을 끝없이 괴롭히고, 그 과정에서 심지어 개인의 사적 영역에 속한 이메일까지 뒤적여 꼬투리를 찾아 그것을 공개하는 만행을 저지르고, 그것도 모자라 이제는 아무 법적 근거도 없이 시국선언 교사들의 목을 자르고, 그들의 사무실을 압수수색하는 무법천지의 상황을 조성하고 있다. 지금 이명박 정권은 시민들의 인격이나 자존심 따위에는 아무 관심이 없는 게 틀림없다. 그저 노예나 가축처럼 고분고분 순종하기를 바랄 뿐, 이를 거부하는 사람들은 그들의 눈에는 타도해야 할 적(敵)일 뿐이다. 어쩌다 이 지경이 되었을까. 어느새 이 나라가 노골적인 경찰국가로 전락해버린 이 기막힌 현실 앞에서 인간존엄성에 조금이라도 관심이 있는 사람이라면 분노와 슬픔과 깊은 좌절감 속에서 고통스러워하지 않을 수 없을 것이다.

역사적 선례로 볼 때, 이러한 권력의 횡포가 장기화되면 그 필연적인 결과는 권력 자신의 처참한 몰락일 것이지만, 또한 그 사이에 우리들의 삶도 크게 손상될 것임은 말할 것도 없다. 그런데, 이명박 정권이 지금 이렇게 자꾸만 자신의 묘혈을 파는 어리석음을 되풀이하는 이유의 하나는 시민들로부터 심각하게 고립되어 있기 때문일 것이다. 아마도 그 고립의 바탕에는 두려움이 있고, 그 두려움은 특히 작년 봄에서 여름까지 계속된 대대적인 촛불시위로 인한 영향인 듯하다.

사실, 작년의 촛불시위는 쉽게 설명할 수 없는 측면이 있었다. 무엇보다도 촛불시위를 통해서 시민들이 그 정당성을 부정해버렸던 정권 그 자체는 불과 몇달 전에 민주적 절차에 의해 합법적으로 선출된 권력이었다. 그 몇달 사이에 이명박과 이 나라의 보수권력층에 변한 것은 아무것도 없었다. 이들이 원래 도덕성이 결여된 정치세력이라는 것은 선거 전부터 잘 알려져 있었고, 그걸 알면서도 유권자들은 그들에게 정권을 맡겼던 것이다. 그래 놓고 나서 불과 몇달 후에 쇠고기 협상의 잘못을 이유로 그 정권에 대해 극도의 실망과 분노를 터뜨렸던 것이다.

물론 쇠고기 수입 문제가 작은 문제는 아니었다. 그것은 평범한 시민들의 생명과 건강권을 지켜주어야 할 국가의 의무를 방기한 사건이었다. 이것은 개탄할 만한 일이지만, 따져보면 사실 별로 놀랄 일도 아니었다. 미국산 쇠고기 수입 문제를 둘러싸고 보여준 정부의 태도는 이 정권과 정권을 떠받치는 보수세력의 뿌리 깊은 친재벌적, 친미 일변도 성향으로 미루어볼 때 충분히 예견된 사태였다.

그러니까 촛불시위가 왜 시작되었으며, 그 의미가 무엇인지를 파악하는 것은 이명박 정권의 이해력의 범위를 훨씬 넘어서는 일이었다. 그들 자신은 선거 때에 비해서 조금도 달라진 게 없는데, 시민들이 갑자기 왜 이러나 하는 기분이었을지도 모른다. 촛불이 한창일 때 대통령이 사과 아닌 사과를 두 번이나 한 것은 공포를 느꼈기 때문이지, 촛불의 의미를 이해했기 때문이 아닐 것이다. 그러기에 기회가 오자 즉시 전방위적인 탄압에 나섰고, 사실상 경찰국가체제의 수립에 열중하기 시작했던 것이다. 그럼으로써 이 정권은 더욱 고립을 자초하고, 고립 때문에 갈수록 더 포악해지는 악순환이 되풀이되어 왔다고 할 수 있다.

그러나 물론 그러한 심리적인 고립의 문제가 모든 것을 설명하지는 못한다. 중요한 것은 이 정권으로 하여금 다수 대중으로부터의 고립을 자초하지 않을 수 없게 하는 보다 근본적인 요인이다. 그것은 무엇보다 이 정권이 처음부터 숨김없이 드러내온 기득권 지향 정책기조이다. 우리가 다 아는 것처럼 이명박 정권의 정치적 기반은 기본적으로 이 나라의 뿌리 깊은 보수 기득권층이며, 이들의 이해관계에 충실하기 위해서 지금 정권이 집요하게 매달리고 있는 게 이른바 신자유주의적 경제논리인 것이다.

그런데 실은, 신자유주의는 이른바 민주정부 10년 동안에도 계속되어온 정책노선이었다. 김대중, 노무현 정부 역시 가장 효율적인 경제성장을 위한 불가피한 선택이라면서 신자유주의 정책을 적극적으로 받아들여 일관되게 추진해왔던 것이다. 본래 신자유주의란, 간단히 말해서, 대기업과 금융자본 중심의 기득권 세력이 자신들의 이익을 극대화하기 위해서 모든 공적 규제와 사회적 통제에서 벗어난 자유시장 경쟁시스템을 가장 철저히 관철하고자 하는, 자본주의 역사상 가장 잔인한 형태의 약육강식 논리이다.

신자유주의 옹호론자들은 자유로운 경쟁과 효율성이라는 명분으로 사회적 약자나 자연환경을 보호하기 위한 온갖 법률과 공적 규제의 철폐 혹은 완화를 요구하고, 국가에 의한 복지서비스, 공익사업의 축소 내지는 폐지를 주장하면서 모든 인간적, 문화적 가치를 오로지 금전적 가치로 환원한다. 그리하여 교육도, 의료도, 공공서비스도, 문화적 활동도 오로지 영리(營利)의 관점에서 평가하는 것이다. 그러면서 그들이 내세우는 것은 언제나 개인적 자유의 절대성이다. 그들은 제약 없는 무한 경쟁을 통해서 개인들이 자신의 능력을 최대한 발휘함으로써 결과적으

로 사회 전체의 부가 증대되고, 따라서 모든 사회 구성원들이 '부자'가
될 것이라고 주장해왔다.

그러나, 이러한 신자유주의 논리는 일본의 경제학자 나가타니 이와
오(中谷巖)의 말이 아니더라도 심히 '위험한 사상'이라는 것은 말할 필
요가 없다. 원래 하버드대를 나와 오랫동안 일본정부의 경제정책에 관
한 조언자로서 신자유주의 정책을 강력히 권장해온 나가타니는 작년
가을 월스트리트의 금융파국을 보면서 이른바 '전향'을 한 끝에 최근
《자본주의는 왜 자멸했는가》(2009)라는 책을 써서 언론의 주목을 받았
다. 그는 이 책에서 "신자유주의 사상은 우리가 살고 있는 사회를 개인
단위로 세분화하여, 그 원자화된 한 사람 한 사람의 자유를 최대한 존
중한다는 사상이기 때문에 안심, 안전, 신뢰, 평등, 연대 등 공동체적
가치에는 아무런 무게도 두지 않는다. 즉, 인간끼리의 사회적 유대는
이익추구라는 대의(大義) 앞에는 해체되어도 어쩔 수 없다는 위험사상이
다"라고 말하고 있다.

이러한 '위험사상'을 경제정책의 기조로 삼는 한, 아무리 민주정부를
표방한다 할지라도, 그리고 여하한 사후적인 '사회안전망'이나 복지정
책으로 사회적 약자들에 대한 보호책을 강구한다 할지라도, 그러한 것
들은 결국 땜질처방에 불과할 뿐, 사회적 양극화의 심화와 농촌공동체
의 전면적 해체, 걷잡을 수 없는 환경파괴는 불가피한 것이 된다. 이렇
게 되면 사회경제적 불평등이 갈수록 심화되며, 그것은 그대로 정치적
발언권에 있어서의 불평등의 심화로 이어지게 마련이고, 그 결과 민주
주의의 뿌리가 극히 허약해지게 되는 것이다.

바로 이것이 지금 우리의 민주주의가 심각한 위기에 빠지게 된 좀더
근본적인 배경이라고 할 수 있다. 그렇지 않다면 집권세력이 바뀌었다
고 해서 이토록 쉽게 민주주의가 허물어지게 된 까닭을 해명할 수가 없
다. 다른 것은 몰라도, 적어도 경제정책의 근본방향에 있어서 이명박

정권은 기본적으로 '민주정부'들의 계승자이다. 다만 이 정권은 민주주의에 대해서는 별로 관심이 없기 때문에 이전 정부와는 비교할 수 없을 정도로 그 통치방식이 거칠고 일방적인 것이라고 할 수 있다. 그리하여 이명박 정권은 부유층과 대기업을 위한 온갖 특혜와 규제완화, 민영화를 거리낌 없이 추진하고, 토건업자들을 위하여 '4대강 살리기'라는 얼토당토않은 이름으로 미증유의 국토유린 행위를 자행하려 하는 것이다. 이런 일방적이고 무모한 정책들은 당연히 강한 사회적 반발과 저항에 부딪치게 마련이다. 그러나 민주적 절차를 통해서는 도저히 합의에 이를 수 없는 정책을 밀어붙이기 위해서는 비판세력 혹은 저항세력을 강권에 의해서 억압하는 방법밖에 없다. 이명박 정권이 노골적으로 신자유주의 정책을 고수하는 이상, 이 나라가 경찰국가로 전락할 수밖에 없는 근본 이유가 여기에 있다. 신자유주의의 대적(大敵)은 민주주의인 것이다.

생각해보면, 경제성장이라는 게 늘 문제이다. '민주정부'들이 스스로의 정치적 신념을 사실상 공허하게 만드는 신자유주의 경제노선을 선택한 것도, 또 이명박 정권이 탄생한 것도 결국은 이 사회에 만연해 있는 경제성장에 대한 환상 때문인 것이다. 경제성장이란 사실 개인의 구체적인 삶에 아무런 실질적인 도움을 주는 게 아니다. 그런데도 오랫동안 경제성장은 사람들의 뇌리를 사로잡아왔고, 어느새 우리는 경제성장이 안되면 큰 불행이 닥칠 것이라는 밑도 끝도 없는 불안을 느낄 정도로 깊게 세뇌되었다.

이명박 정권이 탄생할 무렵의 한국사회의 내면적 상황은 사실 누추하기 짝이 없었다. 민주정부에 실망한 대중들 사이에는 "민주주의가 밥 먹여주냐"라는 정서가 확산되어 있었고, 그 분위기에서 '경제 살리기'라는 주문(呪文)이 사람들을 현혹했던 것이다. 하기는 당연한 사회적 반응이었는지도 모른다. 민주정부라고 하지만 땅값, 집값이 천정부지로 오르는 현실 앞에서 집이 있든 없든 수많은 사람들은 불안과 절망을 느꼈고, 농촌은 괴멸되고, 노동 현장에서 약자들은 벼랑 끝으로 가혹하게 내몰리고 있었다. 이미 사회적 유대가 심각히 파괴되어버린 상황에서 사람들이 오직 개인적으로 살아남는 방식 이외에 어떤 것도 상상할 수 없는 이상, 중요한 것은 돈일 수밖에 없다. 그리하여 미심쩍지 않은 것은 아니지만, 대운하든 '뉴타운'이든 가리지 않고, 한번 믿어보자는 심정으로 돈을 많이 벌게 해주겠다고 약속하는 정치세력에게 표를 주었던 것이다.

물론 보다 나은 생활을 꿈꾸는 사람들의 소박한 욕망 그 자체는 하등 나무랄 데가 없다. 그런데 그 욕망을 실현하는 방식을 오늘날 현대사회는 '경제성장'에서 찾는다는 게 문제인 것이다. 경제성장이 갈수록 더 많은 자원과 에너지의 소비와 폐기를 전제로 하는 한, 그것이 유한체계인 이 지구상에서는 언젠가는 불가피하게 한계에 부딪칠 수밖에 없다는 것은 명백한 일이다. 이러한 생태학적 관점에서 볼 때, 경제성장이 근본적으로 지속 불가능한 개념이라는 것은 길게 말할 필요가 없다. 그뿐만 아니라, 지구온난화를 비롯하여 피크오일, 토양의 침식, 오염, 축소, 사막화 혹은 생명다양성의 소멸과 해양오염 등 환경위기의 심각성에 대한 숱한 과학적 증언들이 암시하듯이, 이미 인간의 산업·소비 활동은 생태적 수용능력이 감당할 수 있는 범위를 넘어서버렸는지도 모른다. 이런 상황에서 경제성장의 계속적인 추구란 명백히 집단자살 행위 외에 아무것도 아니다.

생태학적 고려를 떠나서도, 경제성장이라는 것은 하루빨리 청산해야 할 시대착오적인 개념이라고 할 수 있다. 물론 자본주의경제의 성장을 통해서 적어도 산업사회에 있어서 다수 대중은 궁핍상태를 벗어날 수 있었는지 모른다. 그러나 이런 경우 향상된 생활수준이라는 것은 삶의 질이 높아진 것을 뜻하는 것은 아니다. 설령 1인당 국민소득이 열 배, 백 배로 늘어나 예전에는 꿈도 못 꾸던 온갖 상품과 서비스를 이용할 수 있게 되었다 하더라도 그것으로 정말 풍요로운 삶이 실현되는 것은 아니다. 오히려 현실은 그 반대일 경우가 허다하다. 예전에는 어디서나 손쉽게 먹을 수 있었던 깨끗한 물도 이제는 생수나 콜라라는 상품의 형태로 접근해야만 하는 상황이 되었다. 그런 식으로 상품화가 되면 국민총생산은 분명히 증가하지만, 실제로 그 과정에서 아까운 수원(水源)들이 오염 내지는 고갈되고, 사람들 자신의 건강도 급속히 악화되고 있다는 것은 우리가 잘 아는 일이다.

아마도 우리 사회가 경제성장을 통해서 지향하는 목표점은 서구의 중산계층의 생활스타일인지 모른다. 그러나 설령 온갖 부작용을 무릅쓰고 그런 생활스타일을 모방하는 데 성공한다 할지라도 그것은 물론 지속이 가능한 생활스타일이 아니다. 애당초 목표 자체가 잘못 겨냥된 것임을 우리가 싫든 좋든 인정해야 할 날이 조만간 닥칠 것이다.

예를 들어, 지금 사양산업이 되고 있다는 징후가 뚜렷한 자동차산업의 경우를 생각해보더라도 그렇다. 세계 전역에서 자동차산업은 이미 과잉생산 단계를 넘어도 한참 넘었음이 확실하다. 그 때문에 세계적인 자동차회사들이 어떤 형태로든 국가의 긴급재정지원을 받지 않으면 안 된다고 하는 상황에 내몰려 있다. 심지어 자동차산업 국유화에 관한 논의도 심심치 않게 들린다. 그러나 그래 봤자 자동차산업이 회생할 가능성은 많지 않다. 그래서 가장 유력한 대안으로 거론되는 게 이른바 친환경 자동차 모델의 개발과 보급인 듯하다. 친환경 모델이라는 것은 가솔린을 덜 쓰거나 아예 쓰지 않아도 되는 엔진을 개발한다는 뜻일 것이다. 지구온난화라는 가공할 사태하에서 석유 의존 자동차 생산을 계속한다는 것은 사실 미친 짓이다. 하지만 석유 대신 생물연료나 그 밖의 이른바 무공해 연료를 사용한다고 해서 친환경 자동차산업이란 게 성립할 수 있을까. 불가능한 일이다. 생물연료 생산을 위해서 막대한 토양자원과 삼림이 훼손된다는 것은 말할 것도 없지만, 원래 자동차가 환경의 적(敵) 제1호라고 지목되어온 것은 배기가스 때문만이 아니다. 자동차가 주는 직접적인 피해만 하더라도 공동체의 해체, 인간관계의 왜곡, 도시와 농촌 간 균형의 파괴, 자연경관의 훼손, 무고한 생명에 대한 끊임없는 살상 등 다 헤아릴 수가 없다. 환경의식이 조금이라도 있는 사람이라면 가장 기피해야 할 골프만 하더라도 자동차와 뗄 수 없는 관계가 있다. 왜냐하면 개인 승용차 시대 이전에는 골프의 유행은 생각도 할 수 없었던 것이다.

자동차산업을 구제할 수 있는 가장 좋은 방법은, 역설적이지만, 개인용 승용차 생산을 중단하는 것이다. 그 대신 특수 용도의 자동차, 버스, 트럭, 기차 혹은 자전거 생산으로 전환함으로써 인류사회가 개인 자동차 시대를 마감할 수 있는 준비를 시작하는 것이다. 이렇게 되면 물론 고용문제가 대두될 것이다. 승용차의 대량생산 시스템이 중단됨으로써 일자리가 축소되는 것은 불가피할 것이기 때문이다. 하지만 고용문제의 해결은 일차적으로 노동시간의 과감한 단축과 일자리 나누기를 통해서 해결할 필요가 있다. 어차피 한계가 뻔한 종래의 자동차 대량생산 방식을 고집해 봤자 소용없는 일이다. 지금 자동차산업이 맞은 위기는 어떤 점에서 화석연료에 토대를 둔 산업문명이 종언을 고하기 시작했음을 알려주는 신호라고 할 수 있다. 중요한 것은 이러한 시대변화의 신호를 제대로 읽는 것이다. 지금은 경쟁력이니 효율성이니 하는 시대착오적인 가치에 매달려 있을 게 아니라, 모든 사람이 평화로이 공생공락하는 방식을 지혜롭게 모색하고 실천할 때인 것이다. 그런 의미에서 노동시간 단축과 일자리 나누기는 비단 자동차산업에만 적용되어야 하는 게 아니다.

하기는 노동시간을 단축하고, 일자리를 나눔으로써 고용문제를 해결한다 하더라도 '부'와 '가난'에 대하여 우리가 가진 뿌리 깊은 편견을 극복하지 않으면 모든 게 허사가 될지 모른다. 가령 신자유주의 논리에 따르면 개인들이 완전경쟁을 통해서 열심히 노력하면 모든 사람이 부자가 될 수 있다고 한다. 하지만, 모든 사람이 부자가 된다는 것은 따져보면 완전히 비현실적인 망상에 불과하다. 왜냐하면 그것은 '부'의 본질에 대한 전적인 무지를 드러내고 있기 때문이다.

원래 부유함이나 가난함이라는 것은 어디까지나 상대적인 개념이다. 예를 들어, 지금 한국의 '가난한' 사람들은 만일 방글라데시에서 산다면 엄청난 부자 소리를 들을 만큼의 소득과 소유물을 갖고 있지만, 정작 서울에서는 심각한 박탈감을 느끼며 살고 있다. 그러니까 부유함이나 가난함이란 항상 타인들보다 더 부유하거나 가난한 상태를 말하는 것이다. 다시 말해서, 부자는 저 혼자만으로는 부자가 될 수 없고, 오직 자기보다 가난한 사람들이 있음으로써 부자일 수 있는 것이다. 영어에서 부유하다(rich)는 말은 원래 왕(rex)이라는 말에서 나왔다. 그러니까 부자와 가난한 사람들 사이의 관계는 왕과 신하들 사이의 관계와 같다고 할 수 있다. 즉, 신하들이 없다면 왕은 존재할 수 없는 것이다. 이렇게 볼 때, 부와 가난은 근본적으로 소유의 문제가 아니라 권력의 문제임이 분명하다. 그러므로 마치 왕이 신하에게 지시하듯이, 부자는 가난한 사람들을 고용하여 자신을 위하여 청소와 요리를 하고, 자동차를 운전하고, 잠자리를 깔아달라고 요구할 수 있는 것이다. 말할 것도 없이 이러한 권력행사가 가능한 것은 부의 상대적 낙차 때문이다.

그러나 세상에는 남의 지시에 따라 사는 것을 좋아할 사람은 없으므로 누구든 가난해지기를 원치 않는다. 그렇다고 해서 모든 사람이 부자가 될 수는 없다. 왜냐하면 신하들이 있어야 왕이 존재하듯이 가난한 사람들이 있어야 부자가 존재할 수 있기 때문이다. 아무리 돈이 많고 가진 것이 많아도 그것이 타인들에 대한 자신의 우월적 지위를 행사할 수 있는 조건이 되지 않는다면 그 부는 무의미한 것이다. 그러므로 모든 사람이 부자가 되게 한다는 것은 모든 사람이 모든 타인에 대하여 우월적 지위에 서게 한다는 얘기가 되는데, 이것은 어떤 마술로도 있을 수 없는 상황이다.

아무리 생각해도, 열심히 노력하면 모두 부자가 될 수 있다는 것은 말이 안되는 얘기이다. 부와 가난의 문제는 절대적 궁핍상태를 제외한다면 어디까지나 권력관계의 문제이다. 그러므로 그것은 기본적으로 경제의 문제가 아니라 정치의 문제라고 할 수 있다. 즉, 빈부격차의 문제를 해소하기 위해서는 경제성장이 아니라 정치적 조정이 필요한 것이다.

선(先)성장 후(後)분배냐, 성장과 분배의 동시적 추진이냐 하는 논의도 둘 다 성장을 전제하고 있다는 점에서는 허망한 결말로 끝날 가능성이 높다. 기억해야 할 것은, 경제성장은 본질적으로 불평등한 사회적 관계를 토대로 해서만 가능하며, 그 결과는 반드시 불평등한 사회적 관계를 증폭시킨다는 사실이다. 불평등을 심화시키는 메커니즘을 통해서 불평등을 해소할 수 있는 방법을 강구한다는 것은 어떤 기막힌 곡예로써도 불가능한 일이다. 일찍이 영국의 역사가 R. H. 토니가 자신의 책 《평등》(1931)에서 지적했듯이, 자본주의의 역사에서 기술혁신과 경제성장은 불평등의 해소·치유에 기여를 하는 것도 아니고, 괄목할 만한 소득분배 개선을 이루어놓는 것도 아니다. 경제성장은 오히려 제조·금융 귀족들의 탄생을 도왔고, 이들이 주도하는 경제시스템은 한층 더 불평등 구조를 심화시켜왔을 뿐이다.

결국, 경제성장을 통해서 좋은 사회를 기대한다는 것은 어리석은 생각임이 분명하다. 그런 점에서 우리는 "가난하기 때문에 올바른 인간사회가 될 여유가 없는 사회는 존재하지 않는다. … 어떤 사회도 단순히 부유해짐으로써 올바른 사회가 되는 것이 아니다"라고 말한 토니의 말을 진지하게 경청할 필요가 있다. 문제는 경제성장 없이 건전하게 돌아가는 사회를 실제로 구상할 수 있는 우리들 자신의 능력이다. 지금 위기에 처한 우리의 민주주의의 장래도 궁극적으로 바로 그러한 능력에 달려 있음이 틀림없다.

(제107호, 2009년 7-8월)

민주주의를 위하여(2)

새벽 네 시 잠에서 깨어나는 순간, 마음 깊은 곳에서 사람들은 안다.
어느 날 이 시스템이 붕괴될 것임을.

— 존 버거

출산율 저하를 걱정하는 소리가 높다. 산업국가들에서 출산율이 낮은 것은 일반적인 경향이지만, 지금 한국에서 그 경향은 비상사태라고 할 만큼 심각한 양상을 드러내고 있다는 것이다. 이런 식으로 가다가는 그리 멀지도 않은 장래에 한국인이라는 종족 자체가 지구상에서 사라져버릴 것이라는 얘기도 들린다. 하지만 무엇보다도 이러한 인구감소 추세를 기반으로 해서는 복지국가 시스템을 설계하는 것도, 산업국가로서의 현상체제를 유지하는 것도 어려워질 것이라는 좀더 현실적인 이해관계 때문에 많은 사람들이 출산율 저하를 우려하고 있는 것 같다.

사실, 생태적 수용능력을 비롯한 여러 문제를 고려할 때, 인구감소 추세가 반드시 나쁜 것인가 하는 것은 좀더 철저히, 다각적으로 검토해봐야 할 테마이다.

그러나 그러한 논의와는 별도로, 주목해야 할 것은 현재 출산율 저하를 걱정하는 목소리의 배후에 있는 본질적으로 공리주의적인 사고방식과 인간관이다. 즉, 출산율 저하에 대한 우려가 주로 산업국가 내지 복지국가로서의 체제 유지에 필요한 인력 — 노동자, 병사, 소비자, 납세자, 연금불입자, 보험가입자 — 이 부족할 것이라는 판단에 근거해 있다고 한다면, 이 논리에 우리가 선뜻 동의하는 게 과연 가능한 일인가. 인간의 존엄성을 생각한다면, 그리하여 이 세상에 태어나는 개인 각자를 그 자체로 존엄한 인격적인 존재로 여긴다면, 이것은 쉽게 말하기도, 듣기도 거북한 논리이다. 따져보면, 이러한 논리 속에는 인간존재에 대한 심히 모멸적인 시선이 들어 있다고 하지 않을 수 없다.

인간은 누구든지 국가나 자본 혹은 복지체제에 이바지하기 위한 도구나 수단이 되기 위해서 이 세상에 태어나는 것은 아니다. 그럼에도 불구하고, 지금 사람들은 나라의 장래를 걱정하는 발언 속에서 개인의 존재를 다분히 도구시하고, 그럼으로써 인간존재에 대한 근본적인 무례함과 몰이해를 드러내면서 부지불식간에 자신의 인생까지도 비하(卑下)하는 기묘한 결과를 빚어내고 있다.

여기서 중요한 것은 오늘의 상황에서 출산율 저하가 무엇을 의미하는가를 좀더 깊이 헤아려보려는 자세이다. 사실, 관점에 따라서는 출산율 저하라는 현상 자체는 나쁠 수도 있고, 좋을 수도 있다. 다만 이 시점에서 왜 출산율이 현저히 낮아지고 있는가 하는 것은 그게 바람직한 것이냐 아니냐를 떠나서 검토해볼 만한 과제라고 할 수 있다.

아이를 갖느냐 마느냐 하는 문제는 일차적으로, 또 궁극적으로 개인의 선택의 문제이지 국가가 간섭할 문제가 아니다. 그러나 오늘날 국가와 자본이 주도하는 시스템 속에서 어떠한 사적인 영역도 이 시스템의 영향이나 압력을 벗어나 있을 수는 없다. 저(低)출산 현상이라는 것도 예외가 아니다. 따지고 보면, 청춘남녀가 만나서 사랑하고 결혼을 하거나 하지 않은 채, 아기를 낳고 기른다는 것은 극히 자연스러운 인생사업이지만, 그것은 시대상황에 따라 다양하게 변주되고, 표출될 수밖에 없다. 문제는 오늘날 왜 결혼을 망설이며, 아기 낳기를 꺼려하는 젊은

이들이 급증했는가 하는 것이다. 말할 필요도 없는 일이지만, 오늘날 수많은 젊은이들이 출산을 단념하는 무엇보다 큰 이유는 지금과 같은 시스템 속에서는 아기를 안심하고 낳아 기르는 게 불가능하거나 감내하기 어렵다고 느끼기 때문이다. 혹은 전통적인 인간관이나 윤리관에서 이탈한 젊은 세대의 감각으로는 이제 아기를 낳아 양육하는 것에 그다지 큰 의미를 발견하지 못하는 것인지도 모른다.

하기는 핵가족이 주류가 된 한국사회에서, 안정된 직장, 소득, 집이라는 가족생활의 일차적 요건을 확보하는 일마저 갈수록 어려워지는 현실에서 아기를 낳고 기른다는 것은 점점 모험에 가까운 일이 되고 있다. 거기다가 아이들이 헤쳐나가야 할 극심한 교육지옥을 감안하면, 아기를 낳을 엄두를 낸다는 것은 어떤 의미에서는 무책임한 범죄행위가 될 수도 있다.

그런데 우리는 보통 아기를 낳고 기르는 부모나 어른의 입장에서 출산문제를 생각하는 경향이 있지만, 정말 필요한 것은 이런 세상에 태어나서 살아가야 할 아이들 자신의 처지를 생각해보는 것이다. 그런 의미에서, 오늘날 이 사회가 아이들을 어떻게 대접하고 있는지 우리가 매일 듣고 있는 이야기들 가운데서도 실로 기막힌 최근의 한 증언에 귀를 기울여볼 필요가 있다.

그것은 작년 서울시 교육감 선거 때 '진보 성향'의 후보를 지원했다고 해서 국가공무원법과 선거법 위반으로 지금 재판을 받고 있는 전교조 소속 교사들이 법정에서 행한 최후진술 가운데서 나온 증언이다. 이 재판에 피고인으로 나온 교사들 전원의 발언이 모두 경청해야 할 것들이지만, 그중에서 허 아무개 교사의 최후진술은 참으로 충격적이다. 그는 아이들과 함께 했던 자원봉사 활동에 관한 이야기로부터 시작했다.

얼마 전 10일짜리 자원봉사 활동을 다녀왔다. 학생들의 농촌체험 활동인데 교사로서 자원봉사를 했다. 그런데 자원봉사를 하는 동안 놀라운 장면을 목격했다. 한 학생이 개미들을 밟아 죽이고 있는 것이었다. 다가가서 그러지 말라고 하면서 왜 약한 개미들을 죽이냐고 물었다. 죽여도 된다고 대답한다. 너는 너보다 힘센 사람이 너를 괴롭혀도 좋으냐라고 물었다. 그래도 좋단다. 여기까지도 많이 놀랐는데 더 놀라운 대답이 이어졌다. 힘센 니가 개미를 죽이듯이 너보다 힘센 사람이 너를 괴롭히면 너는 죽을지도 모른다. 그래도 좋으냐라고 물으니 아이는 대답한다. "나는 죽어도 좋아요"라고. 왜 그러냐고 물으니 그 아이는 이렇게 대답했다. "학원을 안 가도 되잖아요." 나는 너무 놀랐다. 그 아이는 여덟 살 초등학교 1학년이었다. 그런데 그 아이는 학원을 다섯 개를 다닌다고 한다. 우리가 사는 현실이 이렇다. 이런 교육을 바꾸자는 것이 나의 소망이다. 이것이 죄인가?

—〈오마이뉴스〉, 2009년 8월 17일

이것은 픽션이 아니라 한 교사의 실제 경험담이다. 이 경악할 만한 이야기는 우리가 국가니 교육이니 하는 이름으로 현재 운영하고 있는 시스템이 과연 윤리적으로 최소한이나마 정당화할 수 있는 체제인지, 심각하게 물어볼 것을 요구한다. 지금 이 나라의 권력자들과 유력 언론과 교육기관은 입만 열면 '선진화'를 운위하고, 끊임없이 '국가경쟁력'에 대해 말하면서도 아이들의 진짜 현실에 대해서는 철저히 외면하거나 무시하고 있다. 그럼으로써 그들이 얼마나 용서할 수 없는 범죄를 저지르고 있는지, 그것은 "나는 죽어도 좋아요"라는 여덟 살짜리 아이의 기막힌 항변이 명확히 입증하고 있다. 한 사회의 인간다운 존속을 위한 기초 중의 기초인 자라나는 아이들의 삶을 망가뜨리고 과연 어떤 '선진사회' 건설이 가능할지 알 수 없지만, 문제는 아무 영문도 모르는 죄 없는 아이들이 언제까지 이 야만적인 시스템 속에 방치되어 있을 것인가 하는 것이다.

위에서 언급한 재판에서 검찰은 교사들 전원에 대해 징역 6개월에서 2년 2개월까지의 실형을 구형했다. 이런 희극적인 사태가 아무렇지도 않은 듯이 일상적으로 끝없이 재연되고 있는 게 지금 대한민국의 현실이다.

아이들의 삶이나 사회적 약자들의 삶을 근원적으로 망가뜨리는 파괴력은 결국 동일한 시스템 작동 원리에서 나온다. 그것은 약자들의 희생 없이는 단 한 걸음도 나아갈 수 없는 자본의 논리와 그것을 뒷받침하는 국가의 논리가 결합된 '폭력'의 메커니즘이다. 그 폭력은 대체로 시민들에게 법과 규율의 준수를 강제하는 일상적인 권력으로 나타나지만, 때때로 숨겨진 발톱을 노골적으로 드러내면서 야만적인 폭압을 자행한다. 용산 참사는 그 전형적인 예이다.

지난 1월 용산 재개발 현장에서 불에 타 죽은 사람들은 사건 발생 후 8개월에 접어든 지금까지 저승길에 오르지도 못하고, 병원의 차디찬 냉동고 속에 숯덩이가 되어 누워 있다. 이 어이없는 상황은 진상조사와 책임자 처벌, 그리고 정부의 사과를 요구하는 유족들과 시민들을 철저히 무시하고 있는 국가권력의 고압적인 자세 때문에 기약 없이 계속되고 있다. 당국은 유족들의 절규에 귀를 기울이기는커녕 사태 해결을 호소하는 목소리들을 탄압하는 데 골몰하고 있을 뿐이다. 더욱이 검찰은 적반하장(賊反荷杖)으로 피해자를 처벌하기로 작정하였고, 재판과정에서는 온전한 수사기록도 내놓지 않고 있다. 그 때문에 변호사들이 사임함으로써 재판거부 의사를 명확히 밝혔음에도, 재판은 강행되고 있다. 이 상황은 거의 식민통치를 방불케 한다. 식민지는 행정권력의 독주를 견제하는 입법 혹은 사법 권력의 존재를 허용하지 않는다.

용산 참사는 단순한 공권력 남용의 문제가 아니다. 그것은 자신의 재산과 생계수단을 지키려던 소시민들이 불에 타 죽은 사건 자체의 끔찍함 못지않게 그 사후처리 과정에서 국가권력이 드러낸 비할 데 없는 무도(無道)함 때문에 오랫동안 잊을 수 없는 역사적 상흔으로 기억될 가능성이 크다. 그런 점에서 이 문제는 이명박 정권을 두고두고 괴롭히는 멍에가 될지 모른다.

그러나 이명박 정권의 책임이 무거운 것은 사실이지만, 따져보면 정권의 이런 행태가 예외적인 것은 아니다. 용산문제의 좀더 근본적인 원인이라고 할 수 있는 도시재개발에 관한 법령만 하더라도 그렇다. 현행 도시재개발법과 그 시행령은 예전에 비해 개선된 것이라고는 하나, 여전히 서민들의 재산을 사실상 강탈할 수 있는 권한을 재벌에게 준 것이나 다름없는 것이다. 그런데 이 법령은 이른바 민주정부라고 하는 김대중, 노무현 정부 시절을 통해서 개정·정비되어온 법령이라는 점을 간과해서는 안된다. 다시 말해서, 아무리 민주정부를 표방하더라도 국가란 기본적으로 권력의 논리에 의해 움직이는 조직인 것이다.

국가란 본래 풀뿌리 민중의 삶에 대하여 진정으로 친화적일 수도, 우호적일 수도 없는 권력기구이다. 국가는 징세(徵稅)와 공공사업과 복지서비스라는 형태를 통해서 재분배라는 기능을 행사하지만, 그 재분배란 근본적으로 권력을 유지하고, 민중에 대한 수탈을 지속하기 위한 방책일 뿐인지도 모른다. 폭력을 합법적으로 행사할 수 있는 권리를 독점하고 있는 국가라는 괴물은 자기확대의 욕망 때문에 쉽사리 자본과 손을 잡으면서, 풀뿌리 민중의 요구는 간단히 무시하거나 외면해버린다. 이것은 국가의 체질화된 뿌리 깊은 습성이다.

국가의 자기확대 욕망이란 본질적으로 다른 국가와의 경쟁적 관계 속에서 국가가 자기 존재를 인식하기 때문에 생겨나는 것이라고 할 수 있다. 사실, 모든 국가는 다른 국가에 대하여 기본적으로 적대적이거나 적어도 경쟁적인 관계 속에 존재한다. 따라서 자신의 위신을 높이고 권력을 확대하고자 하는 것은 국가의 피할 수 없는 숙명인지도 모른다.

그 결과, 국가는 자본과 그 성격이나 기능이 본질적으로 다름에도 불구하고, 물질적 권력의 확대재생산에 탁월한 기량을 발휘하는 자본의 논리와 쉽게 결합하는 것이다.

용산 참사는 도시재개발 때문에 생계수단을 빼앗길 위험에 처하게 된 소시민들의 저항에 국가 공권력이 과잉 대응한 결과 빚어진 참혹한 사건이지만, 말할 것도 없이 그 배후에는 건설자본의 만족을 모르는 탐욕이 있었다. 그러나 국가권력은 그 사실을 결코 시인하지 않으려 할 것이며, 따라서 정권이 바뀌지 않는 한, 사건의 완전한 진상은 밝혀지지 않을 가능성이 크다.

그러나, 정작 중요한 문제는 어느 모로 보나 재개발이 되면 십중팔구 피해를 입게 될 서민들 자신들이 개발이나 재개발이라는 논리에 현혹되어, 맹목적인 지지를 보내는 풍조이다. 용산 참사로 인해 도시재개발의 허구성과 사기성이 확연히 드러났는데도 불구하고, 여전히 개발 혹은 재개발 논리는 아직도 이 사회에서 기승을 부리고 있다.

생각해보면, 지금 한국에서 사회적 양식(良識)과 민주주의가 성장하는 데에 가장 큰 위협이 바로 기득권층, 서민층을 막론하고 광범하게 퍼져 있는 개발 혹은 경제성장에 대한 맹목적인 욕구인지 모른다. 지난번 국회의원 선거 때에도 결정적인 역할을 한 것은 특목고, 뉴타운 따위 개발 공약들이었다. 이명박 정권이 성립된 것도 결국은 청계천 '복원' 공사를 통해 인정받은 '개발능력' 때문이었다는 것은 더 말할 필요가 없다.

물론, 좀더 풍요롭고, 안락한 삶을 누리고자 하는 인간의 욕망 그 자체는 나무랄 데가 없다. 일반적으로 가난한 사람들일수록 부유해지고 싶다는 욕망이 크다는 것도 자연스러운 일이다. "풍요로운 생활은 빈자(貧者)의 이상"(한나 아렌트)이라는 말에는 반박하기 어려운 진실이 담겨 있다. 더욱이 억압적 체제하에서 오랫동안 소외된 노동에 종사해온 노동자들에게는 차원이 다른 노동형태를 상상하는 것은 매우 어려운 일일지 모른다. 따라서 그들의 현실적 욕망은 간소한 생활이 아니라, 부자들처럼 유복한 생활을 누리는 것이 되기 쉽다.

게다가 지금은 이해관계를 초월한 사심 없는 덕(德)의 실천을 논할수 있는 시대가 아니라는 것도 분명하다. 자기 자신을 잊고 공동체를위해 헌신하는 것은 옛 전통사회들에서 찬양받는 숭고한 자질이었다. 그러나 이익문제를 생각하지 않고 선행을 한다는 이 멸사(滅私)정신은이미 개인의식이 견고하게 뿌리박은 현대사회에서는 보편화되기 어려운 덕목이며, 만약 누군가가 그것을 강조한다면 위선이 될 가능성이 높다. 개인적 이익을 출발점으로 하지 않은 도덕론은 이미 시대착오적인것임이 확실하다.

그러니까 바람직한 것은 개인의 이익추구가 그대로 공동체의 전체적이익과 조화 내지는 양립하는 것이다. 여기에서 흥미로운 것은 미국의민주주의를 논하면서 토크빌이 언급한 "올바르게 이해된 자기이익"이라는 개념이다. 1830년대에 미국을 방문했던 이 프랑스 지식인의 눈에비친 미국사회의 괄목할 만한 특징은 한두 가지가 아니었지만, 그 가운데서도 그가 특히 주목했던 게 미국에서는 구대륙과는 달리 "이익을 떠난 희생이라는 관념"이 희박하다는 사실이었다. 토크빌은 미국에서는일반적으로 덕행은 숭고하거나 아름다운 것이 아니라 유익한 것으로이해되고 있음을 발견하였다. 그리하여 미국 사람들은 동포를 위해 자신을 희생하는 것도 그런 희생이 결국 자신에게도 이익이 되기 때문이라고 생각한다는 것이다. 그러므로 "미국에서 위대한 것은 무사무욕(無私無慾)이 아니라, 올바르게 이해된 자기이익"이다(《미국의 민주주의》, 제2권, 1840).

170년 전에 토크빌이 미국에서 본 것은 상업적 동기에 의해 매개되지 않은 덕행은 더이상 통하지 않는 현실이었다. 그리고 이것은 이후 모든 근대적 사회의 보편적 현실이 되었다. 그런데 여기서 '상업적 동기'라는 말에 반드시 부정적인 뉘앙스만 있는 게 아니다. 토크빌은 '올바르게 이해된 자기이익'이라는 개념으로써 '상업적 동기'의 긍정적 기능을 암시하고 있는 것이다. 장사를 할 때에도 당장의 손해를 감수하는 게 장기적인 이익이 되는 경우가 허다하듯이, 인간사에 있어서 일시적이거나 좁은 국면에서는 자기희생이지만, 궁극적으로는 자기이익이 되는 일은 얼마든지 있을 수 있다. 그러니까 중요한 것은 장기적, 포괄적, 심층적인 관점에서 사물을 보는 능력이다. 그렇게 본다면, 토크빌이 말하는 '올바르게 이해된 자기이익' 개념은 사적 이익을 중심에 두는 그 심리적 동기에서 차이가 있기는 하지만, 결과적으로는 전통사회에서의 덕행과 크게 다른 것이라고는 할 수 없다.

요컨대, 자기이익을 추구하는 것은 좋지만, 중요한 것은 그 자기이익이 '올바르게 이해된' 것이냐 하는 것이다. 그렇다면, 오늘날 우리 사회에서 경제성장 혹은 개발 논리에 대해 맹목적인 지지를 보내고 있는 사람들 가운데 과연 얼마나 많은 이들이 자기이익을 '올바르게' 이해하고 있다고 할 수 있을지, 문제는 바로 거기에 있다고 할 수 있다.

물론 근대국가와 자본은 계속적인 성장 없이는 존립이 불가능하다. 끊임없는 확대재생산 없이는 붕괴할 수밖에 없는 자본의 경우는 말할 필요도 없지만, 국가권력이 경제성장에 관심을 갖는 것은 주로 고용문제와 세수(稅收) 때문이다. 특히 고용문제가 심각해지면 사회적 안정이 흔들리고, 그 결과로 권력이 위협받을 것이기 때문에, 국가는 늘 경제성장에 매달리기 마련이다.

그런데 경제성장이란 간단히 말해서 자원과 에너지의 끝없는 소비를 불가피하게 하는, 한마디로 지속 불가능한 개념이다. 그럼에도 불구하고 국가는 성장 개념에 끈질기게 집착하고 있다. 그리하여 지구생태계의 전면적인 붕괴가 임박한 시점에서도 국가는 기껏해야 '녹색성장'을 운위할 수 있을 뿐이다. 녹색이란 무엇보다 인간생존의 자연적 한계를 예민하게 의식하는 토대 위에서 비폭력과 민주주의를 지향하는 가치이다. 그러므로 그것은 절대로 성장논리와 양립할 수 있는 게 아니다.

그럼에도 불구하고, 이런 속임수를 계속 행하는 것은 국가의 성격상 달리 방법이 없기 때문인지도 모른다. 원래 자본주의와 밀착하여 형성·전개되어온 근대국가에는 본질적으로 경제성장이라는 고식적 방식 이외의 모델을 구상할 능력이 원천적으로 결여되어 있다. 게다가, 권력을 나누거나 양도하고 싶지 않은 국가의 완강한 체질이란 게 있다. 즉, 오늘날 거대자본과 국가에 의해 주도되는 성장체제는 권력의 분산을 거부하는 내재적인 경향을 가지고 있다. 이것은 경제성장을 통해서 국가와 자본이 행사하는 권력이 갈수록 강화된다는 뜻이기도 하다. 그리하여 국가와 자본이 가장 싫어하는 것은 그들의 통제권 바깥에서 자립적인 삶의 공간을 마련하고자 하는 자주적 정신들의 존재이다.

개발이 활발해지고, 경제가 성장하면 재화와 서비스가 증가하고, 고용의 기회가 늘어난다는 것은 분명한 사실이다. 그러나 절대로 잊어서 안될 것은, 이렇게 증대된 부(富)라는 것은 언제나 민중의 자립적 삶의 가능성을 심각하게 훼손함으로써 얻어진다는 사실이다. 자본주의의 전개는 노동자에 대한 착취 이전에 기본적으로 기층민 공동체를 파괴해온 역사라고 할 수 있다. 이것은 원시적 자본축적 단계에서는 말할 것도 없고, 오늘날에도 변함없는 진실이다. 용산 참사도 결국 이런 역사의 연장에서 발생한 비극임이 분명하다. 그리고 이 역사의 흐름은 조만간 생명의 원천인 물과 농사와 하천 생태계를 돌이킬 수 없이 파괴해버릴 것이 틀림없는 난폭한 공사를 '4대강 살리기'라는 실로 교활한 이름으로 서두르고 있는 오늘의 기막힌 사태에도 그대로 해당된다고 할 수 있다.

사실, 개발이나 경제성장을 통해서 민중이 누리는 혜택은 아무것도 없다. 오히려 몇 푼의 임금 내지 급료를 받아서 생계를 유지하는 대가로 민중은 자립적인 삶의 바탕을 잃고, 상호부조의 호혜적 공동체를 잃고, 자유와 존엄성의 근거를 잃는다. 게다가 이제는 몇푼 안되는 돈이나마 벌 수 있는 일자리도 급속히 사라지고 있다.

벌써 여러 해 전부터 세계는 고용 없는 경제성장의 시대로 접어들었다. 지금 과잉축적, 과잉생산으로 위기에 처한 자본주의체제에서 기업들은 극심한 경쟁에서 살아남기 위해 기계화, 자동화를 통한 대규모 구조조정에 나서고 있다. 구조조정이란 노동자들의 목을 대대적으로 자르는 것을 뜻하는 완곡어법이긴 하나 결국은 거짓 언어이다. 사람의 밥줄을 가차 없이 끊는 행위를 구조조정이라는 말로 부른다는 것이야말로 현재 자본주의 문명이 도달한 비윤리성이 어떤 수준에 있는가를 단적으로 드러내준다고 할 수 있다. 더욱이 끔찍한 것은 그렇게 사람의 밥줄을 대량으로 끊어놓으면 당장 기업의 주가가 올라간다는 사실이다.

그러나, 행인지 불행인지 이제 자본주의 산업문명도 종언을 고할 날이 빠르게 다가오고 있다. 지금 세계는 지구온난화로 인한 파국에 대한 불안과 두려움 못지않게 에너지·식량 위기에 대한 불길한 전망이 끊임없이 쏟아지고 있다. 이런 위기에 맞물려 있는 금융대란과 그에 따른 세계적인 경제위기도 언제 어떻게 극복될 것인지, 과연 극복이 가능하기는 할 것인지, 매우 불투명한 상황이다.

총체적으로 볼 때, 이 모든 위기들은 근본적으로 화석연료 의존의 산업문명에 기인하는 것이라고 할 수 있다. 그런데 그 산업문명이 이제도리 없이 종언을 고하지 않을 수 없게 되었다. 첫째, 지구온난화 현상이 더이상 화석연료의 무제한적인 사용을 허용하지 않을 것이며, 둘째,

가장 중요한 화석연료인 석유가 이미 생산정점에 도달했거나 곧 도달할 것이 확실하기 때문이다.

인간사회가 지구온난화로 인한 대재앙을 회피하는 데 성공할 수 있을지는 불확실하지만, 석유생산이 정점에 도달하게 되면 이후 석유가격은 전대미문의 수준으로 상승할 것이고, 그에 따라 석유에 의존해온 그동안의 온갖 산업 및 노동, 생활양식, 정치, 문화, 사회적 제도, 관습 등 일체가 극단적으로 축소되거나 근원적인 변화를 겪게 될 것이라는 것은 거의 확실하게 예상할 수 있다.

수년 전 미국의 작가 하워드 쿤슬러는 이러한 상황을 예견하여 《장기(長期) 긴급상황》(2005)이라는 책을 내놓았다. 그는 인류사회가 앞으로 오랜 시간에 걸쳐 일종의 긴급피난 상황에 처해 있을 것임을 그의 책에서 상세히 묘사하고 있다. 그는 석유가 풍부하게 공급되는 상황이 종식된다면, 그동안 현대인들이 당연하게 여겼던 생활방식은 대부분 포기하지 않을 수 없을 것이라고 판단한다. 그에 의하면 석유를 대체할 수 있는 것은 아무것도 없다. 석유는 단지 에너지원일 뿐만 아니라, 산업주의 삶의 양식에 불가결한 온갖 제품의 원료이기도 하다. 석유는 비료와 농약의 원료이고, 약품의 원료이기도 하다. 석유가 없으면 자동차가 움직이지 못하는 정도가 아니라, 식량도 옷도 구하기 어렵게 될 것이다. 쿤슬러는 이 모든 불길한 사태의 첫 신호로 비행기 운행이 중단 혹은 축소되는 사태를 예견하고 있다. 그래서 그는 비행기가 산업문명이라는 탄광의 붕괴를 알려주는 '카나리아' 역할을 할 것이라고 믿는다.

이 다가오는 붕괴에 대해 쿤슬러가 내놓는 대책은 전혀 새로운 게 아니다. 그것은 오랫동안 세계 전역에서 국가와 자본에 대항하여 자립과 협동, 연대의 가치를 옹호해온 많은 분권적 사회주의 사상가, 혹은 에콜로지스트들이 일관되게 제시해온 방안, 즉 자립적·협동적 농사가 가능한 소규모 공동체로의 귀환이다.

어떤 점에서 이러한 대변환은 축복이 될 수도 있다. 왜냐하면 석유에 기반을 둔 산업문명의 종식은 온갖 뒤틀린 가치를 바로잡을 수 있는 기회가 될 수 있기 때문이다. 가령 쿤슬러에 의하면, 석유문명의 종말은 사막 위에 건설된 퇴폐와 환락의 도시, 라스베가스의 소멸을 뜻하기도 한다. 그뿐만 아니라, 석유가 고갈되면 도리 없이 사람은 정직하게 땀을 흘려 노동하지 않을 수 없고, 소련 붕괴 후 쿠바가 그랬듯이 농사도 전면적인 유기농 체제로 전환되지 않을 수 없을 것이다.

무엇보다도 다수 인구가 소규모 공동체로 돌아간다면, 진정한 민주주의가 실현될 가능성이 높아지고, 사람들은 비로소 자유인으로서의 삶을 향유할 수 있게 될 것이다. 그러한 자유인들의 생활에 국가나 자본의 논리는 더이상 통하지 않게 될 것임이 틀림없다. 거기서는 출산율이 저하되는 일도 없겠지만, 설령 출산율이 낮아진다고 하더라도 그것을 국가 복지체제와의 관련에서 우려하는 일은 없을 것이다.

오늘날 우리 사회에서 출산율 저하를 걱정하는 소리가 높은 것은 아직도 대부분의 사람들이 미래를 단순히 현재의 연장으로 생각하기 때문이다. 그들은 영구히 산업국가의 틀 속에서 살아가는 것 이외의 삶의 방식을 상상하지 못하는 게 분명하다. 그러나 산업국가는 뿌리로부터 극복해야 할 시대착오적인 유제(遺制)이다. 산업국가의 틀은 그것이 아무리 복지체제를 갖춘다 하더라도 자유로운 영혼에게는 근원적인 질곡일 뿐이다.

우리는 출산율 저하를 걱정하고, 서민들이 어떻게 하면 부유해질 것인가를 궁리할 것이 아니라, 진정으로 민주주의가 꽃필 수 있는 상황에서만 인간이 정말로 행복해질 수 있다는 사실을 깊이 음미해야 한다. 경제성장이나 개발을 통해서는 활로가 절대로 열리지 않을 것이다.

(제108호, 2009년 9-10월)

지식인과 자유의 실천

> 모든 개인의 삶은 하나의 예술작품일 수 있지 않은가. 회화나 건축이
> 미술품인데, 어째서 우리의 삶이 그렇지 않아야 하는가.
>
> — 미셸 푸코

작년에 우리는 우리 시대의 가장 양심적인 지식인 두 사람을 잃었다.
한 사람은 1월에 강연여행 중 숨을 거둔 미국의 역사가 하워드 진, 또
한 사람은 12월에 이 세상을 떠난 한국의 언론인이자 학자였던 리영희.

두 사람은 지리적으로 서로 멀리 떨어진 지역에서 각자의 주어진 사
회적·개인적 현실에 대응하며 살았으나 그들의 생애가 그려 보여주는
궤적에는 신기하다 싶을 정도로 매우 흡사한 정신적 경향, 세계인식,
삶의 자세가 드러나 있다. 그러한 공통성은 동시대인이었기에 물론 가
능했겠지만, 기본적으로 그들이 지식인의 본분에 극히 충실한 삶을 살
았기 때문인 것으로 생각된다.

한 사람은 미국이라는 패권국가의 비판적인 지식인으로, 또 한 사람
은 미국의 압도적인 영향을 받아온 동아시아 분단국가의 가난한 지식
인으로 활동하였기 때문에 필연적으로 그들의 지적·실천적 삶의 구체
적인 내용에는 많은 차이가 나타날 수밖에 없었다. 그러나 그것은 어디
까지나 표면적인 차이였을 뿐이다. 지금 되돌아보면 두 지식인의 삶에

는 온갖 개인적 역경과 사회적 압력에도 불구하고 인류사회에서 오랫동안 축적되고, 전승되어온 보편적인 가치를 보존하고, 선양하기 위한 일관된 노력의 자취가 역력히 드러난다. 지식인이란, 간단히 말하면, 보편적인 인간가치에 충성하는 사람이라고 할 수 있다. 그리고 보편성은 결국 '진실'을 외면하고는 성립하지 않는다는 의미에서 지식인의 일차적인 과업은 가능한 한 철저히 '진실'을 밝히고, 그것을 동시대인들과 공유하는 일일 것이다. 말할 것도 없이, 이것은 쉬운 일이 아니다. 그러나 지식인이 이 과업을 방기할 때, 그가 속한 공동체의 건강성이 지켜지기 어려울 뿐만 아니라, 나아가서 지식인 자신의 개인적인 삶도 심히 허망하고 누추해지기 쉽다는 문제가 있다.

《미국 민중사》(1980)의 저자로 우리나라에도 상당히 알려져 있는 하워드 진은 뉴욕 빈민가의 유태인 이민가정에서 태어나 자랐다. 책 한권, 잡지 하나도 구경할 수 없었던 가난한 집이었지만, 어쨌든 그는 문학을 좋아하는 소년으로 성장했고, 청년기에는 2차대전에 참전하여 전투기 조종사로 유럽전선에서 복무했다.

전쟁이 끝나고, 미국으로 돌아와 대학에서 역사와 정치학을 공부하고, 학위를 받은 다음에 그는 다시 유럽으로 건너가 전쟁 중에 자신이 네이팜을 포함한 폭탄을 투하했던 지역을 찾아가보았다. 그때 그는 미군 당국이 발표했던 것과는 달리 네이팜탄 투하로 수많은 민간인들이 희생당했다는 사실을 발견하고 큰 충격을 받았다. 그리고 그가 거기서 또 알게 된 것은 전쟁이 끝날 무렵 인구가 밀집된 도시들에 대하여 자행된 무자비한 공습이 대부분 실제 전쟁의 승리를 위해서 필요했던 것이 아니라 군부 지휘관들의 개인적 출세의 수단으로 사용되었다는 사실이었다. 그러면서, 무고한 인명을 학살하고도 정부와 군부는 언제나 "불가피한 사고" 혹은 "부수적 손상"이라는 용어를 태연히 쓰면서 진실을 호도한다는 것도 알았다. 이 발견으로 '국가'에 대한 그의 순진한 믿음은 깨지고 말았다.

옛 유럽전선 재방(再訪) 경험은 확실히 하워드 진의 인생에 큰 영향을 끼친 것으로 보인다. 물론 타고난 자질 탓이기도 했겠지만, 정의에 대한 그의 남달리 예민한 감수성이나 사회적 약자에 대한 끝없는 동정적 관심의 뿌리에는 전쟁 중에, 비록 군(軍)의 명령에 의한 것이긴 했으나, 그가 저지른 살상행위에 대한 쓰라린 죄책감이 있었을 가능성이 크다.

그 이후 하워드 진의 일생은 평생에 걸쳐 평화와 민주주의를 수호하려는 노력으로 일관되었다. 1960년대부터 흑인사회를 중심으로 시작된 민권운동, 여성 및 소수자 인권운동을 위시하여 사회정의를 실현하기 위한 온갖 다양한 운동에 뛰어들었고, 특히 베트남전쟁 반대운동에서는 최전선에 서서 미국의 전쟁범죄를 끊임없이 규탄했다.

베트남전쟁 동안에는 정부의 탄압에도 불구하고 하노이를 직접 방문하여 현장을 확인한 다음에, 《철병(撤兵)의 논리》(1967)라는 책을 써서 베트남에서 왜 미군이 즉각적으로 물러나야 하는지 그 당위성을 역설하였다. 그가 보기에 베트남전쟁은 미국에 의한 침략행위 이외에 아무것도 아니었다. 민주주의의 옹호라는 미국정부의 논리는 패권주의적 지배를 은폐하는 기만적인 언어일 뿐이었다. 촘스키의 기억에 의하면, 베트남에 대한 미국의 개입이 기본적으로 범죄적이며 따라서 미군은 무조건 철수해야 한다는 것을 "소리 높이, 공개적으로, 설득력 있게" 발언한 최초의 미국 지식인이 하워드 진이었다.

물론, 국가에 의한 전쟁수행을 규탄했다고 해서, 한국의 리영희가 감옥으로 가야 했듯이, 하워드 진이 감옥으로 간 것은 아니었다. 그가 속한 사회가 기본적 인권과 표현의 자유를 노골적으로 탄압하는 군사독재 치하에 있지는 않았기 때문이다. 그러나 그렇다고 해서 하워드 진의 행동이 쉽게 용납되는 분위기는 아니었다. 훨씬 나중에 드러난 사실이지만, 이미 이 무렵부터 FBI는 그에 대한 파일을 작성하여 "국가안보에 대한 큰 위험요소"로 분류해 놓고 있었던 것이다. 그뿐만 아니라, 지식 사회도 그에게 우호적이지는 않았다. 촘스키는 하워드 진을 추모하는 자리에서 《철병의 논리》가 출판되어 나왔던 당시에 이 책에 대한 단 한 편의 리뷰도 없었다는 사실을 상기했다. 하워드 진의 단호한 메시지가 지식인들에게 너무나 충격적인 것이었기 때문이다. 지식인들이라고 해서 늘 독자적인 사고와 판단력을 행사하는 것은 아니다. 오히려 그들은 어쩌면 일반 시민들보다도 더 국가가 만들어낸 신화(神話)나 '국익'이라는 상투적인 관념 속에 안주하는 편을 택하는지도 모른다.

그러나 리영희나 하워드 진은 결코 추상적인 이데올로기에 의해 행동을 한 것이 아니었다. 가령 베트남전쟁의 진실을 규명하는 일에 외신 기자 리영희가 집요하게 매달렸던 것은 어디까지나 냉전시대의 폐색상황이 강요하는 지적 불구화와 사상적 빈곤에서 벗어나고자 하는 필사적인 고투였고, 그 덕분에 한국사회는 적어도 정신적인 호흡정지 상태를 면할 수 있었다. 그리고 리영희는 자주 그가 바라는 것이 단지 "상식이 통하고, 최소한의 도덕성이 통하는" 사회라고 말했다. 그리하여 자신이 원하는 사회가 '인간적인 자본주의'로 불려도 좋고, '인간적인 사회주의'로 불려도 좋다고 말함으로써, 그가 결코 도식적인 도그마에 매달려 '이상사회'를 꿈꾸는 사람이 아니라는 사실을 명확히 했다.

하워드 진의 경우도 마찬가지였다. 그는 자신이 사회주의를 신봉하는 사람이라고 공언하였으나, 그가 믿는 사회주의란 "소련에 의해서 그 이름이 오염되기 이전의" 사회주의였다. 그것은 간단히 말해서 "좀더 친절하고, 좀더 부드러운" 사회를 뜻했다. 그에 의하면 "사회주의사회란 사람들이 가진 것을 서로 나누는 사회, 기업의 이윤이 아니라 사람들의 필요를 위해 생산을 하는 경제시스템"이었다.

흥미롭게도, 두 사람이 생애 마지막 무렵에 행한 발언도 매우 유사한 생각을 반영하고 있다. 리영희는 거의 최후의 공식 인터뷰에서 자신이 평생 관심을 가졌던 것은 '진실'이었으며, 진실을 밝히려는 노력에서 언제나 주어진 여건에서 최선을 다했다고 생각하기 때문에 후회는 없다고 말했다. 하워드 진 역시 자신은 "힘없는 사람들에게 희망의 느낌을 준 사람"으로 기억되기를 바란다는 말을 남겼다.

그런데 '힘없는 사람들'이 '희망'을 갖게 되는 것은 어떻게 가능한가. 말할 것도 없이, 그 희망은 '진실'의 힘에 의해 발효되고 배양된다고 할 수 있다. 그러니까 지식인이 진실을 정직하게, 용기있게 말한다는 것은 그 지식인 개인의 삶을 위엄있게 할 뿐만 아니라, 궁극적으로는 자신이 속한 사회를 희망의 공동체로 변화시키는 데 무엇보다 큰 기여를 하는 것이다. 그런 의미에서 '진실'을 말하는 행위는 지식인이 자기의 이웃들에게 줄 수 있는 최고의 선물인지도 모른다.

리영희나 하워드 진과 같은 지식인의 존재가 새삼스럽게 간절한 것은 오늘날 우리의 상황이 그들이 보여준 강인한 정신과 양심적인 행동을 어느 때보다도 더 필요로 하기 때문인지 모른다.

지금 나라 안팎의 상황은 한마디로 벼랑 끝이다. 세계는 인류 전체가 합심하지 않는다면 해결할 수 없는 치명적인 문제들에 직면해 있고, 우리 사회는 민주주의가 어이없이 망가지고 있다. 국가권력은 단지 선거에 의해서 집권했다는 한 가지 사실만을 자기정당성의 근거로 삼은 채, 시민들의 목소리를 간단히 무시하고, 국가기구를 철저히 사익추구 수단으로 전락시키면서 가장 기초적인 민주주의 원리인 삼권분립마저 사실상 무력화시켜 버렸다. 그 결과 이 사회는 지금 행정부 수장의 권력만 활개를 칠 뿐, 독립적인 입법, 사법이 존재하지 않는 흡사 식민지 사회를 방불케 하는 상황이 계속되고 있다. 게다가 이 정부는 연평도 사태에서 드러났듯이 지난 20년간 애써 구축해온 남북 간 화해·협력을 기조로 한 평화구조를 관리하는 데 극히 무능하고, 무책임하다는 사실을 드러내었다.

이런 상황에서 많은 사람들이 깊이 상심하고, 무력감 내지는 좌절감에 시달리며, 심지어는 우울증을 호소하고 있는 것도 전혀 이상한 일이 아니다. 사람들은 어떻게 쟁취한 민주주의인데 이렇게 허망하게 망가질 수 있느냐며 분노와 슬픔 속에서 견디기 어려운 시간을 보내고 있다. 시민들 사이에 이러한 무력감, 좌절감이 크게 증가하고 있다는 사실 자체가 이미 이 나라 민주주의가 심각히 손상돼 있다는 단적인 증거이다.

지금 우리 사회가 당장 해결해야 할 현안이 하나둘이 아니지만, 그것들은 전부 예외없이 민주주의가 회복돼야만 제대로 해결될 수 있는 문제들이라고 할 수 있다. 특히 이 나라의 현재와 장래에 사활적인 중요성을 가진 4대강 보호 문제와 남북 간 화해·협력체제의 재구축이 그렇다는 것은 더 말할 필요가 없다.

그런데 이러한 상황에 대한 일차적인 책임이 현재의 집권세력에 있다는 것은 분명하지만, 그들의 권력남용이 상당수 국민의 동조 내지는 묵인 없이는 불가능하다는 것도 틀림없는 사실이다. 이렇게 본다면, 이 사회에서 대중의 지적 수준이나 정치적 교양에 관련하여 궁극적인 책임이 없다고 할 수 없는 학자, 전문가, 언론인, 즉 지식인들이 결국 문제라는 생각을 하지 않을 수 없다.

4대강 문제만 하더라도 그렇다. 물론 이 문제에 대하여 집요하게 문제를 제기해온 소수의 학자, 전문가들의 노고를 잊을 수는 없다. 사실 이들의 양심적이고 성실한 노력 덕분에 그나마 종교계, 시민운동가, 일반 시민들이 정부에 4대강 공사의 중단을 줄기차게 요구하는 게 가능했다. 그럼에도 불구하고 여전히 정부가 모르쇠로 일관하면서 빠른 속도로 공사를 계속하고 있는 것은 공개적으로 이의를 제기하는 학자나 전문가들이 결국은 극소수이기 때문이다. 정부는 반대의견을 학계의 극히 일부 의견일 뿐이라고 간단히 무시해버릴 수 있는 것이다. 그러나 관련 학자·전문가치고 4대강 공사의 무모성을 모르는 사람이 있을까. 그들은 말은 안하고 있지만, 멀쩡한 강이 단순한 수로(水路)로 변형되고 있는 이 사태를 안타까운 마음으로 지켜보고 있을 것이다.

그러니까 토목·수문학을 비롯하여 관련 학계가 전부 나서서 발언할 필요가 있다. 개인 자격으로, 또 학회의 이름으로 나서서 이 공사의 부당성을 "소리 높이, 공개적으로, 설득력 있게" 말해야 한다. 공학자만이 아니라 물리학자, 생물학자, 법학자, 정치학자, 인문학자들이 모두 나서서, 지금 정부가 추진하는 4대강 공사는 나라 전체에 크나큰 재앙을 불러올 어리석은 만행이라는 것을 정직하게, 용기있게 발언해야 하는 것이다.

물론 학자, 전문가들이 말한다고 해서 귀담아들을 권력이 아니다. 그리고 일찍이 촘스키가 말했듯이 "억압적 권력을 행사하는 자들에게 진실을 말해준다는 것은 시간낭비이며 무익한 노력"일 것이라는 것도 분명하다. 들을 마음이 없는 귀에 무슨 말을 한들 들어가겠는가. 그럼에도 불구하고 지식인들의 발언이 필요하다. 그것은 그 발언에 의해 권력자의 마음이 바뀔 가능성이 있어서가 아니다. 하워드 진이나 리영희가 개인적 삶을 희생하면서 '진실'을 끈질기게 천착한 것은 그것이 권력의 자기반성을 촉구할 수 있다고 생각했기 때문이 아닐 것이다.

지금 이 나라의 민주주의가 위기에 봉착해 있다고 할 때, 그것은 국가권력의 남용에 의해서 우리 사회에 합리적 의사소통의 공간이 극도로 위축되었다는 뜻이기도 하다. 가장 대표적인 예가 4대강 문제이다. 수없이 반복되는 얘기지만, 4대강 공사는 대운하를 전제로 하지 않고는 하나부터 열까지 도저히 이해할 수 없는 방식으로 진행되고 있다. 이것은 건전한 상식을 가진 사람, 최소한의 이성을 갖춘 사람이라면 누구든 부정하지 못할 사실이다. 그럼에도 불구하고 이 근본적인 의문에 대하여 납득할 수 있는 합리적 설명을 일절 거부한 채, 정부는 수질 개선과 홍수 방지라는 처음부터 말이 안되는 말만 되뇌며 서둘러 강과 유역 생태계를 파괴하는 데 열중해 있다. 대체 강바닥을 다 파헤쳐 놓고, 모래톱과 여울과 수변 생태계를 파괴하고, 그렇게 해서 수질정화의 자연적 기능을 온통 망가뜨려 놓은 다음에 어떻게 수질이 개선된다는 것인가. 국민 전부를 바보로 여기지 않는다면 감히 할 수 없는 궤변에 불과하다고 하지 않을 수 없다.

게다가 사라지는 농경지는 어떻게 할 것인가. 오랜 세월 강의 흐름에 의해 형성된 강변 둔치는 옥토 중의 옥토이다. 그 둔치들이 지금 무참히 잘려나가고 있다. 또한, 수많은 농지가 준설토 적치장으로 변하면서 농지로서의 기능상실을 강요당하고 있는 것도 못 볼 노릇이다. 정부가 예상하는 대로 몇년 후에 과연 이 농지들이 농지로서의 기능을 되찾을 수 있을지도 실은 매우 불투명하다. 그럼에도 불구하고, 이른바 농경지 리모델링 사업이라는 아마도 급조한 것이 분명한 이름으로 정부는 농지를 훼손하는 일에 조금도 망설임이 없다. (우리나라는 자원빈국이라는 상투적인 말은 따져보면 극히 어리석은 말이다. 자원이 없기는커녕, 우리나라야말로 원래 좋은 기후, 비옥한 땅이라는 가장 근본적인 생존·생활조건이 갖추어진 천혜의 자원부국이다. 자원이 없다는 것은 예컨대 석유가 나지 않는다는 얘기지만, 석유시대는 지금 종말을 향해 가고 있다는 것을 알아야 한다. 그런 점에서 지금은 농사도 석유 없이는 불가능하게 된 구조가 걱정이지만, 어떻든 이 구조는 바뀌어야 할 것이지 언제까지나 석유를 믿고 그대로 둘 수는 없는 것임이 확실하다. 그리고 탈석유시대를 대비해서 가장 중요한 게 땅을 최대한 보호하는 일이라는 것도 확실하다. 석유시대가 종말을 고하려고 하는 이 시점에서 지금까지 경제가치가 없다고 무시했던 우리의 논밭 하나하나는 그 어떤 유전(油田)과도 바꿀 수 없는 소중한 자산임을 뒤늦게나마 깨달을 날이 곧 올 것이다.)

그러나 정부 사람들이 사태의 진상을 모르고 있다고 할 수는 없다. 그들이 합리적인 설명을 끝끝내 거부하는 것은 진실을 밝힐 수 없는 사정이 있기 때문일 것이다. 그러므로 새삼스럽게 그들에게 '진실'을 말해줄 필요는 없는 것이다. 그 대신 지식인들은 시민들을 위해서 발언할 필요가 있다. 지금 극도로 위축되어 있는 합리적 의사소통 공간의 재생을 위해서 지식인들의 정직하고 용기있는 발언은 불가결하다고 할 수 있다. 그렇게 함으로써만 민주주의의 소생 가능성이 조금이라도 더 높아질 것이기 때문이다.

사실, 우리 모두가 인간답게 살기 위해서 필요한 것 중에서 민주주의보다 더 소중한 가치가 없다. 그리고 민주주의의 회복 없이는 4대강을 보호한다는 것도, 남북 간 화해·협력체제 구축을 통해서 평화구조를 확립한다는 것도 사실상 공염불에 지나지 않을 게 분명하다.

그러나 문제는 지금 상황에서 더 많은 지식인들에 의한 정직하고 용기있는 발언을 기대할 수 있느냐 하는 것이다. 이것은 예를 들어, 최근에 출판된 책 《과학의 양심, 천안함을 추적하다》(창비, 2010)를 읽어보면 확연히 느낄 수 있다. 이 책은 그동안 천안함 침몰사건에 관련하여 민군합동조사단의 발표내용에 드러난 문제점을 날카롭게 지적해온 재미 물리학자 이승헌 교수가 쓴 일기체 기록이다. 그는 이 문제에 개입하게 된 시초부터 지금까지의 일을 거의 매일 꼼꼼히 기록함으로써 결과적으로 매우 귀중한 역사적 증언을 남겨놓았다.

그런데, 이 책에서 새삼 확인하게 되는 것은 오늘날 한국의 과학자들이 대부분 과학연구의 궁극적 목적이 무엇인가에 대하여 별로 깊이 생각하고 있지 않다는 점이다. 오늘날 과학자들은 국가나 자본의 이익을 위하여 과학을 단지 수단으로 사용하고 있는 게 아닐까 하는 의심이 드는 것은 이 때문이다. 요컨대, 대부분의 과학자들은 인간다운 삶에 불가결하다고 할 수 있는 공동체의 도덕적 기반을 보호하는 데에 그다지 관심이 없는 것으로 보인다는 것이다. 이것은 과학자들에 대한 근거 없는 중상모략이 아니다.

이승헌 교수의 책에는 천안함 '피격'의 증거로 정부 측이 제시한 결정적 자료, 즉 '1번 표시 어뢰추진체'의 신빙성을 밝히는 과학적 검토 과정이 자세히 기술되어 있다. 동시에 거기에는 과학계의 동료, 선후배, 스승들에게 이 작업에 동참해줄 것을 요청하는 이승헌 교수의 간절한 호소가 담겨 있고, 또한 그 호소에 대한 과학자들의 반응이 기록되어 있다. 과학자들의 반응은 다양하지만, 결론은 한결같이 동참불가라는 것이다. 끝내 답변을 주지 않고 침묵을 고집하는 사람도 더러 있지만, 대개는 이승헌의 실험결과에 공감을 표시하면서도 "시간이 없어서", "두려워서", "해 봐야 소용없을 것이기 때문에" 참여를 하지 않겠다는 답변인 것이다.

이러한 과학자들이 빠져 있는 가장 큰 함정은 역시 국익이라는 관념이다. 많은 경우, 그들은 진실보다는 국익이 우선이라고 적극적으로 생각하고 있지는 않을 것이다. 그러나 그들 자신의 침묵이나 회피가 결과적으로는 '국익논리'에 동조하게 된다는 것을 그들이 모르지는 않을 것이다.

하기는, 안락한 연구실 환경에 익숙한 오늘의 학자, 전문가들이 이런 성가신 일에 뛰어든다는 것은 쉬운 일이 아니다. 북한이 범인이라는 정부와 극우언론의 '결론'을 거스를지도 모를 일에 개입한다고 생각하면 사실 불안할 것이다. 게다가 연구비 생각을 하면 망설이지 않는 사람이 거의 없을 것이다.

그렇게 보면, 이승헌 교수와 그의 몇몇 동지들이 문제의 '1번 어뢰추진체'가 결국은 출처 불명의 고철덩어리에 불과하다고 용기있게 발언할 수 있었던 것은 그들이 해외 거주 과학자들이라는 사실과 관계가 없다고 할 수 없다. 그러나 물론 해외 거주 과학자라고 해서 모두 과학적 양심에 충실할 수 있는 것은 아니다.

그런 의미에서, 그들은 오늘의 현실에서 예외적인 과학자라고 할 수 있다. 이들은 단순히 실력있는 전문가가 아니다. 예를 들어, 이승헌은 그의 일기 속에서 극히 부실한 증거를 가지고 국제사회를 설득하려 한 정부의 무모함에 안타까움을 느끼며 "감추어야 할 치부를 갖게 된 한국 정부가 앞으로 국민에게 얼마나 많은 경제적·도덕적 손실을 끼칠 것인가"라고 탄식한다. 이러한 고뇌는 정말 나라의 장래를 걱정하는 고결한 인간이 아니면 기대할 수 없다. 상투적인 국익논리에서 벗어나오지 못하는 인간으로서는 절대로 흉내 낼 수 없는 정신적 자세가 거기에 반영되어 있는 것이다.

요컨대, 인간적 자질이 가장 중요하다. 일찍이 지식인의 사회적 역할에 관해서 진지하게 물었던 루이스 코저는 《지식인과 사회》(1965)라는 고전적인 저서에서 "오늘날 대학교수를 지식인이라고 부르기에는 그들의 시야가 너무나 좁다. 그들은 자신이 지식인이라고 생각하고 있지도 않다"고 말한 바 있다. 이 신랄한 말은 그대로 오늘의 한국 대학사회에 적용하더라도 별 무리가 아닐 것이다.

지식인이 정직하고 용기있는 발언을 해야 하는 이유는 그것이 그의 사회적 의무이기 때문이 아니다. 하나의 개인으로서 지식인 자신이 위엄있는 삶을 살고자 하는 한, 그것은 불가피하다. 자신이 노예가 아니라 자유인이고자 한다면 그 자유는 실천되지 않으면 안될 것이기 때문이다. 이런 의미의 자유의 실천이야말로 아마도 공자가 말한 인(仁)의 실천이며, 철학자 푸코가 말한 '자기배려'이기도 할 것이다.

(제116호, 2011년 1-2월)

방사능과 상상력

일본에서 원자력발전소 사고가 난 이후 반년이 경과하고 있다. 《녹색평론》은 이번 호까지 포함하여 세 차례에 걸쳐 연속적으로 이 문제를 다루고 있지만, 원자력 문제에 대한 비판적 발언은 여러 측면에서 집요하게 계속되어야 한다고 판단하고 있다. 지나치게 과민한 반응이 아닌가 하고 생각하는 사람들도 없지는 않을 것이다. 하기는 후쿠시마 사태의 직접 당사자인 일본 사람들도 이제는 거의 평상시의 생활리듬으로 돌아간 것 같은 분위기이고 보면, 그렇게 멀리 떨어져 있지는 않지만 어쨌든 바다 건너에 있는 우리들이 지나치게 심각해질 필요가 없는지도 모른다.

그러나 일본이 예전의 모습을 회복해가는 것으로 보일지 모르지만, 그것은 어디까지나 표면적인 모습일 뿐이다. 사고가 난 후쿠시마와 인근 주민들의 기막힌 사정은 말할 것도 없지만, 지금 일본 전역에서 허다한 사람들이 심각한 정신적·심리적 상해를 입고 있음이 확실해 보인다. 이것은 날이 갈수록 증가하는 관련 증언, 문헌, 자료를 세심하게 읽어보면 어렵지 않게 감지할 수 있다. 이 내면적 상해의 진상은 나날의 피상적인 뉴스거리에 골몰할 수밖에 없는 매스컴에 의해서는 간취되기 쉽지 않을 것이다. 이것은 시간이 더 지난 뒤에, 다양한 인간적 기록이나 예민한 문학적·예술적 증언에 의해서 그 실체가 좀더 분명히 드러날지 모른다. 여하튼 지금 일본사회가, 적어도 그 내면풍경에 있어서는, 더이상 후쿠시마 사태 이전과 같은 사회는 아니라고 보는 게 타당할 것이다.

정도의 차이는 있겠지만, 이것은 일본인들에게 국한된 현상이라고 할 수는 없다. 민감한 감수성의 소유자라면 세계 어디서든 후쿠시마 사태는 큰 충격이었을 것이지만, 한국의 우리들도 예외가 아니었다. 여기에는 아마도 일본과 지리적으로 가장 인접해 있다는 점이 크게 작용했을 것이다. 그러나 충격이 컸던 것은 단순히 당장의 방사능 피해에 대한 우려 때문만은 아니었다.

무엇보다도, 후쿠시마 원전사고는 현재 우리가 누리고 있는 문명생활의 토대가 얼마나 허약하고, 불합리하며, 위험천만한 것인가를 단적으로 드러내준 사건이었다. 우리들의 생활은 막대한 전력(電力) 사용 없이는 성립 불가능한 구조가 된 지 오래이다. 게다가 전력의 상당부분은 원자력에 의존하고 있다. 이것은 우리들 모두가 이미 다 알고 있는 사실이었다. 그런데도 우리들 대부분은 이 기본적인 사실에 눈을 감고, 근본적인 질문도 하지 않고, 치열하게 이의를 제기하는 일도 없이 그냥 고개를 돌려서 외면하고 살아왔던 것이다. 아마 이 정신적인 나태와 무책임에 대한 뒤늦은 깨달음과 후회도 충격의 원인이 되었을지 모른다.

충격이 컸던 만큼 당연히 일본의 상황에 대해서 사람들은 민감한 반응을 보였다. 그와 동시에, 국내의 원자력발전소와 핵폐기물 처리 문제에 관한 사회적 관심이 모처럼 고조되기 시작했다. 그리하여 한국정부도 국내 원전의 안전성에 대한 일제 점검을 실시함으로써 시민들을 안심시켜야 할 필요를 느끼는 상황까지 갔다.

하지만 후쿠시마 사고 직후의 이러한 분위기는, 불가사의하게도, 잠깐 지속되다가 곧 가라앉아버렸다. 정부에 의한 원전 실태조사가 과연 얼마나 견실하고, 신뢰할 만한 것인지를 추궁하는 언론도 없었다. 일본의 사고 현장 상황이 나아진 것도 아니었다. 후쿠시마에서는 여전히 사고 수습 전망이 불투명한 상태이고, 지금도 대기와 바다로 방사능이 끊임없이 방출되고 있다.

하기는 정신을 차릴 수 없을 정도로 별의별 흉측한 사고와 사건들이 빈발하는 사회에서 원자력 문제에 대한 사회적 관심이 지속되기를 바라는 것은 무리였는지도 모른다. 더욱이, 방사능은 사람의 오관으로 감지할 수 있는 것도 아니고, 고농도 피폭을 제외하고는 당장에 피해가 드러나는 것도 아니다. 그리고 사고 직후에는 정부기관에서 남한 각지의 방사능 측정치를 발표하기도 했지만, 시간이 경과하면서 그것도 어느새 유야무야되어 버렸다. 언론이나 시민들로부터의 강한 요구나 압력이 없는데, 정부가 뭣 때문에 방사능을 측정하거나 측정치를 발표하려고 하겠는가.

그러나 사람들이 관심을 갖지 않는다고 해서 방사능 문제가 사라지는 것은 아니다. 비록 소수겠지만, 적극적인 관심을 갖고 문제를 조금이라도 깊게 들여다본다면, 재앙은 지금부터라는 것을 쉽게 이해할 수 있을 것이다. 사고 직후 후쿠시마를 방문한 영국의 방사선 전문가 크리스 버스비는 이미 일본 동부지역이 광범하게 오염된 사실을 확인하고 경악했다. 그는 사람들이 오염된 땅에서 자란 농산물을 소비함으로써 먹이사슬에 의한 내부피폭을 당연히 입게 될 것을 예견하여, 장차 이번 사고로 희생될 인명이 수십만에서 백만까지도 될 수 있다고 추산했다. 그는 가능하다면 사람들이 이 지역에서 멀리 떠나는 게 바람직하다고 생각한다. 그렇게 생각하는 양심적인 전문가·과학자는 사실 한둘이 아니다. 예를 들어, 도쿄해양대학의 명예교수인 해양생물학자, 미즈구치 겐야(水口憲哉)에 의하면 이제부터는 사실상 "지옥의 문이 열렸다"고 해도 과언이 아니다. 이처럼 극단적인 표현이 나오는 것은 대량 방출된 방사능으로 이미 바다가 심각히 오염되었고, 그 결과 먹이사슬을 통한 해양 생물들의 체내 방사능 농축이 시작되었다고 판단하기 때문이다. 방사능의 생물에 대한 치명적인 영향은 주로 체내에서 축적·농축되는 그 성질에서 비롯한다. 따라서 수산물 대량 소비가 오래된 식습관이 되어 있는 일본에서 장차 대규모 피해는 필연적이라고 할 수밖에 없다.

일본에서 떨어져 있다고 해서 한국의 우리들이 안심할 수는 없다. 생물의 먹이사슬 메커니즘에서는 국경이란 게 무의미하기 때문이다. 그뿐만 아니라, 대기 중으로 방출되었거나 지금도 방출되고 있는 방사성물질의 강하(降下)는 반드시 한반도에도 영향을 미친다. 미량이라도 일단 호흡기관에 흡수되거나 토양과 물을 오염시키면 결국 사람과 기타 생물체에 치명적인 위험요소가 되는 것이다. 독립적 과학자들이 되풀이하여 강조해왔듯이 방사능 피폭에는 그 이하의 선량(線量)이라면 무해한 '역치'가 결코 존재하지 않는다. 즉, 아무리 미량이라도 방사능 피해는 불가피한 것이다. 그런 점에서 이미 한반도도 피재(被災)지역에 속한다고 해야 옳다.

사실이 이러함에도 불구하고, 일본에서도, 한국에서도, 정부와 원자력 관련 업계와 주류 언론과 어용학자들은 결코 상황의 심각성을 솔직히 인정하려 하지 않는다. 아마도 그것을 인정한다면 광범위한 주거지와 삼림, 농토 및 어장을 포기하는 데 따르는 사회적 대혼란과 재정적 부담을 도저히 감당할 수 없을 것이다. 예를 들어, 이번 후쿠시마 사고 피해자에 대한 직접적인 배상이나 피난·이주에 따른 비용은 제외하고, 단순히 정부가 인정한 오염된 땅 — 산야와 주거지를 포함한 — 에 대한 제염 비용만 산정한다 하더라도 앞으로 20년 이상에 걸쳐 50조 엔이 넘는 천문학적 액수가 들 것이라는 게 최근 어떤 연구자의 추산이었다.

하지만 재해(災害)를 해결하는 아주 손쉬운 방법이 있다. 그것은 재해의 규모와 수준을 최대한 축소·은폐하면서, 피해자 구조를 방기하는 것이다. 요컨대 기민(棄民), 즉 민중을 버리는 정책을 쓰면 되는 것이다.

실제로 이 기민정책은 자본과 국가에 의해 일상화·구조화되어 있기 때문에 좀처럼 눈에 띄지 않을 뿐이지 실은 늘 되풀이되고 있는 정책이기도 하다.

혼히 '원자력 마피아'라는 말을 쓴다. 그것은 물론 원자력발전소를 건설·운영함으로써 막대한 이익을 챙기는 자본가·기업가들과 그들에게 협력하거나 기생하면서 살아가는 정치인, 관료, 언론, 학자들을 총칭하여 부르는 호칭이지만, 문제는 이 원자력 마피아의 힘이 너무나 강고하다는 것이다. 에너지를 낭비하지 않는 좋은 삶이 있을 수 있고, 또한 다른 식으로 얼마든지 전력을 생산할 수 있는 방법이 있는데도 불구하고, 원자력발전이 계속하여 존속·확장되어온 결정적인 요인은 바로 이 원자력 마피아의 존재에 있다고 할 수 있다. 그들의 막강한 권력이 문제인 것이다. 그리하여 우리가 사는 세상은 '원자력 절대체제'라고 불러마땅한 기괴한 독재체제가 되어버렸다. 이 체제에서 결정적으로 훼손되는 것은 자연과 사회적 약자의 삶, 평화와 민주주의, 그리고 무엇보다 '진실'이다.

맨해튼프로젝트 이래 핵산업이 존속·확대될 수 있었던 근저에는 언제나 거짓과 속임수와 은폐공작이 있었다. 히로시마와 나가사키에 원폭이 투하된 직후부터 시작된 방사능에 대한 거짓된 정보는 지금까지도 계속되고 있다. 그들은 끊임없이 방사능의 가공할 독성작용을 은폐하거나 축소해왔고, 심지어는 미량의 방사능은 오히려 인체 면역력을 길러준다는 가당찮은 논리까지 만들어 유포해왔다. 이처럼 늘 거짓말을 하는 것은 방사능의 진실을 다수 시민들이 알게 되면 핵무기도, 원전산업도 그날로 끝날 수밖에 없기 때문이다. 예를 들어, 원전은 사고 없이 정상적으로 가동되는 상황에서도 끊임없이 미량의 방사성물질을 유출하고, 그 결과 인근 주민들이 현저한 건강장애를 각오해야 한다는 중대한 문제가 있다. 원자력 마피아는 이것을 당연히 부인하지만, 여러 독립적

역학조사는 그게 엄연한 사실임을 입증했다. 또한 자주달개비꽃이라는 식물이 저선량 방사능에도 돌연변이를 일으키는 특성이 있음을 발견한 유전학자 이치카와 사다오(市川定夫)는 정상가동 중인 원전 부근에 이 식물을 심어놓고 반응을 살핀 결과, 미량 방사능이 계속 유출되고 있다는 것을 확인할 수 있었다.

그러니까 관건은 방사능에 대한 정확한 지식과 정보이다. 그러나 국제원자력위원회(IAEA)는 물론이고, 일반적으로 꽤 권위를 인정받고 있는 세계보건기구(WHO)조차도 방사능 문제에 있어서는 일관되게 거짓 정보를 생산·유포하는 데 협력해왔다. 예를 들어, 1959년에 맺어진 IAEA와 WHO 사이의 협약은 WHO라는 유엔 기구가 국제 원자력 추진 세력 앞에서 얼마나 허약한지를 유감없이 드러낸다. 그 협약은 방사능에 관한 한, WHO의 독자적인 조사·평가와 그 연구결과의 공개를 일절 금지하고 있다. 그리하여, 예를 들어, WHO는 체르노빌 원전사고의 피해상황에 대한 학술대회를 두 차례나 개최하고도 그 결과를 공식적으로 발표하지 못한 채 그냥 앵무새처럼 IAEA의 견해를 되풀이하여, 체르노빌 사고 피해자가 수천 명에 불과하다고 말할 수밖에 없었던 것이다. 이 믿기 어려운 WHO의 굴종적인 행태는 관계된 관료·과학자들의 왜소함뿐만 아니라, '원자력체제'가 얼마나 가공할 반생명·비윤리성에 기반하고 있는가를 암시해주고 있다.

"핵의 평화적 이용"이라는 슬로건 밑에서 시작된 원자력발전 시스템은, 핵무기에 못지않게 생명과 평화에 위협적이라는 것은 말할 필요가 없다. 잊지 말아야 할 것은 기본적으로 원자력발전과 핵무기는 일란성 쌍생아라는 사실이다. 이번 호에 전재·소개된 인터뷰 기사에서 일본의 평론가 가라타니 고진(柄谷行人)이 "원전은 핵무기 개발을 전제로 한 산업이기 때문에 핵무기를 꿈꾸는 국가는 원전을 결코 그만두지 않을 것"이라고 말하는 대목이 있지만, 이것은 약간의 과장이 있을지 몰라도 핵심을 찌르는 발언이라고 할 수 있다. 실제로 원전은 온갖 측면에서 전력생산 시스템으로는 가장 위험하고 비경제적이며 불합리한 시스템이라는 것은 명확한 사실이다. 그렇다면, 이것은 결국 군사적 혹은 배타적 국가주의 논리를 떠나서는 존립할 이유가 없는 것이다. 따라서 원전을 허용하면서 평화를 말하고, 민주주의를 말한다는 것은 자가당착적인 모순이자 위선이라고 하지 않을 수 없다.

그러나 원자력발전 시스템의 존속을 절대로 허용해서는 안될 제일 절박한 이유는, 이것이 현재의 단기적인 이익을 위해서 미래세대의 삶의 토대를 근원적으로 파괴하는 극히 비윤리적인 시스템 중에서도 가장 악질적인 것이기 때문이다. 방사능에 관한 숱한 문헌과 자료를 읽다 보면, 절망적인 기분에 사로잡히기 쉽다. 제2차 세계대전 이후, 무수한 핵실험, 원자력발전소 가동, 핵폐기물 해양투기 따위로 세계 전역은 이미 방사능으로 심각하게 오염되고 말았다. 게다가 또 열화우라늄탄이라는 이름의 엄연한 핵무기가 세계 곳곳의 전쟁터에서 거침없이 남용되고 있다. 코소보, 이라크, 아프가니스탄에서도 그랬고, 지금은 리비아에서도 그것이 사용되고 있다. 그럼에도 불구하고, 예외가 없지는 않지만, 세계는 여전히 방사능오염에 대해 무감각하다. 원자력 마피아의 이익추구 욕망이 아무리 크다고 할지라도, 이대로 가면 공멸이 분명한데도 그만두지 못하는 이유는 과연 무엇인가.

핵에 대한 무관심·무감각의 결과는 반드시 묵시록적 상황을 낳는다. 이것은 하이데거의 제자이자 한나 아렌트의 첫 남편이기도 했던 독일 철학자 귄터 안더스가 생전에 한 말이다. 그는 핵에 대한 무관심·무감각은 무엇보다도 현대인에게 '상상력'이 결여되어 있기 때문이라고 말했다. 현대사회는 경제성장과 효율성의 원리에 압도적으로 지배되면서 세계 자체가 거대한 기계로 변했고, 인간은 한갓 그 기계의 부품이 되고 말았다. 그 결과, 양심과 책임과 윤리의식, 즉 근원적인 의미에서의

상상력의 결여는 현대인의 숙명이 되었다— 이것이 안더스의 비관적인
결론이었다. 그러나 그 자신은 죽을 때까지 핵 없는 세상을 위해서 열
심히 싸웠다.

(제120호, 2011년 9-10월)

좋은 사회는 어떻게 가능할까

창간 스무 돌을 맞으며

　수목(樹木)은 중력의 힘에 의해 아래쪽으로 향하지 않고, 오히려 중력
에 역행한다. 생명이란 비협력주의가 아닐까?

— 귄터 안더스

　창간 20주년을 맞는다. 되돌아보면 힘겨운 시간의 연속이었으나 어
느새 20년이 흘러 여기까지 왔다. 창간 당시부터 지금까지 《녹색평론》
의 규모나 살림살이는 별로 변한 게 없고, 생존을 위한 기반은 늘 불안
했다. 그럼에도 우리는 지금까지 살아남았고, 사회 속에서 중요한 매체
가 되기 위한 시도를 계속해왔다. 이런 시도가 가능했던 것은, 말할 것
도 없이, 이 잡지를 성심껏 지원해주는 적지 않은 독자들이 있었기 때
문이다. 이 자리에서 독자 여러분들에게 다시 한번 감사의 말을 전하지
않을 수 없다.
　그러나 정말 중요한 것은 《녹색평론》이 실제로 얼마나 쓸모있는 일
을 해왔느냐일 것이다. 이에 대한 냉정한 평가는 물론 독자들의 몫이
다. 그런데 이 점에 관련해서 무엇보다 먼저 생각해봐야 할 것이 있다
는 것을 말하고 싶다.
　그것은 오늘날 언론이 처해 있는 위기상황이다. 언론은 지금 복합적
위기상황에 처해 있지만, 최대의 위협은 상업주의적 압력이라고 할 수

있다. 아무리 정신적으로 무장되어 있다 하더라도 하나의 기업 혹은 경영조직체로서 언론은 우선 살아남아야 하고, 살아남으려면 비즈니스의 논리를 외면할 수 없다. 따라서 오늘날 미디어가 광고주라는 이름의 금권세력을 무시하는 것은 불가능한 일이다. 그뿐만 아니라, 인습적인 사고, 편견, 이념적 편향에 의거하여 언론에 대하여 이러저러한 기대를 품고 있는 '미디어 소비자'의 욕구도 외면할 수 없는 문제이다. 그렇다면, 오늘날 언론 — 매스미디어 — 이 엄밀한 의미의 독립성을 유지한다는 것은 지난한 일임에 틀림없다.

그런데 여기서 생각해야 할 것은, 원래 언론·출판행위란 '반역'을 위해 시작된 활동이라는 사실이다. '반역'이란 물론 주류의 가치, 즉 지배적인 제도와 관습과 문화를 전면적으로, 뿌리에서부터 의심한다는 뜻이다. 서양에서 출판을 가리키는 말(edition)과 반역행위를 가리키는 말(sedition)이 동일한 뿌리에서 나왔다는 것은 우연한 일이 아니다. 기성의 체제와 지배적인 가치를 옹호하는 언론은 예로부터 어용언론이라고 일컬어져왔다. 오늘날 언론이 광고주와 '미디어 소비자'에 기댈 수밖에 없다면, 그것은 언제라도 어용언론으로 전락할 가능성을 내포하고 있는 셈이다. 그런 의미에서 언론은 자신의 본래적 사명 — '반역행위' — 을 스스로 배반하는 행위를 강요당할 위기상황에 항상적으로 처해져 있는 존재라고 할 수 있다. 이러한 운명을 회피할 수 있는 것은 소규모 매체밖에 없는지 모른다. 소규모일수록 외부압력으로부터 비교적 자유로울 수 있기 때문이다.

여기서 《녹색평론》이 감히 그러한 독립매체에 속한다고 주장할 염치는 없지만, 그래도 우리는 주어진 여건 속에서 열심히 노력은 해왔다고 말할 수 있다. 예를 들어, 후쿠시마 참사 이후 확연해진 원자력의 치명적인 문제와 그것을 둘러싼 온갖 허위, 속임수, 협잡에 대해서 대다수 미디어가 침묵하거나 미온적인 자세로 일관하고 있는 상황에서 《녹색평론》이 비판적인 물음을 계속 던질 수 있는 것도 결국은 '작은' 매체 특유의 독립성 덕분일 것이다.

《녹색평론》 독자들 중에는 '평론'이라는 이름에 위화감을 느끼는 이들이 더러 있다. 그러나 '평론'이라고 굳이 고집해온 까닭이 없지 않다. 그것은 이 잡지 창간의 주요 목적이 '저항'에 있었기 때문이다. '평론'이라는 것은 기본적으로 대상을 상대화하면서 철저히 의심하고, 질문하는 행위, 따라서 근원적인 의미의 저항을 뜻한다. 처음부터 《녹색평론》이 의도한 것은 무엇보다도 오늘날 한국사회와 세계 전체가 직면한 위기에 맞서서, 이 위기의 본질이 무엇인가를 올바르게 질문하는 것이었다. 올바른 질문을 통해서만 올바른 방책이 나올 수 있기 때문이다. 지금 한국사회에는 실로 다양한 의견—현실에 대한 분석과 진단, 해법들이 개진되고 있다. 우리가 묻고자 하는 것은 그러한 분석, 진단, 해법들이 과연 안심하고 받아들여질 수 있는가 하는 것이다. 우리는 전통적인 좌우의 이념과 논리를 가지고는 오늘날 세계가 직면한 위기의 본질을 정당하게 설명할 수도, 극복할 수도 없다는 판단 밑에서 작업해왔다.

예를 들어, 현재 이 나라의 '진보진영'이 거의 일치해서 제시하고 있는 '복지국가' 논리에 대해서도 《녹색평론》은 계속 유보적인 태도를 견지해왔다. 물론 복지국가론이 나오게 된 배경을 이해하지 못하는 게 아니다. 그러나 복지국가론이 기본적으로 경제성장과 생산주의 이데올로기에 토대를 두고 있는 이상, 그것이 빈곤과 사회적 격차를 해소하는 방책으로서 정말 실효성이 있는지 물어보지 않을 수 없는 것이다. 무엇보다, 현실적으로 복지국가 논리가 과연 실현 가능한 것인지 극히 의문스럽다. 복지국가란 국가의 계속적인 세수(稅收) 증가를 전제로 해서만 실현 가능한 시스템이다. 그리고 이 세수 증가는 경제성장과 고용의 안정화 없이는 불가능하다. 그런데 석유공급 상황이 갈수록 악화되고, 세계 금융시스템이 뿌리에서부터 붕괴될 가능성이 농후한 상황에서 경제성장이 계속되고, 전통적인 의미의 산업적 고용이 확대된다는 게 과연 있을 수 있을까. 설령 그러한 기적이 비록 단기간은 실현된다 하더라도, 그 궁극적인 결과는 생태적 자멸행위가 될 것임은 명백한 일이다.

저출산·고령화 현상을 우려하는 목소리도 그렇다. 많은 논자들은 이것을 한국사회가 직면한 가장 긴박한 문제로 파악하고 있다. 그들의 우려는, 출산율 저하와 고령화 현상이 계속된다면 조만간 경제활동인구가 줄어들고, 세대 간 인구비율 균형이 붕괴되어 최소한도의 복지국가 시스템을 유지하는 것도 불가능해질 것이라는 논리에 근거해 있다. 그러나 이 논리에는 치명적인 결함이 내포되어 있다는 게 문제이다. 그 결함이란 그들이 미래를 단순히 현재의 연장으로 상정하고 있다는 데 있다.

우리가 염두에 두지 않으면 안될 것은, 오늘날 온갖 징후로 보아서, 앞으로의 세상은 결코 현재 상황의 단순한 연장이나 확대된 모습이 아닐 것이라는 점이다. 이것은 조금만 깊이 생각해봐도 쉽게 짐작할 수 있다. 거의 전적으로 값싼 석유에 의존해 있는 현재의 산업, 금융, 교역, 에너지, 식량 시스템은 물론이고, 이와 같은 물질적 토대를 기반으로 한 정치, 문화, 교육 등 중앙집권적 시스템 전부가 지금과 같은 형태로는 더 유지될 수 없는 날이 조만간 닥칠 것이 확실하기 때문이다.

저출산·고령화에 대한 우려는 순전히 공리주의적인 경제논리에 의거한 것이다. 당연한 결과이겠지만, 그것은 또한 심히 비윤리적인 인간관·세계관을 내포하고 있다는 점도 간과할 수 없다. 인간은 이 세상에 어떤 시스템에 필요한 도구가 되려고 태어나는 게 아니다. 물론 개인이 행복한 삶을 누리자면 복지시스템을 협동적으로 만들어야 할 필요가 있을 것이다. 그러나 그것은 다른 무엇과도 바꿀 수 없는 개개인의 독특한 인격과 자율성을 존중하는 바탕 위에서 행해지지 않으면 안된다. 그렇지 않으면, 그 시스템은 야만적인 폭력이 되고, 개인은 시스템에

복속된 부품으로 전락하기 마련이다.

게다가 온 세계가 갈수록 인구과잉 문제로 고뇌가 깊어지는 상황에서, 한국 경제의 활력을 위해 인구증가가 계속돼야 한다는 것은 비현실적이기도 하지만, 명백히 비윤리적인 사고방식이다. 세계 전역에 걸쳐 인간생존의 자연적 토대가 심각하게 훼손되고 있는 현실을 생각한다면, 어디서든 인구가 줄어드는 것은 기본적으로 환영해야 할 일임은 더 말할 필요가 없다. 문제는 인구감소 자체가 아니라, 왜 지금 한국사회에서 출산 저하 현상이 심각해지고 있는가 하는 것이다. 실제로, 오늘날 이 사회에서 아기를 낳아 기르기 위해서 초인적인 용기와 고난을 각오하지 않아도 되는 사람은 극소수이다. 이것이 문제의 핵심이다. 왜, 어쩌다가 이 사회가 미래로 가는 문을 닫아버린, 절망적인 사회로 떨어져 버렸는가 — 저출산 현상에 관련해서 정말로 필요한 것은 이런 근본적인 물음이다.

그러나 이 사회에서 현재 우리가 흔히 보고 듣는 '진보적' 사상과 '개혁적' 담론은 거의 예외 없이 근시안적 현실진단과 피상적인 처방에 머물러 있다. 이 불모적인 현상의 원인은 무엇일까. 아마도 최대 원인은 그러한 사상·담론 속에 에콜로지에 대한 이해가 현저히 결여되어 있다는 점일 것이다.

한국의 지식사회에는 아직도 에콜로지에 무감각하거나 무관심한 이들이 허다하다. 많은 지식인들은 아마도 에콜로지 문제는 기술적으로 극복 가능한 문제라고 생각하는지 모른다. 아니면, 그들은 당장 급한 것은 먹고사는 경제문제이지, 에콜로지는 이차적인 문제라고 보고 있는지도 모른다. 그러나 문제는 그 '경제문제'가 이제는 '에콜로지'를 고려하지 않고는 한 걸음도 더 나아갈 수 없는 국면에 지금 우리 모두가 처해 있다는 점이다. 일찍이 독일 시인 브레히트는 편협한 근시안적인 이해관계에 사로잡혀 전쟁과 학살로 치닫고 있던 자기 시대의 상황을 "자신이 앉아 있는 나뭇가지를 톱으로 베고 있는" 어리석은 인간의 행위로 묘사한 바 있다. 이것은 브레히트 시대보다도 오히려 오늘의 상황을 더 적실하게 드러내는 예리한 비유라고 할 수 있다.

지금 필요한 것은, 이미 늦었는지 모르지만 이제라도 '경제'에 관한 정의를 다시 내리고, 그것이 사회 전체의 새로운 상식이 되도록 하는 노력이다. 그동안 '경제'라고 하는 것은, 간단히 말하면, 지난 200~300년간 화석연료·핵에너지에 기반한 무한한 욕망 추구를 제도적으로 뒷받침해온 개념체계 이외에 아무것도 아니라고 할 수 있다. 이 시대착오적인 '경제' 개념을 척결하지 않는 한, 갈수록 심화되는 환경-자원-에너지 위기를 극복하는 것은 고사하고, 최소한도의 기초적 생존·생활도 불가능해지는 날이 곧 다가올 게 분명하다. 재생 불가능한 자원과 에너지에 의존하여 무한한 경제성장이 가능할 것이라고 믿는 것은 참으로 어이없는 착각이자 망념이다.

시급한 것은 경제성장, 생산력 증대, 대량생산-대량소비를 통한 '발전' 혹은 '진보'의 추구라는 낡은 공식을 과감하게 버리고, 우리의 생활방식을 자연의 본성과 리듬에 순응하는 순환적인 패턴으로 전환하는 일이다. 요컨대 산업자본주의 이전, 인류의 오랜 생활방식이었던 순환경제 시스템의 복구·재생이 필요하다는 것이다. 순환경제란 단순히 적게 생산하고, 적게 소비하는 생활패턴을 뜻하는 게 아니다. 절제하고, 절약하는 것은 오랫동안 인류사회에서 기려온 덕행이었다. 따라서 그것은 어느 때나 존중돼야 할 생활자세이지만, 그러나 지금 우리가 직면한 위기는 개개인이 물자를 절약하는 미덕을 발휘한다고 해결될 문제가 아니라는 것을 기억해야 한다. 아무리 절약하더라도 재생 불가능한 자원은 언젠가는 고갈되기 마련이고, 오염된 환경은 결국 거주 불가능한 공간으로 변해버릴 것이다. 중요한 것은 재생 불가능한 자원인 지하(地下)자원－원자력을 포함한－에 의존하지 않고, 영구적 지속이 가능한 태양에너지 중심의 지상(地上)자원에 의존하는 생활패턴의 선택이다.

문제는 이러한 선택이 가능하냐 하는 것이다. 이 선택은 통상적인 의미에서의 '경제'의 영역을 넘어서는 문제이다. 왜냐하면 순환적 생활패턴을 선택한다는 것은 단순히 물자와 에너지 조달방식의 변화가 아니라, 삶의 총체적 방식에 있어서의 근본적 변화를 뜻하는 것이기 때문이다. 그런 의미에서 그것은 결국 정치적 선택과 결정이 필요한 문제라고할 수 있다.

예를 들어, 고용문제만 해도 그렇다. 좁은 의미의 경제문제로서만 볼때, 부당해고, 실업, 비정규직 등 '일자리' 문제는 자본과 노동 간의 문제로 환원되기 쉽다. 그리고 그 차원에 머물러 있는 이상, 고용문제의해결은 난망하다고 하지 않을 수 없다. 오늘날 격심한 경쟁을 강요하는글로벌 경제시스템 속에서 기업은 단지 살아남을 뿐만 아니라 끊임없는 이윤증대를 위해서 어떤 짓도 마다하지 않는다. 기업은 윤리적 덕을실천하기 위한 조직이 아니다. 기업의 사회적 책임 운운하는 것은 사실무의미한 말이다. 기업에 의한 기부, 지원, 자선사업이란 것도 결국은더 많은 이윤확보를 겨냥한 간접적인 투자행위일 뿐이다. 오늘날 기업쪽에서 볼 때, 필요한 것은 더 많은 소비자의 존재이지 더 많은 노동자의 존재는 분명 아니다. 이미 시장은 과잉 생산물로 넘쳐나고, 자동화·기계화의 급속한 발달로 생산 현장에서의 인간노동력에 대한 수요는현저히 줄어들고 있다. 그뿐만 아니라 세계에는 아직도 초저임금 노동력을 제공하고, 기업의 방종한 행태를 묵인하거나 조장하는 곳이 허다히 존재하고 있다. 따라서 애국심 따위에 호소하는 것으로써 기업의 해외이전을 막아낼 도리는 없는 것이다. 이 상황은 계속 확대·심화될 게분명하다. 그렇다면 고용문제의 전망은 실로 암담하다고 하지 않을 수없다. 1970년대 전태일의 시대에 노동자는 '착취'를 당했으나, 지금 김진숙의 시대에 노동자들이 경험하는 것은 노동으로부터의 '배제'이다.

한때 이 나라 서민층 아이들의 꿈은 대통령, 판사, 과학자가 되는 것이었다. 그러나 지금은 '정규직'이 아이들(그리고 부모들)의 꿈이 되었다.

어떻게 하면 이 상황을 극복할 수 있을까. 더 많은 성장을 통해서 극복한다는 방법은 이미 효력을 상실했다. '복지국가' 시스템을 통한 극복이라는 것도, 그것이 불가피하게 더 많은 성장을 전제로 하는 시스템인 이상, 역시 지속 불가능한 방법이라고 하지 않을 수 없다. 그러나 방법이 없는 게 아니다. 지금까지 산업사회의 주류였던 방법, 즉 대규모 산업시스템 속에서 일자리와 생계를 구하는 것을 그만두고, 소규모 지역 중심, 자립적 생산·생활 협동체들을 광범하게 만들어나가는 것이다. 그리하여 그 틀 속에서 태양에너지에 기반을 둔 순환경제를 구축하면 되는 것이다.

이것은 현실적으로 불가능한 게 아니다. 문제는 이것을 실현하기 위한 사회적 실천과 확산을 가로막는 기득권 세력의 방해를 어떻게 극복할 것이냐이다. 그러니까 결국은 민주주의의 확립, 즉 보편적 이성이 존중을 받고, 합리적 상식이 통할 수 있는 정치시스템을 확보하는 게 관건인 것이다.

이와 관련해서 독일은 흥미로운 참조사례를 제공한다. 후쿠시마 사태 후 원자력을 2020년까지 모두 폐기하기로 결정한 독일의 경우를 보면, 진정한 선진사회란 결국 합리적 상식이 살아있는 사회라는 것을 알 수 있다. 체르노빌에 이어 또다시 묵시록적인 핵 참사를 목도하면서 독일사회는 더는 원자력을 용납할 수 없다는 결정을 내렸고, 그 결정은 정상적인 사고력을 갖춘 인간사회라면 극히 당연한 반응이었다. 그러나 유감스럽게도 이 당연함이 쉽게 통하지 않는 게 또한 오늘의 세계 현실이다. 미국, 프랑스, 러시아, 영국은 거론할 필요도 없지만, 이 기회를 원자력 강국으로 도약할 기회로 삼겠다는 한국정부나 아직도 원전문제에 대해서 모호한 태도를 취하고 있는 일본정부를 보면, 오늘날 이 세상이 악마적인 정신에 의해 깊이 오염되어 있다는 것을 느끼지 않을 수 없다.

그런 만큼 독일의 자세는 단연 돋보인다. 특히 주목할 것은 메르켈 독일 수상이 원전문제에 관한 결정을 내리는 과정에서 '안전위원회'와 함께 '윤리위원회'를 구성했다는 것, 그리고 윤리위원회 위원장에 자신의 정치적 적수를 임명함으로써 정파의 이해관계를 초월한 공정한 결론을 원했다는 사실이다. 이것은 단지 양심적인 행위라기보다 매우 합리적인 행위라고 할 수 있다. 진상을 제대로 파악하자면 비판적인 관점이 있어야 한다는 것은 상식이기 때문이다.

더욱이, 놀라운 것은 그 '윤리위원회'에는 원자력에 관여하고 있는 전문가·관계자는 단 한 사람도 들어가지 않았다는 점이다. 윤리위원회 구성 멤버는 가톨릭의 추기경, 프로테스탄트 목사, 《위험사회》의 저자 울리히 벡을 포함한 몇몇 학자, 소비자 문제를 전문으로 하는 교수 등 열일곱 명이었다. 이 위원회에 참여했던 베를린자유대학 교수 미란다 슈라즈는 지난 6월 일본에서 행한 강연에서, 윤리위원회가 이렇게 구성된 이유는 "어떠한 에너지를 사용할 것인가는 전력회사가 결정할 문제가 아니라 사회가 결정해야 할 문제라는 생각 때문"이라고 설명했다. 주요 정책을 이른바 관계 당국이나 기업 혹은 전문가가 아니라 어디까지나 생활하는 주체들이 결정해야 한다는 것은 지극히 당연한 논리지만, 이 당연한 논리가 새삼 극히 신선하게 들리는 것은 무슨 까닭일까. 그것은 우리가 너무나 오랫동안 비이성과 몰상식이 활개를 치는 사회 속에서 살아왔기 때문일 것이다.

현재 독일 연방의회 의석의 절반이 정당별 비례대표제로 구성되어 있다는 점도 독일의 '상식'을 말해주는 증거인지 모른다. 주의해야 할 것은, 오늘날 대부분의 국가에서 의회제 정당정치는 사실상 금권과두 (金權寡頭) 정치를 위한 효과적인 장치로 기능하고 있다는 사실이다. 따라서 선거라는 것은 기득권층의 영구 집권을 돕는 합법적인 수단에 불과한 것이기 쉽다. 그렇다고 해서 지금 당장 선거를 폐지하고, 의회제 정당정치를 방기할 수는 없다. 중요한 것은 현행의 제도 내에서 최대한 민주주의의 공간을 넓혀가는 것이다. 그러한 시도의 하나가 비례대표제의 확대라고 할 수 있다. 1983년에 독일 연방의회에 녹색당이 진출하고, 2011년에 그 의회에서 핵발전소의 단계적 폐쇄를 압도적 표차로 가결하는 게 가능했던 것은, 독일사회의 일반적인 상식 이외에, 그 정치 시스템이 갖는 합리성에도 기인하는 바가 컸을 것임은 짐작하기 어렵지 않다. 의석의 절반이 비례대표제에 의해 구성되었기 때문에 독일 의회에는 이익집단, 특히 기득권층의 압력으로부터 자유로운 정치적 선택과 결정의 공간이 그만큼 확보되어 있다고 할 수 있는 것이다. 물론 독일이라고 해서 문제가 없는 게 아닐 것이다. 그러나 독일의 경우는, 아직 불완전한 상태일지라도, 비교적 합리적인 정치시스템이 존재할 때 그 사회가 어떻게 좋은 사회로 나아갈 수 있는지, 하나의 모범적 가능성을 보여주고 있음이 분명하다고 할 수 있다.

(제121호, 2011년 11-12월)

합리적 정치를 고대하며

다시 선거철이 되었다. 선거라는 게 민주주의를 가장한 요식행위 이상의 것이 되기 어렵다고 하더라도, 지금으로서는 다른 방법이 없는 이상, 이맘때면 늘 선거상황을 주시하지 않을 수 없다. 더욱이 지금은 무엇보다 정권교체에 대한 열망이 엄청나게 높아져 있는 상황이다. 현 정권이 자행해온 온갖 과오와 실정은 일일이 거론할 필요도 없다. 지난 몇 년간 우리는 합법적으로 선출된 권력에 의해서도, 국가기구가 얼마든지 헌법과 민주주의를 유린하는 괴물이 될 수 있다는 것을 고통스럽게 지켜보아야 했다.

그런 점에서, 다가오는 4월 총선에서 야당의 승리 가능성이 높아진 것은 일단 다행스럽다. 하지만 지금 돌아가는 분위기를 보면, 정권이 바뀌어 봤자 별수 없겠다는 허망한 생각이 드는 것도 사실이다.

물론 정권이 바뀌면 당장 남북관계가 호전되리라는 것은 쉽게 예상할 수 있다. 그렇다면 그것만으로도 정권교체의 의의는 클 것이다. 남북 간 화해, 협력, 나아가서 평화구조의 정착은 더이상 방치해둘 수 없는 과제임은 말할 필요가 없기 때문이다. 그러나 남북관계가 김대중, 노무현 정부 때 수준으로 복구되는 정도가 아니라 그 이상의 질적인 성취에 이르자면 남한의 정치와 사회분위기가 훨씬 더 합리적으로 돌아가야 한다. 그러자면 먼저 이성과 상식을 존중하는 정치시스템의 확립이 시급하다고 할 수 있다.

원자력 문제도 마찬가지다. 후쿠시마 사태라는 대참사 앞에서도 한국정부는 이것을 오히려 원자력 강국으로 도약할 기회로 삼겠다는 자세를 취했다. 이것은 실로 뻔뻔스러운, 불가해한 반응이라고 하지 않을 수 없다. 다른 모든 나라가 원자력 문제에 관해서는 적어도 겉으로는 신중한 자세를 취하는데도, 이명박 정부는 다수의 신규 원전을 건설하는 것은 물론, 원전의 해외진출 계획을 공표하는 극단적인 만용을 드러내고 있다. 이 명백히 자멸적인, 어리석은 작태의 원인은 무엇일까? 권력자의 무지와 단견 혹은 탐욕 이전에, 근본적으로 정치가 제대로 돌아가지 않기 때문일 것이다.

의회민주주의 체제에서 정상적인 정치란 결국 이성과 상식에 의거한 발언이 의회를 지배해야 한다는 것을 뜻한다. 대통령의 권한이 아무리 막강하다 하더라도, 기본적으로 의회가 존재하는 것은 대통령의 권력 남용을 제어하기 위해서이다. 그런 의미에서 민주주의의 성패는 결국 의회에 달려 있음이 분명하다.

의회가 제 기능을 하려면, 말할 것도 없이, 양질의 인물들이 의회에 진출해야 한다. 그러나 문제는 현재 한국의 선거제도로는 사심 없이 행동하고 합리적으로 판단할 수 있는 이들의 국회 진출이 극히 어렵게 되어 있다는 점이다. 지금과 같은 소선거구제 지역구 중심의 선거제도에서는 어떤 식으로든 지역 토호들에 영합하고, 금권세력과 결탁하는 자들 이외의 국회 진출은 사실상 막혀 있다고 할 수밖에 없다. 그리고 국회의원이란 국가 전체의 이익을 생각해야 하는 직책임에도 불구하고, 현행 선거제도는 국회의원에게 지역구 상황에 끊임없이 매달릴 것을 강요하고 있다. 그럼으로써 국회의원은 늘 나라 전체의 균형보다도 언제나 지역구에 대한 충성을 먼저 염두에 두지 않을 수 없고, 그 결과는 국가예산 배정의 뒤틀림을 포함한 온갖 부조리, 몰상식, 비리, 부패의 만연으로 나타난다. 일반 시민들이 정치라면 무조건 더럽다는 선입관을 떨쳐버리지 못하고 있는 것은 바로 이 때문이다.

아무리 정당이 좋은 인물들을 공천한다고 할지라도 거기에는 명확한 한계가 있다. 정당은 이기기 위해서 종국적으로는 당선 가능성을 최우선적으로 고려해야 하고, 그러자면 양심과 관계없는 인물의 천거가 불가피하게 발생한다. 선거에서 성패를 좌우하는 요인은 흔히 돈과 조직 이외에 '인지도'라고 한다. 그러나 대중미디어 사회에서 인지도란 무엇인가? 그것은 한 인간의 실제 사람됨이나 능력과는 사실상 아무 관계가 없는 허상이기가 쉽다. 그렇기 때문에 늘 정치판이나 대중적 시선이 모여드는 곳에서 익히 보던 얼굴들이 쉽게 당선되고, 그들 자신이나 그들의 후손들에 의한 정치판 독점 현상이 지속될 수밖에 없는 것이다. 그리하여 오늘날 우리가 보는 것은 정치가계급이라는 기이한 세습적 집단의 형성이다.

지금과 같은 선거제도로는 헌법정신이나 헌법적 가치를 구현하는 것은 요원한 일이다. 헌법적 가치의 실현을 구조적으로 저지하고 있는 게 바로 선거제도이기 때문이다. 그런 점에서 시급한 것은 헌법 개정이 아니라 국회의원 선거제도의 개혁이라고 할 수 있다. 사실, 그동안 이 문제를 환기하는 사회적 여론이 없었던 게 아니다. 예를 들어, 비례대표제의 확대를 요구하는 논리가 바로 그런 것이다. 생각해보면, 전면적 비례대표제야말로 이상적이다. 그러나 현실적으로 어렵다면, 적어도 독일 연방의회 수준만큼이라도 비례대표제가 확대될 필요가 있다. 그렇게 하지 않고는 합리적인 의회기능이 발휘되는 날은 영영 도래하지 않을 것이다.

그러나 선거제도의 개혁도 결국 현재의 국회가 결정을 내려야 한다는 게 문제이다. 현직 국회의원의 최대 관심사가 오로지 또다시 국회의원이 되는 것에 있다면, 그들이 자신의 개인적 이익에 반할지도 모르는 선거제도 개혁에 나서줄 것이라고 기대하는 것은 어리석은 일이다. 실제로, 최근 야당 일각에서 비례대표의 비중을 좀더 확대해야 한다는 얘기가 조금 나오더니 어느새 없던 일이 되어버리는 것을 우리는 보았다.

한심한 것은 현재 제일 큰 야당세력, 즉 민주통합당의 자세이다. 그들은 절치부심, 다시 다수당이 되어 새로운 정치를 하겠다고 하지만, 기본적으로 노무현 정부 시절의 사람들이 주축이 돼 있는 민주통합당이 어떻게 새롭고 좋은 정치를 하겠다는 것인지 알 수가 없다. 무엇보다도 그들이 노무현 정부의 과오에 대해서 깊게 성찰을 해왔다는 것을 보여주는 증거가 없다. 다만 현재 상황에서 이명박 정부에 대해 다수 국민이 느끼고 있는 환멸과 절망의 정서에 편승하는 것만으로 선거에서 이길 수 있을 것으로 그들은 생각하는지 모른다. 그 후에는 어떻게 하겠다는 것일까?

생각해보면, 이명박 시대는 말할 것이 없지만, 노무현 시절로 되돌아가는 것도 끔찍한 일이다. 이런저런 변명을 하고 있지만, 세계경제 상황이 어떻게 돌아가는지도 모르고 한미FTA 협상을 개시하고 한사코 밀어붙인 정부가 노무현 정부였음은 어김없는 사실이다. 게다가 노무현 정부 역시 사회의 장기적인 생존을 위해서 가장 중요한 토대가 농사라는 사실에 대한 명확한 인식을 결여하고 있었다.

얼마 전까지 한미FTA의 폐기에 관해서 말하던 민주통합당의 지도부가 최근 들어서는 폐기가 아니라 재협상을 얘기하고 있다. 이것을 보면, 농사와 농민과 농촌공동체를 살리는 것이 얼마나 중요한 문제인가에 대한 그들의 인식이 '참여정부' 시절에 비해 별로 나아진 게 없다는 게 분명하다. 값싼 석유가 풍부하게 공급되던 시절이 끝났음을 암시하는 징후들이 훨씬 뚜렷이 드러난 지금은 더이상 경제성장이 지속되기 어렵다는 것은 조금만 깊이 생각해보면 쉽게 알 수 있는 일이다. 이성적인 판단력을 갖췄다면, 농사의 중요성을 더 진지하게 생각하지 않을 수 없을 것이다. 그렇다면 농사를 처음부터 포기할 것을 기본전제로 하고 있는 '자유무역협정'에 더이상 손톱만큼이라도 미련을 가질 이유가 없는 것이다.

그럼에도 불구하고 폐기가 아니라 재협상을 하겠다는 것은 아직도 농사의 중요성에 대한 인식부족을 드러내는 것이라고 해석하지 않을 수가 없다. 아니면, 미국과의 조약을 파기하는 게 두렵다는 생각이 있는지도 모른다. 그렇다면, 더 한심하다고 할 수 있다.

오늘날 국제사회에서 미국이 처한 위상을 다각적으로 고려한다면, 한국이 한미FTA를 폐기하기로 결정을 내리고 그것을 미국에 통보한다면, 한국은 세계적으로 단연 주목을 받을 것임이 분명하다. 이제 국제사회라는 것은 아무리 군사력이 강하다 하더라도 미국 혼자서 맘대로 설쳐댈 수 있는 곳이 아니다. 예를 들어, 이라크 침공 때에도 미국은 비록 형식에 불과한 것일지라도 유엔의 승인 없이는 안된다는 사실을 받아들여야 했다. 더욱이 지금은 이라크 침공 때에 비할 바 없이 미국의 도덕적 권위와 영향력이 현저히 추락하고 있다. 이 상황에서 그동안 미국이라면 덮어놓고 숭배하고 복종해왔던 한국이 미국과의 협정을 파기한다면 오히려 국제사회는 한국을 새롭게 바라보고, 어쩌면 존경의 눈으로 볼지도 모른다. 그러면 한국은 국제사회에서 좀더 많은 발언권을 획득하고, 좀더 자주적으로 행동할 수 있는 공간을 확보하게 될지 모른다. 동시에, 그것은 한국이 정치·사회적으로 질적인 도약을 하는 계기가 될 수 있을지도 모른다.

이런 가능성에 대해서는 전혀 생각하지 않고, 한미FTA를 파기하면 미국으로부터 응징을 당하게 될지 모른다는 왜소한 생각에 빠져 있는 것은 기본적으로 세계 상황에 대한 무지 혹은 상상력의 결핍 때문이라고 할 수 있다. 여러 정황으로 보아 지금은 미국에 의한 일극적(一極的) 지배질서가 끝나가고 있음이 확실하다. 어떤 의미에서, 현재 세계 전역에 걸친 혼돈상태는 세계가 다극화(多極化) 질서로 재편되는 과정에서의 불가피한 현상이라고 할 수 있다.

실제로, 지금은 온 세계가 금융위기, 석유 및 자원 고갈의 위기, 기후변화·환경위기라는 돌이키기 어려운 복합적인 위기상황에 처해 있다. 이 복합적인 위기는 재생불가능한 자원과 에너지의 낭비를 구조적으로 강요하는 미국식 생활방식이 더이상 지속될 수 없다는 것을 명확히 알려주는 사태라고 할 수 있다. 무엇보다 중대한 사실은 이제부터는 종래와 같은 경제성장이 불가능하게 되었다는 점이다. 지난 반세기 이상 산업사회는 석유라는 '마법의 물질'이 값싸고 풍부하게 공급되는 덕분에 경제성장을 계속해올 수 있었다. 그러나 이제는 그 시대가 종언을 고하고 있음이 틀림없다. 성장이 지속되려면 석유 이외에도 값싼 원료, 값싼 노동력이 풍부히 제공되어야 하지만, '값싼 것들'의 시대는 사실상 끝났기 때문이다.

2008년 미국에서 터지기 시작한 금융파산 사태는 이제 유럽으로 건너가 막대한 손상을 끼치고 있지만, 결국은 동아시아에도 파장이 닥칠 것이다. 금융위기는 은행에 대한 규제와 감독을 방기해온 국가권력의 직무유기 그리고 금융업자들의 부도덕한 탐욕도 문제지만, 기억해야 할 것은 그보다 더 근본적인 문제가 있다는 점이다. 그것은 현대 금융시스템 자체에 내포된 구조적인 결함이다. 그 결함이란 오늘날 금융통화시스템의 작동원리는 경제성장이 계속되지 않으면 붕괴될 수밖에 없는 메커니즘에 의존하고 있다는 데 있다. 그러니까 앞으로의 금융시스템의 운명은 경제성장을 뒷받침해온 핵심 요인, 즉 값싼 석유공급 상황이 지속될 수 있느냐에 달려 있다고 할 수 있다. 그렇다면 피크오일 이후의 상황에서도 과연 현재와 같은 세계의 금융시스템이 살아남을 수 있을지, 진지하게 생각해보지 않으면 안된다.

요컨대, 합리적인 정치라면 성장이 멈추고, 관행적인 금융시스템이 무너진 이후에 어떻게 사람들이 일자리를 얻고, 안정된 생활을 하며, 환경을 보존할 수 있을 것인지에 대한 치열한 고민이 있어야 한다는 것이다. 그러나 아무리 둘러보아도 경제성장 없는 시대를 상정한 근본적인 성찰은 그 어떤 정치집단한테서도 보이지 않는다. 지금 복지국가에 관한 논의는 무성하지만, 성장이 안되면 그 모든 계획·제안이 다 헛것이 될 가능성에 대한 고려는 완전히 몰각되어 있다.

결국 중요한 것은 성장 없는 시대에 대비한 지혜의 결집이다. 이를 위해서도 시급한 것은 국가 차원의 정치적 이성이 작동할 수 있는 시스템의 확보이다. 문제는 참신한 인물의 영입이 아니라 양심적인 인간들이 정치적 발언권을 가질 수 있는 제도의 구축이다. 하지만 구태의연한 선거제도가 계속되는 한, 이것은 불가능하다.

그러나 희망이 아주 없는 것은 아니다. 이 척박한 풍토에서도 까다로운 장벽을 뚫고 마침내 녹색당이 출현했기 때문이다. 녹색당 참가자들은 대부분 지금까지 정치와 무관하게 살아온 민초들이다. 그들은 소위 엘리트들에 위임된 정치로는 결코 미래가 열리지 않는다는 것을 통절히 깨닫고, 공생공락의 새로운 삶을 스스로 선택하고 결정할 권리를 획득하기 위해 '반정당적 정당'을 형성하여 결집했다. 이 사회의 장래는 이 새로운 정치결사체의 성공 여부에 달려 있을 가능성이 높다.

(제123호, 2012년 3-4월)

후쿠시마의 거짓말

후쿠시마 원전사고가 이제 종식되었다고 여기는 사람들이 적지 않은 것 같다. 끔찍한 사고였고, 일본이라는 나라에 큰 타격을 주었지만, 깊은 상흔에도 불구하고 결국은 하나의 에피소드로 기록될 사건으로 후쿠시마는 받아들여지고 있는지도 모른다.

하기는 많은 한국인들이 이렇게 생각하는 것은 무리도 아니다. 당사자인 일본인 자신들도 그렇게 생각하고 있는 분위기이니 말이다. 저명한 반핵 저술가 히로세 다카시(廣瀨隆)는 최신작 《제2의 후쿠시마, 일본 멸망》(2012)의 첫머리에서 현재 일본인 다수가 "원자력 재해는 끝났다"는 "불가사의한 오해"를 하고 있는 현실을 지적하고 있다.

이 '오해'의 큰 원인은 물론 일본정부와 원전 당국, 주류 미디어의 무책임한 태도에 있다. 그들은 후쿠시마의 사고 원자로들이 '냉온정지' 상태에 들어갔고, 앞으로 시간은 걸리겠지만 안전하게 수습될 것이라고 계속 공언해왔기 때문이다. 그러나 미국 원자력 전문가 아널드 건더슨의 말을 빌리면, 이와 같은 공언은 매우 수준 낮은 '농담'에 불과하다.

건더슨을 비롯한 관련 전문가들에 의하면, 지금 인류사회가 직면한 최대의 긴박한 위험은 후쿠시마 제1원전 4호기 수조(水曹)에 저장된 사용후핵연료 문제이다. 이미 지진에 의해 구조물 일부가 훼손된 이 수조가 만일의 경우 붕괴되거나 냉각기능을 상실할 때, 일본과 동아시아는 말할 것도 없고, 북반구 전체는 '아마겟돈'이 될 가능성이 높다. 설상가상으로, 지진학자들은 후쿠시마 원전 근처에 조만간 직하(直下)형 강진이 발생할 확률이 매우 높다고 경고하고 있다. 만일 그렇게 된다면 어떻게 될까? 생각하고 싶지도 않은 일이지만, 이것이 현실이 될 것이라는 예상 앞에서 우리는 전율을 느끼지 않을 수 없다.

작년 3월 11일 후쿠시마 사태가 발생했을 때, 우리는 이 사고로 1년 동안은 방사능이 대기와 바다와 땅을 오염시킬 것이라고 내다봤다. 그러나 그 생각은 매우 어리석었음이 분명해졌다. 후쿠시마 사태는 앞으로 수십 년 혹은 백 년이 지나도 종식되지 않을 것이다. 지금과 같은 '냉온정지' 상태가 요행히 지속된다 하더라도 끊임없이 나오는 방사능 유출로 생태계 오염은 기약 없이 계속될 것이고, 그 결과 인간이 이 세상에서 이웃과 더불어 건강하게 행복한 삶을 누릴 수 있는 터전은 언젠가는 영영 파괴되어버릴 것이다.

이 모든 것의 원인이 무엇인가? 결국은 돈 때문이다. 독일의 반핵활동가들이 만든 〈후쿠시마 거짓말〉이라는 다큐멘터리 영화(ZDF)를 보면, 후쿠시마 제1원전 원자로들을 설계·건설했던 미국 제너럴일렉트릭(GE)사 소속 기술자의 기막힌 증언이 나온다. 그는 여러 해 동안 후쿠시마 원전 상태의 점검에 종사했는데, 그 과정에서 놀랍게도 원자로 내부의 '증기(蒸氣) 건조기'가 거꾸로 부착돼 있는 것을 비롯해서, 허다한 균열과 결함을 발견했다고 말한다. 문제는 이런 안전상의 위험을 지적할 때마다 회사 측이 침묵을 강요하고, 보고서 내용의 수정·조작을 지시했다는 것이다.

더 기막힌 것은 나중에 회사를 그만두고, 일본정부와 관련 기관에 이 내용들을 알렸으나 일관되게 묵살돼왔다는 사실이다. 이유는 간단하다. 안전대책의 강화에는 막대한 비용이 들기 때문인 것이다. 미국이든 일본이든, 한국이든 기본적으로 다를 게 없다. 언제나 일반 시민들을 향해서는 '절대 안전'을 장담하면서 배후에서는 철저한—동시에 말할 수 없이 어리석은—이윤논리가 모든 것을 제압하는 관행이 깊게 뿌리를 내리고 있는 것이다. 방사능오염 피해를 최소한으로 줄이려면, 원전의 단계적 폐쇄를 시작하는 것과 동시에 이 뿌리를 잘라내는 게 급선무임이 분명하다.

(제124호, 2012년 5-6월)

국가와 민중의 삶

"조용히 살고 싶습니다. 이 할매는 욕심 없습니다. 오직 요대로 살다가 죽도록 해주십시요."

"우리는 요대로만 살고 싶습니다. 보상을 더 받을려고 공사를 방해하는 것이 아닙니다. … 땅값 하락과 생명에 지장을 주는 전자파의 위험에서 제발 살게 해주시기 바랍니다."

"현명하신 재판장님, 아뢰옵기 송구하옵니다. 이 노파는 81세 된 할머니입니다. 너무나 억울함을 금할 길 업서서 거칠한 글이나마 펜을 들었습니다. … 내 생명을 연장하여 우여곡절 끝에 잘 살아가고 있는데 안이 이게 왠 날벼락입니까. 이 푸른 숲으로 유명한 화악산에 고압 송전탑이 왠 말입니까. … 이렇게 무참히 재산을 강탈당하고, 너무너무 억울한데 누가 누구를 손해배상하라고 합니까. … 정부는 국민과 서민을 위해 존재하는 것이 옳은 일이 아닙니까. … 한이 맺혀 살아도 사는 것이 아닙니다."

"판사님, 난데업시 고압 철탑이 왠 말입니까. 나는 피땀 흘려 가꾼 이 논밭과 우리 목숨을 철탑과 절대 바꿀 수 없습니다. 우리를 죽이고 철탑을 세울 겁니까. … 우리는 보상도 필요업고 옛날처럼 밭에 채소 일구면서 이대로만 살게 해주세요. 부탁하옵나이다."

 이 절절한 애소(哀訴)는 지금 밀양에서 고압 송전탑 공사 때문에 삶의 근거를 잃게 된 주민들이 법원 앞으로 보낸 탄원서의 발췌 부분이다. 탄원서는 이들이 공사를 방해했다고 해서 전력회사 측이 손해배상청구 소송을 제기한 데 따른 것이다. 가난한 시골사람들을 상대로 거액의 손배소를 제기한 당국의 의도는 뻔하다. 그것은 저항하는 주민들을 겁박 하여 공사를 강행하기 위한 상투적인 책략임은 말할 필요가 없다. 그러 나 한평생 땅을 일구며 오로지 정직하게 땀 흘려 삶을 이어온 밑바닥 백성들을 향하여 이런 책략을 가지고 공격을 한다는 게 과연 옳은 일인 가. 이게 조금이라도 인간다운 도리를 생각할 줄 아는 사회라면 있을 수 있는 일인가.
 하기는 애초에 주민들의 동의를 구하는 일 따위는 생략한 채 송전탑 공사를 밀어붙인 전력당국도 주민들의 저항을 예견하지 못한 것은 아 닐 것이다. 쥐꼬리만 한 보상금을 받고 고분고분 물러설 주민이 없다는 사실을 몰랐을 리 없기 때문이다. 그러나 우여곡절이 있겠지만 결국은 국가권력을 등에 업은 자신들의 뜻이 관철될 것이라는 데에 그들은 조 금도 의심할 필요가 없다고 느꼈을 것이다. 왜냐하면 그것은 다년간 반 복되어온 관행이었기 때문이다.
 금년 1월 6일 고압 송전탑 건설 현장에서 자신의 삶의 근거 자체를 상실할 위기에 처한 한 70대 농민이 분신자살한 이래 지금까지 밀양 현 장에서는 수십 차례의 항의집회가 열리고, 피해를 입게 된 주민들 — 주 로 할머니, 할아버지들 — 자신에 의한 필사적인 저항이 계속되어왔다. 분신이라는 극단적인 선택으로 자기를 희생하면서까지, 그리고 오늘도 여전히 고령의 불편한 몸을 이끌고 온갖 수모를 겪으며 저항을 계속하 고 있는 이 풀뿌리 백성들이 요구해온 것은 지극히 단순한 것이었다.

그것은 탄원서의 문장에서 이구동성으로 말하듯이, "제발 이대로 살게 내버려달라"는 절규였다.

예나 지금이나 백성들을 위한다고 하면서 정작 백성들의 간절한 요구는 외면하는 게 국가의 뿌리 깊은 체질인지도 모른다. 실제로 국가 존립의 중심축이 자본주의 원리에 의해서 돌아가기 시작한 이래 근대국가의 대민(對民) 정책은 일관되게 강탈정책 아니면 기민(棄民)정책이었다. 물론 시대에 따라, 그리고 사회에 따라 얼마간 정도의 차이나 편차를 드러내기는 하지만, 그것은 다만 그 강탈 혹은 기민 정책이 얼마나 직접적이고 노골적이냐에 따른 차이라고 할 수 있을 뿐인지도 모른다.

용산 참사에서 시작하여 제주도 강정마을 파괴, 팔당 유기농단지 해체, 4대강 공사에 의한 이 나라 주요 강과 농지의 대대적 훼손, 다양한 형태의 인권유린과 공권력 남용 등등, 이명박 정부 4년간 우리가 진절머리가 나도록 보아온 것은 국가 공권력의 이름으로 아무런 제약 없이 마구잡이로 자행하는 야만적인 폭거의 연속이었다. 물론 이 모든 게 이명박 정부에 국한된 문제는 아니다. 문제는 아무런 여과장치도, 중간과정도 없이 국가는 날것 그대로의 폭력을 힘없는 백성들에게 난폭하게 휘둘러왔다는 점이다.

이 비례무도(非禮無道)한 상황이 정권교체로 간단히 해소될 수 있는 것은 아니라는 것은 길게 말할 필요가 없다. 근원적으로 보자면 이것은 근대국가의 근저에 박혀 있는 뿌리 깊은 모순, 부조리, 불의에 연결되어 있는 것이기 때문이다. 이 문제로 작가로서의 생애 내내 번민했던 도스토예프스키의 말을 빌리면, 자본주의 근대국가란 "내가 행복해지기 위해서는 타자의 희생이 반드시 필요한" 시스템이라고 간단히 요약할 수 있다. 이 비인간적인 시스템을 체제 변호론자들은 교활하게도 "대다수의 행복을 위한 소수의 불가피한 희생"이라는 논리로 정당화하려고 해왔고, 지금도 이 논리는 도처에서 기승을 부리고 있다. 그뿐만 아니라 근대국가는 이 근본적으로 불의(不義)한 논리를 법제화해왔고, 그 결과 법치주의라는 미명으로 사회적 약자들의 삶을 뿌리째 거덜 내는 행위를 끊임없이 비호해왔던 것이다. 이른바 '국익' 혹은 '공익'을 위한다면서 말이다.

게다가 국가권력은 본시 우리가 인간으로서 불가피하게 지니고 있는 이기적인 욕망과 비속한 감정을 기회 있는 대로 이용하려 한다. 예를 들어, 독도문제만 해도 그렇다. 독도문제를 생각할 때 우리가 잊지 말아야 할 가장 중요한 것은, 영토문제란 본질적으로 이성의 문제이기 이전에 감정의 문제라는 점이다. 그리고 이 감정은 생활에서 우러나온 자연스러운 감정이 아니라 어디까지나 국가의 논리에 의해서 인위적으로 형성된 것임을 인식할 필요가 있다. 즉, 국가의 논리 바깥에서 영토문제가 존재할 수 있는 정신적 공간은 존재하지 않는다는 것이다.

역사적으로 독도가 누구의 것인가 하는 것을 명확히 가리는 게 중요하지 않다는 말이 아니다. 그러나 역사적 우여곡절을 무시하고, 일본이 여전히 독도를 자신의 영토라고 주장하고 있다는 게 문제인 것이다. 태평양전쟁을 공식적으로 종결짓고, 그 결과에 따른 전후의 국제관계를 정립하기 위한 1951년의 샌프란시스코 협정에서 미국과 일본이 합의한 내용에 독도에 대한 명시적인 언급이 따로 없었기 때문에, 독도를 자국 영토로 편입한 1905년의 일본정부의 결정은 국제법상으로 그대로 유효하다는 게 그들의 기본 논리이다.

이러한 일본 측의 논리는 물론 한국의 입장에서 받아들이기 매우 어렵다. 그러나 문제는 계속해서 국제법을 운위하며 영유권을 주장하는 상대 국가가 존재하고 있다는 것을 실제로 무시하는 것도 어렵다는 점이다. 따지고 보면, 영토문제는 세계정부가 세워지기 전까지는, 전쟁을 하지 않는 이상, 해결될 수 있는 문제가 아닐지도 모른다. 더욱이 일본인에게는 단순히 영토문제일지 모르지만, 한국인에게는 독도란 기본적으로 '역사문제'라는 점도 문제를 더 까다롭게 만드는 요인이라고 할 수 있다.

그러므로 많은 논자들이 지적하듯이, 현재의 상황에서 중요한 것은 독도에 대한 '실효적 지배'이지 시끄러운 상황을 조성하는 어리석음을 범해서는 안된다는 것이다. 실제로 국가의 외교행위에 관한 이 가장 기초적인 사실을 국가권력을 장악한 대통령이 모를 리 없다. 그런데도 이명박은 느닷없는 독도행을 결행했고, 그 결과로 한일 양국 사이에 준전시(準戰時) 상황을 만들어 놓았다. 앞으로 어떻게 될지 모르지만, 두 나라 사이는 물론, 동아시아 국제관계에 이번 사건은 회복하기 쉽지 않은 손상을 끼친 것만은 분명해 보인다. 수세에 몰린 통치자가 민족주의 감정이라는 폭발성이 강한 대중적 정서를 이용하여 자신의 개인적 권력 기반을 강화하려고 시도하는 것은 흔한 일이다. 그러나 그러한 통치행위가 그들이 즐겨 말하는 '국익'에 얼마나 기여할 것인지도 의심스럽지만, 그보다 더 중요한 것은 이런 계기 때마다 '국민'이라고 불리는 사람들이 분별없는 바보가 된다는 점이다.

자본주의 근대국가라는 비인간적 시스템이 계속되거나 확대되는 것은 결국 그 시스템의 희생자들 자신이 거기에 알게 모르게 협력하고 있기 때문이다. 그러면, 자본주의 근대국가의 틀 이외에 사람이 살아갈 수 있는 공간이 있느냐고 말할 사람이 있을지 모른다. 당연히 있다. 지금 우리가 인간으로서 기쁨을 느끼는 순간이 있다면, 그것은 우리가 돈과 권력이 아닌 어떤 것을 위하여 행하는 모든 무상의 행위나 사람과 사람 사이의 증여, 환대, 우애의 행동 속에서일 것이다. 그런데 실은 이 행동은 우리 자신도 모르는 사이에 우리가 끊임없이 실행하고 있다는 사실을 기억할 필요가 있다. 문제는 이것을 의식화하고 새로운 삶의 원리로 확대·구축하려는 노력이다.

독도문제로 한일 양국이 살벌한 언어를 교환하고 있는 상황에서 매

우 인상적인 발언이 나왔다. 그것은 현재 일본에서 진보파 저널리스트, 에세이 작가로 활동하고 있는 기타하라 미노리(北原みのり)라는 한류(韓流) 팬이 최근 어떤 정기간행물을 통해서 한 말이다. "다케시마(독도)니 뭐니 하는 것은 국가의 논리에 사로잡힌 남자들의 관심사일 뿐이다. 우리 여성들은 그런 것에 관심 없다. 우리는 그냥 한국산 김치가 맛있으면 '아, 김치 맛이 좋구나' 한다." 결국 국가를 중심으로 맴도는 남성적 논리가 문제라는 것이다. 이것은 지금과 같은 정신적 빈곤이 만연한 사상적 위기의 시대에 우리가 깊이 음미해봐야 할 발언임에 틀림없다.

(제126호, 2012년 9-10월)

라틴아메리카에 주목하는 이유

　화해·협력이라는 말은 언제 어디로 사라져버렸는가. 몇 달째 계속되고 있는 한반도의 살벌한 정세는 실로 답답하고 통탄스럽다. 6·25 전란이 끝난 지 60년이 지났음에도, 지금 또다시 대량살상과 처참한 파괴가 현실이 될지 모른다고 걱정해야 하는 이 터무니없는 사태를 어떻게 받아들여야 할 것인가. 어느 쪽의 책임이 더 무거운지 따지기 전에 민족 전체로서 한심하고, 부끄러운 상황이라고 하지 않을 수 없다.

　87년 민주화 이후 시작되어 김대중, 노무현 정부 동안에 괄목할 만하게 진행된 남북관계 개선을 위한 노력들 덕분에 이제는 적어도 전쟁 걱정만은 덜었다는 게 한동안 우리들 대부분의 생활실감이었다. 그래서 '실용주의'를 표방한 이명박 정부가 들어설 때까지만 해도 정치가 잘못되면 모든 게 허사라는 것을 예상한 사람은 별로 없었다.

　그런데 절대로 잊지 말아야 할 것이 있었다. 그것은 원래 남북관계란 극도로 민감한 것이어서 신뢰 구축은 어렵지만 파탄은 언제든 쉽게 일어날 수 있다는 사실이었다. 그럼에도 불구하고, 이명박 정부는 남북관계의 이 극히 예민한 성격에 대한 최소한의 이해력이나마 갖고 있다는 증거를 아무것도 보여주지 못했다. 내용도 잘 모르면서 북한체제의 붕괴만을 바라며 기다리는 것 말고는 어떠한 실효성 있는 대북정책도 내놓지 않은 채 5년이라는 세월을 허비했던 것이다.

그 어리석고 무책임한 정책 아닌 정책의 결과, 마침내 북한은 지금 자신이 핵무장 국가가 되었다고, 그리하여 위협적인 세력이 되었음을 소리 높이 주장하고 있다. 물론 미국정부가 북한의 주장과 요구에 어떻게 반응할 것인지가 관건이기는 하다. 그러나 만약 미국이 계속해서 이 상황을 '군산복합체'의 이익을 위해서 활용하는 방향으로 끌고 가려 한다면, 동아시아는 혼돈상태를 벗어나지 못할 것이다. 그때는 설혹 전쟁이 아니더라도 전쟁 직전의 긴급상황이 일상화될 것이고, 군비경쟁이 끝없이 확대될 것이다. 전쟁 장사꾼들의 이익을 위해서 모든 것이 제물로 바쳐져야 하는 이러한 상황이 장기간 지속된다면, 우리들의 미래는 실로 암담하다고 하지 않을 수 없다.

벌써 일본의 극우세력은 이 상황을 군침을 흘리며 반기는 기색이 역력하다. 군대의 보유와 교전권을 인정하지 않는 현행 '평화헌법'의 폐기를 단단히 벼르고 있는 자민당 정권은 곧 다가올 참의원 선거에서의 압승만을 기다리고 있는 것으로 보인다. 그런 그들에게 '핵무장 국가 북조선'의 등장은 절호의 기회일 것이다. 지금 북한 핵무장에 두려움을 느낀다면, 그것은 일본 국민들이지 지배층은 아닐 것임이 분명하다. 그들은 국민들이 불안을 느끼면 느낄수록 자신들의 호전적 목적 달성이 더 쉬워진다고 생각하고 있을 것이다.

지금 동아시아에서 벌어지고 있는 사태는 역사의 명백한 후퇴이다. 한때 급속한 경제성장과 산업화가 진행되고 있다는 이유로, 세계 문명의 중심축이 동아시아로 이동할 것이라는 예측이 성행한 적이 있었다. 아니, 지금도 동아시아의 새로운 문명이 세계를 구할 것이라는 둥, 허튼소리를 하는 사람들이 없는 게 아니다. 하지만 냉정히 살펴보면, 동아시아 국가들은 지금 저마다 골치 아픈 난제들을 껴안고 헤매고 있는 실정이다. 개탄스러운 것은, 이른바 정치지도자라는 자들이 이 난제들을 해결하는 유력한 수단의 하나로 국가 간의 분쟁 혹은 적대감 조성이라는 시대착오적인 수법에 기댄다는 점이다. 현재 그것을 노골적으로 드러내는 것은 물론 일본의 정치권력이다.

2011년 3월, 일본은 후쿠시마 원전사고라는 미증유의 재앙으로 가공할 피해를 입었다. 그러나 동시에 대규모 방사능 재해로 인근 국가들을 포함하여 세계 전체에 돌이킬 수 없는 막대한 피해를 끼친 가해자이기도 하다. 그러한 처지이면서도 일본이라는 국가는 지금까지 어떤 이웃나라에게도 한마디 죄송하다는 말을 한 적이 없다. 불가사의한 것은, 이 상황에서 — 또한 여전히 방사능 유출이 계속되고 있는 바로 이 시점에 — 오히려 그들은 식민지 지배와 침략전쟁이라는 역사적 과오에 대한 책임을 새삼스럽게 부인하고, 군국주의를 옹호·정당화하는 논리를 거리낌 없이 펴고 있다는 사실이다.

말할 것도 없이, 이것은 타자(他者)에 대한 배려가 철저히 결여된 자세이다. 싫든 좋든 같은 시대를 함께 살아갈 존재로서 상대방을 조금이라도 인정한다면 이처럼 안하무인격으로 행동하지는 못할 것이다. 일본의 극우 지배층이 과연 무엇을 믿고 저토록 오만한, 그러나 한없이 어리석은 행동을 하고 있는지 알 수가 없다.

물론 일본만의 문제가 아니다. 동아시아를 포함한 세계 전역에서 아직도 압도적인 것은 배타적인 국익 논리이다. 제국주의 시대는 지나가고, '평화와 민주주의를 지향하는 국제사회'라는 관념이 확립된 지도 오래라고는 하지만, 오늘날 여전히 국가 간 관계를 지배하고 있는 것은 연대와 협력이 아니라 배타적인 경쟁 혹은 약육강식의 논리인 것이다. 그런데 유감스럽게도, 이 현상은 시대의 변천에 따라 축소되기는커녕 오히려 강화되고 있다. 한때 사회철학자들은 번성하는 국제무역이 국제평화에 크게 기여할 것이라고 생각했지만, 오히려 현실은 그 반대라는 것을 보여주는 증거가 넘쳐나고 있다. 오늘날 미국 주도의 글로벌 '자유무역'체제라는 것은 야만적인 침탈·약탈을 무역의 논리로 그럴듯하게 포장하여 제도화한 것에 불과한 것이라고 할 수 있다. 실제로 '자유무역'의 '자유'가 뜻하는 것은 약자에 대한 강자의 '자유로운' 강탈 이외에 아무것도 아닌 것이 확실하다.

약 70년간 지속된 소비에트사회주의는 허다한 모순을 내포한 체제였다. 그리고 그 모순들이 누적된 필연적인 귀결이 소비에트사회주의의 붕괴였다. 이것은 우리 모두가 다 알고 있는 사실이다. 그러나 지금에 와서 돌이켜볼 때, 그 '현실사회주의'가 세계에 중요한 공헌을 했다는 사실을 부정할 수도 없다. 가장 중요한 것은 아마도 자본주의의 '인간화'에 크게 기여했다는 점일 것이다. 물론 그것은 소비에트사회주의가 의도한 바는 아니었다. 그러나 소비에트사회주의라는 결코 무시하지 못할 경쟁 체제가 현실에 존재한다는 사실 때문에 자본주의체제는 어느정도 자기절제를 행하지 않을 수 없었다. 적어도 노동자들과 사회적 약자들에게 일정한 양보를 하고, 중요한 복지정책들을 실시하지 않을 수가 없었다. 서구 자본주의국가들에서의 사회복지시스템이 소비에트사회주의체제 존속 기간 동안 흔들리지 않고 건재해 있었던 것은 우연한 일이 아니었다.

이 사실은 또한 대처와 레이건 정부에 의해 주도된 신자유주의 논리가 세계 전역을 휩쓴 시기가 어째서 소비에트사회주의 몰락 이후였는지 그 이유를 자연스럽게 설명해준다. 신자유주의란 자본주의 역사 중에서도 가장 잔인한 형태의 약육강식 논리를 대변하는 것이다. 그러한 논리가 거침없는 폭주를 하게 된 것은 역시 소비에트사회주의라는 경쟁 체제가 소멸됨으로써 자본주의가 더이상 자제력을 발휘해야 할 필요성이 사라진 현실과 따로 떼어놓고 설명하기 어렵다.

그러나 이제는 신자유주의도 완전히 기능부전에 빠졌다. 도덕이나 윤리와는 애초에 인연이 없지만, 신자유주의는 적어도 경제효율성을 높여주고 성장을 보장해줄 것이라고 선전돼왔다. 하지만 신자유주의식 처방들의 현실적 결과는 카지노경제의 창궐, 과도한 부의 편중, 대중적 빈곤화, 사회정의의 붕괴, 민주주의의 후퇴, 삶의 지속성을 담보하는 자연적·사회적 토대의 전면적 파괴 등으로 나타났다.

그리하여 지금 인류사회는 역사상 전례가 없는 복합적인 위기에 직면하였다. 그러나 깊게 생각해보면, 보다 근본적인 문제는 이 위기상황을 타개할 수 있는 지혜와 용기, 그리고 무엇보다 정치적 역량이 이 세계에 과연 존재하느냐 하는 것일 것이다. 이렇게 말하는 것은 까닭이 있다. 오늘날 정치라는 이름으로 행해지고 있는 것은 흔히 좁은 이기심과 근시안적 이해관계에 갇힌 좀비정치 이외에 아무것도 아니기 때문이다. 정치가 이렇게 왜소화된 것은 그동안 고삐 풀린 자본의 폭주 속에서 인간성의 황폐화와 정신의 빈곤화가 심화·확대되어온 탓인지도 모른다. 아무튼 중요한 것은, 이러한 열등한 정신, 질 낮은 정치로는 이 엄중한 상황을 뚫고 활로를 여는 게 불가능하다는 사실이다.

그러나 희망이 없는 것은 아니다. 오늘날 세계 곳곳에서는 "또다른 사회는 가능하다"는 것을 증명하기 위한 크고 작은 숱한 실험들이 시도되고 있다. 그중에서도 특히 주목에 값하는 것은 근년에 라틴아메리카 국가들에서 진행돼온 독특한 정치적 실험, 즉 베네수엘라의 차베스 전 대통령이 명명한 '21세기적 사회주의' 건설을 위한 혁명이라고 할 수 있다.

차베스의 정치는 국가라는 것에 대한 고정관념을 근본적으로 바꾸어 놓았다. 차베스는 대내적으로는 다양한 형태의 참여민주주의를 적극 장려하여 국가권력이 아니라 민중권력을 강화하려 했고, 대외적으로는 국가 간의 연대와 협력을 통한 호혜적인 교류·교역을 지향하고 실천했다. 그의 정책의 '급진성'은 종래의 정치와는 완전히 다른 이 '새로움'에서 비롯했다고 할 수 있다. 그가 제창한 '21세기 사회주의혁명'은 러시아혁명의 연장선에 있는 게 아니었다. 러시아혁명은 기본적으로 서구 근

대의 산업주의 논리를 전제로 한 것이었다. 하지만 라틴아메리카의 혁
명은 수백 년간 억압돼왔던 토착 민중문화 전통에 기초하여 세계의 근
본적인 재생을 겨냥해왔다.

　차베스가 중심이 된 이런 움직임을 세계의 주류 언론들은 끊임없이
깎아내리고 비난해왔다. 그것은 글로벌 자본의 이익을 대변하는 데 익
숙해진 체질로서는 당연한 반응일지도 모른다. 그러나 "변화를 받아들
이기보다 자멸을 원하는"(W. H. 오든) 자들의 좁은 안목에 기대어 우리들
이 라틴아메리카에서의 새로운 혁명의 세계사적 의의를 알아보지 못한
다면, 그보다 큰 어리석음은 없을 것이다.

(제130호, 2013년 5-6월)

탈근대적 세계를 안내하는 논리

'기본소득'을 테마로 한 지난 호의 좌담은 많은 독자들의 관심을 끌었다. 《녹색평론》지면에서 기본소득이라는 것은 낯선 아이디어가 아니고, 또 비록 제한된 서클이기는 하지만 이 나라의 '진보적' 그룹의 일부에서도 이것은 지난 몇해 동안 꾸준히 거론되어온 주요 테마였다. 다만 지난 호의 좌담은 근년에 이 사회에서 이만큼이라도 논의가 전개되는 데 상당한 역할을 해왔던 이들을 초대하여 그동안 산발적으로 진행된 이야기들을 한번 총괄적으로, 그리고 알아듣기 쉬운 언어로, 정리해보고자 하는 시도였다. 물론 이 시도가 충분히 성공했다고 말할 수는 없다. 주로 시간과 지면의 제약 때문에 몇 가지 중요한 문제가 거론되지 못했고, 언급됐다 하더라도 충분히 깊이있게 논의되지 못했다.

그럼에도 불구하고 이 좌담은 일단 이 사회에서의 기본소득 논의에 한 획을 긋는 성과는 있었던 것으로 생각된다. 불충분한 대로나마 그것은 기본소득이라는 것이 대체 무엇이며, 왜 그것이 필요한가를 보다 설득력 있게 설명하는 데 어느 정도 기여한 것은 틀림없어 보인다. 그러나 시작은 지금부터인지 모른다. 기본소득이라는 게 무엇인지 그 윤곽은 어느 정도 잡혔다 하더라도, 보다 구체적이고 세부적인 사항에 대한 깊이있는 분석과 점검은 앞으로 상당한 시일 동안 많은 뜻있는 이들이, 진지한 논의와 논쟁을 통해서, 함께 떠맡아가야 할 공통과제일 것이다.

어떻든 지금, 비록 일각에서의 일이지만, 기본소득에 관련한 논의가 서서히 고조되고 있는 분위기를 보면, 성급한 판단일지 모르지만, 머잖아 이것은 '무상급식' 못지않게 익숙한 대중적 화제가 되고 나아가서 선거에 영향을 주는 정치적 이슈가 될지도 모른다는 생각이 든다. 이것은 결코 단순한 몽상이 아니다. 실제로 오늘날 우리가 직면한 숱한 사회적, 실존적, 생태적 위기상황은 본질적으로 종래의 습관적인 방법, 다시 말해서 더 많은 에너지와 물자의 생산, 유통, 소비, 폐기―즉 경제성장―를 전제로 하는 구태의연한 정책이나 사회운용 방식으로는 더이상 대응이 불가능하다는 것이 명백해졌다. 그런 의미에서 성장논리에 매달릴 필요도 없고 동시에 개인의 존엄과 자유를 차별 없이 보장할 수 있는 획기적인 제도로서 기본소득이 지닌 잠재적 가치는 실로 크다고 하지 않을 수 없다.

세부적으로 검토해야 할 문제는 많지만, 적어도 원리상으로 기본소득이 지닌 가장 긍정적인 측면은 아무 조건 없이 모든 시민들에게 일정한 소득을 보장한다는 점에 있다고 할 수 있다. 직업 유무, 노동 의사 유무, 재산 유무 등을 일절 불문에 붙이고 어떠한 자격도 묻지 않고, 심사도 하지 않는다는 이 무조건성(無條件性)이야말로 종래의 사회복지 논리와는 구분되는 기본소득의 독특한 장점임이 분명하다. 일찍이 철학자 푸코는 복지국가를 정의하여, 그것은 국가가 변두리로 밀려난 사람들을 낙인(烙印)찍고, 통제하는 방법이라고 말한 적이 있다. 관점에 따라 다른 의견도 있을 수 있겠지만, 푸코의 이 말은 복지국가체제가 내포한 어두운 진실을 어느 정도 정확히 건드리고 있는 진술이라는 것은 쉽게 부인하지 못할 것이다. 따지고 보면, 누군가의 말처럼, 복지국가(welfare state)란 기실 전쟁국가(warfare state)와 모태가 같은 쌍둥이 형제인지도 모르기 때문이다.

물론 기본소득을 지지하는 이들이 모두 동의하지는 않겠지만, 우리의 생각으로는 기본소득은 단순히 기왕의 복지국가시스템을 보강하는 부수적 수단으로서 의미가 있는 게 아니다. 오히려 그것은 복지국가를 성립시키고 있는 근대적 산업국가시스템과 그 시스템을 뒷받침하고 있는 통치형태, 노동윤리, 생활관습, 사회적 인간관계 전체를 근저에서부터 뒤바꿔 놓을 수 있는 혁명적 잠재력을 가진 논리라고 할 수 있다. 근대 산업국가란 본질적으로 소수의 이익을 위해서 다수의 희생을 구조적으로 강요하는 시스템이다. 그리고 그러한 비인간적인 시스템을 확대하고 유지하는 데에 무엇보다 필요한 것이 이른바 "일하지 않는 자는 먹지도 말라"라는 소위 청교도적 노동윤리·생활윤리를 세계 전역으로 퍼뜨려 모든 비서구 전통사회들도 예외 없이 이 윤리를 받아들이도록 강요하는 것이었다.

"일을 하든 아니하든 모든 사람에게 기본소득을 보장"할 것을 제안하는 것은 이러한 노동윤리·생활윤리와 정면에서 배치되는 사고방식을 드러낸다. 그러므로 기본소득은 근본적으로 '근대적인' 노동윤리·생활윤리에 토대를 둔 가치, 신념, 관습, 제도를 뛰어넘어 새로운(그러나 실은 오래된) 지평, 즉 탈근대적 혹은 비근대적 세계를 안내하는 논리라고 할 수 있다.

선구적인 기본소득 제창자였던 클리퍼드 더글러스에 의하면, 기본소득의 궁극적 목표는 본래적 의미의 기독교적 윤리의 회복이다. 즉, 구원에 이르는 길은 인간 자신의 '업적'이 아니라 '은총'에 있다는 기독교적 교의(敎義)에 가장 잘 부합하는 게 기본소득의 철학이라는 것이다. 이런 관점에 동의하건 아니하건, 여기서 주목해야 할 것은 오늘날 자본주의 시스템 속에서 우리가 흔히 일 혹은 노동이라고 부르는 것은 대부분의 경우 자연과 인간 그리고 문화적 전통을 파괴하는 행위에 직접 혹은 간접적으로 결부돼 있다는 사실이다. 이 엄연한 사실을 고려한다면, 기본소득은 종래의 좌우익 논리를 넘어서 정말 생산적이고 가치있는 노동이 어떤 것인가를 상상하고 실현하는 데 큰 기여가 될 것임이 분명하다고 할 수 있다.

《녹색평론》 지면을 통해서 이미 몇 차례 소개되었지만, 클리퍼드 더글러스는 일찍이 1920~1930년대의 대공황 시대에 '국민배당'이라는 이름으로 기본소득제의 도입을 제창한 걸출한 사상가·실천가였다. 그는 이 '국민배당'이라는 것을 근대 금융통화제도의 근본적인 개혁과 동시에 실현해야 할 과제로 인식하고, 그 이론적 근거를 사회신용론(Social Credit)이라는 독특한 개념으로 정리·해명했다. 더글러스에 의하면, 근대 금융통화제도는 빈익빈 부익부 현상을 갈수록 심화시키고, 호황과 불황을 반복적으로 발생시키며, 공황과 전쟁을 불가피하게 만드는 근원적 요인이다. 그것은 근대적 금융통화제도가 기본적으로 심각한 부조리 혹은 내적 결함에 의거해서 돌아가는 시스템이기 때문이다. 이 부조리 혹은 결함은, 간단히 말하면, 오늘날 통용되는 화폐의 대부분이 국가나 공공기관에 의해 발행되는 것이 아니라 사적 이윤을 추구하는 민간 상업은행에 의한 '신용창조', 즉 부채에 기반을 두고 있다는 사실에서 비롯되고 있다. 부채는 반드시 이자를 붙여서 상환해야 한다. 그러므로 이 메커니즘에서는 별도의 착취가 없더라도, 경제생활이 지속되는 동안 그냥 시간이 경과하는 것만으로도, 가난한 사람들의 부는 자연히 부유한 자산가들의 주머니와 금고로 흘러 들어가게 마련이다. 그 필연적인 결과는 1퍼센트의 부유층을 위해서 99퍼센트가 희생을 강요당하는 극히 부조리한 사태이다. 더글러스는 이 부조리한 시스템을 혁파하고 진정한 경제민주주의를 실현하기 위해서 신용창조 행위가 사적 이익이 아니라 공익을 위한 것이 되도록 국가나 공공기관이 화폐발행권(시뇨리지)을 재탈환해야 한다고 제안했다. (이러한 제안은 실은 대공황기의 여러 사상가 혹은 경제이론가들이 각기 독립적인 연구의 결과로 내놓은 공통한 제안이기도 했다. 그중 대표적인 것은 저명한 경제학자 어빙 피서의 개혁론이다. 이 어빙 피셔의 논리에 입각하여 오늘날 세상을 망치고 있는 '카지노경제'를 극복할 방법을 모색하고 있는 책이 지금 일본에 귀화하여 사업가·경제평론가로 활동 중인 빌 토튼이 쓴 《100% 돈이 세상을 살린다》(2013)이다.)

더글러스는 이와 같은 금융통화제도의 개혁을 통해서 정부가 직접 화폐를 발행한다면, 세금에 의존하지 않고도 '국민배당'에 필요한 자금은 얼마든지 마련될 수 있다는 논리를 폈다. 이 획기적인 아이디어를 현실적 정책으로 만들기 위해서 그는 영국은 물론 캐나다, 뉴질랜드, 오스트레일리아 등 각처를 여행하며 정력적인 활동을 전개했다. 하지만 부분적인 성과에도 불구하고, 그의 헌신적인 노력은 세상의 몰이해에 부딪혀 끝내 결실을 보지 못했다.

그러나 지금은 더글러스의 시대와도 많이 다르다. 오늘날 지구사회 전체가 직면한 경제위기·금융위기는 대공황기의 그것과 본질적으로 동일한 금융통화 메커니즘의 소산이라는 측면도 있지만, 한편으로는 산업경제의 확산과 유지를 위한 필수적인 자원들, 특히 석유자원이 빠르게 감소·고갈되어가고 있는 새로운 현상과 맞물려 있다는 측면을 간과할 수 없다. 그렇기 때문에 이제는 경제성장 시대가 계속될 수 있으리라는 기대는 사실상 불가능하게 되었고, 따라서 고용문제를 비롯한 경제적 불평등의 심화, 사회적 모순과 혼란을 더 많은 성장을 통해서 해결한다는 논리는 이미 시대착오적인 것이 되어버렸음이 분명하다. 이런 상황에서 많은 사람들의 관심이 새로이 기본소득이라는 아이디어에 끌리게 되는 것은 매우 자연스러운 일이라고 할 수 있다. 왜냐하면 지금 위기상황을 타개하고, 활로를 모색하는 데에 기본소득보다 더 획기적이고 합리성을 갖춘 방안을 구상하는 것은 쉽지 않을 것이기 때문이다. 물론 기본소득이 만병통치약일 수는 없다. 그러나 이대로 자멸의 길을 갈 것이냐 아니면 방향전환을 통해서 질적으로 다른 세상으로 갈 것이냐를 선택하지 않으면 안될 지금과 같은 상황에서, 이 상황을 만들어온 기성의 낡은 사고와 논리에 마냥 매달려 있는 것보다 더 어리석은 짓은 없을 것이다. 그런 의미에서 지금 정말로 필요한 것은 경제성장 시대 이후를 내다볼 수 있는 상상력, 그리고 그것을 뒷받침할 수 있는 지혜와 용기이다.

엄중한 상황에 맞설 수 있는 지혜와 용기가 없을 때, 인간사회와 그 정치가 얼마나 밑바닥으로 떨어질 수 있는지, 그 생생한 예를 보여주고 있는 것이 지금 일본의 정치라고 할 수 있다. 후쿠시마 사태가 발생한 지 2년 반, 일본의 정치가들과 엘리트들은 이 미증유의 원자력 사고가 무엇을 의미하는지 전혀 이해를 하지 못하고, 귀중한 시간을 계속 허비하고 있다. 그것은 지난 7월 말 일본정부가 스스로 후쿠시마 상황을 제어하지 못하고 있음을 시인함으로써 명확히 드러났다.

사실, 후쿠시마 사태는 의지가 있고 돈이 있다고 해서 계획대로 제어가 가능한 그런 종류의 산업재해가 아니다. 사고 당초부터 이미 분별력 있는 이들은 이 사태가 수습하기 어려운 것임을 알고 있었고, 앞으로 장기간 일본뿐만 아니라 전지구적으로 확산될 방사능오염을 우려하고 있었다. 설상가상으로, 지진학자들은 이제부터 일본열도에서 '대지동란(大地動亂)의 시대'가 본격적으로 열린다고 예측하고 있다. 조만간 연달아 대지진이 일본열도를 흔들어 놓을 가능성이 높다는 사실을 생각하면, 후쿠시마 사고 원전은 물론, 일본열도 전역의 해안에 임립(林立)해 있는 50여 개 원전들 전체의 운명은 바람 앞의 촛불이라고 할 수 있다. 상황이 이렇다는 것은, 북반구 전체가 고농도 방사능 지옥으로 변하는 날이 곧 닥칠 수 있다는 것을 뜻한다.

이와 관련해서 재작년 3월 11일 대지진 때 이미 상당부분 손상된 후쿠시마 제1원전 4호기 수조(水曹) 속의 사용후 핵연료봉 상태는 특히 위협적이라고 하지 않을 수 없다. 지상 100미터 높이 공중에 설치되어 있는 수조가 지진으로 파괴되어 냉각시스템이 기능을 상실한다면, 지금도 간신히 제어되고 있는 1,500여 개의 사용후 핵연료봉은 어떻게 될 것인가? 헬렌 칼디콧을 위시한 세계적 핵 전문가들은, 그때는 남반구로의 이주가 불가피할지 모른다고 경고하고 있다.

그러나 4호기의 핵연료봉 문제는 불안하기는 해도 아직은 통제되고 있다. 지금 당장 난감한 것은 원전사고 수습 과정에서 불가피하게 발생하는 방사능 오염수 처리 문제이다. 최근 도쿄전력과 일본정부가 그동안 매일 300톤의 오염수가 태평양으로 유출되어왔음을 공식적으로 인정한 것은 결국 지금까지 손을 쓸 방법을 찾지 못했고, 앞으로도 찾을 가망이 없다는 것을 실토한 셈이라고 할 수 있다. 고농도 방사능 오염수가 매일 태평양으로 쏟아지고 있고, 그것이 언제 그칠지 모른다는 것은 생각만 해도 끔찍하다. 일찍이 인간 중 어느 누구도 '생명의 어머니'인 바다가 방사능오염에 의해서 죽음의 바다로 변할지도 모른다는 가정을 해보지 않았을 것이다. 그런 상상을 초월한 사태가 닥칠지도 모른다는 것은 실로 가공할 일이다.

현재 후쿠시마 원전사고 현장에 투입되어 수습작업에 임하고 있는 노동자들의 증언을 들어보면, 사실상 사고처리는 아무것도 진전된 게 없고, 어떻게 해볼 도리도 없는 속수무책의 상황이라고 한다. 게다가 이제는 고농도 방사능 피폭을 무릅쓰고 작업을 수행할 수 있는 노동자를 더이상 확보하는 것도 불가능하다는 것이다. 그동안 사고 현장에서의 작업을 위해서 원전 노동자들에 대한 피폭 허용 기준치를 몇 번이나 상향 조정했지만, 그것도 이제는 가능하지 않게 되었다. 그렇다면 이제부터는, 예를 들어, 거리의 노숙자들을 유인하거나 강제로 연행하여 현장에 투입시켜야 할까? 심히 야만적인 인권유린 사태를 상정해야 할 날이 가까이 오고 있는지도 모른다.

이렇게 처참한 상황까지 오게 된 것은 어째서인가? 간단히 말하면, 원자력이라는 것은 절대로 인간이 감당할 수 있는 '기술'이 아닌데도, 이 기초적인 사실을 주제넘게 무시하고 "원자력을 통한 평화와 번영"이라는 자가당착적 슬로건으로 끊임없이 일반 시민들을 속이고, 자신들까지 속이며 지금까지 원전을 만들고 유지해온 자들의 가공할 교만심과 어리석음 때문이라고 할 수 있다. 그럼에도 불구하고, 후쿠시마 사태 앞에서 갈팡질팡하면서도, 여전히 그들은 원전 재가동, 해외 원전 수주 따위를 운운하는 극단적인 무책임과 어리석음에서 헤어나지 못하고 있다.

미증유의 핵재해(核災害)로 온 세계에 피해를 끼치고 있으면서도 일본 정부와 지배층은 지금까지 진지한 사죄의 말 한마디도 하지 않았다. 오히려 그들은 끊임없이 거짓말을 하고 진실을 은폐하는 데 열심이었을 뿐이다. 이 한심한 행태는 한사코 침략의 역사를 부정하면서 옛 일본제국의 '영광'을 되찾겠다고 골몰하는 어리석은 자세와 내면적으로 정확히 일치한다고 할 수 있다. 그러나 조금 달리 생각해보면, 이처럼 일본 정치가 상식적으로 이해하기 어려운 방향으로 가고 있는 것에는, 후쿠시마 사태가 수습 불가능한 상황이 됨에 따라 갈수록 깊어지는 일본사회의 무력감과 좌절감이 일정한 영향을 끼치고 있는지도 모른다. 1923년 관동대지진 때도 일본사회는 무고한 조선인들을 제물로 삼아 학살을 자행한 경험이 있다. 심각한 난관에 부딪혔을 때 성숙한 지혜를 발휘하기보다는 마초적인 권력주의·국가주의에 빠지거나, 비주류 약자를 희생양으로 삼으려는 비열한 충동에 쉽게 끌리는 것은 물론 일본사회 특유의 현상이라고 말할 수는 없다. 그러나 문제는, 이것이 일본의 근현대 역사에서 계속 되풀이되고 있다는 사실이다.

현재 미국 코넬대학 교수로 있는 평론가 사카이 나오키(酒井直樹)에 의하면, 전후 일본 권력엘리트들의 사고와 행동을 지배해온 것은 '식민지 이중구조'라는 개념으로 설명할 수 있다. 즉, 그들이 미국에 대해서는 철저히 굴종적인 자세를 취하면서, 동시에 한때 일본의 식민지 혹은 반식민지였던 동아시아 인근 국가·국민에 대해서는 늘 오만방자한 자세로 일관하는 행태를 드러내고 있다는 것이다. 정치든 경제든 외교든 문화든, 부문을 가릴 것 없이, 전후(戰後) 일본은 사실상 미국의 속국이라고 해도 좋을 만큼 미국의 강력한 영향력 아래에서 존재해온 것은 다 아는 사실이다. 따져보면, 이것은 당연한 현상이다. 태평양전쟁에서 처참하게 패배한 뒤 미군정 치하라는 사실상의 식민통치 상황에서 전후 일본을 지배하게 될 인적, 물적, 제도적 구조가 결정되었고, 그 구조는 반세기가 넘도록 아무런 근본적인 도전에 부딪침이 없이 계속되어왔기 때문이다.

그러나 자기 자신이 미국의 속국이나 다름없는 처지에서, 동아시아 인근 국가·국민들에게는 고자세로 일관하는 이 '이중적인' 행태가 반드시 전후의 산물이라고 할 수는 없다. 메이지유신 이래 소위 근대국가를 만들고, 근대화를 급속히 추진해 나가는 과정에서도 일본 지배층이 기댄 것은 탈아입구(脫亞入歐)라는 이데올로기였다. 그리하여 그들에게 근대화는 곧 서양화였고, '아시아'라는 것은 경멸의 대상이자 하루빨리 버려야 할 모든 것의 대명사였다. 일본의 — 그리고 동아시아 전체의 — 불행은, 이 '탈아입구'라는 이데올로기가 전후 일본 지배층의 의식 속으로 고스란히 계승됐다는 사실에 있다.

'탈아입구'라는 것은 결국 강자숭배주의 이데올로기이다. 그러므로 그것은 약자를 멸시하고, 약자의 희생 위에서 자신의 이익을 추구하는 것을 정당화하는 이데올로기이기도 하다. 그런 의미에서 이것은 제국주의 이데올로기의 변종이라고 말할 수 있다. 어쨌든 근현대사 전체를 통해서 주류 일본사회의 두뇌는 이 강자숭배, 약자멸시라는 이데올로기에 의해 지배되어왔음이 분명하다고 할 수 있다. 그런 각도에서 보자면,

히로시마·나가사키는 말할 것도 없고, 후쿠시마 사태도 또한 그러한 이데올로기에 의해 지배되어온 역사의 필연적 산물이었다고 해석하는 것도 가능하다.

자본주의 근대문명이란 것 자체가 기본적으로 약육강식의 이데올로기 없이는 성립할 수 없는 것이지만, 원자력 기술은 이 이데올로기의 가장 과격한 체현물임이 분명하다. 즉, 원자력시스템은 끊임없이 약자들을 제물로 삼지 않고는 한순간도 버틸 수 없는 '희생의 시스템' 중에서도 가장 극단적인 시스템이라고 할 수 있는 것이다. 원자력시스템이 존립하기 위해서는 첫째, 원전 인근 지역에서 늘 불안과 위험 속에 살아야 하는 시골사람들의 희생이 필요하고, 둘째, 원전의 방사능 구역에서 온갖 궂은 작업을 수행하며 살아야 하는 노동자의 희생이 필요하며, 셋째, 처치 불가능한 핵폐기물을 떠안고 살아야 할 미래세대들의 희생이 필요하다. 마지막으로, 그러나 가장 중요한 것은, 원자력은 안전하고 값싸고 깨끗하다는 말도 안되는 거짓말이 끊임없이 유포되는 상황에서 늘 진실이 희생되고, 진실에 기반을 둔 건전한 사회적 이성과 상식이 늘 희생되지 않을 수 없다는 사실이다.

정치사상가 더글러스 러미스에 의하면, 원자력시스템이 이처럼 약자들의 희생 위에 존립하고 있는 구조는 전후 일본의 '평화와 민주주의'가 오키나와의 희생 위에 존립해온 구조와 일치하고 있다. 인구로 보면 일본 전체의 0.6퍼센트밖에 안되는 오키나와에 재일 미군기지의 75퍼센트가 집중되어 있다는 사실은 일본사회가 주류든 비주류든 미군기지 문제의 심각성을 인식하는 데 둔감할 수밖에 없는 조건이 되어 있다고 러미스는 지적한다. 실제로 인간은 스스로 몸소 겪어보지 않으면 타인의 고통과 슬픔을 이해하기 어렵다. 전쟁이든, 원자력이든, 비인간적인 시스템은 언제나 직접 피해를 입을 위험으로부터 멀리 떨어져 있는 자들이 만들어내는 것이다. 그리고 그 속에서 희생되는 것은 부와 권력으로부터 먼 약자들일 수밖에 없다(후쿠시마 사고 이후, 후쿠시마 원전에서 생산된 전력이 100퍼센트 수도권에서의 소비를 위한 것이었다는 사실을 뒤늦게 알고 당혹해한 사람들이 많다).

이렇게 보면, 오래전부터 원전을 도쿄에 세워야 한다고 주장해온 반핵운동가 히로세 다카시(廣瀬隆)의 논리는 정곡을 찌르는 바가 있다. 히로세의 주장이 단순한 풍자가 아니라는 것은, 예를 들어, 다음과 같은 더글러스 러미스의 증언을 보더라도 알 수 있다.

> 지난가을 히로세가 오키나와에 와서 후쿠시마 참사에 대해 얘기할 기회가 있었다. 우리는 "원전을 도쿄로"라는 아이디어와 "후텐마 기지를 야마토 일본으로" 운동이 유사성이 있다는 데 공감했다. 나는 그에게 한 가지 차이점이 있다면 히로세의 아이디어는 풍자이고, 미군기지 본토 이전 아이디어는 정말 진지하게 얘기되고 있는 점이라고 말했다. 이에 히로세는 강하게 부정하며, 그 역시 매우 진지하게 원전을 도쿄로 옮기는 운동을 하고 있다고 했다. 그는 "원전을 도쿄로 옮기는 것만이 도시사람들로 하여금 문제의 심각성을 이해할 수 있게 하는 방안"이라고 말했다.
>
> ─〈경향신문〉, 2012년 3월 20일자

결국, 전쟁도, 원자력도 없는 세상을 만들려면, 무엇보다 이러한 '희생의 시스템'이 얼마나 야만적이고 비윤리적인 것인가에 대한 각성, 그리하여 그것은 절대로 더 용납되어선 안된다는 데 대한 폭넓은 시민적 공감이 필요하다고 할 수 있다.

이런 점에서 볼 때도, 지금 밀양에서 몇 년째 계속되고 있는 초고압 송전탑 건설 저지운동의 역사적 의의는 매우 크다고 하지 않을 수 없다. 이 운동에 대해서 지금 이 나라 주류 미디어는, 시골의 무지렁이들이 '국익'을 고려하지 않고 자신들의 개인적 이익을 앞세워 공사를 방해하고 있는 것쯤으로 간주하고 여론을 왜곡하고 있다. 그리하여 소위 '님비현상'이라는 용어까지 들먹이면서, 시골사람들을 얕잡아보며 가르치려 들고 있다.

그러나 여기서 우리가 주목해야 할 매우 중요한 이야기가 있다. 송전탑 건설을 반대하고, 조상과 자신들이 가꾸어온 삶터를 뺏기지 않으려는 사람들이 진실로 염원하는 것은 다른 게 아니라 '그냥 이대로 살게 내버려 달라'는 것이다. 시골 할머니와 할아버지들이 원하는 것은 거액의 보상금도 아니고, 대체지(代替地)도 아니다. 그들의 요구는 단순하면서도 강경하다. 즉, 국익이니 경제발전이니 하는 거창한(결국은 허황한) 명분을 내세워 풀뿌리 백성의 삶을 짓밟는 짓은 이제 제발 그만두라는 것이다. 소위 도시의 석학들, 고명한 지식인, 시민운동가들 중 그 누구도 감히 하지 못하는 발언을 지금 시골의 할머니, 할아버지들이 하고 있다. 그들은 한 번도 학문적으로 연구해본 적이 없지만, 여러 해에 걸쳐 몸으로 직접 겪은 고통스러운 경험을 통해서, '희생의 시스템' 위에서 돌아가고 있는 근대국가와 자본주의 소비사회의 본질을 꿰뚫어 볼 수 있게 된 것이다.

말할 것도 없이, 송전탑 건설 반대투쟁은 이 사회를 조금이라도 인간화·녹색화하기 위한 피나는 싸움이다. 여러 해에 걸친 싸움에서 지치고 병들고 죽어가면서도 시골사람들은 절대로 물러서지 않겠다는 결의를 끊임없이 다지고 있다. 이 불가사의한 강인함은, 오랜 세월 땅에 뿌리를 박고 이웃과 더불어 자립적인 생을 일구어온 사람들만이 지닐 수 있는 확고한 정신적 토대를 떠나서는 설명할 수 없는 자질일 것이다.

(제132호, 2013년 9-10월)

원점에서 생각하는 민주정치

　2015년 3월 말에 퇴임하는 우루과이 대통령 호세 무히카는 무척 흥미로운 인간이다. 지난 5년간 대통령 재임 중, 그는 오늘날 세계의 정치 엘리트들과는 전혀 딴판의 언행과 자세를 보여주었고, 그럼으로써 라틴아메리카뿐만 아니라 전 세계의 수많은 언론의 끊임없는 주목을 받아왔다. 그의 이색적인 언행 중 가장 자주 언급된 것은, 대통령 관저를 노숙인들의 거처로 내주고 자신과 아내는 수도 근교의 작은 농가 오두막에서 거주한다는 것, 대통령으로서 받는 봉급의 대부분을 시민단체나 자선단체에 기부하고 나머지 얼마 안되는 돈(한국 돈으로 월 약 170만 원)으로 충분히 만족스러운 생활을 한다는 점 등등이다. 우루과이 국민들, 특히 고등교육을 받은 중산층 중에는 이러한 대통령의 생활방식을 탐탁지 않게 여기는 사람들도 꽤 있는 것으로 알려졌지만, 아무튼 그의 남달리 단순·소박한 생활은 지독한 소비주의 문화가 창궐하고 있는 세상에서 사람들의 이목을 끌기에 충분한 것이었다.

　그런 점 때문에 언론들은 종종 그를 세계에서 가장 가난한 대통령 혹은 가장 철학적인 대통령으로 불러왔다. 그러나 무히카 대통령은 자신이 가난한 게 아니라고 항변한다. 정말로 가난한 이는 물질이 부족한 게 아니라 탐욕 때문에 '자유'를 잃은 사람이라고 그는 말했다. 이것은 물론 라틴아메리카의 빈민가(바리오)에서 하루하루 생존을 위해 고투하는 사람들을 향해서 하는 이야기는 아니다.

그는 무엇보다 빈곤과 억압에서 해방된 사회를 꿈꾸며 군부독재에 맞서서 청년시절에는 무장(武裝) 게릴라 활동에 투신하였고, 그 때문에 14년 동안 옥살이를 하고(그중 7년간은 독서마저 일절 금지된 가혹한 독방 감금이었다), 출옥 후에는 총을 잡는 대신에 정치에 뛰어들어 결국은 2009년 겨울에 대통령에 당선되었다. 그런 인물이 오늘의 세계에서 희귀한 정치가로 부각된 것은, 물론 그의 파격적인 생활모습 때문만이 아니다. 그것은 무엇보다 그가 소수파·약자의 입장에서 문제를 파악하는 데 익숙한 지도자로 알려졌기 때문이다. 그러한 자질은, 예를 들어, 국내외의 거센 반대를 무릅쓰고 동성애자의 결혼과 임신중절수술 그리고 마리화나 사용의 합법화를 관철시킨 데서 전형적으로 표현되었다고 할 수 있다.

마리화나 문제는 현대 국제정치, 특히 미국과 라틴아메리카에서 가장 예민한 사회·정치 문제가 된 지 오래이다. 그것은 음성적 지하 마약 조직과 정치의 은밀한 결탁에 의해 온갖 사회적 부정과 정치적 부패가 조성되는 범죄의 온상이기도 하다. 그러므로 보통 정치가들은 이 문제를 섣불리 건드리지 않으려 한다.

그러나 무히카 대통령의 접근방식은 명쾌했다. 그는 우선, 오랫동안 심한 단속의 대상이 돼왔지만 마리화나가 근절되기는커녕 갈수록 애용자·중독자가 늘어나고 있는 현실을 주목했다. 그러므로 가장 합리적인 해법은 '합법화'라고 생각한 것이다. 그렇게 함으로써 암시장을 통해 거래되는 비위생적인 마리화나를 피우기 마련인 저소득 중독자들의 건강문제는 국가기관이 돌볼 수 있고, 또한 지하경제의 큰 부분을 형성하고 있는 마리화나 관련 수익은 국가의 정당한 수익으로 전환하여 복지예산을 크게 증가시킬 수 있다는 게 무히카 대통령의 논리였다.

이런 예에서 보듯이, 그의 입장은 '급진적' 체제변혁을 꾀하기보다는 오히려 매우 합리적인 사고, 건강한 상식에 충실한 모습이다. 아마도 이런 모습 때문에 우루과이의 상당수 좌파 지식인들은 무히카 대통령에게 실망한 것으로 보이지만, 그러나 중요한 것은 그가 우루과이의 서민과 빈민들에게는 거의 절대적인 신뢰를 받아왔다는 사실이다. 무엇보다 그는 엘리트 정치가들이 결여한 능력, 즉 풀뿌리 민중의 생활현실의 심부(深部)를 들여다보는 본능적 능력과 체질의 소유자이다. 예를 들어, 빈민가 가정을 방문할 때, 무히카 대통령이 가장 알고 싶어 하는 것은 그 집 아이들이 자기만의 매트리스를 갖고 있는가라는 것이다. 그리하여 우루과이의 서민과 가난한 사람들 사이에서 무히카는 자신들의 생활 내면을 가장 잘 이해하는 지도자로서 계속 존경과 사랑을 받아왔던 것이다.

실제로 무히카 대통령의 모습에서 위안과 희망을 느끼는 것은 우루과이 사람들뿐만이 아니다. 오늘날 전지구적인 파국이 임박했음에도, 거의 모든 정치세력은 근시안적인 이해관계에 매몰되어 위기를 오히려 악화시키고 있다. 이 상황에서 건강한 상식과 합리적인 판단력에 따라 장기적인 시야로써 행동하는 정치지도자가 존재한다는 것은 나와 같은 한국인에게도 큰 위안과 기쁨이다.

게다가 그는 세계가 지금 직면한 위기의 본질을 명료하게 적시하고 주저 없이 발언하는 통찰력과 용기를 보여주었다. 2013년 가을 유엔총회에서 행한 그의 역사적인 연설은 흔해빠진 상투적인 정치연설과는 차원이 다른 것이었다. 그 이유는, 한마디로, 그가 사심을 초월하여 생각하고 행동하는 사람이기 때문이라고 할 수 있다. 대통령을 더 오래 하고 싶지 않느냐는 기자의 질문에 자신이 '공화주의자'임을 강조하는 것도 그런 맥락에서 이해할 수 있다. 이 점에서 그는 베네수엘라의 차베스 대통령과도 상당히 다른, 보다 합리적인 정치의 가능성을 보여준 셈이다. 알다시피 매우 급진적인 개혁정책과 민주적 신념에도 불구하고, 차베스 대통령은 거듭된 연임을 통한 장기집권으로 인해 생전에는 물론, 사후에도 온갖 음해와 비난의 대상이 되어왔고, 지금도 그 후유증으로 베네수엘라의 민주정치는 반동세력으로부터의 엄청난 공격과 위협에 시달리고 있다.

그런데 여기서 주목해야 할 인상적인 발언이 하나 있다. 그것은 퇴임을 앞두고 어떤 기자와 나눈 대담 중 무히카 대통령이 한 말이다. 유엔 연설 등 기회 있을 때마다 그가 환경위기에 대한 심각한 우려를 표명해온 것에 대해서 기자로부터 질문을 받자, 그는 이렇게 말했다. "실은 지금 세계에는 생태적 위기 같은 것은 존재하지 않습니다. 문제는 통치(governance)의 위기죠."

하기는 지금 우리가 생태적 위기를 비롯하여 갈수록 심화되는 사회적 격차와 불평등, 교육과 문화의 비인간화, 고용 및 복지 문제 등등 온갖 난제들이 어떻게 생겨나고, 또 어떻게 해결될 수 있는 것인지를 곰곰 생각하다 보면, 모든 문제의 근원은 결국 정치라는 결론에 도달하지 않을 수 없다. 지금은 단순히 개개인이 욕망을 억제해야 한다는 허망한 소리를 하고 있을 때가 아니다. 정말로 중요한 것은, 숙명적으로 사회적 관계망 속에서 살아갈 수밖에 없는 인간이 스스로를 다스릴 수 있는 틀, 즉 '자기통치의 기술'로서의 정치를 긴급히 쇄신하는 일이다.

그러나 생각해보면, 정치의 쇄신이란 무히카 대통령과 같은 특출한 개인에게 일방적으로 의존하는 것일 수는 없다. 아무리 비범한 인물이라 하더라도 어차피 그는 예외적 인간이며, 또 어떤 경우에도 일인의 능력과 지혜에 의존하는 정치란 매우 위험하고, 지속 가능한 민주적·합리적 정치를 결코 담보할 수는 없기 때문이다.

이 점에서 우리가 돌아볼 필요가 있는 것은, 고대 아테네 민주주의이다. 물론 아테네 민주주의는 여성과 노예를 제외한 '자유시민'들만의 민주주의였다. 그러나 논리적으로 볼 때, 아테네 민주주의는 특정 인간

집단을 배제하거나 착취함으로써만 성립할 수 있는 민주주의가 아니었다. 자유시민들은 대부분 노예들 못지않게 일하는 농민들이었고(아테네 도시국가는 정치집회 참가에 대한 대가로 궁핍한 시민들에게 돈을 지불했다), 실제로 참정권 유무를 제외하고 일상 생활공간에서는 노예들과 자유시민들 사이에 눈에 띄는 차이는 별로 없었다. 노예들은 장사도 하고, 문학적 활동에도 종사할 수 있었다. 다만 참정권만은 허용되지 않았다. 자유시민이란 간단히 말해서 민회, 평의회, 민중법정 등 핵심적인 정치공간에서 '발언'을 할 수 있는 권리가 있는 사람들이었다.

우리가 잊어서 안될 것은, 노예제의 존속과 여성차별은 고대사회의 역사적 한계이지 아테네 민주주의의 원리적 결함이 결코 아니었다는 사실이다. 또 소규모 도시국가였기 때문에 (직접)민주주의가 가능했다는 흔히 듣는 주장도 아테네 민주주의의 원리를 제대로 파악하지 못한 지적 태만의 소치이다. 거의 모든 공직자를 제비뽑기로 뽑고, 짧은 임기, 윤번제 등등, 인류사회 최초로 민주주의를 발명한 고대 그리스인들의 국가운영 시스템은 들여다보면 볼수록 경탄스럽다.

고대 아테네인들은 인간이란 누구나 자기통치의 능력이 있다는 믿음, 그리고 무엇보다 '권력의 유혹에 끝까지 저항할 수 있는 인간'은 존재하지 않는다는 사실을 겸허히 수용하고, 그 바탕 위에서 역사상 최량의 정치시스템이라 할 수 있는 제비뽑기민주주의를 우여곡절 끝에 구축하였다. 그리고 그들의 모든 문화적·예술적 활동도 그 민주주의를 건강하게 유지하기 위한 궁극적 목적에 겨냥되어 있었고(아테네 제1 시민 페리클레스의 말을 빌리면, 아테네 도시국가 전체가 민주주의의 학교였다), 그 결과 200년 이상 고도의 문명적인 시민생활을 향유했다.

불합리한 정치, 양심적인 정치의 부재로 수많은 사람이 쓸데없는 고통과 시련을 강요당하고 있는 오늘날, 우리는 출구가 보이지 않는 현실에 슬퍼하고 절망할 게 아니라, 이럴수록 민주주의의 원점으로 되돌아가 볼 필요가 있다. 그리고 거기서 얻은 영감으로 정치의 근본적 쇄신을 숙고해보는 것만큼 지금 생산적인 일도 별로 없을 것이다.

(제141호, 2015년 3-4월)

해방 70년, 비틀거리며 온 길

 1967년 어느 날, 베트남 사이공(현 호찌민시) 시내의 어떤 '바'에서 벌어진 한 편의 촌극. 한국군 병사 한 사람이 베트남인 호스티스의 어깨를 끌어안고 술을 마시고 있었다. 그때 저쪽 구석에 앉아 술을 마시고 있던 한 미군 병사가 다가와서는 느닷없이 한국군 병사를 끌어내어 홀 가운데로 넘어뜨렸다. 영문을 모르고 당한 한국인 병사는 왜 이러냐고 소리를 질렀다. 그러자 이번에는 주위에 있던 미군 여럿이 우르르 몰려와 한국인 병사를 두들겨 패고는 밖으로 내동댕이쳤다. 이미 술이 꽤 취했지만, 정신은 잃지 않았던지 한국인 병사는 다시 들어와서는 큰소리의 영어로 이렇게 울부짖는 것이었다. "우리가 여기 오고 싶어서 온 줄 아느냐. 베트남을 도와주려고 목숨 걸고 싸우러 온 우리한테 이게 무슨 짓이냐?" 그런데 주목할 것은, 이 소동이 벌어지는 동안 모든 것을 처음부터 끝까지 지켜보고 있던 그 술집의 베트남인 호스티스들과 손님들이 보여준 반응이었다. 그들은 모두 미군이 아니라 한국인 병사에게 싸늘한 냉소를 보내거나 심지어 노골적으로 욕설을 하는 것이었다.

 이것은 베트남전쟁 중 일본 교도통신사 사이공 특파원으로 활동했던 가메야마 아사히(龜山旭) 기자가 쓴 '베트남의 한국병사'(〈週刊アンボ〉, 1970년 1월 26일 발행)라는 글에 나오는 일화이다. 당시 베트남에 파견된 한국군은 전투를 수행하면서 동시에 도로를 건설하고, 학교를 세우고,

병원을 설립하는 등 다양한 대민지원사업을 전개하고 있었다. 그러나 비극적인 것은, 한국군 병사들은 베트남 인민들이 자신들을 실제로 어떻게 보고 있는지 알지 못했다는 사실이다. 아마도 자신들이 환영받고 있다고 믿었고, 그 믿음에 대한 의심은 거의 없었을 것이다. 왜냐하면 자신들은 공산주의자들로부터 '자유'를 수호하기 위한 의로운 전쟁을 돕기 위해서 희생을 무릅쓰고 참가한 군대였으니까….

해방 이후 70년, 우리는 온갖 비극과 재난, 불운을 겪으며 비틀거리며 여기까지 왔다. 이 비틀거림의 역사를 되돌아보는 자리에서 이 '베트남의 한국병사' 이야기만큼 상징적인 이야기가 있을까?

우리에게 해방은 기본적으로 식민지라는 치욕스러운 상황으로부터 벗어난다는 의미였다. 그러므로 해방이 한반도 주민들에게 부여한 무엇보다 중요한 역사적 과제는 식민주의의 철저한 청산이었음이 분명하다. 식민주의란 무엇인가? 그것은 한마디로 인간에 의한 인간의 노예화를 강요하는 폭력적 시스템이다. 한반도 주민들이 일제 식민통치로부터 벗어나면서, 이것을 '해방'이라고 표현한 것은 이제부터는 노예생활과 결별한다는 뜻이었을 것이다. 그리고 실제로 그것은 완전히 정당한 생각이었다.

그리하여 '해방된' 인민들에게 가장 시급한 것은 자주적인 국민국가의 건설이었다. 국민국가라는 것은, 적어도 이념적으로는, 대등한 정치적·사회적 권리를 갖는 인간, 즉 시민들끼리의 계약에 의해 성립되는 정치체제이다. 그리고 노예적 삶의 청산이라는 역사적 과제를 실현하는 데 무엇보다 필요한 것은 이 정치체제가 인민들 전체의 주체적인 참여에 의해서 운영되는 정치, 즉 민주주의의 조속한 실현에 겨냥되어 있어야 한다는 것은 두말할 필요가 없었다.

그러나 우리가 다 알다시피, 일제의 패망을 가져온 태평양전쟁의 종결이 곧 냉전시대의 개막으로 연결되는 상황에서 한반도는 분단을 강요당하고, 그 결과 한반도에서의 민주정치의 실현은 실제로 지난한 일이 돼버렸다. 게다가 곧이어 터진 6·25 전란은 전체 인민의 자유로운 삶이 보장되는 국가 건설이라는 역사적 과제를 뿌리로부터 좌절시켜버렸다. 무수한 인명손상과 전면적인 국토파괴, 엄청난 재산손실을 기록하고 끝난 참혹한 전란의 결과, 한반도의 남쪽은 군사주권을 사실상 방기한 매판적 독재체제의 확립, 친일파의 재등장과 친미파의 득세, 정치적·사회적 불의가 일상화된 사회로 굳어지고, 북쪽은 일인 지배의 고립되고 폐쇄적인 전체주의 사회로 고착되고 말았다. 이것은 지금까지 본질적으로 변함없이 이어지고 있는 한반도 상황의 기본 골격이다.

이 기본 골격 속에서 지금 우리가 사는 남한 땅에서 박정희 독재정권은 농업, 농촌, 농민의 일방적 희생을 강요하며 국가 주도 공업화를 강력하게 밀어붙였고, 그 뒤를 이어 역대 군사 및 민간 정권들도 이 노선의 연장선에서 수출 위주 경제성장의 추구에 매진해왔다. 그 결과, 지금 남한은 어쨌든 외형상으로는 큰 '경제국가', 산업국가의 하나가 되었다.

그러나 '경제적인 성공'을 거두어 미증유의 소비생활을 즐기게 되었다고 자만에 빠진 순간, 한국사회는 지금 이 모든 '성공'이 허구라는 것, 한갓 사상누각이라는 것을 인정하지 않을 수 없는 상황에 처해졌다.

무엇보다 지금 국가기능은 완전히 마비상태이다. 작년 4월의 세월호 참사는 국가가 위난상황에서 자신의 국민을 버리는 것 말고는 아무것도 할 의지도 능력도 없다는 것을 극적으로 드러낸 기막힌 사건이었다. 그런데 그것이 예외적인 사건이 아니었다는 게 지금 또다시 메르스 사태에서 극명히 입증되고 있다. 근대국가는 원래 인민의 생명과 재산을 보호하기 위한 체제정비의 필요성에 그 기원이 있다고 할 수 있다. 그런데도, '해방 70년'이 경과한 지금에도, 이 국가는 가장 기초적인 국가로서의 기능도 제대로 수행하지 못하고 있다. 세계적 수준의 우수한 의료시스템을 갖고 있으니 염려 말라고 하던 정부의 말과는 달리 벌써 메르스라는 괴질로 적잖은 인명이 희생을 당했다. 거기다가 시민들의 일상적 생활공간은 극도로 위축되고, 가난한 사람들의 생계는 한층 더 위협을 받고 있다.

그러나 문제는 이것이 일시적이고 예외적인 병리현상이 아니라는 데 있다. 이것은 훨씬 더 뿌리 깊은 정치적·경제적·사회적 위기의 표피적 발현에 불과한 현상이라고 할 수 있다. 여기서 위기라는 것은 간단히 말해서 '지속가능성'의 위기이다. 물론 이것은 한국사회에 국한된 문제가 아니다. 오늘날의 근대적 국가시스템, 그리고 이와 맞물려 있는 자본주의 산업시스템은 출발부터 지속가능성이라는 근본문제, 즉 언젠가는 고갈될 수밖에 없는 재생 불가능한 화석연료에 기반을 둔 시스템이라는 근본적 한계를 안고 있었다. 그리고 이 근본적 한계는 오랫동안 사람들의 시야 바깥에 있었으나 이제는 점점 심각해지는 기후변화에 관련하여 갈수록 뚜렷이 그 윤곽이 드러나고 있다.

그러나 기후변화나 화석연료 문제 등과 근원적으로 얽혀 있으면서도 생활하는 인간의 입장에서 보면 훨씬 더 다급한 문제들이 허다히 널려 있는 게 오늘의 상황이다. 예를 들어, 전례 없이 증대되는 사회적 격차, 심화되는 경제적 불평등, 복지국가 시스템의 쇠퇴, 그리고 무엇보다 갈수록 악화하는 노동자 인권과 고용의 위기 등등. 그러나 이러한 가시적인 것보다 더 심각한 실존적 위기상황을 조성하는 것은, 열악한 물질적 여건 속에서도 사람들을 서로 연결해주고 상호의존적 생존·생활을 가능케 했던 전통적 관계망들이 도시에서든 농촌에서든 급속히 사라지고 있다는 사실이다. 이런 상황에서 각자도생이라는 윤리 아닌 윤리, 철저한 에고이즘이 번성하고, 내면적 공허감과 니힐리즘, 정치적 무관심 혹은 냉소주의가 유행병처럼 퍼져나가는 것은 필연적인 현상일 것이다.

그러나 이러한 문제들은 '경제성장'이 지속되는 동안은 어떤 식으로든 그 심각성이 잠복된 채 은폐될 수 있었다. 아니, 지난 수십 년간 이 사회를 압도적으로 지배해온 것은, 거의 모든 인간적 고통과 사회적 문제들이 보다 높은 경제성장을 통해서(만) 해결될 수 있다는 논리였다. 그리고 이 논리는 별 저항 없이 광범위하게 받아들여져왔고, 지금도 집요하게 작동하고 있다. 예를 들어, 2008년 세계적 금융위기 이후 세계경제 전체의 침체와 더불어 성장이 현저히 둔화되고 있는 상황에서 소위 경제전문가, 기업, 정치가, 주류 언론과 지식인들은 아직도 이 상황이 잠정적, 일시적 침체국면일 것으로 생각하고, 어떻게든 또다시 성장지표를 높여 '좋은 시절'로 돌아가기 위해 부심하고 있다. 시대상황이 근본적으로 달라진 것을 인지하지 못한 채, 이미 효력을 상실한 해묵은 전략과 방책, 그리고 낡은 세계관에 의지해서 말이다.

길을 잃었을 때는 지나온 길을 되돌아가 어디서 어떻게 잘못되었는지 살피는 게 중요하다. 이 시점에서 70년 전 '해방' 당시 우리에게 주어진 역사적 과제가 무엇이었던가를 다시 반추할 필요가 있는 것은 그 때문이다. 물론 이것은 간단한 작업이 아니다. 그러나 지금 되돌아볼 때, 한 가지 분명한 것은 역사의 격랑 속에서 '식민주의'의 청산이라는 대의(大義)가 거의 잊혀져왔다는 사실이다.

우리는 분단이라는 기본적 제약 때문에 남북 어디서든 민주주의가 제대로 성장할 수 없다는 논리를 빈번히 들어왔다. 물론 이것은 기본적으로 틀린 이야기가 아니다. 그러나 그렇다고 해서 분단 그 자체가 모든 것을 압도하는 제약요인이라고 할 수 있는지는 의문이다. 오히려 핵심적인 것은, 주어진 한계 내에서 과연 이 사회 속의 양심적인 정신들이 얼마나 지혜롭게 용기 있는 싸움을 해왔느냐 하는 문제일 것이다.

그 점에서 '베트남의 한국병사'에 관한 저 에피소드는 심히 뼈아픈 이야기이다. 식민지 백성으로 산다는 게 무엇을 의미하는지 어느 누구보다도 고통스럽게 뼈저리게 경험한 한국인이 다른 아시아 민족의 반식민주의 투쟁을 저지하려는 제국주의 세력의 용병 노릇을 했다는 것, 그리고 그렇게 하면서 오히려 그 민족을 돕는다고 생각했다는 것—이 것은 한국 현대사의 결정적인 자기망각, 자기배반이 가장 극적으로 드러난 대목이라고 하지 않을 수 없다. 그런데 더 심각한 문제는 이것이 과거지사가 아니라는 것이다. 베트남 파병문제에 관련해서 오늘날 한국 사회의 지배적인 반응은 "우리가 뭘 잘못했느냐"라는 거친 항변, 혹은 "그게 역사적인 과오였다고 할지라도 베트남 파병이 한국의 경제성장에 큰 기여를 했던 만큼 골치 아픈 이야기는 묻어두자"라는 매우 실용주의적 입장이다. 물론 모든 인간사가 그렇듯 과오 없는 역사가 있을 수 없다. 그리고 말을 꺼내지 않는 게 슬기로운 경우도 있다. 하지만 베트남 파병문제와 같은 것을 잊어버리자고 하는 것은, 이 나라를 윤리적 황무지로 만들자는 주장과 다름없다.

도덕이나 윤리의 문제만이 아니다. 분명한 것은, 경제적 이익을 위해서라면 어떠한 대의, 윤리, 도덕도 내팽개쳐도 좋다는 식의 사고방식으로는 이제 우리가 한 걸음도 더 나아갈 데가 없다는 사실이다. 이제는 '경제'를 위해서도 성장지상주의와는 결별하지 않으면 안되는 시대가 되었음을 잊어서는 안된다.

얼른 보면, 오늘날 한국인들이 영위하고 있는 나날의 생활은 예전보다 확실히 화려해지고 풍요로워졌다. 그러나 이것은 단지 겉모습일 뿐이라는 것은 누구나 내심 다 알고 있다. 우리의 내면은 지금 불안과 공포에 차 있고, 조금이라도 인간적 존엄성을 생각하는 사람이라면 우리의 삶이 갈수록 비루하고 천박해지고 있음을 뼈저리게 느끼고 있다. 언론, 교육, 학문, 문학과 예술이라고 해서 조금도 다르지 않다. 살아남기 위해서, 경쟁에서 밀리지 않기 위해서라며 이제 인문적 교양인, 소위 지적 엘리트들도 대부분 상업주의에 굴복하거나 상업주의 논리를 정당화하는 데 복무하고 있다.

이른바 유명한 베스트셀러 작가의 표절 문제로 요 며칠 온 나라가 들썩거리고 있지만, 이것도 결국은 상업주의에 의해 급속히 침윤되어가는 이 나라의 정신적·문화적 풍토를 떠나서 생각할 수 없는 현상이다. 해당 작가도 작가지만, 충격적인 것은 한때 이 나라의 양심적인 지식인, 작가, 시인들의 집결처이자 근거지였던 유력 출판사가 이 표절논란에 휩싸여 지금 온갖 불명예스러운 치욕을 겪고 있는 정경이다. 베스트셀러 작가의 책(상품) 없이는 현상유지조차 어려워지는 출판 현실이 결국 발목을 잡고 만 것이다. 자본주의 근대 시스템에 적응한다는 것, 게다가 거기서 '성공'하려 한다는 것, 그것은 실로 위험천만한 일이라고 하지 않을 수 없다.

그러나 지금 자본주의 문명은 어차피 종언을 향하여 가고 있다. 경제성장이 끝나면(원하든 원치 않든 탈성장 시대로 가지 않으면 인류는 미래가 없음이 확실하다) 자본주의는 더이상 갈 데가 없기 때문이다. 그러나 최종단계의 자본주의 시스템이 더 잔인하고 혹독한 것일 가능성이 높다는 것을 생각하면, 우리는 당분간 더욱 야만적인 시간 속을 비틀거리며 걸어야 할지 모른다. 하지만 정신을 제대로 차리면 활로가 열릴 것이라고 우리는 믿어야 한다. 실제로 지난 70년간 우리에게는 짧은 순간이지만 (시인 신동엽의 말을 빌리면) 몇 차례나 '하늘'이 열렸던 것을 우리는 기억하고 있다. 문제는, 이 하늘을 어떻게 다시 열고, 그것을 지속적인 것으로 만들 것인가 하는 것이다. 해답은 뜬구름 잡는 고답적 이론에 있지 않을 것이다. 지금 길을 잃고 헤매는 우리에게 필요한 나침반은 우리가 지나온 길을 찬찬히 뜯어 살펴보는 과정에서 발견할 수 있을 것이라는 믿음, 그런 희망이 가장 중요하다고 할 수 있다.

(제143호, 2015년 7-8월)

미국과 쿠바의 민주주의

극심한 무더위가 언제 끝날지 모르게 계속되고 있다. 여러 원인이 있겠지만, 결국 지구온난화가 본격화되었음을 알려주는 징후일 것이다. 별다른 근본적인 대책 없이 마냥 이런 식으로 계속 간다면 어떻게 될까? 지난 수십 년간, 그리고 근년에 들어서는 매우 다급하게, 많은 사람들이 기후변화에 대해 끊임없이 우려의 목소리를 내왔지만, 해결 전망은 여전히 불투명한 상태이다. 세상에는 우리가 개인적으로 해결해야 할 문제도 있지만, 기본적으로 집단적 노력 없이는 해결 불가능한 문제들이 수두룩하다. 그중 가장 대표적인 게 기후변화 문제임은 더 말할 필요가 없다. 그러나 오늘날 이 문제(뿐만 아니라 온갖 정치적·경제적·사회적 난제들)에 집단적으로 대응할 수 있는 거의 유일한 제도적 장치—정치—는 세계 도처에서 대부분 작동불능 상태에 빠져 있다.

예를 들어, 제2차 세계대전 이후 유일 초강대국으로 세계를 '지배'해온 미국의 경우를 보자. 미국의 대통령은 비단 미국뿐만 아니라 세계 전역에 걸친 보통의 생활인들의 운명까지도 좌우하는 엄청난 권력이다. 그런 의미에서 차기 미국 대통령이 될 사람이 어떤 정파에 소속해 있고, 어떤 경력과 어떤 가치관·세계관을 가진 인물인가 하는 것은 온 세계인의 관심사일 수밖에 없다. 그런데 지금 차기 미국 대통령 후보로 확정된 민주, 공화 양대 정당 후보들은 역사상 유례가 없을 정도로 유권자들로부터 심각한 불신의 대상이 돼 있는 사람들이다. 그들이 과연 대통령이 될 자격이 있는지 없는지 우리가 확실히 말할 수는 없을지라도, 분명한 것은 올 11월 미국의 유권자들은 "오늘날 미국의 양식 있는 시민 대다수가 가장 혐오하는 두 인물" 중 하나를 선택해야 하는 기막힌 현실에 직면해 있다는 점이다.

이 상황은 언젠가부터 선거 때마다 되풀이되는 딜레마, 즉 '덜 나쁜' 후보를 고르지 않으면 안되는 상황이 또다시 재현된 것으로 볼 수도 있지만, 이번에는 그 정도가 지나쳐도 너무도 지나친 경우라고 할 수 있다. 여기서 공화당 후보 도널드 트럼프에 대해서는 길게 설명할 필요가 없을 것이다. 트럼프는 부동산 투기를 통해서 막대한 재산가가 된 인물로 알려져 있다. 지금까지 그가 살아온 이력을 보면, 자신의 사적 이익 이외에 사회를 위해서 어떤 뜻있는 일을 해온 흔적은 아무것도 보이지 않는다. 게다가 그가 선거판에 뛰어든 이후에 보여준 언행도 문명사회의 일반적인 상식을 완전히 비웃는 너무나 조잡하고 난폭한 것으로 점철돼왔다. 문제는 그러한 인물이 어쨌든 놀랄 만한 대중적 인기를 얻어 결국 공화당 후보로 확정되었다는 사실이다.

이 기이한 현상, 즉 정치지도자는커녕 일개 시민으로서의 기본적인 자질조차 의심스러워 보이는 인물이 미국의 유력한 차기 대통령 후보의 한 사람으로 확정된 이 사태는 무엇을 뜻하는가? 이미 많은 논자들이 지적했듯이, 이것은 오늘날 미국을 지배하고 있는 기득권 세력, 그중에서도 특히 주류의 엘리트 정치가들에 대해서 다수 대중이 느끼는 극도의 환멸과 불신 그리고 분노가 표출된 현상이라고 할 수밖에 없다.

기성 정치에 대한 이와 같은 일반 시민들의 반응은 무소속 상원의원으로 민주당 대통령 후보 지명전에 뛰어들어 막판까지 이른바 '준비된 후보' 힐러리 클린턴을 위협했던 버니 샌더스가 어째서 그토록 돌풍을 일으켰는지 그 원인도 설명해준다. 더욱이 샌더스는 스스로 '민주사회주의자'로 자처함으로써 전통적으로 '사회주의'를 죄악시해온 미국 주류 사회의 오랜 금기를 과감하게 깨뜨려버렸다. 그렇게 함으로써 그는, 자유로운 경쟁과 능력주의가 강조되지만 실은 무자비한 약육강식의 논리가 활개를 치는 자본주의 시스템 이외에도 얼마든지 대안이 있다는 것을 명확히 했다. 그는 사회적 부를 공정하게 나누는 게 중요하고, 그럼으로써 평화롭고 인간적인 사회를 구축하는 게 오늘날에도 불가능하지 않다는 것, 그리고 그 실현을 위한 주된 수단이 정치라는 사실을 정열적으로 이야기했다. 많은 선의의 시민들이 어떠한 기성 정치가들에게서도 들어본 바 없는 이 신선한 메시지에 환호하고, 열렬한 지지를 보낸 것은 지극히 당연했다. 부호들과 자산가들의 공개적이거나 음성적인 끊임없는 '로비'에 의해서 타락할 대로 타락한 금권정치에 말할 수 없이 절망을 느끼고 있던 사람들에게 '민주사회주의자' 샌더스의 메시지는 실로 혁명적인 것이었다.

그러나 샌더스는 결국 물러나고 말았다(그가 깨려고 했던 벽은 너무나 두껍고 견고했다). 그의 퇴장으로 그를 지지했던 많은 시민들은 심한 좌절을 느끼고 또다시 절망에 빠졌지만, 샌더스 자신은 현실의 정치가로서 책임을 다하려 했음인지 힐러리 클린턴에 대한 전폭적인 지지를 선언했다. 물론 이 지지선언은 힐러리 측이 샌더스가 제안한 정책 중 일부나마 받아들인다는 약속을 했기 때문에 가능했을 것이다. 하지만 지금 허다한 정치논평가들 중에서 그 약속이 글자 그대로 지켜질 것으로 믿는 사람은 별로 없다. 그렇게 보는 근거는 힐러리 자신의 과거 행적이다. 예를 들어, 지난 15년간 클린턴 부부는 미국의 자본가들과 은행가들의 초청에 응하여 수많은 강연을 했고, 그때마다 그들은 한 시간에 평균 30만 달러의 강연료―정확히는 '뇌물'―를 받았다. 그뿐만 아니라 미국의 숱한 부자들과 자본가들은 '클린턴재단'에 끊임없이 거액의 헌금을 기부해왔다(저명한 소비자운동가 랠프 네이더는 힐러리가 거액의 사례비를 받은 강연에서 무슨 얘기를 했는지, 과연 그 강연 내용들이 지금 선거기간 중 대중에게 하는 이야기와 일치하는지, 그 녹취록을 공개하라고 끈질기게 요구하고 있으나 힐러리 측으로부터의 대답은 아직 없다).

문제는 힐러리 같은 엘리트 정치가들이 자신의 위선과 탐욕을 부끄럽게 생각하지 않는 정치풍토이다. 그렇기는커녕 그들은 미국제일주의 혹은 미국예외주의라는 환상에 깊이 빠진 채, 이 세계의 모든 다른 지역, 나라, 인간들은 마땅히 미국적 가치와 미국의 이해관계에 봉사하는 들러리로서 살아야 한다는 굳은 신념을 갖고 있다. 그것을 거부하거나 말을 듣지 않을 때, 미국의 엘리트들은 아시아든 중동이든 라틴아메리카든 어디든 무자비한 공격과 침략, 인권유린도 마다하지 않는 습관에 길들어왔다. 현역 정치엘리트 중에서도 힐러리 클린턴은 대표적인 인물이라고 할 수 있다. 대통령 부인, 상원의원, 국무장관을 역임하는 동안 그가 미국의 배타적인 이해관계를 관철하는 데 군사적 개입을 어떤 다른 정치가보다도 선호했다는 것은 많은 자료에서 입증되고 있다. 온두라스에서도, 리비아에서도, 우크라이나, 혹은 시리아에서도 진실을 왜곡하고 거짓 명분을 들이대며 미국이 무력 개입을 할 때마다 늘 중심에 있던 인물이 힐러리였다.

결론적으로, 지금 미국이 보여주고 있는 기묘하게 코믹한 선거 상황은 오늘날 정치라는 것이 다수 민중의 요구를 무시하거나 외면해온 필연적인 결과라고 할 수 있다. 정치가 민중의 요구에 응답하지 않는다는 것은 정치다운 정치가 사실상 실종됐다는 뜻이다. 그런 상황에서 치러지는 선거라는 것은 단지 기득권층 엘리트들끼리의 자리바꿈 유희를 위한 요식행위일 뿐이다.

여론조사의 추이가 이대로 간다면, 몇달 후 미국 대통령 선거는 힐러리 클린턴의 당선으로 귀결될 가능성이 높아 보인다. 그렇게 되면 앞으로도 상당 기간 정치다운 정치의 부재―혹은 1퍼센트만을 위한 정치―

는 미국뿐만 아니라 한국에서도, 그리고 많은 다른 나라에서 계속될 것
이 분명하다.

여기서 우리가 진지하게 숙고해봐야 할 게 있다. 오늘날 정치가 이렇
게 변질 혹은 타락했다는 것은 종래의 정당정치와 대의제 민주주의가
이제 수명이 다했다는 것을 뜻하는 게 아닐까? 왜 하필 2016년 이 시점
에 미국의 대선 상황에서 저토록 민중의 강한 분노와 불신감이 분출되
고 있는 것일까? 혹시 경제성장 시대가 끝나가고 있는 상황이 그 원인
이 아닐까? (경제성장이 계속되는 동안에는 어쨌든 다수 하층민에게도
물질적인 혜택이 돌아오지만, 성장이 끝났음에도 부의 집중화 현상이
심화되고 있다면 사회적 평화와 안정성은 붕괴될 수밖에 없다.) 그렇게
본다면, 지금까지의 (미국식 '자유주의'에 기반을 둔) 정당정치나 대의
제 민주주의란 경제성장이 계속되는 동안만 유효한 것이라고 말해도
좋을지 모른다.

그러면 기후변화를 비롯하여 갈수록 심화되는 생태적 위기, 경제적
불평등, 사회적 불안 등등, 오늘날 우리가 직면한 난제들을 해결하기
위해서 어떤 정치, 어떤 민주주의가 우리에게 가능하고, 또 바람직한
것일까? 우리는 이 문제를 근원적으로 생각해보기 위한 노력이 지금부
터라도 다각적으로 행해져야 한다고 생각한다.

이번 호《녹색평론》이 기획한 '개헌문제'에 관한 좌담이나, '사드' 배
치 문제에 대한 논의들도 결국은 민주주의의 문제로 귀결된다. 우리는
개헌의 주체는 직업정치가들이 아니라 시민들이어야 한다는 민주주의
원칙을 강조해야 하고, 사드 배치에 관련해서도 핵심적인 것은 '민주주
의'라는 점을 강조할 필요가 있다. 즉, 한반도 주민의 생사가 걸린 문제
를 국민들의 동의와 허락 없이 대통령이라는 권력자 일인이 자의적으
로 결정한다는 게 과연 정당한 것인지, 그것이 민주주의를 완전히 부정
하는 위헌적 행위가 아닌지, 그것부터 물어야 한다. 그렇게 함으로써

우리는 우리가 시민이지 노예가 아니라는 사실을 천명해야 한다.

실제로, 기왕에 우리가 익숙했던 미국식 민주주의가 유효성을 잃어가는 지금이야말로 '인민의 자기통치'라는 민주주의의 원칙을 재확인하는 것은 훨씬 더 긴급해졌다고 할 수 있다. 왜냐하면 지금은 기왕의 껍데기뿐인 정당정치, 대의제 민주주의의 실패로 정치에 대한 환멸감이 걷잡을 수 없이 확산되고 있고, 이 풍토는 새로운 파시즘의 등장·지배를 조장할 가능성이 농후하기 때문이다.

이와 관련해서 이번 호에서 우리는 또한 쿠바에 관한 몇 편의 자료를 소개한다. 우리가 이 시기에 특히 쿠바를 주목해볼 필요가 있다고 생각하는 것은 지금 우리가 처한 난국을 슬기롭게 뚫고 나가자면 무엇보다 미국이라는 '제국'의 실체를 재음미하지 않을 수 없고, 그 과정에서 미국과의 끊임없는 긴장관계에서 살아남은 쿠바라는 국가의 존재가 각별하게 다가오기 때문이다. 자료를 들여다볼수록 놀라운 것은, 근 반세기 동안이나 미국에 의해 철저히 경제적 봉쇄를 당하고 있는 상황에서도 이 작은 섬나라가 꾸준히 '사회정의'를 추구해왔을 뿐만 아니라, 숱한 역경 속에서 오히려 세계 제일의 지속 가능한 친환경 국가로 발전해왔다는 사실이다. 그리고 흔히 일당독재 국가라고 비판받는 쿠바가 실은 자기 나름의 견실한 민주주의를 실천해온 나라라는 것도 매우 흥미롭다.

(제150호, 2016년 9-10월)

시민의회를 생각한다

탄핵정국이 거의 마무리 단계로 접어들고 있다. 헌법재판소의 결정이 3월 둘째 주까지는 나올 것이라고 지금 언론들은 대체로 일치된 예측을 하고 있다. 일각에서는 헌법재판소가 탄핵소추를 기각할지도 모른다는 우려가 나오고 있으나, 그것은 이 나라의 최고 헌법 해석 기관을 극도로 불신하지 않는 이상, 있을 수 없는 관측이다. 만에 하나 탄핵소추가 기각된다면 이 나라는 완전히 카오스 상태가 될 것임은 불문가지이다. 그러므로 헌법재판소가 그런 예상을 무릅쓰고 상식 이하의 결정을 내릴 수 있을 것이라고 가정하는 것은 '인간 이성' 그 자체를 모욕하는 심히 불경스러운 생각이라고 해야 할 것이다.

물론 탄핵 결정 이전에, 더이상 추한 꼴을 드러내지 않고 대통령이 자진 사임한다면, 그것은 본인을 위해서도 좋고 또한 아마도 예견 가능한 사회적 분열·혼란을 얼마간 방지해주는 효과도 있을 것이다. 하지만 뿌리 깊은 아집(我執)과 어리석은 권력욕망 때문에 상황을 이토록 악화시켜온 장본인이 과연 뒤늦게라도 이성적인 선택을 할 것이라고 기대할 수 있을까?

지금 중요한 것은, 설령 탄핵으로 인한 사회적 혼란이 있다고 해도, 그것은 결국 우리가 극복해야 할 문제이며, 또 우리가 충분히 감당할 능력이 있다는 것을 믿어야 한다는 사실이다. 이것은 결코 근거 없는 낙관주의의 표명이 아니다. 지난 여러 달 동안 우리들 다수는 전국의 광장과 거리로 나와 촛불을 켜 들고 끊임없이 이 나라의 주권은 국민에게 있다는 것을 천명하고, 우리에게 민주주의는 사활이 걸린 문제라는 것을 열렬히 말해왔다. 그 과정에서 우리는 이 나라가 절망의 나라에서 희망의 나라로 변화할 수 있다는 '경이로운' 가능성을 발견했다.

실제로 작년 10월 하순 첫 촛불이 켜지기 전까지만 하더라도, 우리의 앞날은 암울했다. 썩을 대로 썩은 기득권층의 부도덕한 행태가 끝없이 활개를 치는 현실에 괴로워하면서도, 우리에게는 이 현실을 타개할 전망이 보이지 않았기 때문이다. 오히려 날이 갈수록 ('야당 정치가'라는 가면을 쓴 부패집단도 포함된) 기득권 세력의 영구적 집권 가능성은 높아 보였고, 그 때문에 우리는 심한 좌절감에 빠져 있었다. 그러다가 소위 '국정농단 사태'가 터졌고, 이를 도화선으로 사회의 저변에서 오랫동안 억눌려왔던 정의(正義)에 대한 잠재된 욕구가 폭발하듯이 분출하여 '촛불'로 나타났던 것이다. '촛불'은 단순한 분노나 항의의 표현이 아니었다. 그것은 보다 적극적으로, 이성과 상식이 지배하는 사회, 정의가 살아있는 나라를 보고 싶다는 강력한 민중적 열망의 표현으로 일관되어왔다.

그리하여 우리는 우리가 함께 모여서 우리의 뜻을 강력히 표출할 때, 국가라는 시스템이 더이상 소수 기득권층의 탐욕에 봉사하는 수단으로 쓰이는 게 아니라, 국민들 다수의 이익을 지켜주고 보편적 인권과 사회적 약자를 보호하는 선(善)한 도구로 변할 수도 있다는 믿음을 갖게 된 것이다. 지난 몇 달간 이 나라의 다수 언론은 모처럼 권력에 대한 감시와 비판이라는 언론 본연의 임무에 충실한 모습을 어느 정도는 보여주었고, 그리고 무엇보다 (이른바 한국사회의 절대강자라고 하는 '삼성'의 총수를 구속하는 데까지 온) '특검'의 활동 상황을 지켜보면서 우리는 아무리 썩은 사회라고 할지라도, 검찰이 권력의 충견 노릇을 그만두고 정치적 독립성을 확보하기만 한다면, 사회 속에서 정의가 살아나는 것은 결코 불가능하지 않다는 것을 실감하게 되었다.

어쨌든 검찰을 비롯하여 언론, 국회, 법원, 경찰 등등, 국가기구들이 종래의 억압적 혹은 권위주의적 태도와 자세를 다소간 누그러뜨리고 국민 대다수의 요구에 보다 순응적으로 된 것은 촛불집회와 촛불시위의 위력 때문임은 말할 것도 없다. 그리고 지금 이 촛불이 겨냥하는 것은 궁극적으로 대통령 하나를 바꾸는 수준, 혹은 단순한 정권교체가 아니라는 것도 확실하다. 촛불은 모름지기 권력과 민중의 관계가 어떠해야 하며, 어떻게 하면 민주주의가 확실히 뿌리를 내리고, 우리 모두가 평등한 관계 속에서 '좋은 사회'를 유지하며 살 수 있을지, 그것을 근본적으로 묻고 거기에 대답하고 실천할 것을 우리에게 요구하고 있다. 지금 우리는 민주주의를 쟁취하여 보다 견고히 하기 위한 싸움, 즉 4·19와 5·18 그리고 6월항쟁의 연속선상에서 새로운 시민혁명을 수행하는 과정 속에 있음이 분명하다.

여기서 한 가지 매우 흥미로운 현상을 주목하지 않을 수 없다. 즉, 현재 한국의 상황은 트럼프라는 특이한 정치 '아웃사이더'의 등장으로 아수라장이 되고 있는 미국사회와 매우 대조적인 그림을 보여준다는 점이다.

트럼프는 예상했던 대로 대통령에 취임하자마자 갖가지 반문명적이고 반사회적인, 혹은 반환경적인 조치들을 난폭하게 밀어붙임으로써 미국 시민들은 물론, 온 세계의 양식있는 사람들의 경악과 분노를 사고 있다. 하지만 이런 트럼프의 거친 행동은 실은 선거운동 중 예견된 일이었다. 그가 대통령이 되면 미국이 어떤 식으로든 파쇼국가로 전락할 것임은 그의 거침없이 폭력적인 언행으로 미루어 거의 확실하게 보였다. 그럼에도 그는 선거에서 이겼고, 대통령이 되었다.

그런데 문제는 트럼프가 대통령으로 선출된 경위이다. 그가 당선된 것은 유권자들의 적극적인 지지 때문이 아니라 상대 후보가 너무나 인기가 없었기 때문이다. 민주당 후보 힐러리 클린턴은 고학력의 교육배경과 지식, 그리고 풍부한 정치 및 외교 경험의 소유자라는 점에서 트럼프와는 비교가 안될 인물이지만, 그의 오랜 공직생활에서 드러난 엘리트주의와 위선적인 언행은 기성 정치에 극도의 혐오감을 느끼고 있는 수많은 미국인들에게 큰 반발심을 불러일으켰고, 그 때문에 전통적인 민주당 지지층이 선거를 아예 포기하거나 극히 미온적으로 투표에 임했던 것이다.

그럼에도 불구하고, 우습게도, 개표 직전까지 대부분의 언론과 여론조사는 힐러리의 낙승을 장담하거나 점쳤다. 이것은 미국의 언론과 여론조사기관을 지배하고 있는 '엘리트들'이 미국사회의 '밑바닥 심리'를 읽어내는 데 얼마나 무능한가를 보여주는 반증이기도 하겠지만, 동시에 그것은 미국의 기득권층과 민중사회 사이의 괴리가 매우 심각하다는 것을 말해주는 단적인 지표가 된다고 할 수도 있다.

선거운동 중, 충분히 계산된 공약이었는지는 모르지만, 트럼프가 거침없이 제시한 공약들―예를 들어 자유무역협정의 개정 혹은 폐기, 해외로 나간 미국 기업들의 본토 회귀 등등―은 결국 지난 수십 년간 신자유주의라는 이름으로 전개된 '세계화 경제'의 틀을 깨뜨리겠다는 선언이었다. 그런데 '세계화 경제'는 자본과 물자와 사람이 국경을 가로질러 자유로이 이동함으로써 세계를 하나로 연결시키고 온 세계에 미증유의 부를 가져다준다고 끊임없이 선전·옹호되었지만, 실은 그 혜택은 기득권층에 국한되고 있음이 점점 뚜렷해졌다. 그 결과, '세계화' 덕분에 증가된 부가 이른바 '낙수효과'를 통해서 하층민의 삶을 개선시킨다는 '엘리트들'의 논리는 완전히 거짓말이 되고, 오히려 경제적 불평등은 갈수록 심화되었다. 이 현상은 일자리가 없는 사람들, 사회 속에서 배제되거나 소외된 수많은 저소득계층 사람들이 당면한 가장 쓰라린 생활실감이 되어왔다.

따라서 그들은 기성의 엘리트계층이 만들어낸 세계화 경제시스템에 대해서, 그리고 그 시스템을 변경할 생각이 전혀 없는 기성 정치에 대해서 크나큰 반감과 불신을 가질 수밖에 없었고, 그 반작용으로 어쨌든 경제를 '세계화'에서 미국 중심의 경제로 바꾸겠다는 트럼프의 주장에 자연스럽게 끌렸던 것이다. 그러니까 트럼프의 등장은, 과연 그것이 어떻게 구체화될지 모르지만, 일단 세계화 경제 시대와의 결별을 고하는 '역사적' 순간을 기록한다고 해석할 수 있다.

그러나 좀더 들여다보면, 트럼프가 하려는 것은 기실 미국의 역대 정권이 하던 것과 본질적으로 다른 게 아니다. 멕시코와의 국경에 장벽을 설치하는 문제만 하더라도, 이미 1992년에 북미자유무역협정 체결 당시 클린턴 정부는 협정이 발효되면 곧바로 타격을 입을 멕시코 하층민과 농민들이 대거 미국 땅으로 몰려들 것을 내다보고 광대한 국경지대에 철조망을 설치했던 것이다. 자유무역협정들의 경우에도, 미국은 자신이 불리하다고 느끼면 빈번히 여러 방법으로 해당 조항을 실질적으로 무력화시켰다. 기후변화라는 절체절명의 세계적 긴급 현안을 대하는 태도도 예외가 아니다. 트럼프는 기후변화 자체를 날조된 허구라고 부정하지만, 역대 정부들도 기후변화에 대응하려는 세계인들의 노력에 늘 비협조적이었다는 점에서 트럼프보다 별로 나을 게 없었다.

요약하자면, 미국인들이 트럼프를 당선시킨 것은 결국 '경제' 때문이었다. 버니 샌더스라는 보다 합리적이고 사려 깊은 인물이 민주당 후보가 되었다면 결과가 달라졌을지 모른다. 하지만 불운하게도, 미국의 유권자들에게 주어진 선택지는 힐러리가 아니면 트럼프였고, 현상 변경을 갈망하는 사람들에게 트럼프는 힐러리와 달리 적어도 "경제를 살린다"는 약속을 함으로써 결국 승리한 것이다. 트럼프라는 인물 됨됨이가 위험스럽고, 그가 민주주의를 파괴할지도 모른다는 두려움이 없었던 것은 아니지만, 그것은 생활고로 시련을 겪는 많은 사람들에게 부차적인 문제로 치부되었을 가능성이 높다.

그런데 중요한 것은, 트럼프의 국수주의적 정책으로 미국 경제가 일시적으로 살아날 수 있을지 모르나, 그것은 결국 반짝경기로 끝나고 곧 시들어버릴 공산이 매우 크다는 사실이다. 왜냐하면 세계화 경제시스템이 많은 문제를 내포하고 있는 것은 틀림없지만, 그보다 더 근본적인 요인이 더이상의 경제성장을 불가능하게 만들고 있기 때문이다. 그 근본적인 요인이란 크게 두 가지, 즉 세계자본주의의 자기증식을 가능하게 하는 '변경'―착취나 수탈이 가능한 새로운 시장, 자원, 혹은 값싼 노동력―이 사실상 소멸되고 있다는 사실, 그리고 석유를 포함한 화석연료가 급속히 고갈되어가고 있고, 또한 동시에 (기후변화 때문에) 그 사용이 엄격히 제한되고 있다는 사실이다.

언젠가부터 경제학자들은 경제 현상을 흔히 가격과 돈의 흐름으로 설명해왔지만, 따지고 보면 경제란 근본적으로 물자와 에너지의 흐름이라고 할 수 있다. '변경'의 소멸과 화석연료 고갈화라는 현상은, 실은 1970년대의 두 차례에 걸친 오일쇼크에서 이미 명확히 예견되었던 문제이다. 그럼에도 불구하고, 세계자본주의는 보다 철저한 착취·수탈 방식인 신자유주의적 '세계화' 경제의 추진, 그리고 카지노경제와 부채의 확대를 통해서 지금까지 명을 이어왔던 것인데, 이제 더는 뚫을 수 없는 한계에 부딪친 것이다.

오늘날 선거가 민주주의의 핵심적 기제가 되어 있는 상황에서, 거의 모든 정치가의 사고와 상상력은 4년 내지 5년마다의 선거에 맞춰져 있다. 따라서 그들의 시각은 늘 단기적이고 협소한 지평에 갇혀 있을 수밖에 없다. 그런 그들에게 경제성장 시대가 끝났다는 것을 직시하고, 대책을 강구할 능력과 용기를 기대한다는 것은 사실상 불가능한 일이다.

하지만 누군가는 이 엄연한 현실을 용기있게 대면하여 대안을 찾자고 말하지 않으면 안된다. 실제로《자본주의는 어떻게 종말을 고하는가》(2016)의 저자 볼프강 슈트렉을 비롯해서 적지 않은 경제학자, 지식인들이 이미 자본주의의 종언을 단언하기 시작했고, 그들 중 일부는 자본주의의 종식에 따른 대안 체제가 보이지 않는다는 점을 우려하고 있다. 그러나 그런 사람들을 포함해서 자본주의와 성장시대의 종언을 말하는 지식인들이 거의 공통적으로 이야기하는 것은 이런 상황에서 더욱더 필요한 것은 보다 질 높은 민주주의라는 것이다. 왜냐하면 '탈성장' 시대의 '좋은 삶'은 '공유경제', 즉 공동체 전체의 부를 구성원들이 고르게 나누면서 살아가는 지혜가 얼마나 발휘되는가에 달려 있다고 보기 때문이다. 그리고 말할 것도 없이 부를 공평하게 나누는 것은 수준 높은 민주주의의 확립 없이는 꿈도 꿀 수 없는 일이다.

미국인들이 이 기본적인 '나눔의 원리'를 알고 있었다면, 트럼프를 선택하지 않았을지도 모른다(실은 선거제도가 갖는 근본적 결함 때문에 선택의 여지도 없었지만). 그러나 그들은 파쇼정치라는 위험을 무릅쓰고, 즉 민주주의를 포기하고 '경제'를 선택했으나, 그 결과는 민주주의도 경제도 모두 잃어버린 상황을 맞을 가능성이 매우 높다.

그 점을 생각하면, 한국의 우리는 운이 좋은 편이라고 할 수 있다. 우리는 지금 무엇보다 민주주의가 중요하다는 근본 테마에―일부 퇴영적인 집단을 제외하면―거의 일치된 사회적 합의를 보고 있기 때문이다. 그러나 이 합의가 실제로 좋은 삶으로 이어지기 위해서는, 언제나 단기적인 이해관계에 얽매여 있을 수밖에 없는 제도권 정치가들의 '선의'에만 기댈 수는 없다.《녹색평론》지난 호(152호)에서도 제안된 것처럼, '촛불'을 승화시켜 민주주의를 보다 견고히 하기 위해서 지금 우리에게 가장 필요한 것은 시민들이 명실상부한 주권자가 되어 국가운영에 적극 참여할 수 있는 새로운 시스템을 만드는 것이다. 그 대표적인 것이 기존의 국회와 정부의 일을 감시·평가·통제할 수 있는 별도의 대안적

의회라고 할 수 있다. 즉, 고대 아테네 민주주의의 방식을 채택한 '제비뽑기'로 대표단을 뽑아 '시민의회(Citizens Parliament)'를 구성하자는 제안인 것이다.

탄핵정국이 끝나면 즉시 차기 대통령 선거로 모든 관심이 쏠려버릴 것이지만, 그 와중에서라도 우리는 이 '시민의회'라는 개념이 조그마한 불씨처럼 살아서 시민들 사이에 진지하게 논의될 수 있기를 간절히 희망한다.

(제153호, 2017년 3-4월)

'촛불정부'가 나아갈 길

    정부가 바뀐 것이 실감 나는 날들이다. 민주적 열망에 의해 들어선 문재인 정부가 최근 잇달아 내놓는 새로운 결정과 선언을 보면서 우리는 정치 현실과 관련해서 참으로 모처럼 흔쾌한 기분을 맛보고 있다.

    그중 가장 대표적인 것을 들자면, 고리원전 1호기의 폐쇄를 결정하면서 동시에 신규 원전 건설을 그만두겠다는 '탈핵선언'이다. 길고 복잡하게 설명할 것도 없이, 원전은 이미 시대착오적인 것이 되었고, 따라서 이제는 끝내야 한다는 것은 세계의 상식이 된 지도 오래되었다. 그럼에도 여기에는 뿌리 깊은 기득권 세력의 이해관계가 얽혀 있기 때문에 역대 어느 정권도 이 문제를 명쾌히 정리할 의도가 없었고, 설사 의도가 있었다 하더라도 그럴 만한 용기와 능력을 갖지 못했다. 그러나 문재인 정부는 여타 정권과는 다르다는 것을 스스로 입증해 보여주고 있다. 출범한 지 불과 한 달을 조금 넘긴 시점에서 곧장 '탈핵선언'을 하기로 결정했다는 것은, 이 정부가 자신이 무엇 때문에 어떤 경로로 집권을 하게 되었는지를 잘 이해하고 있음을 드러내는 행동이라고 할 수 있다. 요컨대 이 정부는 진실된 의미에서 '민주정부'를 표방하고 있는 것이다. 민주정부란 무엇인가? 다수 시민들의 상식과 생활감각을 공유하는 정부, 혹은 그 시민적 상식을 무엇보다 존중해야 한다는 것을 잘 알고 실천하는 정부 이외의 다른 것이 아니다.

이른바 '4대강 사업'의 진상규명을 다시 할 것을 결정한 것도 마찬가지다. 원래 4대강 사업이란 "단군 이래 최대의 사기극"이었다. 기가 막힌 것은 그 사기극이 선거를 통해서 집권한 '합법적인' 정부에 의해 저질러졌다는 점이다. 4대강 사업은 처음부터 끝까지 가장 기초적인 상식마저 철저히 무시하며, 어느 때보다도 치열한 온갖 국내외의 반대여론을 외면하고 억누르면서 일방적으로 자행된 참으로 어이없는 국토유린 행위였다. 그렇게 해서 결국 "세계에서도 드물게 아름답고 좋은 강들"이라고 외국인 하천 전문가들이 이구동성으로 감탄해 마지않던 우리의 강과 그 유역 생태계가 참혹하게 파괴되고 만 것이다.

물론 이제 와서 재조사를 하고 이 '사업'의 진상을 정확히 규명한다고 해서 처참하게 망가진 강과 그 생태계가 원상대로 복원될 수 있는 것은 아니다. 하지만 갈수록 흉측한 모습을 드러내며 더러운 수로와 물웅덩이로 변해가는 강 생태계의 더이상의 악화를 막고, 최소한도로나마 강으로서의 기능을 살리려면 지금이라도 진상규명과 그에 따른 현실적으로 가능한 적절한 조치가 시급하다는 것은 말할 필요가 없다. 그리고 이 모든 것을 행하는 데에는 복잡한 일이 필요 없다. 그냥 상식을 회복하면 되는 것이다.

생각하면, 우리는 그동안 얼마나 몰상식이 지배하는 나라에 살면서, 상식과 진실에 굶주려왔던 것인가? 나라의 운영으로부터 개인들의 일상적 관계에 이르기까지 이 사회는 도처에서 횡행하는 거짓말로 더럽혀져왔고, 이 분위기는 미세먼지 못지않게 이제 우리 모두의 회피할 수 없는 운명처럼 여겨져왔다. 그러나 민주정부가 들어서자 이런 분위기가 하루아침에 달라졌다. 우리가 촛불을 들고 광장으로 나간 보람이 여기에도 나타나고 있는 것이다. 인간을 추하게 하고, 사회를 근원적으로 파괴하는 것은 '거짓말의 일상화'를 당연시하는 풍조이다. 그리고 그러한 풍조의 일차적 책임은 정치에 있다는 것은 말할 필요가 없다.

그러나 지금 상황은 낙관을 허용하지 않는다. 민심을 완전히 배반한 전 정권과 함께 마땅히 엄정한 심판을 받았어야 할 구(舊) 여당은 여전히 국회의 상당수 의석을 차지한 채 신정부가 하려는 일마다 방해하고, 재계, 언론, 학계, 군부를 철통같이 지배하며 오랜 세월 고질적인 반민중성과 비민주성을 체화해온 기득권 세력은 민주정부의 출현과 더불어 대두하기 시작한 '혁신'의 분위기에 끊임없이 찬물을 끼얹으며, 역사를 퇴행시키려 온갖 책략을 쓰고 있다. 이러한 방해와 저항은 물론 예견된 것들이다.

원래 평범한 사람들의 자유로운 삶이 보장되는 세상, 즉 참다운 민주주의를 향한 싸움은 험난하기 마련이다. 이제는 생태적 위기상황을 감안하더라도 공생의 논리가 아니면 세상이 더이상 존속할 수 없다는 것이 명확해진 오늘날에도 기득권 세력은 자신의 특권적 지위를 조금도 양보하려고 하지 않는다. 이것은 비극이고 재앙이지만, 우리가 불가피하게 부딪쳐야 하는 현실임에 틀림없다. 이런 현실을 좀더 깊게 이해하면서, 그럼에도 불구하고 인간다운 세상을 어떻게 하면 지혜롭게 열어갈 수 있을지를 모색하기 위해서 우리가 배워야 할 것은 많다. 그중에서 지나간 날의 다양한 사회개혁의 움직임과 그 경로들, 그중에서도 '혁명'의 전개 과정을 음미해보는 것은 오늘의 상황에서 매우 필요한 일일 것이다.

마침 금년은 러시아혁명이 일어난 지 100년이 되는 해이다. 현대사에서뿐만 아니라 세계의 전 역사를 통해서 가장 중요한 '혁명'이라고 말할 수도 있는 러시아혁명은 지금 우리에게 어떤 의미를 갖는가? 여러가지 각도에서의 해석과 평가가 가능하겠지만, 확실한 것은 러시아혁명에 대한 공정하고 깊이있는 이해는 모처럼 민주정부를 성립시켰으나 온갖 방해와 저항에 직면해 있는 오늘날 이 나라 개혁파 지성들의 시야를 열어주는 데도 적잖은 도움을 줄 수 있을 것이라는 점이다.

(제155호, 2017년 7-8월)

시민주권시대를 향하여

　신고리 원전 5·6호기 공사 재개 여부를 두고 행해진 '공론조사' 결과가 마침내 발표되었다. 유감스럽게도 공사 재개 쪽으로 결론이 났고, 정부는 이 결론을 존중한다는 의사를 즉각 공표했다. 우리나라도 하루빨리 탈핵국가로 거듭나기를 염원하며 온갖 불리한 조건 속에서 고투해온 탈핵운동 단체와 활동가들, 그리고 그들을 음으로 양으로 지지해온 많은 시민들과 함께 《녹색평론》을 펴내는 우리도 지금 심한 좌절감을 떨쳐버리기가 힘들다.

　좌절감이 이토록 큰 것은 무엇보다도 이번 결정이 종전과 같이 정부 당국과 몇몇 유관 기관, 소수의 전문가들로 구성된 폐쇄적 공간에서 이루어진 것도 아니고, 또한 심히 불합리한 선거제도 때문에 정당한 대표성을 갖고 있다고 보기 어려운 ― 따라서 민주적 정당성을 현저히 결여하고 있는 ― 현재의 국회에서 내린 결정도 아닌, 어디까지나 우리들의 평범한 동료 시민들에 의한 '숙의'의 결과라는 점 때문이다.

　아마도 우리는 지금까지 '원전 마피아'들과 그들과 이해관계를 같이하는 정부 당국자 그리고 언론들에 대항해서 싸우는 동안, 일반 시민들은 제대로 된 정보를 제공받고, 평소보다 좀더 집중해서 관련 사항들을 들여다보기면 한다면 매우 상식적이고 합리적인 결론 ― 기존 원전의 조기 폐쇄, 계획된 원전의 건설 중단 등등 ― 에 당연히 이르게 될 것이라고 부지불식간에 생각해왔는지 모른다. 그렇게 생각해온 것은, 평생 원전 반대운동에 치열하게 헌신했던 세계적인 탈핵사상가 고(故) 다카기 진자부로(高木仁三郎) 선생이 간명하게 말했듯이, 원전이란 한마디로 "화장실 없는 맨션아파트"이기 때문이다. 그리하여 모든 다른 문제는 접어두고 '핵폐기물'을 처리할 방법이 없다는 사실 하나만 가지고도, 원전은 만물의 지속적 생존의 토대인 생태계 내에서는 절대로 용납돼서는 안되는 '괴물'이라는 것을, 사심 없이 생각하는 사람이라면 누구든 수긍할 것이라고 우리는 믿어왔다.

그럼에도, 어떤 정보, 어떤 설명을 듣고, 어떻게 토의·숙고했는지 내막은 알 수 없지만, 공론조사에 참여한 우리의 동료 시민들 다수는 3개월 동안 중단되었던 신규 원전 두 기의 공사를 재개하는 쪽을 선택하였다. 돌이킬 수 없는 결정에 대해 이런저런 사족을 다는 것은 무익한 일이다. 하지만 이번 공론조사의 결과에 대해 아쉽다는 말을 하고 지나가려니 너무도 마음이 쓰린 것이 사실이다. 1970년대 말, 오일쇼크 직후 각국이 원전의 확대를 심각히 고려하고 있던 때였음에도, 오스트리아 국민은 100퍼센트 완공된 원전마저 국민투표로 폐쇄하기로 결정(나중에 박물관으로 개조)하였고, 대만에서는 극히 최근에 완공 직전의 원전을 중단한다는 대담한 국민적 합의를 이루어낸 바 있다. 그런데 한국인들에게는 지금 그러한 합의에 이르는 것이 왜 가능하지 않을까? 그러한 합의를 가로막는 장벽은 과연 무엇일까? 이것은 우리가 이번의 공론조사 결론을 보면서 던져야 할 가장 무거운 질문일지도 모른다.

성급한 판단일 수 있으나, 가장 중요한 장벽은 역시 오랫동안 이 사회를 지배해온 경제성장 이데올로기 혹은 경제중심주의적 사고의 끈질긴 영향력이라고 해야 할 것이다. 이렇게 말하는 것은, 장기적으로는 탈원전을 원하면서도, 당면 현안인 두 기의 원전 건설의 중단은 원치 않는다는, 공론조사의 일견 모순적인 결론 때문이다. 공론조사에 참여한 시민들 중 일부의 사후 소감을 들어보면, 다양한 이유가 있지만, 역시 최종적인 판단 기준은 경제논리였던 것으로 보인다(그리고 이 경제논리의 안쪽에 있는 심리, 즉 원전을 포기하면 현재의 '안락한' 생활을 잃을지도 모른다는 두려움도 암암리에 작용했을 것으로 짐작된다). 이것은 경제논리와 안전논리의 경쟁에서 경제논리가 승리했다는 단순한 이야기가 아니다. 다수 시민참여단에게는 체르노빌과 후쿠시마의 참사를 보고도 그게 무엇을 의미하는지에 대한 분명한 인식이 없었던 것으로 보인다는 게 중요한 문제인 것이다.

하기는 절대다수의 시민이 일방적인 선전과 프로파간다에 오랫동안 노출돼온 사회에서 핵에 대한 시민적 상식이 선진적 탈핵국가들의 그것과 같을 수는 없다. 더욱이 척박한 여건에서 자기희생적으로 활동해온 소수의 탈핵운동가들의 노력만으로 사회 전체의 해묵은 사고습관을 깨뜨리는 것은 애당초 그 한계가 명백했다. 또 생각해보면, 지금 우리 사회의 핵에 관한 상식이 아직도 낮은 수준에 머물러 있다고 한다면, 그것은 단지 왜곡된 교육과 사이비 언론 때문만이 아니라고 할 수 있다. 즉, 끊임없이 인간의 이기심과 물질적 욕망을 자극하는 경제성장 이데올로기의 압력 밑에서 우리 자신이 보다 지혜로운 인간으로 성장할 수 있는 기회가 계속 박탈당해왔기 때문이기도 할 것이다.

그러나 다른 한편, 그 결론과는 상관없이, 평범한 시민들이 모여 '숙의 과정'을 거쳐 국가의 중요한 이슈에 대한 결정을 내린, 이번의 공론조사는 우리나라 민주주의의 역사에서 큰 획을 긋는 사건임이 틀림없다. 그동안 《녹색평론》은 기존의 대의제 민주주의를 보강하여 보다 질 높은 민주주의를 실현할 수 있는 방안으로 '숙의민주주의'의 필요성을 되풀이해서 말해왔다. 따라서 우리는, 무작위로 뽑힌 평범한 시민대표단이 숙의를 통해 내린 결정은 마땅히 존중돼야 한다는 의견은 옳다고 생각한다.

지금은 원전문제도 중요하지만, 무엇보다 민주주의의 질을 높이고 민주주의를 시급히 강화하지 않으면 안될 때이다. 왜냐하면 기존의 대의제 민주주의 틀로는 오늘날 나라 안팎에서 일어나고 있는 전대미문의 온갖 위기적 상황에 대처하는 게 불가능하다는 것이 이미 충분히 입증되었기 때문이다. 그런 의미에서, 아마도 숙의민주주의라는 새로운 틀은 어쩌면 오늘의 상황에서 민주주의를 강화할 수 있는 가장 유력한 도구일지도 모른다.

그리하여 우리는 숙의민주주의의 정신으로 지금 북핵문제로 촉발된 위기상황을 타개하는 것도 가능할 것이라고 믿는다. 왜냐하면 북핵문제의 위기는 기본적으로는 민주주의의 위기와 직결돼 있기 때문이다. 따져보면, 북한은 물론, 미국도 일본도 더이상 민주주의국가가 아니라는 데서 오늘의 위기가 악화일로를 걷고 있는 게 아닌가? 그런데 이처럼 민주주의가 쇠퇴하고 있는 시기에, 상대적이긴 하나 그래도 민주주의국가를 꼽는다면, 이제 한국이 제외되지는 않을 것이다. 우리는 지금 실제로 새로운 차원의 민주주의를 실행하는 데까지 왔으니 말이다.

그러나 물론, 이 모든 것은 '촛불혁명' 덕분이다. 따라서 '촛불혁명'으로 탄생한 현 정부는 쓸데없이 눈치를 보며 머뭇거릴 이유가 없다고 할 수 있다. 국가의 중대사를 평범한 시민들의 결정에 맡기는 그 지혜와 용기는 결국 촛불의 힘에 의한 것이었다. 그렇다면 그 힘으로 정부는 사회 곳곳에 서려 있는 사악하고 부패한 기운을 몰아내기 위한 행동에 과감히 나설 뿐만 아니라, 나아가 북핵문제도 그 힘에서 해법을 구해야 할 게 아닌가? 그리하여 미국, 북한, 일본, 혹은 그 누구를 향해서든 민주주의의 가치를 역설하며, 당당하게 설득하고, 열린 자세로 접근한다면, 무기장사꾼들의 노리개가 된 한반도의 운명을 획기적으로 바꿀 수 있는 출구가 열리지 않을까? 물론 쉽지 않을 테지만, 지금은 무엇보다 그런 자신감이 가장 중요하다고 우리는 믿는다.

(제157호, 2017년 11-12월)

세계가 풀어야 할 긴급한 과제

　지금 미국의 정치가들, 저널리스트들, 그리고 많은 양식있는 시민들이 가장 걱정하는 것은 그들의 대통령 트럼프의 정신건강 문제이다. 공화당 내부에서도 이 문제는 적잖은 고민거리가 되어 있는 것을 보면 이것은 정파적 이해관계로 볼 문제가 아닌 것이 분명하다. 미국의 정신과 의사협회의 규칙에 따르면, 환자에 대한 충분하고 직접적인 면접에 근거하지 않은 의학적 진단은 엄격히 금지되어 있다고 한다. 하지만 트럼프의 경우에 한해서는 이 규칙을 어길 수밖에 없다는 암묵적인 동의가 지금 미국의 정신의학계에서는 꽤 널리 퍼져 있는 것으로 보인다. 왜냐하면 그는 군 통수권자로서 언제라도 미국과 세계를 파국으로 빠뜨려 놓을 수 있는 '권한'을 갖고 있고, 대통령이 된 이후 그가 끊임없이 거짓말을 하고 온갖 상식 이하의 기괴한 언행들을 거리낌 없이 드러내는 것을 볼 때, 이것은 마땅히 '국가적 비상사태'로 봐야 한다는 게 상당수 전문가들의 판단이기 때문이다. 그리하여 이미 스물일곱 명의 정신건강 관계 전문가들이 공동으로 쓴 《도널드 트럼프라는 위험한 증례》(2017년 10월)라는 책이 출판되었고, 그 이후에도 계속해서 트럼프의 정신 상태를 평가하는 전문적 증언들이 공개되고 있다.

　그중에서 가장 널리 받아들여지고 있는 진단은 트럼프라는 인물이 '자기애성 인격 장애'라는 질환을 앓고 있다는 분석·진단이다. 이는 흔히 보는 나르시시즘보다 훨씬 더 심각한 증상이라고 한다. 전문가들의 설명에 의하면, 그것은 "자기의 중요성에 대한 과대평가, 타인들로부터 과도할 만큼 관심을 받고 칭찬을 받고자 하는 강한 욕구, 병적인 인간관계, 타자에 대한 공감의 결여" 등의 증세를 나타내는데, 이 과도한 자기중심주의의 배후에는 "아주 사소한 비판만으로도 상처를 받을 정도로 실제로는 매우 허약한 자존감이 잠복되어" 있다는 것이다.

하기는 "트럼프라는 왕의 광기"(*Japan Times*, 2017년 12월 5일)는 미국인들에 국한된 관심사가 아니다. 아니, 지금 가장 다급한 세계적 현안이 되어 있는 북핵문제에 관련해서 트럼프의 말과 행동 하나하나에 잠시도 눈을 떼지 못하고 있는 한반도의 주민들에게는 — 그리고 나아가 지상의 평화를 희구하고 인류의 절멸을 원치 않는 세상사람 모두에게 — 트럼프의 '건강'은 다른 어떤 것보다 중요한 관심사일 수밖에 없다. (한국의 일부에서는 오랜 경험을 가진 '거래의 달인'으로서 트럼프가 더 많은 이익을 취하기 위한 술책으로 '미친 척'할 뿐이라는 관점이 있지만, 그가 정치적인 유불리를 고려하지 않고 별반 이해관계가 걸려 있지 않은 문제에 관련해서도 시도 때도 없이 거짓말을 하거나 허풍을 떠는 것을 보면 그것은 별로 설득력이 있는 관점인 것 같지는 않다.)

그런데 여기서 우리가 물어야 할 정작 중요한 문제가 있다. 즉, 아무리 봐도 도저히 지도자다운 최소한의 자질도 갖추었다고 보기 어려운 인물이 어찌하여 미국의 대통령으로 선출되는 게 가능했는가 하는 것이다. 그것은 단지 우연적인 사건이었을까. 하기는 만약에 상대 후보였던 — 교육배경이나 정치경험 등 모든 점에서 '엘리트 중의 엘리트'라고 할 수 있는 — 민주당의 힐러리 클린턴이 좀더 잘 싸워 이겼더라면 이야기는 달라졌을 수 있다. 그러나 힐러리는 원래 트럼프 못지않게 미국의 일반 시민들의 혐오의 대상이었다. 그리하여 미국의 유권자들은 자기들이 가장 싫어하는 두 사람 중 하나를 골라야 하는 딜레마에 빠졌고, 그 결과 실제로 전체 유권자 중의 절반은 선거 때 투표장에 나가지도 않았다. 그 상황에서 가난한 백인 유권자들은 일부지만 트럼프를 '열광적'으로 지지했고, 중산층 백인이나 유색인종 사람들 중 힐러리의 지지자들은 극히 '미온적'인 자세로 투표에 임했다는 것이 선거 직후 언론들의 분석 내용이었다. 그리고 이러한 분석에 관계없이, 사후에 선거 분위기를 되돌아보면서 거의 모든 미디어가 공통적으로 내린 진단은 오늘날 기성의 정치권과 정치가들뿐만 아니라 사회의 이른바 지도층을 구성하는 '엘리트들'에 대한 보통의 미국인들의 불신과 반감이 매우 위험할 정도로 심각하다는 것이었다.

아닌 게 아니라, 최근에 세계의 논단에서 활발한 활동을 하고 있는 인도 출신 작가 판카지 미슈라가 강조하고 있는 게 바로 이 '분노'라는 현상이다. 미슈라에 의하면, 오늘날의 이 광범한 대중적 분노는 역사적으로 뿌리가 깊은 것으로 미국만의 현상이 아니다. 그는 자신의 최신 저서 《분노의 시대》(2017)의 집필 동기를 언급하면서, 그것은 예컨대 중동의 테러조직 IS(이슬람국가)나 국민투표로 유럽연합으로부터의 탈퇴를 결정한 영국의 '브렉시트', 그리고 트럼프와 같은 인물이 미국 대통령으로 당선되는 기이한 현상을 좀더 깊이있게 이해하기 위해서였다고 말한다. 그리하여 그는 일견 무관계한 것으로 보이는 이러한 현상들의 배후에 공통한 '감정적' 뿌리가 있다는 관찰로부터 논의를 시작한다. 그에 의하면, 이 감정적 뿌리는 자본주의적 산업발전을 통해서 이른바 '근대문명'을 본격적으로 출범시킨 18세기까지 거슬러 올라가는 역사를 가지고 있다. 요점만 말하자면, 대서양 연안에서 시작된 근대문명은 계몽주의적 이성과 합리적 제도의 구축, 그리고 과학기술의 힘으로 '진보'를 계속해 나감으로써 그 혜택은 결국 모든 사람들에게 미칠 것이라는 약속하에서 전개되었으나 실상은 수백 년의 시간이 경과하는 동안 실제로 혜택을 받은 극소수를 제외하고, 다수 대중은 언제 어디서나 근대화 혹은 진보를 위한 '제물'이 되어왔을 뿐이다. 그리하여 마침내 대중들이 이러한 희생을 더는 참을 수 없다고 느끼자 지금 보는 것과 같이 지배층 엘리트들에 대한 노골적인 반감과 분노가 폭발적으로 표출되기 시작했다는 것이다.

미슈라의 이러한 관점이 꼭 역사적 사실에 부합하는지 여부는 여기서 우리의 관심사가 아니다. 중요한 것은, 지금 세계 도처에서 노출되고 있는 '비정상적인 사태들'이 그동안 수세기에 걸쳐 지구사회를 압도해온 자본주의적 근대문명이 가져다준 필연적인 산물이라는 견해에 대해서는 실제로 갈수록 많은 지식인·사상가들이 공감하고 있다는 점이다. 미슈라가 말하는 "분노의 시대"를 특징짓는 징후들은 논자에 따라 "자본주의의 종말의 시작" 혹은 "성장시대의 종말" 등을 가리키는 징후들로 표현되고 있지만, 이들이 말하려고 하는 것은 근본적으로 같은 이야기라고 할 수 있다. 요컨대, 자본주의 근대체제는 사실상 그 유효성이 끝났다는 것이다. 문제는 이처럼 이미 그 효력을 상실한 체제의 논리가 관성적으로 계속해서 세계를 지배함으로써 오늘날 세상은 온갖 형태의 기괴한 모습을 드러내면서 걷잡을 수 없는 파국으로 치닫고 있다는 사실이다.

예를 들어, 그동안 자본주의를 정치적으로 뒷받침해온 근대적 '선거 민주주의'라는 제도를 보자. 이 문제를 생각하기 전에 우리가 먼저 확인해둘 필요가 있는 것은, 본시 민주주의는 '선거'와는 결코 양립할 수 없는 제도라는 사실이다. 이것은 무슨 말인가? 아마도 민주주의는 바로 선거를 뜻한다고 오랫동안 교육받아온 사람들은 이해하기가 쉽지 않을 것이다. 그러나 우리가 민주주의를 생각할 때 반드시 돌아봐야 할 원점, 즉 고대 아테네에서는 민주주의란 기본적으로 평범한 시민들이 자신들의 삶과 운명을 스스로 결정할 수 있는 자기통치의 시스템이었지, 특별히 뛰어난 인물에게 자기들의 운명을 결정하도록 위임하는 시스템이 결코 아니었다. 그런 의미에서 아테네 민주주의를 직접민주주의라고 부를 수도 있으나, 실제로 모든 시민들이 동시에 같은 장소에 참석하여 토론하는 것은 불가능한 이상, 그들은 민회 이외에 평의회와 민중법정이라는 제도를 만들어 거기서 시민들의 대표자들이 국사에 관한 다양한 업무를 관장하고 재판을 하게 하였다. 그 점에서 엄밀히 말하면 그것은 대의제 민주주의였다. 그런데 이 대의제에서 특기할 것은 시민대표의 선정 방법이 '선거'가 아니라 '제비뽑기'였다는 점이다. 즉, 아테네인들은 오랜 역사적 경험을 통해 선거란 필연적으로 명망가, 재산가, 특권층에게 권력을 내주는 방법이라는 것, 따라서 그 방법으로는 평범한 시민들이 정치의 주체가 되기란 하늘의 별 따기라는 사실을 잘 알고 있었다. 그래서 그들이 택한 방법이 제비뽑기였던 것이다.

민주주의를 하려면 '제비뽑기'가 필수적이라는 고대 아테네인들의 아이디어는 그들이 인류사회에 남겨준 가장 위대한 유산이라고 할 수 있다. 그러나 유감스럽게도 자본주의 근대세계가 열린 이후 재산을 축적함으로써 새로운 지배계급이 된 부르주아지는 자유민주주의라는 기치를 내걸고 자신들이 정치를 독과점하는 가장 효과적인 방법으로 선거민주주의를 생각해내었고, 수세기 동안 그것을 확고부동한 '민주주의의 원칙'으로 포장해왔다. 하기는 어느 정도 자본주의와 산업화라는 메커니즘이 순조롭게 작동하는 동안에는 이 선거민주주의는 근본적인 저항을 받음이 없이 그런대로 긍정적인 역할을 해왔다고 할 수 있다. 그러나 자본주의가 확대됨에 따라 세계 전역에서 농촌과 공동체들이 해체되고, 사회가 분열되고, 지하자원이 고갈되고, 생태계의 오염과 손상이 극단적으로 진행되면서 종래의 '성장'이 정지되는 상황으로 접어들자 여태까지 은폐되어왔던 숱한 모순들이 일거에 노정되기 시작했고, 이로 말미암아 그동안 자본주의 근대문명과 보조를 같이해온 선거민주주의 역시 기능부전 상태에 빠져버린 것이다. 트럼프가 대통령으로 선출될 수 있었던 것은 바로 이 때문이었고, 그렇게 본다면 그의 등장은 선거민주주의가 마침내 파탄에 이르렀음을 알려주는 결정적인 신호라고 할 수 있다.

물론, 중요한 것은 트럼프라는 개인이 아니라, 트럼프로 상징되는 오늘날의 정치의 질과 정치가 작동되는 방식이다. 실제로 흔히 정치무대의 전면에 서서 활동하는 소위 엘리트 정치가들이 드러내는 자아도취에 빠진 몰상식한 행태를 보면, 그들 역시 대부분은 트럼프와 별로 다르지 않은 인격적 장애자들임이 분명하다는 느낌을 갖지 않을 수 없다. 이는 그만큼 오늘의 정치가 저열한 수준으로 떨어졌음을 보여주는 단적인 징후이겠지만, 이 저열화 현상은 근본적으로 정치가들 개개인의 자질이 아니라 선거민주주의라는 시스템 자체의 효력 상실에 말미암은 것이라는 점은 여기서 다시 한번 강조될 필요가 있다.

오늘날 갈수록 뒤틀려가는 세계질서를 생각하면, 정치의 저열성을 극복하는 것은 무엇보다 긴급한 시대적 과제라고 할 수 있다. 그런 점에서, 이 시점에서 새삼 우리의 주목을 끄는 것은 중국의 동향이다. 중국은 서구식 선거민주주의가 아닌 정치시스템으로 서구 국가들보다 더 견실하게 국가를 운영할 수 있다는 증거를 보여주는 전형일지도 모르기 때문이다. 때마침 지난 10월의 19차 중국공산당대회에서 중국의 지도부는 중국이 지향하는 사회를, 모두가 고르게 잘사는 샤오캉(小康)사회, 생태문명, 아름다운(美麗) 사회로 요약하고, 중국이 세계의 난제를 푸는 데 적극 협력할 것임을 강조했다. 실제로 오늘날 중국은 세계 제1의 태양광에너지 설비 생산자가 되어 있고, 농업과 농촌사회의 중요성에 대한 중국 지도자들의 인식 수준은 오늘날의 국가 지도자들로서는 예외적으로 높은 것이 사실이다. 그런 점에서 공산당대회에서 중국 지도부가 밝힌 구상은 단순한 슬로건은 아닐 가능성이 높다. 그렇다면 아편전쟁 이후 150년 이상의 굴욕의 시대를 거쳐 이제 미국을 따라잡거나 능가하기 시작한 중국이 지속 가능한 새로운 삶의 방식과 창조적인 정치·경제적 모델을 제시해줄 수 있을지도 모른다는 기대를 우리가 가져보는 것도 자연스럽다고 할 수 있다.

그러나 놀랍게도, 그 공산당대회가 막을 내리고 불과 한 달 남짓 지난 후, 베이징의 빈민지구에서는 화재 사건을 계기로 시 당국이 그곳의 농촌 출신 노동자(농민공)들에게 아무런 대책도 없이 '안전'을 위해서라는 명분으로 거처를 떠나도록 명령하고, 낡은 주거 건물들을 강제적으로 철거하는 폭거를 자행했다. 이 때문에 졸지에 엄동설한의 거리로 쫓겨난 하층민들이 10만 명이 넘는다고 한다. 그 농민공들은 실제로 매우 값싼 임금을 받으면서 중국이 단기간에 새로운 산업국가로 굴기하는 데 가장 큰 공헌을 해왔던 계층이다. 그런데 그들이 이제 와서 베이징의 환경정비 때문에 이렇게 버림을 받아야 한다면, 중국이 지향한다는 저 아름다운 사회, 생태문명이란 대체 무엇을 뜻하는 것인가?

그러나 아주 희망이 없는 것은 아니다. 베이징시 당국의 야만적인 폭거에 분노한 수많은 중국의 젊은이들이 소셜미디어를 통해 격렬하게 항의의 목소리를 내고 있고, 또한 지금까지 국가에 대한 직설적인 비판을 삼가왔던 지식인, 학자, 문화인, 예술가 5,000여 명이 이 "인간의 도리"를 거역한 당국의 반성과 책임자 처벌을 강력히 요구하는 공개서한에 서명을 했다는 뉴스가 들린다.

그러니까 중국의 경우에도 결국 관건은 공동체의 의사결정 시스템(즉 정치제도)의 민주화라고 할 수 있다. 이 겨울의 베이징에서 들려오는 소식은, 어떻게 하면 질 높은 민주주의를 실천할 수 있을지 그 방법을 찾는 것이야말로 중국을 포함한 세계가 풀어야 할 오늘의 가장 긴급한 과제임을 다시금 상기시켜주고 있다.

(제158호, 2018년 1-2월)

'침략의 근대화'를 되돌아보며

　금년은 메이지유신 150주년이 되는 해이다. 우리가 남의 나라의 역사를 새삼 들먹이고, 나아가 그 의미를 되새겨볼 필요가 있다고 생각하는 것은, 그것이 결코 남의 역사로 치부해버리고 말 성질의 것이 아니기 때문이다. 메이지유신이라고 하면, 흔히 우리는 일본, 그리고 나아가 동아시아의 '근대'의 출발점으로 이해하고 있다. 하지만 1868년 이후 지금까지 일본을 포함해서 동아시아 지역의 수많은 민초들이 겪어온 간난신고(艱難辛苦)의 세월을 생각하면, 메이지유신이라는 것을 단지 '근대의 출발점'이라는 식으로 무미건조하게 정의해 놓고 지나갈 일이 아닌 것이 분명하다.

　표준적인 주류의 역사 교과서에 의하면, 19세기 중엽 이후 동아시아 쪽으로의 진출을 본격화하기 시작한 서양 열강의 침략위협에 대항하기 위해서 일본은 재빨리 국가체제를 변혁하여 온갖 문물제도를 근대적으로 혁신하지 않을 수 없었고, 실제로 그 일을 아시아의 다른 어떤 나라보다도 일찍, 그리고 성공적으로 성취할 수 있게 만든 결정적 계기가 메이지유신이었다는 것이다. 그리하여 그 후의 일본국가가 밟아온 구체적인 경로와는 별도로, 메이지유신 자체는 일본뿐만 아니라 동아시아 전역에 걸친 '근대화'의 기점으로 마땅히 기념해야 할 사건으로서, 일본의 주류는 말할 것도 없고 동아시아를 포함한 세계 각처의 많은 지식인들 사이에서도, 대체로 높이 평가되어왔다.

그러나 간과할 수 없는 것은, 지난 150년간 한반도를 비롯해서 동아시아가 겪어온 역사를 되돌아볼 때, 메이지유신은 또한 이 지역에서의 엄청난 '비극'과 '재앙'의 출발점이기도 했다는 점이다. 이것은 '근대 일본'의 침략주의와 식민주의로 인해 참혹한 삶을 강요당했던 사람들의 입장에서는 자명한 사실이지만, 오늘날 일본에서는 오히려 메이지유신 이후 적어도 1931년 중일전쟁 개시까지를 '영광의 시대'로 보는 사람들이 허다한 것도 사실이다. 그들에게는 메이지유신은 물론, 청일전쟁, 러일전쟁의 승리도 일본인의 자부심을 한껏 높여주는 획기적 사건들이다. 그리고 그들은 오키나와, 대만, 조선, 만주를 침략하고 식민화한 것은 일본 자신이 서양의 식민지로 떨어지지 않기 위한 불가피한 상황전개였다고 생각하는 경향이 있다. 아니, 한 걸음 더 나아가, 근대 일본의 동아시아에 대한 침략과 지배는 이 지역이 '전근대' 사회로부터 '근대사회'로 가는 길을 열어주었다고 생각하는 사람들이 일본은 물론이고 한국의 지식사회에서도 존재하고 있는 게 오늘의 엄연한 현실이다. (최근 평창동계올림픽 개회식을 중계하던 미국인 방송저널리스트가 느닷없이 "한국인들은 오늘의 발전에 대해서 일본에 감사해야 할지도 모른다"라는 발언을 한 것은 이른바 '식민지 근대화론'이 얼마나 널리, 그리고 깊게 퍼져 있는지를 말해주는 단적인 예라고 할 수 있다.)

말할 것도 없지만, '식민지 근대화론'은 '근대적' 삶이야말로—그것이 구체적으로 무엇이건—옳고 좋은 것, '진보적인' 것이라고 보는 관점을 그 저변에 깔고 있는 논리이다. 그런데 과연 '근대문명'이란 게 그렇게 찬미할 만한 것인가? 물론 전통적인 신분제 사회는 대부분의 사람들에게 질곡으로 작용했던 게 사실이고, 그 점에서 어떤 형태로든 변혁이 필요했던 것은 분명하다. 그러나 그렇다고 해서 지난 150년간 일본이나 동아시아가 경험했던 '근대화' 과정과 그 결과는 과연 우리가 궁정할 수 있는 것이었던가?

중요한 것은 언제나 누구의 눈으로 역사와 현실을 보는가 하는 것이다. 메이지유신 이후 일본의 지배층이 '부국강병'과 '식산흥업'이라는 기치를 내걸고 돌진한 결과는, 일본이나 동아시아를 막론하고 사회 저변의 민초들의 입장에서 간략히 요약하자면, 장구한 세월 동안 풀뿌리 민중이 의존해온 공동체적 삶의 기반의 파괴와 해체였다. 요컨대 일본이 시작한 동아시아의 근대화는 한마디로 지배와 침략, 식민지 지배와 전쟁, 그리고 개발독재라는 폭력으로 점철된 과정이었던 것이다. 그리고 이 모든 과정을 이끈 이념적·사상적 무기가 다름 아닌 '탈아입구'("아시아를 벗어나 서양으로 들어가자")의 논리였음은 우리가 다 아는 바와 같다.

하기는 '탈아입구'라는 용어에 내포된 사고방식은 메이지시대 일본 지배층에게만 국한된 것은 아니었다. 그 말 속에 암시돼 있는 '아시아 멸시 사상'은 따져보면 인류사회에서 오랜 역사를 가지고 있는 것이었다. 즉, 거기에는 자신의 존재감을 드러내고자 하는(혹은 자기보다 뒤떨어져 있다고 간주되는 인간집단을 깔보는) 인간사회 특유의 속물적 욕망이 내포돼 있었다. 일부 역사가들에 의하면, 원래 '아시아'라는 말 자체가 그러한 용도를 위해서 만들어진 것이라고 할 수 있다. 예를 들어, 일찍이 유럽인의 눈으로 볼 때 러시아는 틀림없는 '아시아'였고, 또 유럽 중에서도 동유럽은 '아시아'로 흔히 간주되곤 했다. 심지어는 상대적으로 일찍 근대적 국민국가 체제를 구축한 영국이나 프랑스인들의 눈에는 (통일국가 성립 이전의) 독일도 역시 '아시아'였다. 그러니까 서구식의 문명개화를 재빨리 성취해야 한다는 강박관념에 사로잡혀 근대화에 매진하고 있던 메이지시대 일본 지배층이 '탈아입구'라는 용어로써 자신들의 '권력의지'를 표명했던 것은 그다지 이상한 일이 아니었다.

문제는 그 '탈아입구'의 논리(혹은 심리)가 아시아의 다른 민족사회들을 단순히 경시하거나 깔본다는 차원을 넘어서 결국 노골적인 침략을 정당화하는 논리로 발전했을 뿐만 아니라, 1945년 아시아-태평양전쟁에서의 참혹한 패배 이후 70년이 경과한 지금도 여전히 일본 지배층의 심리를 강력히 사로잡고 있다는 사실이다. 오늘날 일본 정부와 지배층이 위안부 문제를 비롯하여 동아시아 민족에게 저지른 숱한 반인륜적 범죄에 대해서 흔쾌히 사죄를 하지 않는 것은, 다양한 이유가 있겠지만, 기본적으로 그들의 내심 깊숙이 자리 잡고 있는 이 '아시아 멸시 사상' 때문임은 더 말할 필요가 없다. 오늘날 한국이나 중국 사람들도 일본에 대한 불편한 감정을 곧잘 드러낸다. 하지만 단순한 반한(反韓)이나 반중(反中)이 아니라, 한국이나 중국을 가리켜 "혐오스러운 나라"라고 부르거나 심지어 "치매의 나라 한국(呆韓)"이라는 제목을 단 책들이 대형서점의 점두에 수북이 쌓여 있는 일본의 대도시 풍경은 그들의 '아시아 멸시 사상'의 뿌리 깊음을 단적으로 알려주는 현상이라고 하지 않을 수 없다.

그러나 어쨌든 메이지유신 이후 150년이 경과한 지금, 동아시아 지역은 어느새 세계경제의 주요 중심축으로 부상했고, 그 결과 경제적으로, 정치적으로, 군사적으로 그리고 문화적으로도 상당한 세계적 영향력을 갖게 되었다. 그리하여 일각에서는 이제 수명이 다해가는 서구식 근대문명에 대한 대안적 모델이 동아시아에서 출현할지 모른다는 기대까지 나오게 되었다. 하지만 그런 기대는 지금으로서는 부질없다고 하지 않을 수 없다. 왜냐하면 오늘날 동아시아인들은, 대부분의 비서구권 문화가 그렇듯이, 아직도 서구식 삶의 양식을 자신들의 삶의 표준적인 모범으로 삼는 정신적 예속상태에서 벗어나지 못하고 있기 때문이다. 현대 인도의 반식민주의 사상가 아시스 난디의 말을 빌리면, 오늘날 아시아인들은 서구 근대적 가치의 압도적 지배하에서 "신체뿐만 아니라 마음에서도 깊이 식민화되어" 있다. 그런 의미에서 '식민지 없는 식민주의'

는 지금도 진행 중이라고 할 수 있다.

이 '계속되는 식민주의'로부터 해방되려면, 무엇보다 우리는 근대문명이란 도대체 무엇인지 그 본질을 명확히 이해하지 않으면 안된다. 다양한 각도에서 접근할 수 있겠지만, 오늘날 인류사회가 직면한 가장 긴급한 위기, 즉 기후변화로 대변되는 생태위기에 일단 국한해서 말한다면, 서구식 근대문명은 '지속 불가능성'이라는 근본적 결함을 내포한 문명이라고 간단히 정의할 수 있다. 따라서 이 문명은 조만간 종말을 고할 수밖에 없는 운명이다. 그러면 우리는 어디서 대안을 찾을 것인가. 결국 물질의 막힘없는 순환을 근본 토대로 하는 영속적인 생존·생활방식, 즉 일찍이 《4천 년의 농부》(1911)의 저자 프랭클린 H. 킹이 입이 마르도록 찬양했던 동아시아 특유의 친환경적 농사 원리를 적극 되살리고, 어느새 희귀종이 되어버린 농민과 농촌을 다시 소생시키는 길밖에 없다는 결론이 자연스럽게 나온다. 새로운 '농본주의'가 왜 필요한지를 우리가 새삼 깊이 음미하는 것이야말로 메이지유신에서 시작된 '침략의 근대화'를 가장 유익하게 되돌아보는 방법이기도 할 것이다.

(제159호, 2018년 3-4월)

안보논리를 넘어서 평화체제로

독자들이 이번 호《녹색평론》을 받아든 날은 제3차 남북 정상회담이 판문점에서 열린 직후일 것이다. 지금까지의 상황으로 볼 때, 이번 남북 정상회담은 획기적인 성과를 얻게 될 것이 거의 확실해 보인다. 그리하여 아마도 그때쯤에는 5월 말이나 6월 초로 예상되는 북미 정상회담의 개최 전망도 훨씬 더 구체화되어 있을 것이다. 물론 회담의 결과가 어떻게 될 것이라고 단정 짓는 것은 어려운 일이지만, 실제로 회담이 어떤 형태로든 좋은 결실을 맺게 될 것임을 암시하는 징후는 점점 뚜렷해지고 있다. 그러나 아무리 징조가 좋다고 하더라도, 북핵문제라는 난제 중의 난제를 놓고 벌어지는 일련의 대화와 그 준비과정이 결코 쉽지 않으리라는 것은 말할 필요가 없다. 하지만 불과 수개월 전까지만 해도 전쟁 발발이라는 위협적인 분위기 속에 짓눌려 있던 한반도의 정세가 이처럼 단시간에 급변한 것은, 생각해보면, 실로 경이롭다고 하지 않을 수 없다. 물론 상황이 이처럼 급속히 바뀌게 된 데에는 일차적으로 평창겨울올림픽이라는 절호의 계기가 주어졌고, 관련 당사자들이 이 계기를 놓치지 않고 지혜롭게 활용한 덕분이라고 할 수 있다.

그러나 말할 것도 없지만, 가장 중요한 요인으로 꼽아야 할 것은 우리가 '촛불혁명'을 통해서 새로운 민주정부를 등장시키는 데 성공했다는 점이다. 이른바 북한붕괴론이라는 어처구니없는 논리를 근거로 북한

이 저절로 망하기만을 기다리며 제1, 2차 남북 정상회담의 성과들을 허무하게 무너뜨려온 수구세력의 집권이 더 연장되었다면 우리는 아마도 지금쯤은 극단적으로 악화된 한반도 정세 속에서 아무런 출구도 없이 갇혀 있었을 게 틀림없다.

한국의 수구집단이 오랫동안 배타적인 권세를 누리면서 시민들을 지배할 수 있었던 것은 주로 적대적인 남북관계 덕분이었음은 누구보다 수구세력 자신들이 잘 알고 있다. 그것은 지금도 남북관계를 조금이라도 더 화해·협력의 관계로 변화시키려는 문재인 정부의 노력을 끊임없이 방해하고 헐뜯는 그들의 행태를 보면 분명히 알 수가 있다. 그러니까 여기서 우리가 재확인하는 것은 민주주의와 남북관계의 긴밀한 관계이다. 즉, 우리가 민주주의를 살리면 남북관계가 보다 부드러워지고, 또한 남북관계가 부드러워지는 정도에 따라 남한의 민주주의가─궁극적으로는 북한의 민주주의도─더욱 번성할 수 있는 것이다.

그러나 남한 내부의 요인만으로는 한반도 정세의 근본적인 변화를 이끌어낼 수 없다는 것도 분명한 사실이다. 지금과 같은 상황변화에는 문재인 정부의 공로가 매우 큰 것이 사실이지만, 북한 당국의 판단과 결심이 없었다면 지금과 같은 분위기는 애초에 기대할 수 없었을 것이기 때문이다. 그런데 북한은 왜 이제 와서 자신의 생존에 필수적이라면서 그토록 집요하게 매달려왔던 핵무기를─조건을 달고 있기는 하지만─포기할 준비가 돼 있다고 말하면서 '대화'를 적극 시도하고 있는가? 외부 세계의 그 누구도 그 이유를 정확히 말할 수는 없을 것이지만, 결국은 이대로 더는 갈 수도, 가고 싶지도 않다는 판단이 섰기 때문일 것이다. 그런 판단에 이르게 된 것은 미국이 주도하는 경제적 봉쇄와 군사적 위협을 버틸 힘이 더는 없다고 느꼈을 수도 있고, 기왕의 핵과 미사일 개발 정도로도 이제는 외부로부터의 침략은 염려하지 않을 정도가 되었다는 자신감이 생겼을 수도 있다. 그래서 이제부터는 경제발전에 보다 집중함으로써 '인민들의 생활상의 요구'에 보다 직접적으로 부응해야 한다고 판단했을 수도 있다. (그런데 이 대목에서 짚고 넘어갈 필요가 있는 게 있다. 즉, 지금 한국의 수구언론은 말할 것도 없고, 해외의 상당수 주류 언론에는 최근의 북한 당국의 태도 변화가 실상은 '시간 벌기'를 위한 속임수라고 단정하거나 강한 경계심을 표명하는 논평기사가 연일 게재되고 있는데, 이것은 과연 설득력 있는 우려일까? 북한이 '시간 벌기'를 한다면 핵무기나 핵무기의 운반 수단인 미사일의 성능을 더욱 높이기 위한 시간을 확보한다는 뜻일 것이다. 그런데 그렇게 시간을 벌어 개발한 고도화·정밀화된 핵무기를 가지고 북한이 실제로 미국 본토를 겨냥해서 공격하는 날이 올 것이라고, 정말로 믿고 있는 사람들이 있을까? 상식이 있다면 가당치도 않은 일이다. 왜냐하면 핵무기란 본질적으로는 결코 사용할 수 없는 매우 특이한 무기이기 때문이다. 비슷한 힘을 가진 상대끼리도 그러한데, 하물며 북한과 같은 취약한 국가가 자기방어를 넘어서 미국이라는 초강대국을 핵무기로 공격한다는 것은 완전히 미쳤거나 자살할 목적이 아니라면 있을 수 없는 일이다. 그럼에도 한국 내의 수구파 언론이나 정치인들이야 그렇다 치고, 서양의 언론들이 계속 '시간 벌기' 논리를 들먹이는 이유는 과연 무엇일까? 그들이 설마 핵무기가 어떤 무기라는 것을 모르지는 않을 것이다. 그렇다면 여기에는 결국 인종적·민족적·이데올로기적 편견이 개입돼 있는지도 모르고, 어쩌면 세계적인 범위에 걸친 군산복합체 등 기득권층과 연결된 뿌리 깊은 이해관계 때문에 북핵문제의 해결을 통한 한반도 혹은 동아시아의 진정한 평화와 안정을 바라지 않는 그들의 속마음이 표출되어 있는지도 모른다.)

인간사에서는 합리적인 사고와 상식이 통하지 않는 상황은 늘 있게 마련이지만, 국제관계는 특히 그렇다고 할 수 있다. 오늘날 우리가 북핵문제를 걱정하는 것은 어디까지나 평화를 위해서이다. 그런데도 트럼프가 새로운 대통령이 된 이후 미국정부는 끊임없이 북한에 대한 선제적 군사행동의 필요성을 말해왔고, 그 결과 작년 1년 내내 한반도는 마치 전쟁 전야와 같은 공포 분위기를 벗어날 수가 없었다. '전쟁을 막기 위해서 전쟁을 한다'는 전혀 이치에 맞지 않은 논리(혹은 거짓논리)가 우리들의 목을 누르고 있는 상황이 계속돼온 것이다.

그 점에서, 남북관계의 개선과 '비핵화'를 위한 대화는 우리가 거짓논리와 몰상식의 굴레에서 벗어나 보다 인간다운 위엄을 가지고 진실 속에서 사는 게 가능한 세상으로 들어가기 위해서도 반드시 필요하다고 할 수 있다. 우리가 개인적으로든 집단적으로든 인간답게, 진실하게 살기 위해서 무엇을 어떻게 해야 할지는 다양하게 이야기될 수 있지만, 무엇보다 중요한 것은 언어습관이다. 즉, 노골적인 거짓말 이외에 지나치게 거창한 말이나 관념적인 어휘를 습관적으로 사용하는 것 역시 자신과 타인을 속이는 행위가 되기 쉬운 것이다.

그런 점에서 주목할 것은 문재인 대통령의 최근 발언이다. "남북이 함께 살든 따로 살든 서로 간섭하지 않고 피해 주지 않고 함께 번영하며 평화롭게 살 수 있게 만들어가야 한다." 이것은 지난 3월 21일 남북정상회담 준비위원회 회의에서 행한 발언이라고 보도되었는데, 우리는 이 말에서 너무나 닳고 닳은 직업정치인들의 상투적인 말을 들을 때와는 너무도 다른 신선한 느낌을 받는다. 무엇보다도 이 말은 어떠한 가식적인 꾸밈도, 거창한 개념적인 어휘도 없이 매우 알아듣기 쉬운 소박한 일상어로 되어 있다. 그러나 쉬운 표현이지만, 평범한 사람들의 소박한 희망과 실감에 매우 충실한 말이라고 하지 않을 수 없다. 즉, 여기서 우리는 남북연합이니 연방제니 1국가 2체제니 하는 남북 간의 관계 설정에 관련해서 정치가들이나 전문가들이 흔히 쓰는 공식적인 어휘들을 접할 때와는 전혀 다른 '진정성'과 '절실한 마음'을 확연히 느낄 수 있는 것이다. (그런데 놀랍게도, 한국의 수구언론의 눈에는 대통령의 이 말이 '반헌법적' 발언으로 보이는 모양이다. 그들은 이 말이 "대통령은 조국의 평화적 통일을 위한 성실한 의무를 진다"라고 적혀 있는 헌법 66조 3항을 어긴 것으로 볼 수 있다는, 실로 기발한 주장을 하고 있다 (〈조선일보〉 온라인판, 2018년 3월 21일).)

생각해보면, 실제로 '진정성' 여부를 떠나서, 오랫동안 길들여져 습관화된 언어와 사고방식으로는 새로운 활로가 열리지 않는다는 것은 틀림없는 진실이다. 이런 각도에서 볼 때, 우리는 최근의 트럼프 대통령이 보여주는 의외의 행동도 부분적으로나마 설명할 수 있다. 항간의 관측대로, 지금 트럼프가 북핵문제에 관련해서 긍정적인 자세를 보여주는 것은 역대 어느 미국 대통령도 해내지 못한 해묵은 난제를 자신만이 해낼 수 있음을 입증하고자 하는 자기과시 욕망 탓이라는 것은 어느 정도 사실일 것이다. 하지만 만약 그가 미국의 기성 지배엘리트층 출신이었다면, 어떠했을까? 모르긴 몰라도 지금처럼 긍정적인 반응을 보여주지는 않았을 공산이 크다.

다시 말하면, 트럼프 대통령이 지금처럼 행동하는 것은 그가 미국의 정치와 외교 및 군사 분야를 오랫동안 지배해온 이른바 파워엘리트들과는 거의 인연이 없는 '국외자'라는 점과 큰 관계가 있다고 할 수 있다. 따라서 그에게 중요한 것은 미국의 기성 지배층이나 군산복합체의 이해관계가 아니라, 자신의 나르시시즘적 욕망을 충족시키는 것과 지지자들로부터 인기를 얻는 일이다.

그리고 가장 중요한 것은, 트럼프에게는 아무런 정치적 이데올로기, 사상, 신조도 없다는 점이다. 종잡을 수 없는 경박함과 무례함, 퇴영적인 언행으로 끊임없이 분란을 일으키면서도, 그가 여전히 상당한 대중적 지지 속에서 대통령직 수행을 계속하는 것은 미국의 평범한 시민들과 그 자신이 기성의 엘리트층에 대한 극심한 반감을 공유하고 있기 때문이라고 할 수 있다. 트럼프는 결코 우연적으로 등장한 인물이 아니다. 트럼프의 등장은 오늘날 미국을 위시한 서구세계의 민주주의—정확히 말하면 선거민주주의—가 직면한 위기를 상징하는 극적인 사건이기 때문이다. 미국 시민 다수는 그동안 상류층 엘리트들이 온갖 논리로 미화해온 자유민주주의가 실은 대중을 배제한 엘리트들만의 민주주의임을 온몸으로 체득해왔고, 그 과정에서 쌓인 분노를 어느 모로 보나 엘리트와는 거리가 먼 트럼프라는 인물에게 표를 던지는 것으로써 표출한 것이다. 실제로 오늘날 미국에서는 전체 유권자들 중 절반 이상이 자신들의 생활이 나아질 수만 있다면 민주주의든 독재든 상관없다고 생각하고 있다는 여론조사 결과도 있다.

그러니까 트럼프가 결국 민주주의의 심각한 패퇴를 표상하는 인물이라면, 그에게서 민주주의의 재생도, 좋은 정치를 기대하는 것도 처음부터 불가능하다고 할 수 있다. 그러나 역설적으로, 바로 그런 인물이기에 트럼프는 지금 해묵은 편견과 고정관념에 사로잡힌 미국의 엘리트 정치가, 외교관들과는 매우 다른 방식으로 북핵문제에 접근하고 있는지도 모른다.

하기는 한반도가 65년 동안 휴전 상태에 있다는 사실 자체를 모르고 있었던 미국 대통령의 존재를 상정하는 것은 심히 곤혹스럽다. 그러나 어쨌든 한반도의 운명을 근본적으로 바꿔 놓을지도 모를 획기적인 변화가 이처럼 엉뚱한 인간을 매개로 그 물꼬가 트인다는 것은 실로 기묘한 아이러니이다. 하지만 이 아이러니가 한반도의 해빙에 기여하는 것이라면, 그것은 '축복'임에 틀림없다. 논리적인 언어로는 예측도, 설명도 하기 어려운 역사의 전개 앞에서 새삼 전율을 느끼지 않을 수 없다.

(제160호, 2018년 5-6월)

한반도의 비핵화와 녹색화

　우여곡절 끝에 6월 12일 싱가포르에서 열린 북미 정상회담은 온 세계의 이목을 끌며 일단 '성공적'으로 마무리되었다. 물론 한 번의 회담으로 모든 문제가 해결되는 것은 아닐 것이다. 하지만 만났다는 사실 자체가 가장 중요하고, 어쨌든 상대방을 믿어보기로 결심을 하고 합의문에 서명을 했다는 사실이 중요하다고 할 수 있다. 더욱이, 회담 직후 한 시간 넘게 진행된 기자회견에서 회담의 성과를 의심하는 미국과 유럽의 저널리스트들을 향하여 트럼프 대통령이 '비핵화'의 전망에 대한 자신의 확신을 되풀이해서 천명하는 모습을 보면, 이 회담에서 두 지도자가 구체적으로 무슨 얘기를 했건 그들 사이에는 쉽사리 깰 수 없는 '불가역적인' 약속이 있었다고 추측해볼 수 있다. 그렇다면 아직 넘어야 할 숱한 난제가 있다고 하더라도, 그러한 것들은 결국은 실무적인 영역의 것이라고 할 수 있고, 따라서 북미 간의 관계가 이제 원칙적으로는 적대관계의 해소라는 길로 접어들었음이 거의 확실한 것으로 보인다.

　그런 점에서 볼 때, 이번의 회담은 두 적대국 정상의 최초의 만남이지만, 아마도 그것은 언젠가는 역사가들에 의해 매우 큰 세계사적 사건으로 기록될지도 모른다. 불과 반년 전까지만 하더라도 일촉즉발의 전운이 감돌던 상황이 급변한 것도 놀라운 일이지만, 그보다 더 중요한 것은 이 만남이 흔히 볼 수 있는 정부 수반들 사이의 우의를 다지기 위한 만남이라는 차원을 훨씬 넘어 기왕의 세계질서의 틀을 근본적으로 바꾸어놓을 수 있는 계기가 되었다는 점이다.

우리가 잘 알듯이, 2차대전 이후 지난 70년간 세계의 질서는 기본적으로 강고한 안보논리에 의해 지배되어왔고, 그 과정에서 동서·남북을 막론하고 어디에서든지 대다수 민중의 삶은 일그러지고 상해를 입고, 크나큰 훼손을 당해왔다. 이번의 북미 정상회담은 그러한 안보 우선 논리를 떠받치는 근본적 정신구조, 즉 정치사회적 체제와 이념의 차이를 용납하지 않으려는 시대착오적인 '냉전적' 사고의 끈질긴 잔재를 결정적으로 깨뜨리는 데 기여했다고 할 수 있고, 그런 의미에서도 회담은 획기적인 것이었다고 할 수 있다.

되돌아보면, 지난 70년간 미국의 세계에 대한 패권적 지배는 단지 막강한 경제력과 군사력에 의존한 것만이 아니었다. 무엇보다 그것은 2차대전에서 미국이 최대의 승전국이 된 다음에 소련이라는 새로운 적을 발견(혹은 발명)하여 안보체제를 강화하는 데에 편집증적으로 집중한 것에 따른 결과였다고 할 수 있다. 그리고 많은 역사가들이 증언하듯이, 이 안보체제의 정비와 강화에 결정적인 공헌을 한 것은 다름 아닌 6·25전란(한국전쟁)이었다. 세계대전이 종결된 상황에서 미국의 지배층은 국민들에게 새삼스레 거액의 안보 및 국방 관계 예산이 필요하다는 점을 납득시킬 대의명분이 없었다. 그런 그들에게 한반도에서 때마침 전쟁이 터진 것은, 당시의 국무장관 딘 애치슨이 했다는 말처럼, 그야말로 '천우신조'였다. 그리하여 한국전쟁은 미국의 안보체제의 핵심 기구들─국가안보회의, 중앙정보국, 펜타곤 등등─을 신설하거나 강화하는 빌미가 되었을 뿐만 아니라, 나아가 그 이후 미국과 세계를 실질적으로 통치하게 되는 '숨은 지배자', 즉 '군산복합체'의 형성에도 결정적인 기여를 했다.

그리고 그 한국전쟁이 종결되지 않고, 정전상태로 오랫동안 계속돼왔다는 것은 미국의 패권적 세계지배와 군산복합체의 온존과 확대에도 큰 도움이 되었다. 그뿐만 아니라, 1990년대에 접어들면서 소비에트사회주의권이 붕괴함에 따라 급작스럽게 '적'을 잃어버린 군산복합체의 입장에서는 한반도의 긴장상태와 중동지역의 불안정한 정세는 변경되지 않고 반드시 지속되어야 할 상황이었다. 이 두 곳에서의 전쟁 혹은 준전시 상황이 종식된다면 군산복합체가 유지되어야 할 명분 자체가 소멸될 것이기 때문이다. 지금 미국의 주류 언론을 비롯하여 기성 정치인, 관료, 학자, 지식인들 다수가 싱가포르에서 북미 정상이 만나는 것 자체를 반대해왔고, 막상 회담이 끝나자 성과가 없다거나 지나친 양보를 하였다고 트럼프 대통령을 향해 격심한 비판을 가하고 있다. 그 이유는 다른 데 있는 게 아니다. 북미 정상회담을 거쳐 한반도의 긴장상태가 완화되고, 이 지역에 궁극적으로 항구적인 평화체제가 수립된다면 결국은 군산복합체가 와해될 것이고, 그 결과 군산복합체와 다양한 형태로 얽힌 채 이해관계를 같이하고 있는 미국 및 서양의 지배층의 존립토대가 허물어질 공산이 크기 때문이다. 이 모든 것이 전후 미국의 지배체제가 기본적으로 안보논리 위에 구축되어온 데에 연유한다는 것은 말할 필요가 없다.

최근의 한반도를 둘러싼 해빙 분위기는 생각하면 할수록 놀라운 변화라 할 수 있다. 그런데 주목할 것은, 이 변화는 기왕의 허다한 정치엘리트들과는 거리가 먼 배경을 가진 인물이 새로운 미국의 지도자가 되었기 때문에 가능해졌다는 사실이다. 요컨대 여타의 엘리트 정치가들처럼 '군산복합체'라는 거대하고 뿌리 깊은 지배세력의 요구를 무시할 수 없는 위치에 있었다면, 지금처럼 트럼프 대통령이 주류 언론과 수많은 '전문가들'의 압도적인 반대를 무릅쓰고 북한과의 대화를 성사시키고, 나아가서 그 대화의 결실을 위하여 한미합동군사훈련의 (잠정적인) 중단을 결심까지 하게 된 것은 실제로 불가능했을 게 틀림없다. 최근의 조사에 의하면, 미국 국민들의 트럼프에 대한 탄핵 찬성 여론은 40퍼센트인 반면에 싱가포르 북미 정상회담에 대한 지지 여론은 51퍼센트에 이르고 있다. 이러한 여론 동향으로 볼 때, 트럼프 대통령이 적어도 자신의 재임기간 중에는 북한과의 관계 개선에 적극적이지 않을 수 없음이 확실해 보인다. 그렇다면, 많은 난관이 있겠지만 한반도의 냉전체제는 조만간 종식을 고하고, 남북한이 화해·협력의 관계 속에서 활발히 교류하는 새로운 시대가 열리는 것은 시간문제라고 할 수 있다.

그러나 가장 중요한 것은 바로 이 지점부터인지도 모른다. 평화체제가 성립되고, 북한이 개방적인 사회로 변모해가는 과정에서 과연 어떠한 발전모델을 택할 것인가, 그리하여 궁극적으로는 북한뿐만 아니라 남한사회에도 심대한 영향을 끼칠 것이 분명한 그 발전모델을 택하고 실행하는 과정에서 남한의 우리들이 협력할 것이 있을까, 있다면 그것은 무엇일까 등등, 숙고하지 않으면 안될 문제들에 우리는 곧 직면할 것이기 때문이다.

물론 정답이 있는 것은 아니다. 하지만 지금 모처럼의 남북화해 분위기 속에서 남한 사람들 중 다수는 대뜸 서울에서 평양을 거쳐 중국과 러시아로, 그리고 유럽으로 가는 철도여행을 꿈꾸고 있지만, 그런 꿈을 꾸기 이전에 우리가 먼저 생각해봐야 할 것은 북한이 국가 주도의 시장개방과 경제발전 모델을 채택함으로써 과연 중국이나 베트남이 보여준 나쁜 선례를 답습하지 않고, 민주적이고 생태적으로 건전한 사회, 그리고 경제적 불평등이 크지 않은 정의로운 사회를 만들어내는 데 성공할 수 있느냐 하는 것이다. 그리하여, 궁극적으로 그것이 한반도와 동아시아 전역을 지속 가능한 새로운 문명권으로 변환시키는 데 기여할 수 있느냐 하는 것이다. 이것은 꿈같은 소리가 아니다. 70년이라는 긴 시간 동안 온갖 고난과 모욕을 당하며 살아온 한반도 주민으로서 우리에게는 남북화해라는 새로운 시대를 맞이하여 지금까지와는 본질적으로 차원을 달리하는 보다 인간적인 사회를 상상해보는 것은 매우 자연스러울 뿐만 아니라, 어떤 의미에서는 우리가 외면할 수 없는 책임이자 의무라고 말할 수도 있기 때문이다.

과연 한반도가 안보논리라는 근원적인 질곡으로부터 흔쾌히 벗어나는 게 가능할지 아직은 상당히 불안한 상황에서, 지금과 질적으로 다른 한반도에서의 새로운 삶을 구상하는 것은 매우 비현실적인 것처럼 생각될 수도 있다. 하지만 우리는 인간이기에 실현성 여부를 떠나서 늘 인간다운 삶에 대해 꿈꾸는 것을 멈출 수는 없다. 따져보면 모든 인간 현실은 결국 인간 자신의 상상력의 산물이라고 할 수 있다. 이번 호 《녹색평론》이 북한의 경제발전 방향에 관련하여 무엇보다 환경과의 조화를 중시하는 농사와 지역 중심 개발의 중요성을 강조하는 글들을 게재한 것은 비록 원론적인 수준이나마 이런 종류의 논의가 남북 양쪽에서 활발히, 그리고 진지하게 전개되기를 바라는 심정 때문이다. 그리고 불후의 변혁사상가 맑스의 탄생 200주년을 기념하기 위해서 두 편의 글을 마련한 근본 취지도 다른 것이 아니다. 그것 역시 모처럼 열린 남북화해 시대를 맞아 더욱 절실해진 새로운 삶에 대한 우리의 열망을 표현하기 위한 것이다.

(제161호, 2018년 7-8월)

기후변화와 농(農)적 삶

내 죽은 뒤 세상이야 망하든 말든 알 게 뭐야.

— 프랑스 속담

유례없는 폭염에 시달리던 여름이 가고 드디어 가을이 왔나 했더니 벌써 설악산에는 얼음이 얼었다는 소식이다. 그러나 어쨌든 이처럼 사계절이 아직은 큰 이변 없이 돌고는 있으나, 지구상의 계절과 기상에는 심상치 않은 조짐과 징후가 갈수록 뚜렷해지고 있다. 예를 들어, 이 가을에 느닷없이 벚꽃이 만개했다고, 일본 어느 지방에서 들려오는 소식은 흥미롭다기보다 섬뜩하다고 하지 않을 수 없다. 물론 생태계의 이상 현상을 알려주는 이런 종류의 소식은 어제오늘에 시작된 이야기가 아니다. 하지만 이러한 이야기는 지금 인류사회 전체의 최대 긴급 현안인 기후변화와의 관련에서 갈수록 심각한 의미를 내포하고 있다는 것이 문제인 것이다.

아마도 그런 까닭에 최근 영국의 〈가디언〉은 세계 전역에서 곤충들이 급격히 사라지고 있는 현상을 일반 보도기사가 아니라 사설(社說)로 다루었는지도 모른다. 〈가디언〉(2018년 10월 19일)에 의하면, 자연 생태계가 비교적 잘 보존되어온 대표적인 지역의 하나인 푸에르토리코의 우림(雨林)에서 지난 40년 동안 곤충의 수효가 약 60분의 1로 줄어들었고, 그 결과 곤충을 먹고 사는 새와 도마뱀 등도 3분의 1 내지 절반으로 줄어들었다. 심히 불길한 느낌을 억제할 수 없는 것은, 이러한 현상이 세계 도처에서 발견된다는 사실 때문이다. 즉, 독일에서도 같은 기간에 무려 75퍼센트나 곤충의 수효가 줄어들고, 영국에서도 나비와 벌을 비롯하여 수많은 곤충들이 사라졌다.

더욱이 이런 현상을 확인한 조사·연구의 대상 지역이 도시나 도시 근처의 오염 지역이 아니라 '인간의 간섭 범위'로부터 비교적 멀리 떨어져 있는 자연보호 지역들이라는 점은 더 충격적이다. 그러니까 살충제나 대기와 물의 오염으로부터 안전한 지역은 지금 지구상에서 찾아보기 어려워졌다는 이야기인 것이다. 그리고 무엇보다 우려스러운 것은, 이렇게 곤충이 사라지는 데는 기후변화라는 요인도 크게 가세하고 있을 것이라는 관측이다.

곤충이 사라지면 어떻게 되는가? 먹이사슬의 바로 위에서 곤충을 먹고 사는 새들이나 여타 작은 동물들이 사라지는 것은 물론, 결국은 빈틈없는 연쇄구조로 연결되어 있는 생태계가 전면적으로 붕괴하고, 끝내는 인간을 포함한 고등 생물들의 삶도 조만간 끝날 것이 아닌가?

생각해보면 참으로 암울한 시대라고 할 수밖에 없다. 우리는 지금 근대적 문명생활이라는 것을 향유하고, 높은 생활수준을 즐기고 있다고 착각하고 있지만, 이 근대적 문명생활이라는 것이 확대되면 될수록 문명은커녕 기초적인 생존 유지 자체가 불가능해질지도 모를 상황이 전개되고 있는 너무도 역설적인 사태에 직면해 있다. 이른바 근대문명이라는 것이 근본적으로 석탄과 석유, 천연가스 등 화석연료에 기반을 두고 돌아가는 시스템인 이상, 이러한 상황이 언젠가는 도래할 것임은 벌써 오래전부터 충분히 예견된 일이었다. 그러므로 화석연료에 기반한 문명의 극복을 위해서 근본적인 방향전환이 필요하다는 것을 모르지 않으면서도 인류사회는 여러가지 이유로—그중에서도 특히 이 세상의 가장 강력한 힘, 즉 '관성'에 의해서—이제 벼랑 끝까지 와버린 것이다.

지난 10월 초 인천에서 열린 48차 '기후변화에 관한 정부간 협의체 (IPCC)' 총회에 참석한 과학자·전문가들은 세계를 향하여 또다시 다급한 경고의 메시지를 보냈다. 요지는 산업혁명 직전의 지구 평균기온보다 1.5도를 더 초과한다면 지구사회가 대파국을 면치 못할 것이므로 적어도 2030년까지는 이산화탄소 배출량을 지금보다 40~50퍼센트까지 줄여야 한다는 것이다. 인천의 이 회의의 결론이 주목을 받는 것은 지구 평균기온 상승폭을 1.5도 내지 2.0도 이내로 억제할 것을 목표로 했던 2015년의 파리기후협약에서 제시된 가이드라인은 장차 닥칠 최악의 상황을 저지하기 위한 대응책으로는 미흡하다는 새로운 과학적 평가에 따라 1.5도 이내로 억제하지 않으면 안된다고 강조했기 때문이다.

이와 같이 유엔의 전문가들이 목표치를 재조정하면서 각 정부들에 화석연료 사용을 극적으로 줄여야 할 것을 강력히 권고한 것은 기후변화 상황이 예상보다 심각해지고 있다는 판단 때문일 것이다. 그럼에도 기후 분야의 독립적인 연구자들 대부분에게는 오히려 이러한 유엔의 입장이 매우 미온적인 것으로 간주되고 있고, 심지어는 앞으로 10~20년 내에 급작스러운 기후변동에 의해서 식량생산의 자연적 조건이 전면적으로 무너짐으로써 인간의 생존이 아예 불가능해질 가능성도 없지 않다고 예언하는 과학자도 있다. 이런 끔찍한 예언을 하는 과학자의 견해로는, 자연적 질서의 변동은 반드시 선형적·점진적으로 전개되는 것이 아니라 때로는 예측 불가능하게 비선형적인 방식으로, 돌연히 전개될 수도 있다는 것이다.

이러한 예언을 우리가 무시할 수 없는 것은, 기후변화 속도가 10년 전이나 20년 전에 예견했던 것보다 훨씬 더 빨리 진전되고 있다는 관련 과학자·전문가들의 일치된 견해 때문이기도 하다. 예를 들어, 그들이 가장 우려하는 것은 극지방의 빙하가 무서운 속도로 녹아내리고, 얼음판이 사라짐으로써 지구로 들어오는 햇빛을 반사하여 우주로 되돌려 보내는—그럼으로써 지구의 기온 상승을 막아주는—빙하와 얼음판의 기능이 현저히 약화되고 있다는 사실이다. 이른바 '알베도' 현상이라고 불리는 이 기능이 무력화되면 동토지대와 극지방의 해저에 갇혀 있던 (이산화탄소보다 30배나 더 강력한 온난화 유발 가스인) 메탄가스가 걷잡을 수 없이 대기 중으로 방출될 것이며, 그렇게 되면 지구는 문자 그대로 화덕이 될 것이라는 게 지금 과학자들의 최대 우려사항인 것으로 보인다.

지금은 정보와 지식이 거의 완전히 개방되어 있는 시대이다. 따라서 기후변화에 관련된 과학자들의 식견과 발언은 보통 사람들도 온라인으로 쉽게 접할 수 있다. 그 때문인지 모르지만, 주류 미디어는 웬일인지 별로 취급하지 않고 있는 현상이지만, 매우 중대한 새로운 사회현상이 지금 세계 전역에서 역병처럼 번져나가고 있다. 그것은 기후변화라는 엄청난 사태 앞에서 심각한 불안과 우울증, 혹은 불면증과 같은 정신적 고통을 겪고 있는 사람들이 나날이 증가하고 있는 현상이다. 심지어 여러 대학에서는 벌써 기후심리학이라는 새로운 학문영역까지 생겨났고, 그 분야의 학위를 가진 전문가들의 수요도 크게 늘어나고 있다. 물론 이 문제가 심리학적 상담이나 치료를 받는다고 해결될 리는 없겠지만, 그럼에도 사람들은 일찍이 인류 역사에서 한 번도 경험해본 바가 없는 현상, 즉 이대로 가면 반드시 닥치게 돼 있는 문명의 전면적 붕괴 혹은 나아가 인류절멸이라는 사태를 예상하면서 어찌할 바를 모른 채 지푸라기라도 잡는 심정으로 심리상담자의 조언을 구하는지도 모른다.

어이없는 것은, 이와 같은 정신적 불안 증세가 확산돼가고 있는 이면에서, (기후변화에 대한 가장 큰 책임을 져야 할) 세계의 특권층이나 부유층 사람들은 이 상황에서 개인적으로 화(禍)를 모면할 궁리에 열중하고 있다는 사실이다. 최근 미국의 초부유층 인사들의 모임에 초청을 받아 강연을 한 경험을 공개한 어떤 인공지능 연구자가 있었다. 그는 그날 강연회의 질의응답 내용을 소개하면서, 현재 초부유층 사람들의 주된 관심사는 기후변화를 포함한 환경위기가 악화되었을 때 어떻게 자신들이 가족과 함께 피신해서 살 수 있을지, 그때 인공지능이 그들에게 어떤 도움이 될지를 알고 싶어 하는 것이라고 말했다. 하기는 이런 비화를 들어볼 필요도 없이, 우리는 지금 세계의 부유층 중에서 뉴질랜드나 알래스카 등으로 이주하거나 이주할 준비를 하고 있는 사람들이 적지 않다는 것은 이미 알고 있다. (그러나 파국이 상대적으로 좀더 늦게 닥칠지는 모르지만, 과연 이 지구상에 기후변화의 영향을 받지 않을 장소가 있기는 할까? 그리고 특권층, 부유층만의 고립된 삶이 과연 인간다운 삶일 수 있을까?)

그러나 이런 이야기도, 따져보면, 그래도 비교적 예민한 사람들에 관한 이야기라고 할 수 있다. 미국이든 한국이든, 대부분의 사람들은 기후변화에 대해서 관심이 없거나 둔감한 것이 일반적인 현실이기 때문이다. 이것은 여러가지 원인이 있겠지만, 근본적으로는 무섭고 두려운 사태―그것도 개인의 힘으로는 절대로 맞설 수 없다고 느끼는 사태―를 인정하고 싶어 하지 않는 인간의 뿌리 깊은 정신적 습벽에 기인하는지도 모른다. 또, 일반적으로 기후변화 문제가 언론의 관심 밖에 있는 이유도 마찬가지라고 할 수 있다. 상업성을 고려하지 않을 수 없는 오늘날의 언론의 입장에서는, 대중들이 기피하거나 듣고 싶어 하지 않는 문제를 굳이 취재, 보도, 논평할 의욕을 느끼지 못할 것이기 때문이다. 그러면 결국 이런 상황이 계속되는 동안에 기후변화는 점점 더 걷잡을 수 없이 악화된다는 것은 더 말할 필요가 없다.

지금 우리는 남북한 화해, 교류, 협력, 그리고 평화체제의 구축이라는 역사적인 전환기를 맞이하여 한국 현대사의 어떤 국면에서보다도 더 희망에 부푼 흥분상태 속에서 하루하루를 보내고 있다. 하지만 한반도 평화 구축이라는 우리에게는 너무나 절박한 문제도 기후변화라는 인류 전체의 사활이 걸린 절체절명의 이슈에 비해서는 어쩌면 하찮은 문제인지도 모른다.

그러면 어떻게 해야 하는가? 우리는 기후변화 시대라는 초미의 비상 상황에서 어떻게 하면 위엄있는 삶을 유지하다가 이 세상을 떠날 것인가, 그리고 그러한 삶은 과연 가능한가? 이것은 지금 우리 모두가 자기 자신에게 던져야 할 가장 절실한 질문인지도 모른다.

위에서 언급한 〈가디언〉의 사설은 결론적으로, 기후변화라는 엄중한 사태에 직면하여 우리가 개인으로서 해야 할 가장 중요하고 손쉬운 일로서 《캉디드》의 작가 볼테르의 권유대로 우리가 각기 나름대로 텃밭을 가꾸는 사람이 될 것을 제안하고 있다. 부연 설명이 생략된 갑작스러운 결론이긴 하지만, 생각해보면, 이보다 더 적절한 제안도 없을 듯하다.

물론 기후변화는 개인적 차원을 넘어서 집단적 노력과 해법 없이는 극복할 수 없는 문제인 이상, 무엇보다 '정치'를 바로잡는 게 급선무라는 것은 길게 설명할 필요가 없다. 기후변화가 이토록 악화된 데에는 일차적으로 지난 수십 년 동안 주요 산업국들의 정치가들이 경제성장 논리에 매몰된 채 방향전환의 노력을 끊임없이 방기해왔기 때문임은 틀림없는 사실이다. 그런 점에서, 오늘날 세계가 당면한 진정한 위기는 환경의 위기가 아니라, 정치의 위기라고 지적했던 전 우루과이 대통령 호세 무히카의 말은 정곡을 찌른 것이었다고 하지 않을 수 없다. 그러므로 이 시점에서 가장 필요한 행동은, 우리 각자가 무엇보다 능동적인 시민이 되어—선거법 개정이나 숙의민주주의 제도의 확대를 요구하는 등으로—정치를 바로 세우는 데 적극 개입하고, 국가적 차원과 동시에 지역적 차원에서도 실제로 정책결정 과정에 활발히 관여하는 것이라고 할 수 있다.

그와 동시에, 우리는 끝없는 슬픔과 우울 속에서 생을 허비하지 않기 위해서라도, 일상생활 속에서 이웃들과 더불어 번민을 같이 나누며 사는 법을 익히고, 또 개인으로서 할 수 있는 일들을 열심히 생각해보지 않으면 안된다. 일단 생각을 하기 시작하면, 기후변화를 충분히 막지는 못할지라도 최악의 상황은 저지할 수 있는 방법으로서 우리 각자가 개인적으로 행할 수 있는 일들이 실제로 허다하다는 것을 알 수 있다.

그중에서 가장 중요하고 비근한 것은 우리가 매일 먹는 음식이 어디에서 나왔는지, 어떤 경작방식에 의한 것인지, 어떤 경로로 식탁에 도달했는지 등등을 곰곰이 들여다보는 일일 것이다. 그렇게 한다면, 우리는 자연스럽게 최대한 육류와 낙농제품을 줄이고 가까운 논밭에서 수확한 유기농산물 중심의 식단을 선택하게 될 것이다. 실제로 오늘날 기후변화를 유발하는 온난화 가스의 주된 원천으로 흔히 지목되는 것은 화석연료에 기댄 전력생산 시스템, 개인자동차 중심의 교통수송체계, 그리고 2차대전 이후 세계의 농지에 광범하게 적용되어온 대규모 산업농시스템이다. 그러므로 재생 가능한 자연에너지 시스템을 최대한 신속히 확대하는 것과 석유 의존 수송수단을 대폭적으로 축소하기 위한 혁명적인 변화를 모색하는 것도 긴급한 과제이지만, 산업농시스템에서 하루빨리 벗어나는 길을 찾는 것도 매우 중요한 일이라고 할 수 있다. 산업농이라는 것은 일반적으로 기업화된 대규모 단작농사를 의미하지만, 과학적 연구결과에 의하면 생태계 파괴의 원흉이자 동물학대의 결정판이라고 할 만한 대규모 축산산업이 기후변화에 끼치는 영향도 실제로 엄청난 것이다.

이 모든 과제를 한꺼번에 해결한다는 것은 불가능한 일이다. 그러니까 중요한 것은 가장 비근한 일상적인 문제, 즉 식단의 변화에서부터 시도해보는 것이다. 한때 농사의 환경적 의미에 민감한 사람들 사이에서는 "부엌에서 세계를 본다"라는 슬로건이 유행한 적이 있다. 이 슬로건은 생각할수록 매우 의미심장한 것이라고 할 수 있다. 왜냐하면 오늘날 세계가 어떻게 근본적으로 잘못 돌아가고 있는지, 자유무역이라는 이름 밑에서 세계의 농경지가 어떻게 사막화되고 농촌공동체가 파괴되고 있는지 등등을 인지하는 데에는 멀리 갈 것도 없이 우리가 날마다 일용하는 식품의 생산, 유통, 소비, 폐기 과정을 한 번만이라도 주의 깊이 들여다보는 것으로 충분하기 때문이다.

오늘날, 날이면 날마다 텔레비전 화면은 요리를 테마로 한 온갖 시끌벅적한 연예프로그램들로 넘쳐나지만, 개탄스럽게도 그 요리의 원료인 농산물의 실태에 대해서 진지한 관심과 심층적인 분석을 보여주는 미디어는 거의 존재하지 않는다. 게다가 끊임없이 사회적 적폐의 청산과 국가의 쇄신을 이야기하고 있는 '양심적인' 정치가·지식인들조차 농사에 관해서는 절대적 무지상태에 갇혀 있는 게 오늘의 현실이다. 요컨대 지금 우리는 진정한 농사란 무엇이며, 생태계의 장기적 보존을 위해서 흙을 보호하는 게 얼마나 중요한 일인지, 그리고 그 흙을 보호하는 데는 왜 대규모 농산업이 아니라 반드시 소규모 농민이 중심이 된 농촌공동체가 살아있어야 하는지, 그 이유를 아무것도 모르고 알려고도 하지 않는 분위기 속에서 살고 있다. 우리는 어떤 식으로든 이러한 분위기에 균열을 내지 않으면 안된다.

기후변화 시대라는 전대미문의 비상상황에서 우리가 인간으로서 존엄하게 살기를 원한다면, 우리는 이제 너무 늦었다고, 해 봐야 소용없는 일이라고, 체념에 빠지거나 자포자기해서는 안된다. 어쩌면 그런 허무주의적인 태도는 가장 불경스러운 교만의 표현일지도 모른다. 인생에 있어서 제일 중요한 것은 성공의 열매를 거두느냐 않느냐가 아니라, 자신에게 맡겨진 책임과 의무를 자각하고 끝까지 최선의 노력을 계속하는 것이다ー라는 것은 옛 선현들의 한결같은 가르침이었다.

(제163호, 2018년 11-12월)

농경적 감수성이 쇠퇴할 때

　'촛불혁명'으로 10년 만에 다시 들어선 민주정부가 임기 중반이 다가오는 시점에서 위기를 맞았음을 알리는 신호들이 여기저기서 나오고 있다. 이러다가 또 실패하는 것이 아닌가 ─ 불길한 생각을 억누르기 힘들다. 4·19 때도, 6월항쟁 뒤에도 그랬다. 천신만고 끝에 간신히 성립한 김대중 정부도, 그 뒤를 이은 노무현 정부도 결국은 마찬가지였다. 수많은 시민들과 학생들의 희생과 투쟁, 그리고 양심적인 지식인들의 활동을 통해서 어렵사리 수립된 민주정권들이 번번이 이렇다 할 결실 하나도 맺지 못하고, 마침내는 민주주의를 망치고 반동세력의 재등장을 허용하는 악몽 같은 역사를 또다시 반복할 것인가?

　물론, 민주정권들이 실패한 원인은 각기 그 배경이 달랐다고 할 수 있다. 그러나 총괄적으로 보면, 결국은 무능함과 '생각 없음', 그로 인한 정치적 신뢰의 상실이 근본 원인이었다고 할 수 있다. 문재인 정권만 해도 그렇다. 선거법 개정에 대한 자세 하나만 보더라도 현 집권당은 신뢰성의 위기를 자초하고 있다고 하지 않을 수 없다. 연동형 비례대표제의 도입은 오늘날 대부분의 양심적인 지식인들이 공통적으로 꼽는 한국 정치의 개혁과제 1순위일 뿐 아니라, 원래 민주당 자신의 핵심 공약의 하나였다. 그런데도 이 문제에 대해서 최근의 민주당이 보여주는 소극적인 태도를 보면, 그들이 정말 민주주의를 신봉하는 정치집단인지

극히 의심스러워진다.

물론, 출범 이후 문재인 정부는 북핵문제의 해결과 한반도 평화 구축을 위해 전력을 기울였고, 그것 하나만으로도 큰 공적을 이루었다고 할 수 있다. 그리고 그 때문에 시민들로부터 높은 지지를 받아온 것도 사실이다. 하지만 한반도 평화 구축 프로세스가 기대한 만큼 속도를 내지 못하게 되면서 최근에는 대통령에 대한 지지도도 현저히 하락하고 있다. 그래서인지 매우 당황한 기색을 드러내며 정부는 이런저런 정책들, 특히 경제회생을 위한다면서 구태의연한 정책들을 서둘러 내놓고 있다. 그런데 그 실효성 여부와는 상관없이, 우리가 묻고 싶은 것이 있다. 이러한 정책들의 배후에 과연 어떠한 철학과 비전이 있는가 하는 것이다.

하기는 출범 당시부터 '일자리 만들기'를 최우선 과제로 삼겠다던 문재인 정부의 공언은, 그 선의에도 불구하고, 실현될 가능성은 매우 낮아 보였다. 오늘의 세계경제가 전반적으로 저성장을 넘어서 성장 자체가 멈춘 상황인데도, 그렇게 성장이 멈춘 이유가 무엇인지 정확히 알려는 노력은 하지 않고, 그냥 "혁신성장"이라는 구호 하나만으로 경제를 살리고 일자리를 많이 만들어내겠다는 것은, 의도적인 거짓말은 아닐지라도, 결국은 헛말이 될 게 분명했기 때문이다. 그 점에서는 문재인 정부가 경제에 임하는 기본자세는 앞선 정권들과 본질적으로 다를 게 없었고, 지금도 그렇다고 할 수 있다.

원래 경제라는 것은 기업이 투자를 많이 하고, 시장에서 거래되는 물량과 서비스가 많다고 좋은 것이 아니다. 좋은 경제란 합리적인 경제, 특히 지속 가능한 경제라야 한다. 그러자면 지금과 같이 초부유층 1퍼센트에게 부가 집중되고 나머지는 노예처럼 살아야 하는 극심한 불평등 구조가 먼저 혁파되지 않으면 안된다. 요컨대 경제의 민주화가 관건인 것이다. 문재인 정부는 '소득주도성장'이라는 개념으로 경제민주화에 대한 의지를 드러낸 것이 사실이지만, 실제로 그 정책은 시행 과정이 너무도 서툴고 미숙했던 결과로 정부의 신용만 실추되고 말았다.

그러나 그것이 단순히 서툰 실수이기만 했을까? 경제민주화에 대한 투철한 신념과 단호한 의지, 그리고 이를 뒷받침하는 견실한 사고력이 부족했던 게 아닐까? 이렇게 말하는 것은, 문재인 정부의 경제정책 역시 시대착오적인 사고습관을 그대로 답습하고 있는 것으로 보이기 때문이다. 즉, 이제는 경제성장 시대는 끝났고, 따라서 계속 빵을 더 크게 만들어가는 것으로 경제적·사회적 문제를 해결한다는 수십 년간 되풀이해온 익숙한 도식이 더는 통하지 않는 시대에 접어들었다는 기초적인 인식이 있는가 하는 것이다. 현 정부가 '혁신성장'을 운위하고, 인공지능 관련 산업에 대한 (근거 없는) 기대를 갖는 것을 보면, 이 정부 역시 종래와 같은 방식의 경제성장이 더는 유효하지 않다는 것을 모르지는 않는 것으로 보인다. 하지만 중요한 것은 어떤 방식의 성장도 이제는 가능하지 않다는 것을 명확히 인식하고, 성장시대의 논리와는 전혀 다른 사고로써 새로운 활로를 모색하는 일이다.

지금은 낡은 방식을 되풀이할 게 아니라 근본적인 방향전환이 시급한 때이다. 물론 이것은 생태적 지속가능성을 최우선적으로 겨냥하는 방향전환이어야 한다는 것은 구구하게 설명할 필요가 없다. 따라서 모든 국가정책도 이 기준에 따르는 것이 되지 않으면 안된다. 그런 점에서 참으로 한심한 뉴스는, 12월 18일 세계적 농민단체 '비아캄페시나'가 작성한 〈농민 및 농촌지역에서 일하는 사람들의 권리에 관한 선언〉이 유엔총회에서 결의·선포될 때 한국이 '기권' 표를 던졌다는 소식이다. 이는 한국정부가 농민과 농촌, 농사를 어떻게 보고 있는가를 보여주는 단적인 징표이다. 한심한 것은 정부뿐만 아니다. 국회에서 통과된 새해 국가예산 편성을 보면, 전체적으로 전년 대비 평균 9.7퍼센트가 증가한 것으로 되어 있다. 그런데 그중 농업 관계 예산 증액은 겨우 1.1퍼센트에 그치고 있다. 여야 국회의원들이 합심해서 그렇게 결정한 것이다. 20년 동안 사실상 동결되어온 쌀값을 이제는 좀 올려달라고, 밥 한 그릇이 최소한 300원어치는 되게 해달라고, 농민들이 피눈물로 호소하는데도, 들은 척도 하지 않은 것이다. 하기는 이것은 정치가들에게 국한된 행태도 아니다. 불행하게도, 이 나라의 대부분의 학자, 지식인, 언론인도 농사의 중요성에 대해서는 철저한 무지에 갇혀 있는 게 오늘의 우리 현실이다.

하지만 기후변화라는 엄혹한 시대를 살아가지 않을 수 없는 우리가 지금부터라도 반드시 염두에 두어야 할 것이 있다. 불과 몇 인치이지만 그것 없이는 지상의 모든 생명의 존립 자체가 불가능한 흙(토양)이 지금 빠른 속도로 사라져가고 있다는 사실이다. 심지어 2차대전 후 지금까지 전 세계 표토의 절반이 사라졌다는 연구도 있다. 우리는 흙의 대량 소실이라는 이 현상이 얼마나 무서운 것인지, 깊게 두려워할 줄 알아야 한다. 흙이 잘 보존되고 가꾸어진다면 기후변화에 대해서도 상당한 정도의 대응은 가능하고, 우리의 후손들에게도 최소한의 인간다운 삶이 허용될 수 있을 것이다.

이른바 근대화가 시작된 이후 갖가지 유독성 화학물질들과 기계류의 대대적 동원을 특정으로 하는 산업적 영농이 확산된 결과로, 오늘날 농촌은 말할 수 없이 피폐해지고, 토지를 비롯한 자연 생태계는 철저히 오염되고 파괴되었다. 그럼에도 불구하고, 우리가 농민들과 농촌에 마지막 희망을 걸고, 뒤늦게나마 그들을 아끼고 보호해야 한다고 주장하는 것은, 그들이 단지 식량생산자이기 때문이 아니라, 무엇보다 그들이야말로 정성스럽게 흙을 보살필 수 있는 지혜와 기술을 보존해온 오래된 농민문화를 계승하고, 실천하는 유일한 존재들이기 때문이다.

그리고, 실은 그보다 더 근본적인 이유가 있다. 지금 인류사회는 인공지능이나 생명과학기술을 비롯한 소위 첨단 기술의 발달로 조만간 종래에 우리가 '인간'이라고 호명해왔던 존재들이 소멸할지 모르는 실로 기막힌 상황에 직면해 있다. 이것은 이제는 철저히 상혼(商魂)에 감염돼버린 과학연구자들이 탐욕스러운 자본과 근시안적인 국익논리와 결탁함으로써 빚어진 상황이지만, 이 끔찍한 상황은 인간존재를 뿌리로부터 뒤흔드는 사태라고 하지 않을 수 없다. 이 사태에 우리가 어떻게 대응할 것인가는 생명윤리위원회 구성 따위가 아니라, 어디까지나 우리 자신의 내면에 얼마나 인간다운 감수성이 살아있느냐에 달렸다고 할 수 있다. 그리고 인간다운 감수성은 결국 '농경적 감수성'에 그 뿌리를 내리고 있다는 것을 우리는 기억해야 한다.

어디까지나 자연의 '선물'로서 태어난 인간이 온전한 인간성을 유지하고 삶을 누리려면 반드시 지켜야 할 것이 있다. 즉, 인간이 제 손으로 바꿀 수도 없고, 바꾸려고 해서도 안되는 숙명적인 '한계'가 있다는 사실을 명심하고, 자연 앞에서 언제나 겸허한 마음을 가져야 한다는 것이다. 그러나 이제는 의료나 농업을 막론하고, 생명조작기술이 이러한 한계를 간단히 무시하고 자연과 생명의 질서를 맘대로 요리하고 뜯어고치려고 하는 실로 불경스러운 시대가 열리고 말았다. 이러한 시대를 온전한 인간성을 잃지 않고 견뎌내려면, 우리는 이 지상에서 우리가 인간으로 태어나 살다가 죽는다는 것이 과연 무엇을 의미하는지, 끊임없이 묻지 않으면 안된다. 그런 질문을 계속할 수 있는 힘은 결국 오랜 세월 인간성을 형성시켜온 근원적 토양, 즉 농경적 감수성에서 나온다는 것은 틀림없는 사실이다. 그러므로 농경적 삶 자체가 쇠퇴하면 그 감수성도 자연히 쇠퇴하고, 궁극적으로는 우리 자신이 더이상 인간이라고는 할 수 없는 괴물이 될 수밖에 없다는 것을 우리는 깊이 숙고하지 않으면 안된다.

(제164호, 2019년 1-2월)

침로를 잃은 민주정부, 어디로 갈 것인가

　문재인 정부가 왜 이럴까. 아무리 다급하다고 하더라도, 양심적인 정부라면 결코 해서는 안될 일이 있다는 것을 모르는 것일까. 최근 정부가 '예비타당성조사'를 생략해도 좋은 국가적 사업 목록을 발표하면서 거기에 대규모 토건사업들을 쭉 나열한 것은 또 하나의 충격적인 뉴스라고 하지 않을 수 없다. 이것은 4대강 공사를 강행하면서 예비타당성조사를 생략해버렸던 이명박 정부의 행태와 본질적으로 어떻게 다른가. 정부는 국토의 균형적 발전과 지역경제를 살리기 위한 불가피한 선택이라고, 따라서 4대강 공사라는 터무니없는 프로젝트와는 성격이 전혀 다르다고, 궁색한 설명을 하고 있으나 별로 설득력 있게 들리지 않는다.

　원래 대규모 국가사업을 시행할 때는 예비타당성조사라는 절차를 거쳐야 한다고 법으로 명시돼 있는 것은 그럴 만한 까닭이 있기 때문이다. 우리가 다 잘 알고 있듯이, 이 나라의 주요 공공사업들은 오래전부터 국가예산의 막대한 낭비와 난개발과 환경파괴로 귀결되는 게 다반사였다. 4대강 공사는 가장 악명 높은 경우지만, 본질적으로 그와 유사한 터무니없는 공사는 오랫동안 전국 어디서든 끊임없이 반복돼왔다. 그렇게 된 이유는 단순하다. 늘 공익을 내세우면서도 실은 자신들의 사사로운 이익을 챙기는 데 혈안이 된 부패하고 무책임한 정치가, 관료,

업계, 학계(소위 전문가들), 그리고 언론 사이의 결탁과 공모 때문인 것이다. 이 뿌리 깊은 부패와 무책임의 구조를 척결하고, 국가예산의 낭비를 막으면서 환경을 보호하기 위한 최소한의 장치로 만들어진 것이 예비타당성조사나 환경영향평가 같은 제도이다. 그런데 이제부터는 제발 상식과 합리성이 지배하는 나라, 양심의 정치가 구현되는 세상을 만들어달라는 민초들의 간절한 염원과 기대 속에서 탄생한 정부가 스스로 이 제도를 허물고, 억지 논리로써 자기를 합리화하는 한국 정치의 오래된 악습으로 회귀하려 하고 있다.

모처럼 등장한 '민주정부'가 이런 식으로 가서 어떻게 하겠다는 것일까. 한숨이 절로 나온다. 물론 '경제 살리기'를 위해서라면 무엇이든 하지 않을 수 없다는 정부의 다급한 심정을 이해하지 못할 바는 아니다. 그러나 지금이 어떤 상황, 어떤 시대라고 이런 식으로 경제를 살리겠다는 것인가. 전국 각지에 대형 인프라 공사를 벌이고, 새로이 고속철도를 건설하면, 경제가 살아날 것이라는 어리석은 믿음은 왜 이다지도 끈질기게 지속되는가.

문재인 정부가 출발할 때부터, 우리가 쉽게 예상할 수 있는 게 있었다. 남북 간의 적대관계를 늘 자신들의 기득권 유지 수단으로만 이용할 뿐인 수구세력과는 반대로 문재인 정부는 남북의 화해와 협력, 그리고 평화체제를 위해서 적극적인 행동을 할 것이지만, 그렇다 하더라도 오늘날 세계경제의 전반적 상황을 고려한다면 이 정부도 조만간 경제문제, 그중에서도 특히 고용문제라는 난관에 직면할 것이라는 예상이었다. 그런데 세 차례의 남북 정상회담과 한 차례의 북미 정상회담에도 불구하고 한반도 평화 구축을 위한 과정이 기대보다 다소 느려지면서 정부에 대한 지지도가 내려가자, 정부는 당황한 기색을 감추지 못하고 이것저것 상투적인 대책들을 서둘러 내놓기 시작했고, 그 연장선에서 마침내 '예비타당성조사'를 생략한 대규모 건설공사를 결행하기로 결정해버린 것이다.

문재인 정부의 이런 쫓기듯 서두르는 모습에 대하여, 이 정부가 '인수위원회'도 꾸릴 새도 없이 출범했다는 점을 참고해야 한다는 생각도 있을 수 있다. 그러나 우리나라에는 정당활동을 지원하기 위해서 국회의 의석에 비례하여 거액의 국가예산이 지급되고 있고, 그 예산의 상당부분은 주요 정당에 딸린 정책연구소들을 지원하도록 편성되어 있다. 그런데 그 정책연구소들은 평소에 대체 무엇을 하고 있다는 것인가. 막대한 예산을 쓰는 그러한 정책연구소들이 있음에도 불구하고, 선거 때마다 각 정당이 새삼스럽게 새로운 정책을 마련한다고 소란을 피우는 풍경도 이상하지만, 중장기적인 안목으로 집권 후 나라를 어떻게 운영할 것인지에 대한 시나리오가 평소에 그 큰 정당에 준비되어 있지 않다는 것도 신기하다면 너무도 신기한 현상이라고 하지 않을 수 없다.

그러나 우리가 보기에 문재인 정부의 가장 큰 문제점은, 지금은 경제성장 시대가 끝났거나 끝나가고 있다는 객관적인 세계경제 정세에 대한 명확한 인식이 결여되어 있다는 데 있다. 이 점에 대해서는 해외에서는 여러 논자들이 이미 많이 이야기해왔지만, 그중에서도 지난 30여 년 동안 저성장 내지 마이너스 성장을 기록해온 일본의 경우는 특기할 만하다. 오늘날 일본의 지식사회에서는 '축소균형의 시대'라는 개념이 별로 낯선 게 아니다. 일본에서는 꽤 여러 해 전부터 재야의 지식인은 물론, 공직자들 중에도 성장시대는 더이상 재현되지 않는다는 생각에 동의하는 사람들이 증가해왔기 때문이다. 실제로 이 용어의 창시자는 시모무라 오사무(下村治)라는 저명한 경제학자였다. 그는 원래 1960년대에는 고위직 관료로서 소득배증론(所得倍增論)을 제창했던 성장론자였다. 하지만 1970년대에 들어와서 두 차례의 오일쇼크를 겪고 난 뒤에는 '축소균형'이 다가오는 시대의 불가피한 추세가 될 것임을 누구보다 앞서서 내다보았던 선지자였다.

한참 늦은 감이 없지 않지만, 한국에서도 성장시대의 종언을 이야기하기 시작한 경제전문서가 최근에 나왔다. 한 증권분석 전문가가 쓴 《수축사회》라는 책이 그것인데, 이 책에서 저자는 성장시대의 종언이 한국에서도 더이상 낯선 현상일 수 없는 이유를 자세히 논증하고 있다. 그는 성장시대가 끝나고 '수축사회'가 시작된 주요 요인으로 인구감소, 공급과잉, 상환 불가능한 규모로 커진 부채 등을 들면서, 이로 인한 수축경제 상황은 앞으로 대략 50년은 더 계속될 것이라고 예견하고 있다 (왜 50년인지, 그 이후는 어째서 경제가 다시 성장궤도를 그릴 것이라고 예견하는지는 명확히 설명되어 있지 않으나, 어쨌든 50년이라면 현재의 대다수 한국인들에게는 '수축사회'란 거의 영구적인 생존상황을 의미한다는 것이 틀림없다).

그러나 《수축사회》의 저자가 제시하는 좁은 의미의 경제학적 요인들을 떠나서도, 무엇보다 지구의 생물물리학적 한계 때문에 경제성장이 사실상 불가능한 날이 곧 올 것이라는 점에 대해서는 벌써 수십 년 전부터 생태적 선견지명을 가진 사람들이 끊임없이 말해왔다. 그럼에도 불구하고, 지금까지 온갖 무리를 무릅쓰고 자본주의시스템이 멈추지 않고 경제성장이 계속돼옴으로써 자연 생태계는 이제 감당할 수 없는 수준까지 훼손되었고, 그 때문에 우리는 인류의 문명적 삶, 아니 인간 존재 그 자체의 존속이 불가능해지는 상황이 곧 도래할지 모르는 기막힌 시점에 도달하고 말았다. 이것은 우리가 다 아는 사실이다.

따져보면, 지금 한국을 포함해서 세계 전역에 걸친 온갖 재앙과 고통과 비극은 근본적으로 정치가, 관료, 언론, 학자, 그리고 소위 경제전문가들이 성장시대가 끝났다는 사실을 인정하지 않으려는 데 기인한다고 할 수 있다. 민초들의 환호 속에서 태어난 문재인 정부가 노동자들이나 농민들의 이야기는 경청하려 하지 않고, 고용문제에 대한 해법이랍시고 감옥에 있어야 할 재벌들을 청와대로 초대하여 환대를 베풀거나, 시대착오적인 토건사업의 유혹에 빠져들고 있는 것은 그 전형적인 예라고 할 수 있다. 예비타당성조사를 생략하면서까지 대규모 토건사업을 벌여 경제를 살려보겠다는 것은, 말할 것도 없이, 이 정부가 시대를 정확히 파악하지 못하고 있기 때문일 것이다. 정부의 계획이 실현되어 온 국토가 공장화되고, 비행장이 되고, 쇼핑센터가 된다면, 장차 이 나라는 과연 어떻게 될까. 이미 닥쳤거나 혹은 곧 닥쳐올 전면적 축소경제 상황에서, 그 공장들에서 만든 제품들은 어디로 가서 팔아먹을 것이며, 드나드는 승객도 없는 비행장은 어떻게 할 것이며, 텅텅 빈 대형 쇼핑센터들은 어떻게 할 것인가. 그리고 그런 무용지물의 공장과 비행장과 쇼핑센터 때문에 아까운 경작지들이 대폭 소멸된다면, 우리는 어디서 먹을 것을 기를 것인가. 지금도 식량자급률은 (수입된 석유에 의존해서) 겨우 25퍼센트 정도밖에 안되는데, 비상상황이 닥치면 급작스럽게 식량자급률을 높일 수 있는 무슨 묘수가 있다는 것인가.

　재벌기업들에 대해 문재인 정부가 지금 취하고 있는 자세도, 물론 고용문제라는 난제를 풀어보려는 간절한 심정 때문일 것이다. 하지만 원래 기업이라는 것은 어디까지나 자신의 경영상의 철저한 이해타산에 의거해서 투자나 고용 계획을 수립하는 것이지, 정치지도자의 간청 때문에 목표를 정하거나 수정하는 게 아니다. 또한, 지금은 국내외로 점점 좁아져가는 시장 속에서 갈수록 더 격렬한 경쟁을 하지 않을 수 없는 기업들은 너나없이 로봇이나 인공지능 등 최첨단 기술을 적극 도입함으로써 기왕의 고용 인원마저 최대한 감축하려고 부심하고 있다. 그럼에도 불구하고, 이러한 상황의 의미를 냉정히 헤아려보는 노력 대신에 지난 수십 년 동안 모든 정권이 그냥 손쉽게 의지해왔던 구태의연한 경기부양책을 다시 꺼내 위기를 모면해보겠다는 것은, 설령 그게 일시적으로는 성공한다 할지라도, 경제와 사회에 미칠 장기적인 악영향을 생각한다면, 모처럼 등장한 민주정부가 결코 택해서는 안될 방법이라고 하지 않을 수 없다.

'광화문광장 재구조화'라는 괴상한 명칭으로 대다수 시민들의 시급한 필요와는 너무도 거리가 먼 사업, 즉 광화문광장을 대대적으로 뜯어고치려고 하는 박원순 서울시장의 경우도 그 시대착오적인 행태에 있어서는 전혀 다를 게 없다고 할 수 있다. (전임 오세훈 시장에 의해 광화문광장이 이상하게 변형되기는 하였으나, 현재의 이 광장은 시민생활에 큰 불편을 끼치고 있는 것도 아니고, 무엇보다 2016~2017년의 겨울과 봄 사이에 계속되었던 위대한 '촛불혁명'의 현장이다. 그 역사적인 현장을 보존하는 것이야말로 소위 '광화문 재구조화'라는 사업보다 훨씬 더 중요한 일이 아닌가.) 박원순 시장은 시민운동가 시절과 서울시장 취임 초기에는 전시성 토건사업에 대해서 누구보다 비판적이었던 인물이다. 그런 그가 이제 와서 뭔가에 쫓기듯이 대규모 토건사업에 대한 의욕을 계속적으로 표출하고, 그것도 자신의 재임 중에 공사를 완료하겠다는 복안을 드러내는 것을 우리는 어떻게 이해해야 할까? 국가와 사회의 장기적인 미래를 생각하기보다는 다분히 자신의 정치적 야심이 앞서 있는 듯이 보이는 이런 모습은 그와 그가 속한 정당을 지지해온 시민들에게 큰 실망을 안겨주는 정도를 넘어서 심한 불쾌감까지 불러일으키고 있다.

온갖 정황으로 봐서, 이제는 갈수록 경제규모와 소비생활이 축소되어 갈 것이 틀림없다. 그렇다면 우리에게 주어진 핵심적 과제는 앞으로 우리가 어떻게 하면 '축소경제'를 균형있게, 지혜롭게 운영할 것인가 하는 것이다. 역사상 한 번도 경험해보지 못한 이 문제에 대해서 치열하게 고민하고 지혜를 모아도 모자랄 판에, 지금 정부의 책임자들은 그렇지 않아도 이미 난개발, 과잉개발 때문에 온 국토가 난도질을 당하여 신음하고 있는데도, 신도시 개발이니 지역경제 활성화니 하는 그럴싸한 이름으로 또다시 토건사업에 목을 매고 있다. 뒷감당은 누가 어떻게 하라고 이러는 것일까.

생각해보면, 끊임없는 팽창을 겨냥하는 오늘날의 성장경제는 자연세계를 파괴하고 사회적 약자들을 희생시키지 않고는 단 하루도 돌아가지 못하는 극히 야만적인 시스템일 뿐만 아니라, 무엇보다도 지속 불가능한 시스템이다. 문재인 정부가 '민주정부'다운 책임을 이행하느냐 못하느냐 하는 것은, 이 파괴와 희생, 그리고 근본적으로 지속 불가능한 시스템에 맞서서 여하히 사회적 약자를 보호하고, 그나마 남아 있는 자연 생태계를 얼마나 보존하느냐에 달려 있다고 할 수 있다. 물론 이 점을 문재인 정부가 전혀 모르지는 않을 것이다. 하지만 무익한 헛발질을 계속하다 보면 자기도 모르게 자본의 탐욕에 포섭되어, 결과적으로 한 정권의 실패에 그치지 않고, 이 나라 민초들의 삶을 회생불능의 절망에 빠뜨려 놓을지도 모른다. 마치 1994년 인종주의 정권을 종식시키고 온 세상의 축복 속에서 남아프리카공화국 최초의 민주정부를 구성했던 넬슨 만델라가 자신의 의도와는 달리 글로벌 자본과 '주류 경제학자들'에 포위됨으로써 끝내는 흑인 민중의 삶을 더욱 가혹한 절망으로 빠뜨리고 만 것처럼 말이다.

성장시대가 끝난 상황에서는 고용문제와 복지를 포함한 거의 모든 경제·사회적 문제들에 대한 대응방식도 근본적으로 달라져야 한다. 인구가 줄어들고, 생산자와 소비자가 줄어드는 상황에서 전통적인 방식을 고수한다는 것은 난센스이다. 연금제도, 의료보험제도 등등, 국가적 차원에서 시행되고 있는 복지시스템도 결국은 지금보다 많거나 지금과 같은 정도의 인구와 생산·소비 체제가 중단 없이 지속된다는 것을 전제로 설계되어 운영되고 있는 시스템이다.

따져보면, 복지시스템뿐만 아니라 현대 경제 자체가 거대한 '폰지' 시스템이라고 할 수 있다. '폰지' 시스템이란 기업이나 개인이 어떤 생산적인 투자를 한 결과로 이익을 취득하는 게 아니라, 단순히 뒤따라 들어오는 투자자(혹은 투기꾼)의 돈으로 앞선 투자자의 이익을 보장하는 시스템, 즉 실물이 없이 돈만 돌고 도는, 본질적으로 사기성이 농후한 시스템이다. 그런데 자세히 들여다보면, 오늘날 금융통화제도, 보험제도 등을 비롯해서 현대 경제의 축은 기본적으로 '폰지' 시스템에 의존해 있음을 알 수 있다. 그러니까 경제성장이 안되면, 이 '폰지' 시스템이 전면적으로 붕괴하고 말 것임은 불문가지라 할 수 있다.

아마도 이런 파국적 상황을 어느 정도 예상하기 때문에, 지금 어디서나 정치가, 관료, 언론, 경제학자들은 기를 쓰고 경제성장에 집착하고, 성장률의 제고에 악착같이 매달리는 것인지도 모른다. 그러나 세계의 객관적인 현실은 더이상 그것을 허용하지 않는다. 이 점을 냉정하게 포착하고, 그에 대한 적절한 대응책을 마련하는 것이야말로 가장 중요하다고 할 수 있다. 요컨대 성장시대가 끝난 상황에서 우리는 종래와는 전혀 다른 삶의 방식을 선택하고, 그것을 즐겁게 수용할 준비를 하지 않으면 안되는 것이다. 실제로, 성장시대 동안에는 계속적으로 '빵'이 커져가고 있기 때문에 가난한 사람들도 어떻든 부스러기나마 얻어먹을 수 있었고, 그런대로 사회가 안정을 누릴 수 있었다. 그러나 성장이 멈추면 불평등에 시달리는 사람들의 불만을 달랠 수 있는 미끼도 수단도 없다. 그런 상황에서는 불평등, 차별, 불공정은 극심한 반발과 저항에 부딪칠 수밖에 없다. 그렇게 되면 자칫 사회는 걷잡을 수 없는 혼돈상태로 빠져들 가능성이 크다. 현재 한국사회도 그런 상황으로 들어가는 초입에 있다고 할 수 있다. 그러니까 지금부터 가장 중요한 것은, 어떻게 하면 제한된 빵을 가지고 공정하게, 민주적으로 나누는 법을 익히고, 검약한 생활에서 만족을 느끼는 정신적 기술을 터득할 것인가 하는 것이다. 즉, 이 지상에서 우리가 인간답게 사는 것이란 어떤 것인가—라는 근원적인 질문이 과거 어느 때보다도 더 필요한 시대로 우리는 들어가고 있는 것이다.

그러므로 이제부터 더욱 절실해지는 것은, 불평등의 해소와 고르게 나누는 지혜와 용기, 그리고 이 모든 것을 혼란 없이 시민적 합의하에서 진행해나갈 수 있는 민주정치의 공고화이다. 만일 이에 실패한다면, 우리는 걷잡을 수 없는 정치적·사회적 혼돈상태에 빠져들 것이며, 결국은 파시즘적 강권통치가 등장하는 악몽을 겪게 될지 모른다. 아닌 게 아니라, 불행하게도 지금 세계 도처에서는 그러한 움직임과 조짐이 현실화되고 있는 것으로 보인다.

그런 점에서 우리가 촛불혁명을 통해서 '민주정권'을 세운 것은 그냥 자랑스러운 게 아니라, 세계사적인 중요성을 가진 사건이었다고 할 수도 있다. 그런 점을 생각하면, 지금 문재인 정부가 나침반을 잃고 헤매는 모습은 너무나 안타깝다고 하지 않을 수 없다. 지금 이 정부에 가장 시급한 것은 '성장' 논리를 과감히 벗어던지고, 무엇보다 지역의 경제와 문화를 살리는 방향으로 급진적인 방향전환을 하는 일이다. 지역이라는 것은 어차피 대다수 민초들의 삶의 궁극적 근거지이다. (말할 것도 없지만, 문재인 정부가 추진하려는 국토의 균형적 발전도 궁극적으로는 지역의 경제와 문화를 살림으로써만 실현 가능한 프로젝트이다. 그런데 흥미로운 것은, 국토의 균형발전을 위해 대규모 토건공사를 선택한 문재인 정부의 방식은 정부기관과 대형 공영업체들을 대거 지방으로 이전함으로써 '균형발전'을 시도했던 노무현 정부의 방식과 흡사하다는 점이다. 그러니까 노무현 정부처럼 문재인 정부도 지역경제와 문화의 근원적 토대가 어디까지나 농사와 농경문화라는 사실을 인식하는 데 무능을 드러내고 있는 것이다. 이와 관련해서, 참으로 답답한 것은 지난 수십 년간 역대 정부가 그랬던 것처럼 문재인 정부 역시 에너지와 식량 자급이 갖는 사활적 중요성을 간과하고 있는 것으로 보인다는 점이다. 이것은 아마도 해외로부터 석유와 원자재를 수입하여 그것을 가공·수출함으로써 경제를 유지해온 종래의 방식이 언제까지나 유효할 것이라는―성장시대를 통해서 굳어진―사고습관 때문일 것이다.)

경제성장이 멈춘 세상에서 우리의 인간다운 삶은 자급적 삶의 공간을 최대한 넓히고, 상부상조의 생활방식을 적극적으로 실천하는 데서만 가능할 것이다. 그런 각도에서 보더라도, 피폐일로에 있는 농민과 농촌을 살리고, 지역을 중심으로 소규모의 분산적 방법으로 에너지 자급능력을 획기적으로 증대하는 것이야말로 현시점에서 가장 시급한 과제라고 할 수 있다. 그러나 종래의 상투적인 정책과는 전혀 다른 이러한 방향으로 전환하려면, 직업 정치가들이나 소위 전문가들의 판단과 결정에 맡겨놓을 수는 없다. 어디까지나 합리적인 정신과 건전한 상식을 가진 시민들이 주체가 되어 활발하게 논의하여 공정하고 숙고된 결정을 내릴 수 있는 진실로 민주적인 정치시스템이 확보되지 않으면 안된다. 그런 점에서도, 우리는 대한민국 국회가 하루라도 빨리 진정한 '애국심'을 발휘하여 이 나라의 최고 의사결정 기구로서 자신의 소임에 충실해야 한다고 생각하지만, 그렇지 않고 만일 계속해서 지금과 같이 국회 그 자체가 백해무익한 골칫거리로 남아 있다면, 우리는 국회의 존재방식에 대한 근본적인 재검토를 고려하고, 새로운 대안을 모색해야 할 것이다. 그리하여, 우리의 운명을 자주적으로 결정하기 위한 틀, 예컨대 '시민의회'를 제도화하기 위한 행동에 적극적으로 나서지 않으면 안될 것이다.

(제165호, 2019년 3-4월)

'도덕적 경제'를 새로운 삶의 원리로

한 부부가 있는데, 그들에게는 지금 초등학교에 다니는 아이가 하나 있다. 그 아이는 희귀한 유전적인 질환을 가지고 태어났다. 아직까지는 별다른 이상 증세 없이 잘 지내고 있지만, 그러나 18세쯤 되면 그 질환이 발현되어 점점 심각한 고통과 여러가지 부작용들을 겪기 시작할 것이다. 물론, 그의 일생은 단명으로 끝날 가능성이 높다.

그런데 그 유전적인 질병이 실제로 발현되는 것을 미리 차단할 수 있는 의술이 없는 것은 아니다. 100퍼센트 차단할 수 있을지는 확실치 않지만, 어쨌든 지금이라도 지체하지 않고 당장 시술을 한다면 그 아이가 커서 당할 고통을 상당한 정도로 경감해줄 의술이 개발되어 있다. 문제는 그것이 아직 실험적인 의술이어서 의료보험이 적용되지 않으므로 꽤 비용이 든다는 점이다. 그 비용을 감당하자면, 이 부부는 예를 들면 자기들 소유의 승용차를 처분하고 앞으로는 대중교통수단을 이용하기로 한다든지, 휴가 때면 으레 해외로 여행을 떠나는 취미생활을 포기한다든지 등등, 오래된 생활습관을 근본적으로 바꿀 결심을 하지 않으면 안된다.

그러나 조금 달리 생각하면, 아이가 커서 겪게 될 고통이 반드시 참을 수 없을 만큼 심각한 것이 될지 어떨지는 지금으로서는 정확히 알 수 없는 미래의 일이다. 그런 불확실한 전망 때문에 그들이 익숙해져 있는 '풍요로운' 생활을 포기한다는 게 과연 옳을까, 그것은 지나친 자기희생이 아닐까─그런 식으로 생각하면서, 이 부부는 아예 미래에 관해서는 크게 염려하지 않기로 작정하고, 그냥 관성에 의지하여 종전대로 살아가는 편을 택하기로 한다. 뭔가 마음 한구석에는 꺼림칙한 느낌이 있음에도 불구하고 말이다.

위의 에피소드는 독일의 시사주간지 〈슈피겔〉 최근호에 실린 "아이들의 분노는 아직 충분치 않다"라는 논설에 나오는 가상의 이야기이다. 말하자면, 이것은 기후변화라는 파국적 재앙이 임박해 있는데도 오늘날 대부분의 사람들이 보여주는 미온적이거나 소극적인 반응을 리얼하게 풍자하고 있는 비유라고 할 수 있다. 〈슈피겔〉의 필자는, 이 가상의 에피소드에 등장하는 부모가 자신들의 자식이 나중에 성장하여 실제로 큰 고통을 겪게 되었을 때 (혹시 그때까지 살아있다면) 그에게 뭐라고 말할 것인가를 묻고 있다. 자식이 겪을지 모르는 미래의 고통에 대한 대비보다도 자동차 운전이나 해외여행에 의한 쾌적함이나 즐거움이 그들에게 더 중요했다고 고백할 수 있을 것인가, 라고.

물론, 〈슈피겔〉에 이런 글이 실린 것은 금년 3월 15일을 기점으로 세계 전역에서 금요일마다 10대 청소년들이 주요 도시들의 광장으로 집결하여 데모를 하기 시작했기 때문이다. 학교수업을 거부하고 광장으로 나와 시위를 하는 것에 대해서 못마땅하게 생각하는 어른들을 향하여, 청소년들은 자기네의 시위가 통상적인 시위처럼 주말에 행해진다면 누가 자신들에게 주목을 할 것이냐고 항변하면서, "우리들의 미래를 뺏지 말고, 제발 책임있게 행동해주세요"라고 절규하고 있다.

청소년들이 이토록 절절한 목소리를 내며 가두로 나선 것은, 이미 잘 알려져 있듯이, 작년 여름 이후 스웨덴 국회의사당 앞에서 1인 시위를 계속해온 16세 소녀 그레타 툰베리에게 열렬히 공감하고, 그와 행동을 같이하기 위해서이다. 그동안 두세 차례 국제회의장에서 행한 감동적인 연설로 세계적인 주목을 받고 있는 툰베리의 메시지는 지금까지 있어 온 어떠한 환경운동가의 그것보다 더 간결·명료하면서도 듣는 사람의 심금을 강력히 울리는 힘을 갖고 있다. 겨우 여덟 살 때부터 이 세상에 '환경위기'라는 엄청난 문제가 있다는 사실을 알게 된 다음, 이대로 가면 자기 또래들에게는 아예 미래가 없을지도 모른다는 생각 때문에 그 어린 나이에 우울증을 앓고 자폐증까지 갖게 되었다는 이 소녀의 이야기를 한 번이라도 들으면, 양심이 조금이라도 살아있다면, 우리들 중 마음이 아프지 않고, 깊은 죄책감을 느끼지 않는 사람이 없을 것이다.

하지만 기후변화로 인한 재앙은 더이상 미래의 일이 아니다. 지금 지구사회는 곳곳에서 갈수록 빈발하는, 그리고 갈수록 혹심해지는 가뭄과 홍수, 태풍과 폭풍, 대규모 산불 등으로 몸살을 앓고 있는 데다가 벌써 여러 해 전부터 벌과 나비 등 곤충들의 개체수가 급격히 줄어들고, 수많은 종들의 멸종 현상이 가속화되고 있다. 그런가 하면 남북극의 빙하 외에 히말라야와 아프리카의 킬리만자로, 그리고 안데스산맥의 봉우리에서도 만년설이 급속히 녹아내리고 있다. 그리하여 빙하와 만년설을 발원지로 하는 주요 하천들에서 언제 물이 마를지 모르고, 따라서 그러한 하천에 의지해서 살아가는 세계 인구 절반에 이르는 사람들의 운명이 갈수록 위태로워져가고 있다. 이것만으로도 기막힌 사태인데, 과학자들 중에는 이보다 더 가슴을 철렁하게 하는 발언을 하는 사람들도 있다. 예를 들어, 우리는 하늘에서 꽤 오래전부터 뭉게구름을 보기가 어려워졌지만, 그 하늘에서 아예 구름 한 점도 볼 수 없는 날이 올지도 모른다는 것이다. 기후변화는 단지 온난화를 초래할 뿐만이 아니라, 기류의 순환, 해류의 순환, 물의 순환에까지 영향을 끼치기 때문이다.

하기는 지금 세계의 가장 골치 아픈 문제 중의 하나로 등장한 대량 난민 현상만 하더라도 그렇다. 우리는 흔히 중동지역의 불안한 정치 정

세와 전쟁이 그 원인이라고 믿고 있지만, 조금 더 깊이 들여다보면 그
것은 기본적으로 혹심한 가뭄에 따른 대규모 기아사태가 핵심적 원인
이라는 것을 이해할 수 있다. 왜 이들 지역에서 혹독한 가뭄이 장기화
되고 있는가? 이는 기후변화를 떠나서 설명할 수 없는 현상이다.

　한반도의 미세먼지도 마찬가지다. 오늘날 한반도는 남북의 화해·협
력, 평화체제 구축이라는 역사적 과제를 안고 있지만, 어떤 점에서 그
보다 더 긴급한 것은, 이 땅에서 더이상 아이들을 낳고 기르는 것이 불
가능할 만큼 극심해진 미세먼지에 어떻게 대응하느냐 하는 문제이다.
이 끔찍한 환경적 재앙이 발생한 데에는 서해안에 밀집돼 있는 화력발
전소들과 온 국토를 꽉 채우고 밤낮없이 매연을 뿜어내는 차량들, 그리
고 '중국'이라는 요인도 있지만, 기후변화에 의한 대기 정체 현상도 결
코 빠뜨릴 수 없는 요인이라는 점을 놓쳐서는 안된다.

　이토록 중대한 의미를 가진 기후변화인데도, 왜 사람들은 무관심하
거나 미온적일까. 물론 적극적인 관심을 가지고, 자신이 할 수 있는 일
은 뭐든지 하려고 하는 사람들이 우리 주위에도 적지 않게 존재하고 있
다. 그리하여 그들은 가능한 한, 물자를 절약하고, 화석연료에 대한 의
존도가 낮은 생활을 위해서 다양한 궁리를 하고 몸소 실행하기도 한다.
그러나 이 모든 개인 혹은 소집단에 의한 선의의 노력은 그 자체 찬양
받을 만한 행동임에 틀림없으나, 이러한 개별적·분산적 노력만으로는
너무도 엄중한 국면에 처한 오늘의 생태적 위기상황을 극복해나갈 수
없다는 것도 명백하다. 지금 세계의 여러 곳에서, 현재 지구의 환경적
위기는 제2차 대전 때보다 더 심각한 비상사태로 간주해야 할 상황이
며, 따라서 전쟁 상황에서 국가가 취하는 수준 이상의 비상대책이 필요
하다는 주장이 나오는 것은 그 때문이다.

　그러나 국가적 차원의 대책을 수립하기 위해서도 시민들의 생태적

감수성과 의식이 먼저 깨어나고, 그와 더불어 사회를 지배하는 가치관의 변화가 동시적으로 병행하지 않으면 안된다. 우리나라에서도 꽤 알려진 《문명의 붕괴》(2005)라는 책에서 제러드 다이아몬드는 어떤 사회나 공동체가 붕괴하는 데에는 꼭 그렇게 돼야 할 필연성이 있어서가 아니라 "실존적 위협에 직면하여 올바른 결정을 내릴 수 있는 능력의 결여"가 그 결정적인 원인으로 작용한다는 것을 여러 역사적 사례를 들어서 설명하고 있다.

그런데 이 세상에 뻔히 알면서 고의적으로 죽음의 길을 선택하는 개인이나 집단은 있을 수 없다. 그럼에도 불구하고, 어떤 사회는 왜 멸망의 길을 택하고, 끝내 그 길에서 벗어나지 못했던가. 그에 대한 가장 쉽고 간단한 대답은, 타성적인 습관 때문이라고 할 수 있다. 자동차를 몰고 다니고, 해외여행을 즐기는 것 그 자체는 나무랄 데 없다고 하더라도, 그러한 생활스타일이 필연적으로 화석연료 소비의 증가를 초래하고, 대기를 더럽히며, 기후변화를 멈추려는 노력에 찬물을 끼얹는다는 것을 전혀 모르지 않으면서도 대부분의 사람들은 설마설마하면서 오래된 습관을 고치지도, 포기하지도 못하는 것이다.

그리하여 사람들은 지금까지의 습관을 변경하지 않고, 위기를 극복하기 위한 방안으로 흔히 새로운 기술에 기대를 걸고, 이를 위해 더 많은 돈과 에너지를 투입하려 한다. 즉, 세상을 이 모양으로 만들어온 원인을 제거하지 않고, 오히려 그 원인이 되는 요소를 더 확대함으로써 문제를 해결하려는 어리석은 시도를 반복하는 것이다.

그러나 우리는 근본적으로 자본주의 근대가 발흥한 이후 오늘에 이르기까지 이 세계와 우리가 사는 사회를 지배해온 핵심적인 가치, 즉 성장논리야말로 결국은 지금 우리가 직면한 '실존적 위협'의 근원이라는 사실을 명확히 해둘 필요가 있다. 지금은 자연자원이 고갈되어가고 있다는 이유 때문에도 계속적인 성장이 불가능하기도 하지만, 무리를 감행하여 성장을 계속 추구한다면 우리를 기다리는 것은 전면적인 생태적 파국과 전쟁 등등, 나락일 뿐임을 직시하지 않으면 안된다.

결국, 기후변화에 대응하기 위한 '올바른 선택'을 하자면, 우리는 '좋은 삶'이란 과연 무엇이며, 어떤 것이 '풍요로운 삶'인가를 판별하는 새로운 척도, 즉 우리가 섬겨야 할 '핵심적 가치'를 근원적으로 재고해야 할 필요가 있다. 그러니까 비록 늦은 감이 없지 않지만, 그래도 최악의 비극을 막으려면, 이제부터 우리는 경제성장이라는 주술(呪術)을 깨끗이 청산하고, 모든 생활물자를 고르게 나눈다는 '도덕적 경제'를 새로운 삶의 원리, 사회의 핵심 가치로 섬기지 않으면 안되는 것이다. 도덕적 경제란 따지고 보면 새로운 것도 아니다. 그것은 자본주의 근대 이전의 민초들의 공동체에서는 어디서든 견고한 삶의 원리가 되어 있었다. 원래 도덕적 경제에서 제일 중요한 것은 원초적인 정의의 감각이었다. 즉, 공평·공정하지 못한 경제의 운용과 분배야말로 도덕적 경제의 원리가 가장 용서할 수 없는 악이었던 것이다.

이미 많은 논자들이 지적해왔듯이, 기후변화는 단지 화석연료 채굴과 사용에 관한 문제가 아니다. 그것은 화석연료를 무분별하게 채굴하고 소비하도록 강요하는 시스템, 즉 전체 인구 중 1퍼센트(혹은 10퍼센트)의 극소수 부유층이 전제적(專制的)으로 지배하고 있는 체제하에서 끝없는 성장을 계속하지 않으면 안되도록 설계되어 있는 구조를 혁파하지 않는 한, 결코 해결될 수 없는 위기이다. 따라서 기후변화라는 것은 단순한 환경문제가 아니라, 어디까지나 사회경제적 불의 및 부조리와 맞서서 싸우지 않으면 안되는 문제인 것이다. 그런 점에서, 그것은 불가피하게 근본적인 '변혁'에 적대적인 기득권 세력과의 격렬한 정치적 싸움이 될 수밖에 없다. 그레타 툰베리를 비롯한 미래세대들이 지금 우리들에게 보내는 신호는, 그러한 싸움에 우리가 결연히 임함으로써 하루빨리 이 절망적인 시간을 희망의 시간으로 바꿔달라는 간절한 호소일 것이다.

(제166호, 2019년 5-6월)

기후위기 시대의 민주주의

서구적인 민주주의란 것에 대해서 나는 좀 회의적이야. 우리가 사이 좋게 잘 지내다가도 정치를 해보겠다고 국회의원에 출마했다고 가정해 봅시다. 그래서 선거운동을 하게 되면, 내가 뭐라고 하겠어요? "여러분, 쟤들 다 형편없는 친구들이니 날 뽑아주시오"라고 말하게 된다고. 그게 민주주의라는 거 아닌가. 이런 민주주의를 하니까 나라 꼴이 이 모양이 되는 거지. 그런 민주주의가 평화를 가져왔느냐 말이야.

이것은 무위당 장일순 선생이 생애 말기에 어떤 언론인과 가졌던 대담 중에 했던 말이다(《나락 한 알 속의 우주》 개정증보판, 녹색평론사, 2016, 272쪽). 대의제 민주주의의 내재적인 결함을 매우 알아듣기 쉽게, 간명하게 지적하고 있는 이 흥미로운 발언은 무위당 특유의 근원적인 평화사상을 배경으로 하고 있음이 분명하다. 즉, 선거라는 게 물불을 가리지 않고 겨루는 치열한 싸움일 수밖에 없는 한, 그러한 철저한 배타성의 원리에 의거한 선거를 통해서 공생공존을 겨냥하는 정치질서가 과연 성립할 수 있겠느냐는 것이다.

실제로, 무위당의 메시지는 누구든 잠깐 생각해보면 금방 이해하고 공감할 수 있는 논리이다. 하지만 우리들 대부분은 때때로 그와 유사한 생각을 하게 되는 때가 있더라도 그것을 드러내놓고 말하지 못한다. 오늘날 우리들의 머릿속에는 선거란 신성불가침의 것으로 깊게 각인되어 있고, 그 때문에 선거제도 그 자체에 대한 근본적인 이의제기는 엄두조차 내기 힘든 일이 돼버린 느낌이 없지 않다. 즉, 우리들 대다수에게는 선거란 곧 민주주의의 대명사가 되어 있는 것이다.

무위당의 말처럼, 실제로 선거를 치르다 보면 멀쩡한 사람들도 상대방에 대한 적의를 품게 마련이다. 언론은 선거 때마다 인신공격이 아니라 정책 대결이 중심이 되어야 한다는 '올바른' 주장을 하지만, 그런 주장이 선거 때마다 빠짐없이 되풀이된다는 점이야말로 선거판에서는 그런 교과서적인 주장이 절대로 먹혀들지 않는다는 것을 반증하는 것이라고 할 수 있다. 물론 예외적인 사례도 없지는 않을 것이다. 그러나 '상대를 꺾지 않으면 내가 죽는다'고 하는 선거판을 통과하는 동안 자신의 적수에 대해서 평온한 감정을 유지할 수 있는 인간이 있다면, 그는 매우 특출한 인간이라고 해야 할 것이다.

그러나 '특출한' 인간의 존재를 상정하는 정치가 정상적인 민주주의라고 할 수는 없다. 민주주의란 원래 '인민의 자기통치'를 뜻한다. 이 점을 염두에 둔다면, 우리는 민주정치에서 중요한 것은 예외적인 인간이 아니라, 어디까지나 평범한 사람들의 감정과 욕구와 생각이라는 것을 인정하지 않을 수 없을 것이다. 그러니까 가장 중요한 것은, 평범한 생활인들이 어떻게 자기들의 삶에 관한 결정권을 상호-주체적으로 행사하면서 공생공존의 질서를 구축하고 유지할 수 있는가 하는 것이다. 그렇다면, 우리가 새삼 물어보지 않을 수 없는 것은 오늘날 우리가 정기적으로 습관처럼 치르는 선거가 과연 이에 합당한 제도냐 하는 것이다.

확실히 선거라는 것은 사람 사이의 관계를 적대적으로 만드는 제도임에 틀림없다. 그러나 선거의 문제는 그 점에 그치지 않는다. 오늘날 시민들의 이익을 대변하겠다고 선거판에 뛰어드는 사람들은 실은 평범한 생활인들이 아니라, 어떤 식으로든 특권적인 지위를 누리고 있는

'엘리트들'이다. 그 엘리트들끼리의 경쟁을 우리가 선거라고 부르고 있는 것이다. 그리하여 마치 시장에서 소비자가 자신의 구미에 맞는 상품을 선택하듯이, 선거판에서 유권자는 자신이 선호하는 후보를 선택하여 그에게 표를 준다. 즉, 기본적으로 자본주의 시장논리와 하등 다를 게 없는 메커니즘으로 돌아가고 있는 게 현대의 선거민주주의인 것이다. 예를 들면, 상품시장에서 소비자들의 주의를 끌기 위해서 자본과 기업은 광고를 비롯한 온갖 술책을 쓰듯이, 선거판이라는 정치시장에서도 후보들은 자신의 '상품가치'를 높여서 소비자-유권자들의 환심을 사려고 갖가지 책략을 구사한다. 그런데 선거판에서의 상품가치란 다름 아닌 '인지도'라는 것인데, 인지도를 좌우하는 것은 기왕의 사회적 지위와 재산과 평판임은 말할 것도 없다. 그러므로 '이름 없는' 평범한 생활인-서민들이 선거판에 나선다는 것은 언감생심 꿈도 꾸지 못할 일이다.

그렇다면 선거란 무엇인가? 그것은 결국 기득권층 내부의 싸움, 즉 사회적으로 특권적인 위치에 있는 '엘리트들'끼리의 권력쟁탈 게임이라고 할 수밖에 없다. 다시 말하면, '기득권층의 영구적 권력 향유를 보장하는 합법적 메커니즘'인 것이다. 사실, 선거(election)라는 말 자체가 원래 엘리트(elite)라는 말과 어원이 같다는 것은 단순한 우연이 아닐 것이다. 이 점에서, 우리는 일찍이 미국의 작가 마크 트웨인이 했던 말을 다시 한번 곱씹어볼 필요가 있다. "만약에 선거로 진정한 개혁이 가능하다면, 선거는 벌써 오래전에 (지배층에 의해) 불법화되었을 것이다."

물론 마크 트웨인의 말은, 예컨대 차베스나 모랄레스 혹은 호세 무히카 등의 급진적 정치가들이 선거에 의해서 집권을 하는 게 가능했던 남미의 경우를 생각하면, 다소 과장된 풍자라고 할 수 있다. 하지만 남미의 경우는 매우 특수한 역사적 조건과 정치적 상황 속에서 발생했던 현상이었고, 그나마도 차베스 사후 지금은 그들의 집권과 더불어 개시된 급진적 사회개혁이 크게 훼손되고, 후퇴를 강요당하고 있다. 물론 이 현상은 단지 선거라는 요인 하나만으로 해명할 수는 없을 것이다. 거기에는 좀더 크고 복잡한 국제정치 및 세계경제 등 여러 요인들이 개입돼 있기 때문이다.

그러나 베네수엘라나 볼리비아 등, 남미 국가들의 현재의 혼란스러운 정국과 사회개혁의 후퇴도, 따져보면, 선거의 공정성을 둘러싼 논쟁으로 촉발된 사태이다. 물론 배후에는 보다 깊은 이념적·경제적 충돌과 갈등이 있지만, 적어도 표면상으로는 그렇다고 할 수 있다. 그러니까 현대사회에서 선거란 권력의 정당성 여부를 가리는 가장 중요한 근거가 되어 있고, 그 때문에 어디서나 선거는 초미의 관심사가 되어 있다고 할 수 있다.

아닌 게 아니라, 지금 한국의 언론에서도 4월의 총선을 앞두고 선거 이야기가 압도적이다. 선거에 나선 후보자들이 이런저런 공약들을 내놓지만, 선거가 끝나면 그 공약들이 헛소리가 된다는 것을 잘 알면서도 아직도 허다한 사람들이 선거에 대한 기대를 접지 못하는 것은 무슨 까닭일까?

하기는 선거공약이라는 것은 그냥 이기기 위한 책략으로 제시된 것이니 그것을 믿는 것은 어리석은 짓인지 모른다. 그리고 대부분의 공약은 지켜지지 않는 게 오히려 좋다고 할 수 있다. 대표적인 게 '경제성장'에 대한 공약이다. 실제로 가공할 기후파국이 코앞에 닥친 이 시점에도 선거판에서 횡행하는 전형적인 공약은 여전히, 더 풍요롭고 더 안락하고 더 편리한 생활에 대한 약속, 요컨대 경제성장을 적극 추진하겠다는 약속이다. 만약 이런 약속들이 말 그대로 지켜진다면 세상은 어떻게 되겠는가?

아무리 생각해도, 이런 식의 선거제도로는 앞길이 보이지 않는다. 이번 총선의 결과로 구성될 다음 국회 역시 임기 만료까지 끊임없는 무의미한 분쟁으로 아까운 시간과 세금만 허비하는 난장판이 될 것임은 충

분히 예상할 수 있다. 왜냐하면 그렇게 되지 않으리라고 기대할 만한
아무런 근거도, 조짐도 지금 보이지 않기 때문이다. 도대체 국회에서
여야로 갈라져 끝없이 싸우는 까닭은 무엇일까? 집권당은 정권을 유지
하기 위해서, 야당은 차기 정권을 쟁취하기 위한 싸움일 것이지만, 그
러나 (단순한 권력욕망의 충족 이외에) '궁극적으로 무엇을 위한' 집권
인지는, 어느 쪽을 보더라도 분명치 않다.

대의제 정당정치에서 진보/보수 혹은 여야 간의 분쟁은 기본적으로
국가의 부를 어떻게 나눌 것인가를 둘러싼 싸움이다. 실제로 이러한 정
치시스템은, 자본주의 산업경제가 계속적인 성장을 하고 있는 동안에는
그런대로 작동을 해왔다고 할 수 있다. 하지만 1970년대의 오일쇼크 이
후 점차로 성장이 둔화되기 시작한 세계경제는 마침내 2008년의 세계
금융위기를 고비로 사실상 성장정지 국면으로 들어섰고, 이에 따라 대
의제 정당정치도 기능부전 상태가 되고 말았다. 이는 대의제 민주주의
가 우연적이든 필연적이든 자본주의 산업경제의 발달과 보조를 같이해
온 정치시스템이라는 것을 고려하면, 아마도 불가피한 현상일 것이다.
경제성장이 계속될 수 없는 상황, 즉 빵의 크기가 계속 증가할 것으로
기대할 수 없는 상황에서는 그 빵의 분배를 둘러싼 다툼은 전례 없이
격렬한 것이 될 수밖에 없기 때문이다.

이제 '성장시대의 종언'은 어차피 피할 수 없는 시대상황이 되었다.
그리고 이 새로운 시대상황에서는, 최소한의 인간다운 삶을 유지하기
위해서라도, 우리에게 가장 필요한 것은 협동과 나눔이라는 (인류사회
의 오래된, 그러나 근대 이후 철저히 억압되어온) 윤리적 덕목의 광범
위한 실천일 것이다. 그런데 혹심한 경쟁논리를 전제로 하는 선거민주
주의의 틀 속에서 이 협동과 나눔의 윤리가 다시 뿌리를 내리고 확산되
는 게 과연 가능할까. 오늘날 민주주의의 본산이라고 하는 영국과 미국
이 보여주고 있는 정치 현실은 무엇을 뜻하는가. 지난 수년간 영국에서

는 '브렉시트' 사태에 관련하여 의회정치가 완전히 마비되고, 미국에서는 트럼프라는 전대미문의 괴기스러운 인간이 대통령이 되어 이제는 재선까지 바라보고 있다. 이러한 기막힌 현실은 대의제 선거민주주의의 수명이 사실상 끝났음을 알려주는 확실한 신호라고 하지 않을 수 없다.

그럼에도, 금년 11월 버니 샌더스가 대통령선거에서 당선된다면, 미국의 민주주의가 회생하고 세계의 앞날이 밝아질 것이라고 기대하는 사람들이 상당수 있는 것으로 보인다. 그러나 미국의 정치·문화 풍토에서는 매우 낯선 개념, 즉 '민주적 사회주의'를 표방하는 샌더스가 대통령으로 선출되는 이변이 과연 일어날 수 있을까? 최근 민주당 예비경선에서 샌더스가 우위를 점하고는 있지만, 전 대통령 오바마와 클린턴 부부를 포함한 민주당 주류파와 〈뉴욕타임스〉를 위시한 '진보파' 언론들의 샌더스에 대한 거부감은 갈수록 노골적으로 되고 있다. 겉으로 내세우는 명분이 무엇이건, 그들이 샌더스를 반대하는 이유는 극히 단순하다. 즉, 민주, 공화 양당체제 속에서 오랫동안 엘리트들로서 온갖 특권을 누려온 그들은 사상적으로나 정서적으로나 '사회주의자' 샌더스와는 결코 동지가 될 수는 없기 때문이다. 그러니까 기존의 선거제도하에서 샌더스와 같은 혁신적인 비전을 가진 급진파가 정치적으로 성공한다는 것은 '낙타가 바늘귀를 통과하는 것'만큼이나 지난할 수밖에 없는 것이다. 이것은 미국이든 한국이든 거의 모든 나라의 엄중한 현실이라고 할 수 있다.

난세는 영웅을 부른다고 하지만, 실제로 지금 많은 사람들은 무엇보다 양심적이고 지혜롭고 결단력 있는 정치적 리더십을 대망하고 있는 것으로 보인다. 그 이유는 정파 간의 대립 때문에 중대한 현안들이 아무것도 논의되지도, 결정되지도 못하는 현실상황 때문임은 더 말할 필요가 없다. 그리하여 이 답답한 현실에 절망한 나머지, 예컨대 중국이나 러시아식 권위주의체제 비슷한 것의 도입을 주장하는 견해까지 나오고 있다. 그러나 아무리 비상상황이라고 하더라도, 인간의 기본적 권리인 언론, 표현, 결사의 자유를 제약하는 권위주의체제에 우리의 운명을 맡길 수는 없는 게 아닌가. 그뿐만 아니라, 정치체제의 극적인 변혁은 격렬한 변란 상황이라면 모를까, 현대 법치국가의 통상적인 절차로는 애초에 실현 불가능한 일이다.

그러니까 길은 하나, 민주주의를 강화하는 것뿐이라고 할 수 있다. 민주주의의 강화란 '인민의 자기 통치'라는 원칙에 충실한 정치체제를 회복하거나 새로이 구축한다는 것을 말한다. 그런데 이 세상에는, 민주주의의 원칙으로 돌아가자고 하면, 그것은 '중우정치'가 되기 쉽다고 말하는 사람들이 항상 존재한다. 흥미로운 것은, 그렇게 말하는 사람 자신은 자기를 그 '어리석은 대중'의 범주에 포함시키지 않는다는 사실이다. '어리석은 대중'은 항상 타인들, 그중에서도 교육을 많이 받지 않은 민초들을 가리킬 뿐이다. 하기는 민중의 능력을 경시하거나 무시하는 사고습관은 오랜 역사를 가지고 있다. 근대 사상가에 한정한다면, 대표적인 예는 존 스튜어트 밀의 견해일 것이다. 밀은 19세기 유럽의 대표적인 자유주의 사상가이자 양심적인 지식인이었으나, 선거에 있어서는 고등교육을 받은 계층과 하층민들의 투표가 갖는 효력에 차등을 두어, 가령 지식인의 한 표는 교육받지 못한 서민의 두 표에 해당하는 것으로 계산하는 게 마땅하다고 주장했던 것이다.

이처럼 왜 '엘리트들'은 늘 자신들의 판단력은 믿을 수 있고, 서민들의 판단력은 믿을 수 없다고 생각할까. 실태를 보면, 그들 자신도 끊임없이 그릇된 판단을 하고, 비양심적인 행동을 하면서 말이다. 인간이란 누구나 실수를 하고, 잘못된 판단을 내리고, 어리석은 선택을 할 수 있다. 이 점에서는 엘리트나 평범한 서민들이나 조금도 다를 게 없다. 그렇다면 소수 엘리트의 고독한 혹은 과두적인 결정이 민초들의 결집된 판단력보다 더 합리적이고 건강하다고 믿을 근거는 아무것도 없다고 할 수 있다.

물론, 분야에 따라서는 오랜 경험과 지식을 가진 '전문가'의 판단이 중요하다. 그렇기에 거의 모든 공직자를 추첨으로 뽑았던 고대 아테네에서도 전쟁 지휘관이나 폴리스의 회계업무 담당자는 선거로 뽑았던 것이다. 아테네에서는 공동체의 일반적인 운영이나 사무, 혹은 중대한 정책결정(법률의 개정, 전쟁을 할 것이냐 말 것이냐, 등등)에 관한 토론, 그리고 '민중법정'의 심판원으로 참가할 권리는 시민 누구에게나 평등하게 주어졌고, 토론의 장에서는 자유롭고 기탄없는 발언이 권장되었다. 주목해야 할 것은, 그러한 적극적인 정치참가가 가능했던 아테네의 시민들은 소수의 귀족과 부자들만이 아니라, 소농, 소상인, 장인, 노(櫓)잡이 등, 다수의 하층민들로 구성돼 있었다는 사실이다. 이상하게도 근현대의 지식인들 중에는 아테네 민주주의에 대한 뿌리 깊은 불신 혹은 편견을 드러내는 사람들이 많았고, 지금도 마찬가지이다. 예를 들면, 아테네 시민들의 활발한 정치참가는 노예들이 있었기에 가능했다는 주장도 그런 편견의 하나라고 할 수 있다. 이런 주장을 하는 것은, 말할 것도 없이, 노예가 없는 현대사회에서는 아테네식의 (직접)민주주의가 불가능하다는 얘기를 하기 위해서이다. 하지만 이것은 무엇보다 사실에 부합하지 않는 그냥 주장일 뿐이다. 왜냐하면 아테네의 시민들은 예외적인 경우(광산노동 등)를 제외하고는 노예들과 함께 생산노동에 종사하고 있었고, 노예들은 정치활동을 빼고는 시민들과 다름없는 일상생활을 영위하고 있었음은 여러 연구에 의해 이미 밝혀졌기 때문이다(예컨대 Ellen Meiksins Wood, *Peasant-Citizen and Slave : The Foundations of Athenian Democracy*, 1988).

그러나 대의제 정당정치로는 이제 더 나아갈 길이 없다고, 그러므로 보다 강화된 민주주의가 필요하다고 우리가 생각하는 데는 또다른 중요한 이유가 있다. 현행의 대의제는 기후변화와 같은 장기적인 배려가 필요한 문제에 대해서는 전혀 대응할 능력이 없다는, 결정적인 결함을 가지고 있기 때문이다. 즉, 선거가 전부인 이 제도에서는 모든 정치인들의 최대 관심사는 다음 선거에서 또다시 승리하는 것이며, 따라서 그들의 시야는 늘 4~5년을 주기로 하는 단기적인 국면에 갇혀 있을 수밖에 없다. 그리하여 그들에게는 국가나 사회의 먼 장래 따위는 아무래도 상관없는 문제이다. 그들에게 중요한 것은 언제나 지금 당장의 문제, 즉 다음 선거에 대비한 계책과 궁리일 뿐이다. 그러나 우리가 정치인들의 권력욕망을 비웃거나 비난하는 것은 어리석은 일이다. 권력욕망이란 남들이 비난하고 비웃는다고 해서 버릴 수 있는 그런 성질의 욕망이 절대로 아니기 때문이다. 중요한 것은, 그 욕망이 무의미한 것이 되도록 정치제도를 개변하거나, 새로이 만드는 것이다.

결국 이처럼 선거라는 메커니즘에만 의존하는 한, 공동체의 미래에 대한 장기적인 대응은 거의 불가능하다고 할 수 있다. 이러한 무능력·무책임은 어쩌면 대의제 민주주의의 숙명인지도 모른다. 그러나 물론 정치가 이래서는 안된다. 일찍이 보수주의 정치사상가 에드먼드 버크는, 건전한 정치란 기본적으로 과거세대와 현세대 그리고 미래세대의 조화로운 파트너십이어야 한다고 갈파한 바 있다. 즉, 현실의 정치를 책임지는 현세대는 늘 선조들의 유지를 기억하고, 자손들의 장래를 염두에 두면서 정치에 임해야 한다는 것이다. 그러나 근대 이후, 현실의 정치는 언제나 현세대의 이익에만 관심을 집중해왔을 뿐이다. 어쩌면 이는 필연적이라고 할 수도 있다. 왜냐하면 근대적 자본주의 시장경제는 원자화된 개인들의 이기심을 핵심적인 동력으로 삼아 전개돼왔고, 이 시장경제의 에토스를 고스란히 공유해온 것이 바로 대의제 정당정치이기 때문이다.

지금 세계 전역에서 그레타 툰베리를 비롯한 청소년들이 자신들의 미래를 뺏지 말라고, 지구가 불타고 있는데 정치가들이 대체 뭘 하고 있느냐고 절규를 하고 있다. 이 기막힌 상황에서, 우리는 막연히 정치가들을 비난만 하고 있을 수는 없다. 정치하는 사람들 개개인의 자질과 책임감도 중요하지만, 그보다 훨씬 더 중요한 것은 공동체의 의사결정 과정에서 미래세대에 대한 배려가 강조되는 시스템을 구축하거나, 그런 방향으로 시스템을 보강하는 일이다. 그러니까, 예컨대 일곱 세대 이후 자손들에게 미칠 영향을 깊이 고려하면서 현재의 문제를 토의·숙고하는 전통을 오랫동안 유지해온 아메리카 토착민의 집단적 의사결정 시스템과 유사한 시스템이 지금은 무엇보다 필요한 때인 것이다.

이러한 시대적 요청 때문이겠지만, 최근 들어서 세계 곳곳에서 '숙의민주주의' 운동이 어느 때보다도 활기를 띠고 있는 것으로 보인다. 예를 들면, 영국에서는 수년 동안의 격렬한 운동의 연장선에서 '절멸저항' 활동가들이 요구해온 '기후시민의회(Climate Assembly)'가 일부 기성 정치가들의 지지를 얻어 그들의 도움으로 현재 여러 지역에서 순차적으로 진행되고 있다. 그러나 이러한 '시민의회'가 당장 어떤 결과물을 내놓을지는 그리 중요하지 않다. 중요한 것은, 정파적 대립과 온갖 이해관계에 묶여 아무것도 결정하지 못하는 기존의 의회 대신에 시민들이 직접 나서서 긴급한 현안에 대응할 수 있는 정치적 방법을 찾아냈고, 많은 시민들과 일부 정치가들이 동의하고 있다는 사실이다. 알다시피, '시민의회'란 무작위 추첨으로 뽑힌 시민들로 회의체를 구성한 다음, 그 시민대표들이 거기서 당면한 중대 사안에 대해서 관련된 자료를 철저히 숙지하고, 관계 전문가들의 설명을 충분히 청취한 후에 집중적인 토의와 숙의를 거쳐서 결론을 내리는 집단적 의사결정 시스템이다. 물론 이것은 아테네 민주주의의 정신과 방법에서 영감을 얻어 설계된 일종의 직접민주주의 시스템이라고 할 수 있다. 요컨대, 결함투성이의 대의제 정당정치 대신에 시민들의 집단지성으로써 공동체의 운명을 결정하자는 것이다. 아마도 이 '시민의회'는 비단 기후문제뿐만 아니라, 극심한 경제 불평등을 포함한 (기성의 정치제도 틀 내에서 해결하기가 지난한) 각종 과제들에 효과적으로 대응하는 극히 유용한 도구가 될 수 있고, 그 점에서 조만간 세계 전역으로 확산될 가능성이 크다고 할 수 있다.

그러나 숙의민주주의가 기왕의 대의제 민주주의를 전면적으로 대체할 수 있을지는 아직은 미지수이다. 또, 그게 바람직스러울지도 분명치 않다. 아무리 현행의 대의제 정치제도가 무능력·무책임을 조장하는 시스템이라고 하더라도, 선거제도를 폐지하고, 직업정치인의 존재를 소거하는 게 과연 맞는 것인가는, 지금으로서는 판단 유보 상태라고 할 수밖에 없다. 무엇보다도 그러한 급진적인 변혁이 현실화되려면 현행의 의회가 동의를 해주어야 한다. 하지만 그런 동의를 받아낸다는 것은 현재로서는 상상도 하기 어려운 일이다. 그러니까 '시민의회' 등, 숙의민주주의 제도는 현행의 대의제 민주주의에 대한 보완책으로 고려하는 것이 현실적이라고 할 수 있다.

물론, '시민의회'로써 현재의 정치시스템을 보완한다고 해서, 우리에게 곧 희망적인 활로가 열릴 것인지는 아무도 장담 못한다. 그러나 과감한 정치적 개혁과 급진적 사회적 실험을 시도하지 않고, 현행의 제도와 관행만으로 이대로 계속 간다면, 우리 모두를 기다리는 것은 결국 파국밖에 없을 것이다. 그리고 설령 숙의민주주의를 통한 민중의 집단적 의사결정이 결과적으로 잘못된 것으로 판명되는 날이 온다고 하더라도, 몇몇 소수 엘리트들이 맘대로 내린 결정을 따르다가 망하는 것보다는 그게 훨씬 더 바람직하다는 것을 우리는 인정해야 한다. 왜냐하면 누구든지 인간에게는 자신의 생은 자기가 책임지고자 하는 근원적인 욕망이 있기 때문이다.

(제171호, 2020년 3-4월)

코로나 환란, 공생의 윤리

　인류가 소위 문명생활을 시작한 이래, 역병은 인간사회를 끊임없이 괴롭혀왔다. 세계의 역사는 어떤 점에서 전염병의 역사라고 해도 좋을지 모른다. 때로는 국지적으로, 때로는 대륙 전체에 걸친 역병의 창궐과 그 후유증으로 세계사의 큰 흐름이 바뀌는 경우도 없지 않았다. 어떻게 보면, 인간의 삶을 뿌리째 흔들어 놓고 세계사의 물줄기를 변화시킨 결정적인 요인은 생산력의 발전이나 계급투쟁, 혹은 전쟁이 아니라, 감염력이 강하고 치사율이 높은 전염병이었는지도 모른다.

　아마도 대표적인 예는 중세 말기 유럽 전역을 휩쓸었던 페스트일 것이다. 당시 중국 쪽에서 시작된 페스트균이 실크로드를 타고 유럽으로 이동·확산함으로써 유럽 인구의 태반이 희생되었다는 것은 잘 알려진 사실이다. 그런데 중요한 것은, 그 대규모 인명소실로 유럽 중세 질서가 결정적으로 붕괴하기 시작했다는 점이다. 특히 큰 피해를 입은 농노와 하층민의 인구가 대폭 줄어들자 중세 질서의 하부구조, 즉 농노제의 지속적인 유지는 크나큰 난제가 되었다. 그리하여 '대항해시대'가 열리고, 불같은 열정으로 신대륙을 탐사하려는 움직임이 시작되지만, 이는 기본적으로 꽉 막힌 폐색상황을 타개하려는 유럽인들의 필사적인 기도에서 비롯된 기획들이었다.

　그뿐만 아니라, 여러 세기 동안 동서 문명을 연결해주던 실크로드가 폐쇄된 것도 결국은 페스트의 창궐 때문이었다. 유럽을 휩쓴 페스트의 전파 경로가 실크로드임이 알려지고, 또한 페스트가 창궐하는 동안 자연히 교역활동이 줄어들자 실크로드는 점차 상인들의 왕래가 뜸해지고, 마침내 폐허로 변하기 시작했던 것이다.

역병의 역사에서 빠뜨릴 수 없는 또하나의 중요한 이야기는 고대 아테네의 비극적 재난이다. 기원전 430년, 스파르타를 상대로 벌인 펠로폰네소스전쟁 2년째, 아테네는 돌연히 전염병의 창궐에 휩싸였고, 그 때문에 결국 전인구의 거의 3분의 1일이 희생되는 참사를 겪었다. 이 정체불명의 괴질 앞에서는 건강한 젊은 병사들도 속수무책이었다. 그뿐만 아니라 아테네의 영웅적인 지도자 페리클레스와 그 아들들도 괴질의 희생자가 되고 말았다. 그리하여 전쟁 중에 지도자를 잃고, 대규모의 병력을 잃은 아테네 군대는 기진맥진한 상태에서 전쟁을 치를 수밖에 없었다. 단지 대규모의 병력 손실만이 문제가 아니었다. 괴질이 창궐하여 가족, 친지, 수많은 동료 시민들이 느닷없이 죽음을 당하는 일이 계속되자, 아테네인들의 인생관과 윤리관에 큰 동요가 일어난 것이다. 그리하여 그들은 자기절제의 기율을 팽개쳐버리고, 법을 우습게 여기고, 더이상 신을 섬기지도 않고, 찰나적인 향락에 빠져버리기 시작했다─라고, 그 자신 역병에 걸렸다가 가까스로 살아남았던 당대의 역사가 투키디데스는 《펠로폰네소스 전쟁사》에서 기록하고 있다.

당연한 일이지만, 아테네인들 사이의 이러한 풍속의 변화는 아테네 민주주의의 질을 떨어뜨리는 결과로 이어졌다. 튼튼한 민주주의가 성립하려면 무엇보다 자기절제라는 시민적 덕성이 살아있어야 한다고 역설한 이는 그리스 출신의 20세기 철학자 코르넬리우스 카스토리아디스였다. 인간이 전지전능한 존재일 수 없다는 것을 자각하고, 겸허한 마음으로 분수를 지키려는 자세야말로 민주주의의 불가결한 성립요건이라는 그의 통찰은 고대 아테네 민주주의에 대한 독창적인 탐구의 성과였다. 그런데 바로 자기절제라는 민주주의의 정신적 기초가 무너짐으로써 아테네 민주주의는 불가피하게 쇠락하지 않을 수 없었고, 그로 인한 정치적·사회적 혼란 끝에 마침내 마케도니아라는 외부세력의 침략을 받고 속절없이 무너지고 말았던 것이다. (여기서 한 가지 생각해볼 것은, 민주주의에 대한 강한 불신을 드러낸 플라톤의 정치사상의 사회적 배경이다. 플라톤이 실제로 경험한 것은 쇠퇴기의 아테네 민주주의였다. 그리고 그 민주주의가 자신의 스승 소크라테스를 죽였다고 그는 생각했다. 그러니까 플라톤의 민주주의에 대한 편견은 쇠퇴기의 민주주의와 번성기의 민주주의를 구별하지 않은 결과였다고 해석할 수도 있다. 만약에 플라톤이 좀더 일찍 태어나, 가령 페리클레스 시대의 민주주의를 경험할 수 있었다면, 플라톤 자신의 생각이나 그를 계승한 후대의 많은 사상가·지식인들의 생각은 상당히 달라졌을지도 모른다.)

지금 코로나바이러스로 세계 전체가 '환란'이라고 표현할 수밖에 없는 비상상황에 처해 있다. 이 상황이 언제 종식될지, 과연 종식되는 게 가능할지조차도 지금은 안갯속이다. 코로나 사태 초기에는 이 바이러스가 고온에 약하기 때문에 날씨가 더워지기 시작하면 상황이 끝날 것이라는 이야기들이 있었으나, 현재 계절적으로 여름 날씨인 남반구, 즉 오스트레일리아 등에서도 코로나 사태가 심상치 않다는 게 알려지면서 그러한 낙관적인 전망도 힘을 잃고 말았다. 따라서 아직 백신도 치료제도 없는 탓에 오직 '사회적 거리두기'만이 그나마 유용한 대응책일 수밖에 없으므로, 세계 전역에 걸쳐 기존의 익숙한 사회생활이 거의 전면적으로 작동정지 상태가 되었다. 이에 따른 경제적·사회적·정신적 피해는 측량할 수도 없을 만큼 막대한 것으로 되어가고 있다. 그러므로 이 상황을 "제2차 세계대전 이래 최대의 위기"로 규정한 메르켈 독일 총리의 말은 전혀 과장된 말이 아니라고 할 수 있다.

그러나 앞에서 보았듯이, 코로나 사태는 인간의 역사에서 전혀 낯선 종류의 경험은 아니다. 고대, 중세의 역병과 다른 게 있다면 감염 속도가 대단히 빠르고, 그 범위가 전지구적이라는 점이다. 말할 것도 없이, 이는 자본주의의 폭주, 과잉 산업발전과 소비주의의 소산이다. 오로지 이윤과 성장을 추구하는 데 혈안이 되어 무절제한 탐욕의 정신이 온 세상을 압도하는 바람에 야생 생물들의 서식지를 포함한 생태계는 대대적으로 파괴되었고, 거기에 자본, 물자, 사람의 대량 이동을 끊임없이 부추기는 신자유주의적 자유무역 논리까지 합세하여 지금과 같은 파국적 상황이 전개된 것이다.

역사가 가르쳐주는 것은, 역병의 창궐이라는 상황에서 사람들이 어떻게 반응하느냐에 따라 문명의 흥망이 결정된다는 사실이다. 그러므로 중요한 것은, 이 상황의 본질과 성격을 먼저 정확히 이해하고 평가하는 것이라고 할 수 있다.

지금 많은 사람들은 정상적인 생활로의 복귀를 고대하며, 백신이나 치료제의 조기 개발이 급선무라고 생각하고 있는 것으로 보인다. 하지만 종래의 생활이 과연 '정상적'인 생활이었는지 우리는 냉정하게 물어볼 필요가 있다. 최근의 언론보도 가운데 가장 흥미로운 뉴스의 하나는, 지금 세계 곳곳에서 소비와 산업 활동이 일시적이나마 정지 내지는 둔화되자, 화석연료 사용량이 대폭 줄어든 것은 물론, 대기가 청명해지고, 소음이 잦아들고, 자연 만물이 모처럼 생기를 되찾았다는 소식이다. 이는 종래의 생활이 결코 '정상적'인 것이 아니었음을 알려주는 확연한 증표가 아닌가. 그렇다면 우리가 가야 하는 길은 하나밖에 없음이 분명하다. 즉, 더이상 생태계에 훼손을 끼쳐서 결과적으로 인간생존의 기초를 스스로 무너뜨리는 어리석음을 되풀이함이 없이 인간다운 생존·생활이 가능한 시스템을 구축하는 길밖에 없는 것이다. 그러니까 아직도 우리들 대다수가 미련을 버리지 못하고 붙들려 있는 신화, 즉 새로운 과학기술의 개발을 통한 끝없는 성장(혹은 진보)의 추구라는 관념과 깨끗이 결별하는 게 진짜 급선무라고 할 수 있다.

온갖 징조로 봐서, 앞으로 코로나바이러스와 유사한 역병은 갈수록 빈발할 것임이 틀림없다. 문외한들은 잘 모르는 사실이지만, 전문가들은 이 점을 가장 우려하고 있다. 예컨대 미국 존스홉킨스대학 소속의 보건연구팀은 최근의 한 보고서에서, 오늘날 신종 바이러스는 연간 200종이 넘게 출현하고, 그 대부분은 잠재적으로 '팬데믹'(세계적 대유행병)을 유발할 수 있는 바이러스들이라고 밝히고 있다. 이것은 두려운 예측이기는 하나, 어쩌면 사필귀정이라고 할 수도 있다. 산업문명 시대가 경과함에 따라 점점 더 난폭하게 자연 생태계를 공격·유린해온 인간사회에 대해서 결국 자연은 '복수'를 결심한 것으로 보이기 때문이다. 이 세상에 한 가지 움직일 수 없는 확실한 법칙이 있다면, 그것은 인과응보의 법칙일지도 모른다.

현실이 이러한데도, 역병이 창궐할 때마다 백신과 치료제를 개발하느라고 허둥댈 것인가. 그나마 요행히 개발하는 데 성공했다 하더라도, 이미 그때는 막대한 인명의 희생과 사회적 손상이 끼쳐진 한참 뒤의 일이 될 게 명백한데, 이토록 어리석은 짓을 역병이 창궐할 때마다 번번이 되풀이하는 게 과연 합리적인 방책일까. 물론, 지금 당장은 기술적 해법을 서둘러 찾아야 하겠지만, 그러나 백신과 치료제를 발견·발명한다 하더라도 그것은 항상 때를 놓친 사후 약방문이 될 공산이 크다고 할 수 있다.

중요한 것은 근본적인 대책이다. 근본적인 대책이란, 역병이 왜 생기고, 어찌하여 이토록 광범하게 퍼졌는지, 그 원인과 배경을 충분히 고려한 끝에 강구된 대응책이라야 한다. 이미 많은 전문가들은, 코로나바이러스를 포함하여 근년에 들어 신종 바이러스들이 빈번히 출현하는 데에는 기본적으로 야생동물의 서식지 파괴가 그 배경에 있다는 점을 지적해왔다. 그렇다면 지금부터라도 어떠한 명분이든 일체의 생태계 파괴행위를 엄격하게 통제하고, 얼마 남아 있지 않은 삼림과 야생지의 보호를 위해서 국가기관, 기업, 사회단체, 일반 시민들이 적극 나서지 않으면 안된다는 결론이 저절로 나온다. 다른 말로 하면, 이윤을 위한 이윤추구, 소비라기보다는 끝없는 낭비를 구조적으로 강제하는 자본주의적 생산·소비 시스템을 종식시키는 방향으로 사회적 역량이 총동원되지 않으면 안된다는 것이다. 한마디로 우리는 이것을 '문명'의 대전환이라는 용어로 요약할 수 있다. 그런데 이러한 대전환이 과연 실현 가능할 것인가—라는 물음이 있을 수 있겠지만, 그것은 너무나 한가로운 물음이라고 할 수 있다. 왜냐하면 버거운 일이라고 계속 회피하기만 한다면, 우리들 자신이나 다음 세대들은 하루하루를 결국 지뢰밭 위에서 살아가지 않을 수 없을 것이기 때문이다.

생태계가 건강을 잃으면, 개인적·집단적 건강을 지키려는 모든 노력은 다 헛일이 되고 만다. 코로나바이러스만 해도 그렇다. 이 신종 병원균이 무서운 것은 증상이 아직 드러나지 않은 상태에서도 쉽사리 감염된다는 점인데, 다행스럽게도 면역력이 강한 사람이라면 설령 감염된다 하더라도 대개는 무증상으로, 혹은 경미한 증상에 그칠 뿐, 치명적인 수준으로 가지는 않는다고 한다. 증상이 치명적으로 되는 경우는 대부분 만성적인 지병의 보유자, 즉 기왕에 면역력이 현저히 떨어져 있는 환자들이라는 게 의료계의 설명이다. 그렇다면 엄밀히 봐서, 사람들은 지금 코로나바이러스 때문이 아니라, 자신의 허약한 면역력 때문에 희생된다고 봐야 할 게 아닐까.

여기서 문제 해결의 관건은 백신이나 치료제가 아니라, 면역력의 증강에 있다는 결론이 자연스럽게 나온다. 그러므로 우리는 무엇보다 면역력 증강을 위한 가장 기초적인 노력, 즉 오염되지 않은 맑은 대기와 물을 확보하고, 건강한 먹을거리의 토대인 농토와 자급 지향의 생태적 농사를 보호·장려해야 하고, 동시에 유전자조작식품, 스마트농업, 식물 공장 따위 근원적으로 반자연적인 온갖 형태의 상업·산업농을 철저히 배격하는 일에 우리의 역량을 집중할 필요가 있다.

그러나 다른 한편으로, 다른 생명체들도 마찬가지겠지만, 특히 인간의 경우, 면역력은 정신적인 요인에 의해 크게 좌우된다는 사실을 우리는 잊지 말아야 한다. 생각해보면, 지금 사람들이 코로나 사태 앞에서 지나치게 겁을 먹고 있는 것은, 실은 자신의 건강에 대해서 자신감을 가진 사람이 매우 드문 탓인지도 모른다. 산업문명은 많은 사람들에게 외형상의 물질적 풍요는 가져다주었는지 모르지만, 그 풍요는 기실 질적으로 매우 열악하고 불건강한 것임은 우리가 익히 알고 있는 사실이다. 따져보면, 우리의 일상생활은 단지 살아남기 위해서, 혹은 남들을 앞지르거나, 적어도 남들한테 지지 않으려는 (스스로도 그 근원을 잘 모르는) 욕망의 노예가 되어 자신이 가진 에너지의 거의 전부를 배타적인 경쟁 속에 쏟아붓지 않을 수 없는 생활의 끝없는 반복에 불과하다. 이러한 정신적 긴장과 불안 속에서 사람이 어떻게 강건한 면역력을 유지할 수 있겠는가.

중요한 것은 '진보'가 아니라 인간다운 '생존·생활'이다. 우리는 이 점을 절대로 잊지 말아야 한다. 우리를 구제하는 것은 '사회적 거리두기'도 마스크도 손씻기도 아니다. 그리고 장기간의 고립생활은 면역력 약화의 원인이 된다는 점도 빠뜨릴 수 없는 문제이다. 우리의 정신적·육체적 건강의 첫째 조건은 타자들—사람을 포함한 뭇 중생들—과의 평화로운 공생의 삶이다. 그리고 공생을 위한 필수적인 덕목은 단순 소박한 형태의 삶을 적극 껴안으려는 의지(혹은 급진적 욕망)이다. 내 목소리부터 낮춰야 새들의 노래도, 벌레들의 소리도 들린다. 그래야만 풀들의 웃음과 울음도 들리고, 세상이 진실로 풍요로워진다. 이 세상에서 가장 무서운 바이러스는, 공생의 윤리를 부정하는, 그리하여 우리 모두의 면역력을 끊임없이 갉아먹는 '탐욕'이라는 바이러스다.

(제172호, 2020년 5-6월)

저자

김종철(金鍾哲, 1947-2020)

1947년 1월 경남 함양에서 태어나, 진주의 남강 변에서 자라던 유년시절에 6·25 전란을 겪었다. 전쟁 이후 마산에서 초·중·고등학교를 다녔다. 서울대학교 문리과대학·대학원에서 영문학을 읽고, 공군사관학교의 교관으로 군복무를 했다. 제대 후 숭전대학교, 성심여자대학, 영남대학교 등에서 교편을 잡았다. 1970~80년대에는 문학평론 활동을 하다가, 1991년에 격월간 《녹색평론》을 창간하여 작고 당시까지 에콜로지 사상과 운동의 확대를 위한 활동에 전념했다.

2004년에는 대학의 교직을 그만두고 《녹색평론》의 편집·발간에 전념하면서, 2011년 3월 후쿠시마 원전 사고를 계기로 한국 최초의 '녹색당' 창립을 위한 활동에 참여하였다. 또, 2004년 이후 10여 년간 '일리치 읽기모임'이라는 이름으로 시민자주강좌를 개설·진행했다.

저서에 《시와 역사적 상상력》(1978), 《시적 인간과 생태적 인간》(1999), 《간디의 물레》(1999), 《땅의 옹호》(2008), 《발언 I, II》(2016), 《대지의 상상력》(2019), 《근대문명에서 생태문명으로》(2019) 등이 있고, C. 더글러스 러미스의 《경제성장이 안 되면 우리는 풍요롭지 못할 것인가》(2002), 리 호이나키의 《정의의 길로 비틀거리며 가다》(2007) 등의 책을 우리말로 옮겼다.

비판적 상상력을 위하여

녹색평론 서문집

초판 제1쇄 발행 2008년 5월 13일
개정증보판 제1쇄 발행 2022년 1월 21일
제2쇄 발행 2022년 6월 24일

저자   김종철
발행처   녹색평론사

주소   서울시 종로구 돈화문로 94 동원빌딩 501호
전화   02-738-0663, 0666
팩스   02-737-6168
웹사이트   www.greenreview.co.kr
이메일   editor@greenreview.co.kr
출판등록   1991년 9월 17일 제6-36호

ⓒ 김종철 2022
ISBN   978-89-90274-89-2   03300